D1997633

Kohlhammer

Denkanstöße
herausgegeben von Rainer Völker

Dieter Thomaschewski/Rainer Völker (Hrsg.)

Standort Deutschland

Herausforderungen und notwendige Reformen

Verlag W. Kohlhammer

1. Auflage 2021

Gesamtherstellung: W. Kohlhammer GmbH, Stuttgart

Print:
ISBN 978-3-17-039327-1

E-Book-Formate:
pdf: ISBN 978-3-17-039328-8
epub: ISBN 978-3-17-039329-5
mobi: ISBN 978-3-17-039330-1

Inhalt

Einführung und Überblick

Dieter Thomaschewski und Rainer Völker

Einschneidende, von außen kommende Veränderungen bedingen normalerweise, dass interne Anpassungen vorgenommen werden müssen. Diese grundsätzliche Feststellung gilt auf vielen Betrachtungsebenen – für einzelne Individuen, für Organisationen wie Unternehmen oder schließlich für ganze Gesellschaften. Idealerweise erfolgen solche Anpassungen proaktiv, zumindest aber frühzeitig und nicht zu spät. Schon vor der durch Corona ausgelösten Krise zeichnete sich ab, dass am Wirtschaftsstandort Deutschland durch die Politik bzw. die Wirtschaft solche grundlegenden Anpassungen vorgenommen werden müssen: Mehrere Veränderungen gleichzeitig stellen die deutsche Wirtschaft seit einiger Zeit vor große Herausforderungen. Nachhaltigkeitsanforderungen und Klimawandel bedingen z. B. eine noch stärkere Abkehr vom reinen Shareholder-Value-Denken und immense Anstrengungen, um ökologischen und sozialen Zielen gerecht zu werden. Die Automobilindustrie, das Rückgrat der deutschen Wirtschaft, befindet sich in einer Situation großer Unsicherheit und radikaler Umbrüche. Bei der Digitalisierung bescheinigen Wirtschaftsexperten unisono vor allem der Politik große Versäumnisse und sehen den Wirtschaftsstandort gar schon »abgehängt«. Die Globalisierung mit vielen neuen Anbietern und der technologische Wandel verschärfen seit Jahren den Wettbewerb und erfordern agilere Unternehmen. Digitalisierung und neue Wettbewerbsdynamik stellen auch veränderte Anforderungen an die Quantität und vor allem an die Qualität von Mitarbeitern sowie an das Verständnis von Arbeit. Insofern scheinen hier ebenfalls neue Ansätze bei Unternehmen und Reformen seitens des Staates erforderlich. Auch wenn die jeweiligen Handlungsalternativen durchaus kontrovers diskutiert werden, so sind die meisten Wirtschaftswissenschaftler und Wirtschaftspraktiker der Überzeugung, dass grundlegende Veränderungen für den Wirtschaftsstandort Deutschland unabdingbar sind.

Dieser Band versucht zum einen eine Bestandsaufnahme der Herausforderungen, die den Wirtschaftsstandort zentral tangieren. Nicht alle anstehenden Themenfelder können dabei behandelt werden. Digitalisierung, Klimawandel, internationaler

Wettbewerb, notwendige Veränderungen der Arbeitswelt, des Bildungssektors und der Infrastruktur stehen in diesem Buch im Mittelpunkt. Zum anderen werden entsprechende Handlungsoptionen und Lösungswege dargestellt. Allzu einfache Antworten oder widerspruchsfreie Aussagen sind aufgrund der komplexen Thematiken nicht zu erwarten. Insofern wird versucht, bei jedem Themenkreis zentrale Fakten und – durchaus konträre – Meinungen abzubilden. Dabei kommen neben Wissenschaftlern vor allem Verantwortliche aus der Wirtschaft zu Wort: Führungskräfte, Vorstände von Verbänden und politische Mandatsträger, die natürlich ihre spezifische Sicht vertreten. Das ist zum einen legitim und zum anderen auch beabsichtigt. In vielen Fällen gibt es nicht die augenscheinliche Lösung, sondern es gibt Vorschläge, die idealerweise auf logischer Argumentation bzw. auf gesicherter Empirie basieren. Die verschiedenen Positionen und Argumentationen sollen bei der Lektüre des Buches deutlich werden und es dem Leser gestatten, sich selbst an der einen oder anderen Stelle sein Urteil über sinnvolle und passende Lösungsansätze zu bilden. Das Buch will – gemäß der Intention der Reihe, in der es als erster Titel erscheint – Denkanstöße geben.

Eine weitere Anmerkung an dieser Stelle: Das Buch betrachtet den Wirtschaftsstandort Deutschland. Es stellt also den Blickwinkel der deutschen Politik, von Unternehmen in Deutschland und auch entsprechender Verbände in den Mittelpunkt. Nun kann man sich durchaus auf den Standpunkt stellen, dass in einer immer mehr vernetzten Welt oder zumindest im Hinblick auf eine wie auch immer definierte europäische Einheit mit dem »Standort« Deutschland eine enge Perspektive eingenommen wird. Deutsche Unternehmen und deutsche Politik sollen ja schließlich auch für globalen Klimaschutz, generell für ökologisches und soziales Wirtschaften im Rahmen von weltweiten Lieferketten oder für ein wirtschaftlich starkes Europa Verantwortung übernehmen. Diese Aspekte entbinden aber weder Unternehmensverantwortliche noch Politik von der primären Anforderung die jeweiligen direkten Verantwortungsspielräume möglichst optimal zu nutzen. Mit Verweisen z. B. auf noch ausstehende Einigungen auf europäischer Ebene werden kaum Veränderungen erfolgen. Insofern sind eine gewisse nationale Sicht und das Streben nach einer vorteilhaften kompetitiven Situation im internationalen Wettbewerb notwendig. Zudem – so zeigen es entsprechende Erkenntnisse aus den Wirtschaftswissenschaften – ist der internationale Austausch von Waren und Dienstleistungen auf Basis kompetitiver Strukturen der globalen Wohlstandssteigerung grundsätzlich dienlich. Insofern ergibt es durchaus Sinn zu fragen, welche Veränderungen im nationalen Verantwortungsbereich vorgenommen werden können.

In den nachfolgenden Kapiteln greifen wir die eingangs genannten Handlungsfelder im Einzelnen auf. Wir beginnen in Kapitel 2 mit den Anforderungen, die sich durch neue Wettbewerbsdynamiken ergeben haben. Schon vor dem Pandemie-Schock stand das Thema »Start-ups« und die Notwendigkeit erhöhter Gründungsdynamik im Raum. Nadine Schön – Mitglied des Deutschen Bundestages und Herausgeberin des Buches »Neustaat« geht in ihrem Beitrag darauf ein. Eine wichtige

Rolle spielen bei Wettbewerbsdynamiken auch Wertschöpfungsprozesse. Schon durch moderne 3D-Druckverfahren gab es teilweise einen Trend mehr »vor der Haustüre« zu produzieren. Durch Corona sehen viele Unternehmen aber auch die Notwendigkeit, ihre Lieferketten zu sichern und ihre Wertschöpfungsketten zu überdenken. Dago Dietrich von der Beratungsgesellschaft McKinsey & Company macht in seinem Beitrag auf diesen und andere Aspekte, die jetzt durch Corona ausgelöst oder verstärkt wurden, aufmerksam. Dynamik von außen kam und kommt zweifelsohne durch die politische und wirtschaftliche Weltmacht China. Jörg Wuttke – Präsident der Europäischen Handelskammer in China – als profunder Kenner des Landes und seiner wirtschaftlichen Möglichkeiten zeigt uns, welche Chancen, aber auch Risiken im Wettbewerb mit China für den Standort Deutschland existieren.

Eine weitere zentrale Herausforderung existiert durch das Ziel »Klimaneutralität«. Das Kapitel 3 beleuchtet Möglichkeiten, die es aus Sicht verschiedener Branchen und generell in einer Marktwirtshaft gibt, Klimaschutz zu erreichen und gleichzeitig ökonomisch erfolgreich zu sein. Der Beitrag von Andreas Freytag und Matthias Menter – Professoren an der Universität Jena – versteht sich als Plädoyer für marktwirtschaftliche Lösungen der Klimaschutzproblematik. Solche Lösungen – so die Autoren – stimulieren letztlich Innovationen, die es einem Land wie Deutschland, dessen wesentliche Ressourcen Fachkräfte und Wissen sind, gestatten, Ökonomie und Ökologie sinnvoll zu verknüpfen. In den Beiträgen von Wolfgang Große Entrup – Hauptgeschäftsführer und Präsidiumsmitglied des Verband der Chemischen Industrie e. V. (VCI) –, von Dirk Flege – Geschäftsführer des Verkehrsbündnisses »Allianz pro Schiene« – und Hans-Heinrich Kleuker – ehemaliger Vorstand eines Energieunternehmens – werden zum Thema Klimaschutz die Branchen Chemie, Bahn sowie Energie adressiert. Auch hier geht es u. a. darum, die Möglichkeiten des Zusammenspiels von wirtschaftlichem Erfolg und Klimaschutz zu beleuchten. Holger Glockner – Managing Partner eines Beratungsunternehmens mit Schwerpunkt Zukunftsforschung – gibt schließlich eine Übersicht, wie unter der Zielsetzung Nachhaltigkeit Klima- aber eben auch Umweltschutz generell sowohl für einzelne Unternehmen als auch in Summe für den Wirtschaftsstandort Deutschland positiv genutzt werden kann.

Eine weitere Herausforderung wird unter dem Stichwort Digitalisierung kolportiert. Die Bandbreite aller diesbezüglichen Themen ist sehr groß – ebenso wie der entsprechende Bedarf an »digitalen Transformationen« in den verschiedenen Branchen sowie im öffentlichen Bereich. Florian Roth – Chief Information Officer der SAP SE – zeigt in einem ausführlichen Gespräch in Kapitel 4 wo Deutschland »hinterherhinkt«, aber auch wo wir durchaus im internationalen Vergleich führende Positionen haben. Für beide Bereiche erläutert er, wie wir ggf. wieder Anschluss finden bzw. wie wir führend bleiben. Das Thema künstliche Intelligenz (KI) ist ein zentraler Aspekt der Digitalisierungsdebatte. KI schafft in vielerlei Hinsicht hohe Potenziale: Bei den Wirkungen auf Verbesserungen des menschlichen

Lebens (im Gesundheitsbereich, bei Freizeit und Konsum), aber eben auch bei der Vernichtung von Arbeitsplätzen oder bei der »Steuerung« von Bürgern und Konsumenten durch Politik bzw. Wirtschaft. In den Beiträgen von Claudia Bünte – Professorin für Marketing und Top-Management Beraterin – und Wolfgang Reuter – ehemaliger stellvertretender Chefredakteur des Focus, ausgewiesener KI-Experte und Strategieberater – werden diese und andere Perspektiven thematisiert. Digitalisierung erstreckt sich nicht nur auf die Überführung analoger Daten und Prozesse auf digitale Plattformen und Applikationen. Es gilt auch, die inhärenten Chancen vor allem durch neue digitale Geschäftsmodelle zu ergreifen. Hier sieht Dirk Ramhorst, CIO/CDO des Wacker-Konzerns, wie er in einem Interview darlegt, noch erhebliche Potenziale bei deutschen Unternehmen, insbesondere im Mittelstand.

Neue digitale Technologien, aber auch gesellschaftliche Veränderungen (z. B. neue Priorisierungen zwischen Arbeit und Privatleben durch jüngere Generationen) verändern die Arbeitswelt. Jutta Rump – Professorin für Personalmanagement und Organisationsentwicklung – gibt in ihrem Beitrag in Kapitel 5 »Die neue Normalität« einen Überblick über diese neue (Arbeits-)Welt. Carlos M. Frischmuth – Vorstandsvorsitzender des Bundesverbands Selbstständige Wissensarbeiter e. V. – fokussiert danach das Thema »Wissensarbeiter« in einer modernen Arbeitswelt. Gerade um den Standort Deutschland zu stärken und Innovationen voranzubringen, sieht er hier Anpassungsbedarf – insbesondere auch bei Vorschriften und gesetzlichen Regelungen. Michael Vassiliadis – Vorsitzender der Industriegewerkschaft Bergbau, Chemie und Energie (IG BCE) – beleuchtet schließlich die Veränderungen, die im Zusammenwirken der Sozialpartner wichtig erscheinen.

Eine konkurrenzfähige Wirtschaft benötigt in dem Land, dessen zentrale Ressource Wissen ist, ein hervorragendes Bildungssystem. In Kapitel 6 haben wir deswegen Autorinnen und Autoren gebeten, zu diesem Problemkreis Stellung zu nehmen. Volker Meyer-Guckel – stellvertretender Generalsekretär und Mitglied der Geschäftsleitung des Stifterverbandes – zeigt zunächst, welche Kompetenzen ein Bildungssystem in Deutschland vermitteln muss. Ulf Daniel Ehlers et. al. zeigen dazu Szenarien für eine revidierte Hochschulentwicklung. Sarah Henkelmann – Sprecherin des Netzwerks Digitale Bildung – erläutert schließlich, wie Bildung in 10 Jahren ausgestaltet sein muss.

Bei der aufgeführten Handlungsfeldern ist schließlich die Politik bzw. die staatliche Verwaltung gefordert. Im Rahmen der Digitalisierung gilt es z. B. die Versorgung mit IT-Infrastruktur voranzutreiben. Veränderungen der Schul- und Hochschullandschaft liegen ebenfalls in den Händen des Staates. Neben allen staatlichen Handlungsfeldern, die in den Kapiteln I bis V schon angesprochen sind, gibt es noch einige andere, die die Stärke des Wirtschaftsstandorts Deutschland tangieren. Im Kapitel 7 haben wir dazu einige Themenfelder aufgegriffen. Zunächst formuliert Reinhold von Eben-Worlée – Präsident des Verbands DIE FAMILIENUNTERNEHMER

e. V. und geschäftsführender Gesellschafter bei der E. H. Worlée & Co. – in einem Interview Handlungsfelder des Staates aus Sicht eines mittelständischen Unternehmens. Volker Wissing – Wirtschaftsminister des Landes Rheinland-Pfalz und stellvertretender Ministerpräsident – zeigt die Möglichkeiten der Wirtschaftspolitik, aber auch deren Grenzen aus seiner Sicht auf. Wirtschaftsentwicklung findet »vor Ort«, in Gemeinden und Städten statt. Boris Palmer – Oberbürgermeister der Universitätsstadt Tübingen – erläutert in seinem Interview die Leitlinien erfolgreicher kommunaler Wirtschaftsentwicklung. Wolfgang Scherf – Professor für Öffentliche Finanzen an der Universität Gießen – zeigt in seinem Beitrag, wie Staatsverschuldung die Wirtschaftsleistung und den Wohlstand beeinflussen kann; es gilt »gute« und »schlechte« Schulden zu unterscheiden. Für einen funktionierenden Standort unabdingbar ist eine entsprechende bauliche Infrastruktur. Stephan Weber – Mitglied im Bundesvorstand des Verbands Beratender Ingenieure (VBI) und selbst Unternehmer – zeigt in seinem Beitrag sowohl die entsprechenden immensen Defizite des Standorts Deutschland aber die auch Möglichkeiten wie durch veränderte Regulierungen und vorausschauende, umweltschonende Planungen Verbesserungen erzielt werden können. Am Ende des Buches findet sich ein kurzer Epilog der Herausgeber. Zum einen wird nochmal die erfahrungsgeleitete Sicht vieler Beiträge – und damit deren inhärente Vor- und Nachteile – betont. Zum anderen werden zusätzliche Aspekte zu den Themenfeldern aufgegriffen, die die Relevanz mancher vorgetragenen Ansätze untermauern bzw. ergänzen.

Zu den Herausgebern

Prof. Dr. Dieter Thomaschewski ist seit 2006 Professor für Betriebswirtschaftslehre insbesondere Management an der Hochschule für Wirtschaft und Gesellschaft, Ludwigshafen am Rhein und wissenschaftlicher Leiter des Institutes für Management und Innovation (IMI). Er hält Lehrveranstaltungen an der Donau Universität Krems und an der PHW Bern. Die DUK ernannte ihn 2004 zum Ehrenprofessor. Vor seiner Hochschultätigkeit war er in verschiedenen führenden Funktionen der BASF-Gruppe tätig, u. a. als Leiter BASF Venezolana, Präsident Information Systems USA, Präsident Düngemittel Division und Präsident Regionalbereich Europa.

Prof. Dr. habil. Rainer Völker ist Leiter des Instituts für Management und Innovation (IMI) und lehrt Management an der Hochschule Ludwigshafen am Rhein sowie an der Universität St. Gallen. Er ist außerdem als Managementberater, Referent und Mitglied von Aufsichts- und Beiräten tätig. Vor seiner Tätigkeit an der Hochschule hatte er verschiedene Führungsfunktionen bei Unternehmen der Industrie und aus Dienstleistungsbranchen inne. Er ist zudem Mitbegründer verschiedener Start-ups. Seine derzeitigen Schwerpunkte in der Forschung liegen in den Bereichen Innovation, Nachhaltigkeit und Entscheidungsfindung.

I Wettbewerbsdynamik

1 »Staat-Up« für eine neue Gründerzeit

Nadine Schön

1.1 Mit politischen Reformen zu wirtschaftlichem Erfolg

Deutschlands Position in der Weltwirtschaft ist bemerkenswert und eine Erfolgsgeschichte: Wir sind Europas größte Volkswirtschaft, Exportnation, Entwickler modernster Maschinen und Verfahren, Forschungsstandort. Die berühmte »deutsche Gründlichkeit« und Arbeitseifer sind international mittlerweile gängige Narrative über Deutschland. Das kam nicht über Nacht. Die Geschichte der deutschen Volkswirtschaft ist eine Erzählung von großen Herausforderungen und politischen Reaktionen auf diese.

Mehrfach in den letzten gut 200 Jahren fand Deutschland sich wirtschaftlich und politisch am Boden. Mehrfach leiteten kluge Reformen den wirtschaftlichen (Wieder-)Aufstieg ein. Ein Beispiel verdeutlicht das: Nach der Niederlage gegen Napoleon lag Preußen Beginn des 19. Jahrhunderts am Boden – militärisch besiegt, politisch und technologisch unterlegen. Während anderorts, vor allem in Großbritannien, der Strukturwandel von einer Agrargesellschaft hin zu industrieller Produktion Fahrt aufnahm, war davon in Preußen wenig zu spüren. Die Gründe fand man in den Strukturen selbst: zu unproduktiv, unkoordiniert, planlos agierte die Verwaltung, zu unstrukturiert, rückständig war das Bildungssystem. Von dieser Erkenntnis getrieben, schafften Reformer wie Karl Freiherr von Stein und sein Partner im Geiste, Karl August von Hardenberg, einen neuen Staatsapparat. Wilhelm von Humboldt krempelte das Bildungssystem um. Die Reformen waren so kontrovers wie radikal, vor allem aber schafften sie die Grundlage für einen beispiellosen wirtschaftlichen Aufstieg. Innerhalb weniger Generationen stieg Deutschland zu einer Hochtechnologienation auf, es entstanden Firmen, die noch heute unsere Wirtschaft prägen, wie Siemens, BASF, Bayer oder AEG. Das alles war sicherlich nicht ausschließlich auf den Staat zurückzuführen, es brauchte auch Unternehmergeist, Innovation und Startkapital. Aber Reformen hin zu echter Gewerbefreiheit, Abschaffung der Zünfte, Aufbau einer Ministerialbürokratie,

Änderungen im Unternehmensrecht und die Umstellung hin zum humanistischen Bildungsideal nach Humboldt legten den Grundstein, auf dem der wirtschaftliche Aufstieg stattfand.

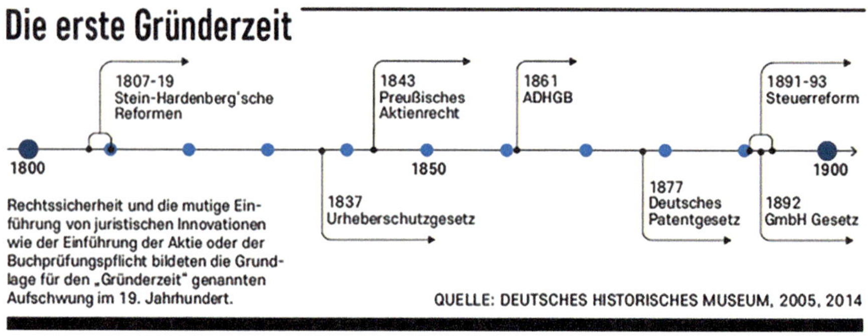

Abb. 1: Die erste Gründerzeit in Deutschland (Quelle: Heilmann/Schön, 2020)

1.2 Von der industriellen in die digitale Revolution – mit 4 Säulen

Auch heute sind die Herausforderungen riesig – vom Klimawandel über eine alternde Gesellschaft bis hin zu Pandemien und zur Digitalisierung. Unsere Ausgangsposition ist heute eine ganz andere, eine komfortablere: jahrelange Vollbeschäftigung und ausgeglichene Haushalte, Exportüberschüsse und Rekordsteuereinnahmen. Das ist ein Verdienst von Unternehmergeist und guter Wirtschaftspolitik, darf uns aber nicht blind für den Druck um uns herum machen. Denn die Welt um uns herum dreht sich immer schneller. Die Geschwindigkeit, mit der wir uns auf neue Situationen einstellen müssen, nimmt zu. Klar ist: Wir werden uns in den nächsten 10 Jahren strukturell so stark verändern müssen wie in den letzten 70 Jahren.

Denn auch in dieser Revolution ist Deutschland spät dran – aber noch nicht zu spät. Auch jetzt können wir mit guten Aussichten zur Aufholjagd ansetzen, wenn wir eine neue Gründerdynamik entfalten. Natürlich geht es dabei nicht darum, die Rezepte von vor 150 Jahren zu kopieren. Aber die fundamentalen Erfolgsfaktoren haben sich seither erstaunlich wenig verändert. Ein vitales Start-up-Ökosystem im 21. Jahrhundert wird von denselben drei Säulen getragen wie die Gründerzeit des 19. Jahrhunderts: Staat, Kapital und Wissen. Ein moderner, funktionierender Staat mit kluger Regulierung, guten Bedingungen für Forschung und Wissenstransfer sowie aktivem und einsetzbarem Risikokapital ist auch heute in der Lage, eine enorme wirtschaftliche Dynamik zu entfesseln. Dazu kommt eine vierte Säule, die vor 150 Jahren nur begrenzt berücksichtigt wurde: die Mitarbeiter. Je einfacher und besser sie am Erfolg eines Unternehmens beteiligt werden können, desto größer ist die Motivation für den Einzelnen und damit die Erfolgschancen für das Unternehmen.

Zur ersten, wohl wichtigsten Säule: Wirtschaftlicher Erfolg und gesellschaftlicher Wohlstand hatten schon immer ihr Fundament in funktionierenden staatlichen Strukturen und Systemen. Fehlt es daran, helfen keine Förderprogramme und keine Industriepolitik, keine Planwirtschaft, keine Ausgabenpläne und keine Konjunkturhilfen. Um den Staat nicht nur irgendwie am Laufen zu halten, sondern ihn zukunftsfähig zu machen, benötigen wir eine grundlegende Reform der staatlichen Verwaltung. Wie eine solche grundlegende Reform aussehen kann, sprengt den Rahmen dieses Kapitels.[1] An dieser Stelle möchte ich Vorschläge vorstellen, wie wir gezielt die Start-Up-Szene in Deutschland fördern und eine neue Gründerzeit starten können.

1.3 Kapital für das Start-up-Ökosytem

Etwas ausführlicher will ich auf die zweite Säule eingehen: Das Kapital. Der erste Ansatzpunkt muss dabei am Anfang liegen: bei der Anschubfinanzierung von Unternehmen. Start-ups sind wie Raupen. Sie haben nimmersatten Hunger, wachsen schnell, und die wenigsten überleben lang genug, um sich als schillernde Schmetterlinge zu entpuppen. Die digitale Gründerzeit entwickelt dabei sogar einen noch stärkeren Appetit als die industrielle – und verlangt noch lauter nach frischem Kapital. Der Wettbewerb ist global, und die Regeln der Plattformökonomie begünstigen nur die Besten, Schnellsten, Größten: Es gilt das Prinzip »the winner takes it all«. Wer mithalten will, muss auf schnelles und kapitalintensives Wachstum setzen. Und die passende Kapitalform für diesen ebenso großen wie frühen Kapitalbedarf ist Wagniskapital.

Bisher sieht es in puncto Wagniskapital in Deutschland und Europa bescheiden aus: Im Jahr 2018 wurden in ganz Deutschland gerade einmal 4,6 Milliarden Euro Wagniskapital investiert – weniger als ein Zehntel dessen, was US-amerikanischen Start-ups zugutekommt. 2019 lagen England und Frankreich bei VC-Investitionen in junge Unternehmen vor Deutschland. Und: Auch ganz Europa gerät ins Hintertreffen, nicht nur gegenüber den USA. Während sich die Investitionen in Europa zwischen 2012 und 2017 immerhin fast verdreifachten, sprangen sie in Asien auf fast den 15-fachen Betrag – und damit auf das Niveau der USA.

Besonders groß ist der Finanzierungsnachteil der jungen Unternehmen in Europa während der späteren, besonders kapitalintensiven Wachstumsphase. In Europa wird pro Finanzierungsrunde deutlich weniger Geld eingesammelt als in Asien und den USA. Facebook, Tesla und Uber haben während ihrer Entwicklung durchschnittlich gut 5 Milliarden Dollar eingesammelt – was sie konnten, weil Wagniskapitalgeber in den USA grundsätzlich mehr als 50 Prozent ihrer Mittel in dieser Phase investieren. In Europa sind es dagegen nur 38 Prozent. Darüber hinaus sind die Unterschiede nicht nur beim gesamten Investitionsvolumen, sondern auch bei den durchschnittlichen Investitionen pro Unternehmen gravierend.

Der Mangel an Wagniskapital in Deutschland hat verheerende Folgen: Jedes vierte Start-up will ins Ausland gehen, weil zu Hause das Geld fehlt und weil Mit-

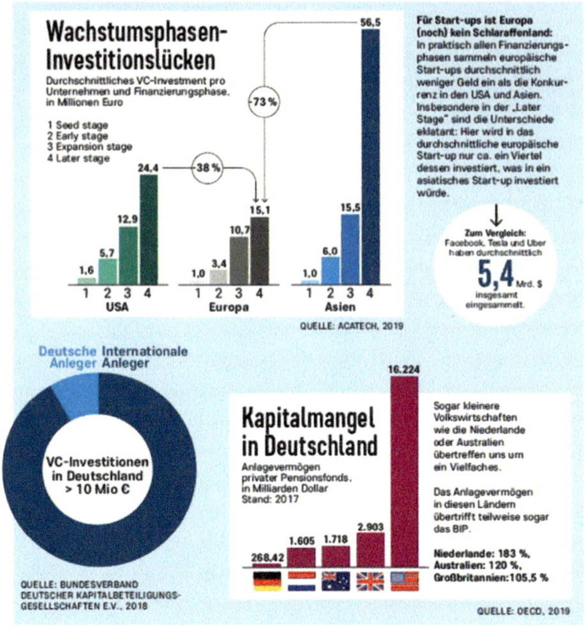

Abb. 2: Investitionslücken im Wachstumsprozess von Start-ups (Quelle: Heilmann/ Schön, 2020)

arbeiterbeteiligungen zu kompliziert und zu teuer sind. Das Geschäft wird häufig im Ausland gemacht. Das Datenkompressionsverfahren MP3 etwa wurde in Erlangen entwickelt und von der Fraunhofer-Gesellschaft patentiert. Doch deutsche Firmen wie Siemens zögerten, auf diese neue Technologie zu setzen – mit dem Ergebnis, dass der erste MP3-Player in Korea produziert wurde. Deutschland meldet in Europa die meisten Patente an, doch weil das Wagniskapital fehlt, heißt es oft: Invented in Germany, sold somewhere else.

Dass US-Unternehmen schneller und früher mit mehr Wagniskapital rechnen können und auch größere Finanzierungsrunden möglich sind, liegt vor allem an zusätzlichen Akteuren auf dem Markt: den mächtigen Pensionskassen und Versicherungen. Wollen wir eine neue Gründerzeit in Deutschland auslösen, brauchen wir vor allem attraktivere Bedingungen für solche institutionellen Investoren. Einen großen Schritt in diese Richtung hat die Bundesregierung gerade mit einem Zukunftsfonds für Wachstumskapital getan. Ein Dachfonds soll es institutionellen Anlegern vereinfachen, in Venture-Capital-Fonds zu investieren. Außerdem sollen bisherige Instrumente mit Wachstumsfaszilitäten ergänzt werden und somit die Finanzierungslücke gerade bei größeren Runden schließen. Der Fonds soll im kommenden Jahr starten und in den nächsten Jahren auf ein Volumen von zehn Milliarden Euro staatliches Kapital anwachsen. Gehebelt um das private Kapital kann man von mindestens dem doppelten, vielleicht dreifachen Volumen ausgehen – ein echter Quantensprung. Gemeinsam mit den bereits bestehenden – in den letzten Jahren geschaffenen oder ebenfalls stark angewachsenen – Instrumenten für Wachstumsfinanzierung wie HTGF, Coparion, KfW Capital und EIF wird die Bundesrepublik damit erstmals in ihrer Geschichte über eine veritable Finanzierungslandschaft für Wagnis- und Wachstumskapital verfügen.

1.4 Konkrete Vorschläge für mehr Gründungsdynamik

Zur Schaffung institutioneller Player für Wagniskapital passt eine Reform des deutschen Rentensystems: Durch den Aufbau eines Kapitalstocks, den wir nach Vorbild skandinavischer Staatsfonds breit anlegen, wollen wir die Beitragslast der Arbeitnehmer reduzieren und Rentenniveaus absichern. Von der im Staatsfond geschaffenen Liquidität sollen in Teilen auch Start-ups durch verbesserten Zugang zu institutionellem Wagniskapital profitieren.

Aber auch darüber hinaus kann Deutschland mit einem ganzen Bündel von Maßnahmen zusätzliche Anreize schaffen, damit institutionelle Anleger mehr Wagniskapital zur Verfügung stellen: Es gibt keinen Grund, warum institutionelle Anleger in Deutschland steuerlich schlechter gestellt sein sollten als sonst in der EU. Deshalb sollte die Besteuerung von Management-Fees europaweit gleich behandelt werden. Weitere Möglichkeiten für steuerliche Anreize gibt es bei der Beteiligung an innovativen kleinen bis mittleren Unternehmen – hier könnte die Investition als Sonderabschreibung von Betriebsausgaben geltend gemacht werden. Zudem könnten Veräußerungsgewinne im Falle einer Reinvestition auf neue Investitionen übertragen werden – mit aufschiebender Wirkung auf die Versteuerung des Gewinns.

Einen ähnlich großen Effekt wie Steuererleichterungen können auch Bürokratieerleichterungen haben. Man kann sich vorstellen, wie die Welle an Formularen, die auf Neugründer erbarmungslos zurollt, Enthusiasmus dämpfen kann. Vom Notar zum Handelsregister, vom Ordnungsamt zum Finanzamt: Gründer müssen einen »Bürokratiemarathon« durchstehen, bevor sie durchstarten können. Junge Unternehmer gestalten die digitale Welt, verzweifeln jedoch häufig an einer analogen Verwaltung. Um Start-ups gerade in den ersten Jahren von Bürokratie entlasten zu können, müssen wir auf europäischer Ebene abgrenzen, welche Unternehmen wie lange und bis zu welcher Größe als Start-ups gelten sollen. Erst wenn wir diese Definition haben, bekommen wir den Weg frei für umfassenden »Welpenschutz« – etwa bei Nachweispflichten, Dokumentationen und vielleicht sogar im Arbeitsrecht.

Den großen Märkten in den USA oder China begegnen wir am besten mit einem gemeinsamen Start-up-Binnenmarkt. Nur so entsteht ein geeigneter Raum für die schnelle Skalierung von Geschäftsmodellen. Eine wichtige Aufgabe kann der EU auch im weiteren Wachstumsverlauf zukommen. Groß zu werden ist schon sehr schwierig, groß zu bleiben noch schwieriger. Ist ein neues Unternehmen – gerade in den digitalen Sektoren – erfolgreich, hagelt es Kaufangebote wie bei Fußball-Jungstars. Die Offerten kommen regelmäßig aus dem Ausland, sind häufig milliardenschwer und stammen oft von Wettbewerbern (man denke nur an Facebooks erfolgreiche Jagd auf WhatsApp und Instagram). In Europa gibt es nur wenig bis keine solcher Käufer.

Als Antwort bietet sich eine Forcierung europäischer Börsengänge an. Denn die Supertanker aus China und den USA sind alle börsennotiert und wegen ihrer entsprechenden Größe potenzielle Aufkäufer. Hier kann ein entsprechendes europäisches Börsensegment helfen – und ein europäischer Market Maker. Die Europäische Investitionsbank (EIB) sollte den Auftrag bekommen, sich gezielt an Erstnotierungen zu beteiligen. Das kann zuerst den Börsengang erleichtern und danach in den meist sehr volatilen ersten Börsenmonaten für mehr Liquidität bei den Aktien sorgen.

1.5 Transfer exzellenter Forschung und Entwicklung in exzellente junge Unternehmen

Um die dritte Säule eines verbesserten Ökosystems zu stärken, das Wissen, müssen wir die Universitäten zu kräftigeren Treibern der Gründungs- und Transformationsdynamik machen – wie schon im 19. Jahrhundert in Deutschland und wie heute in den USA. Natürlich spielen auch im heutigen Deutschland die Universitäten eine entscheidende Rolle für die Entwicklung marktträchtiger Ideen. Deutschland gibt anteilig mehr für Forschung aus als die USA, China oder Frankreich; von 2005 bis 2018 haben sich die Forschungsausgaben des Bundes verdoppelt. Technische Hochschulen wie die RWTH Aachen oder die TU München haben einen hervorragenden Ruf. Auch Institutionen wie die wirtschaftsnahen und praxisorientierten Fraunhofer-Institute suchen in der Welt ihresgleichen. Mit den Worten von Hans-Jörg Bullinger, dem früheren Präsidenten der Fraunhofer-Gesellschaft: »Forschung macht aus Geld Wissen, Innovationen machen aus Wissen Geld«.

Denn so gut der Wissenstransfer zwischen Hochschulen und den bestehenden deutschen Unternehmen oft funktioniert, so sehr fehlt es an Aus- und Neugründungen. Und an Storys wie der von Larry und Sergey, zwei Studenten der kalifornischen Universität Stanford, die 1997 während ihres Studiums eine zündende Idee entwickelten. Bereits nach wenigen Wochen wandten sie sich an Professor David Cheriton, um über Möglichkeiten der Finanzierung zu sprechen. Cheriton empfing die beiden nonchalant auf seiner Veranda, gab ihnen den Rat: »If you have a baby, you need to raise it« und stellte ihnen einen Scheck über 200.000 Dollar aus – der die ersten Schritte von Google finanzierte und Larry (Page), Sergey (Brin) und ihn selbst zu Milliardären machte. 2011 waren bereits rund 1.300 Stanford-Absolventen bei Google angestellt. Auch in Deutschland gibt es viele Studenten, Absolventen, Doktoranden, Assistenten, die an der Universität eine zündende Idee entwickeln. Aber nur die wenigsten von ihnen schaffen es, daraus marktfähige Produkte und florierende Unternehmen zu machen – denn der Weg von der Forschungsphase bis zur Markteinführung führt in der Regel durch das sog. Death Valley, in dem die notwendigen Investitionen steigen und die Erlöse noch nicht da sind. Für diese Durststrecke bis zum Marktstart benötigen die meisten Start-ups eine Finanzierung. Wenn wir solche Start-ups fördern wollen, müssen die Universitäten selbst zu Investitionsökosystemen werden – ein eigener Universitätsfonds kann dazu beitragen.

Der Universitätsfonds stellt ausgewählten Universitäten Kapital für Beteiligungen an Start-ups zur Verfügung, sofern dies auch Privatinvestoren zu denselben Konditionen tun. Diese Bedingung soll dafür sorgen, dass es beim University Venture Capital nicht zu Gefälligkeitsinvestitionen kommt, sondern tatsächlich ein Markterfolg anvisiert wird. Zusätzliche Privatinvestoren sollen den Fonds aufstocken. Als Vorbild kann in diesem Fall »Oxford Sciences Innovation« dienen. Das Venture-Capital-Unternehmen unterhält eine Partnerschaft mit der University of Oxford und sammelte bereits im Gründungsjahr 2015 bei prominenten Finanziers wie Google rund 600 Millionen Pfund ein, um sich an Ausgründungen aus der britischen Universität zu beteiligen.

1.6 Die Mitarbeiter stehen im Zentrum der neuen Gründerzeit

Die vierte Säule unseres Start-up-Ökosystems gehört den Mitarbeitern. Start-ups müssen bei der Suche nach hochqualifizierten Talenten unterstützt werden. Rund zwei Drittel der deutschen Start-ups klagen über Schwierigkeiten bei der Personalsuche, weil etablierte Unternehmen mehr Sicherheit und höhere Gehälter bieten. Im globalen War for Talents bekommen sie die jungen und risikoaffinen, nicht aber die erfahrenen und stabilisierenden Mitarbeiter. Daher setzen viele Start-ups auf eine moderne Unternehmenskultur, flache Hierarchien, verantwortungsvolle Aufgaben und eben Mitarbeiterbeteiligungen, die Angestellte am Erfolg des Unternehmens teilhaben lassen.

Mitarbeiterbeteiligungen können die Wettbewerbsnachteile der Start-ups verringern, indem sie bei langfristiger Bindung eine Aussicht auf zusätzliche Entlohnung eröffnen. Zudem machen sie Mitarbeiter im besten Fall zu Business Angels und seriellen Entrepreneuren, die ihr Geld nach und nach in weitere, ob eigene oder andere Start-ups stecken und sie über die wechselseitigen Beteiligungen noch enger vernetzen. Im Falle eines Exits bedeutet das, dass Mitarbeiter wie die Gesellschafter einen Teil des Verkaufspreises erhalten. Bei sehr guten Exits kann dieser kleine Teil durchaus in die Tausende gehen, und es ist diese Aussicht, die viele dazu bewegt, Abstriche beim Festgehalt im Vergleich zum Konzerngehalt zu machen. Mitarbeiterbeteiligungen im Falle eines Exits sind also enorm wichtig, sowohl für die Angestellten als auch für die Start-ups selbst. Nicht selten ist die Form der Beteiligung eine der ersten Fragen, die in Bewerbungsgesprächen gestellt werden.

Was sich in der Theorie einfach anhört, erweist sich in der Praxis allerdings oft als schwierig. Mitarbeiterkapitalbeteiligungen verfolgen im Grunde zwei Ziele: Sie sollen erstens motivieren; das wird durch die Teilhabe am Exit-Erlös und die Aussicht auf eine überproportionale Vergütung erreicht. Zweitens sollen wichtige Angestellte an das Unternehmen gebunden werden. Darum wird die Beteiligung nicht schon zu Beginn eingeräumt, sondern über typischerweise zwei bis drei Jahre mit kontinuierlichem Zuwachs erarbeitet (Anwachsungsklausel) und darüber hinaus vereinbart, dass die Beteiligung bei früherer Kündigung ganz oder teilweise verfällt (Verfallsklausel). Beide Klauseln sind mit der GmbH als häufigster Rechtsform der Start-ups kaum wirtschaftlich umzusetzen. Denn jede Anteilsübertragung bedarf einer notariellen Beurkundung und Aktualisierung des Handelsregisters. Zudem bringen echte Anteile auch unabdingbare Informations-, Einsichts-, Anfechtungs- und Stimmrechte mit sich, die Gesellschafterversammlungen sehr kompliziert machen. Anders als die AG ist die GmbH also schon strukturell nicht auf viele und häufig wechselnde Minderheitsgesellschafter ausgelegt.

Von daher könnte man meinen, dass die AG die Gesellschaftsform der Wahl sei – was wenig verwundern würde. Schon in der Gründerzeit des 19. Jahrhunderts hatte das Gesellschaftsrecht zur dynamischen Entwicklung beigetragen – nach gründlicher Vorarbeit. Den Stein-Hardenberg-Reformen ab 1807 folgte eine ganze Kaskade von juristischen Reformen. Nach dem Urheberschutzgesetz von 1837 wurde 1843 das preußische Aktienrecht eingeführt, 1861 folgte mit dem Allgemeinen Deutschen Handelsgesetzbuch das erste gesamtdeutsche Gesetzbuch, 1877 das Deutsche Patentgesetz. Als Gottlieb Daimler 1884 in seinem Gewächshaus mit Wilhelm Maybach am Verbrennungsmotor bastelte und sein Vermögen nicht ausreichte, um seine Entwicklung zu finanzieren, waren alle rechtlichen Voraussetzungen vorhanden, die er zur Gründung seiner Aktiengesellschaft Daimler-Motoren-Gesellschaft brauchte. Erst sie brachte ihm finanzstarke Aktionäre ins Haus und legte das Fundament des späteren Weltkonzerns.

Die Tatsachen allerdings sprechen dagegen, dass jungen Unternehmen heute noch mit der AG gedient wäre. Anders als in der Schweiz sind die allermeisten Kapitalgesellschaften in Deutschland eine GmbH. Das hat verschiedene Ursachen: Die Gründung einer AG ist deutlich aufwendiger und kostspieliger – das erforderliche Stammkapital ist mit mindestens 50.000 Euro doppelt so hoch wie bei der GmbH. Sodann ist die Struktur der AG komplizierter – der Aufsichtsrat als weiteres Organ neben Gesellschafterversammlung und Management ist vorgeschrieben. Und schließlich ist das Aktienrecht zwingend, während das GmbH-Recht abweichende Satzungsregelungen zulässt. Die GmbH ist damit sehr viel flexibler und kann besser auf die Bedürfnisse der Gesellschafter und des Managements ausgerichtet werden. Diese Nachteile können die Vorteile der leichten Übertragbarkeit der Aktien offenbar nicht ausgleichen.

1.7 Ein Update im Unternehmensrecht macht Start-ups wettbewerbsfähiger

Zudem gibt es ein Lösungsmodell für die Beteiligung an der GmbH: Die Mitarbeiter erhalten keine echten, sondern »virtuelle Anteile«, die Angestellte wirtschaftlich so stellen sollen, als wären sie Gesellschafter. Mitarbeiter werden ohne Notar-

oder Gerichtskosten am Erfolg des Unternehmens beteiligt, Anwachsungs- und Verfallsklauseln sind leicht umzusetzen, und die Gesellschafterrechte werden auch nicht erworben. Allerdings gibt es für diese Vertragswerke keinen dezidierten Rechtsrahmen. Sie stehen und fallen mit der konkreten Vertragsgestaltung – sind die unklar oder lückenhaft, kann es passieren, dass die Mitarbeiter am Ende leer ausgehen. Hier besteht also ein dringender gesellschaftsrechtlicher Handlungsbedarf – es braucht eine Zukunfts-GmbH.

Zentrales Merkmal der Zukunfts-GmbH ist die digitale Abbildung von echten anstatt virtuellen Unternehmensanteilen. Hierdurch wird die Beteiligung von Mitarbeitern am Unternehmen wesentlich erleichtert. Digitale Anteile ermöglichen nicht nur Kleinsttransaktionen von Geschäftsanteilen, sondern erlauben auch eine Automatisierung der Zuteilung. Die Digitalisierung der Geschäftsanteile soll neben der Verbesserung der Mitarbeiterbeteiligung auch der schnelleren, rechtssicheren Gründung und der einfacheren Eigenkapitalbeschaffung dienen.

Diese Zukunfts-GmbH soll die Rechtsform der GmbH nicht ersetzen, sondern ergänzen. Ihr Rechtsrahmen soll speziell auf die Bedürfnisse der Mitarbeiterbeteiligung zugeschnitten werden. Das heißt, dass eine rein wirtschaftliche Beteiligung ebenso möglich sein muss wie eine Mikrotransaktion, die im Handelsregister idealerweise kostenfrei umgesetzt wird. Diese Ziele können mit einer vollständig digitalen Infrastruktur leicht erreicht werden. Die zentralen Parameter der Beteiligung werden einmal programmiert und dann weitestgehend automatisiert umgesetzt. Hierzu können Notare direkte Schreibrechte für das Mitarbeiterbeteiligungsregister bekommen, sodass die zuständigen Gerichte entlastet werden und ein Kostenpunkt eliminiert wird. Wir stärken so die Rechtsposition der Mitarbeiter, weil sie nunmehr echte Gesellschafter werden und sich nicht auf die Vertragswerke der Start-ups verlassen müssen. Außerdem können Musterverträge durch einen digitalen Generator zur Verfügung gestellt werden, der ausgewogene Inhalte kostengünstig bereitstellt. Auf diese Weise sind die Mitarbeiterbeteiligungsprogramme auch skalierbar, sodass man nicht nur Führungskräfte, sondern grundsätzlich alle Angestellten am Erfolg des Unternehmens beteiligen kann.

Zusätzlich zum Regelungsrahmen für eine digitale Kapitalgesellschaft muss sichergestellt sein, dass die Zukunfts-GmbH auch in steuerlicher Hinsicht zukunftsfähig ist. Insbesondere »trockenes« Einkommen sollte vermieden werden – zu versteuerndes Einkommen, das noch gar nicht realisiert wurde, darf auch zu keiner Steuerschuld führen.

Darüber hinaus halten Gesellschafter ihre Anteile grundsätzlich in Holding-Gesellschaften. Der Vorteil ist, dass ein Erlös aus dem Verkauf von Anteilen dann nahezu steuerfrei ist – es greift weder die Körperschafts- noch die Einkommenssteuer. Erst wenn es zu einer Auszahlung an den Gesellschafter kommt, sind die Entnahmen steuerlich relevant, Erlöse können fast vollständig weiter investiert werden. Fehlt es dagegen an einer Holding, sind Erlöse mit bis zu 45 Prozent Einkommenssteuer belastet, sodass für andere Investitionen nur gut die Hälfte der Erlöse zur Verfügung steht.

Die Erfahrung zeigt ohnehin, dass größere Erträge durch Beteiligungen oft im Start-up-Ökosystem bleiben. Die Mitarbeiter von heute sind nicht selten die Gründer von morgen. Das nochmalige oder erstmalige Gründen sollte daher nach einem Exit auch steuerlich begünstigt werden. Der Betrag, der in eine neue operative Gesellschaft fließt, sollte steuerlich absetzbar sein. Damit würden Mitarbeiter gegenüber der allgegenwärtigen Holding-Konstruktion sogar begünstigt, während gleichzeitig frisches Kapital in Start-ups fließt.

1.8 Mitarbeiterbeteiligung gezielt fördern – auch über das eigene Unternehmen hinaus

Wenn die Beteiligung von Mitarbeitern am Unternehmen erleichtert wird, entsteht allerdings ein ganz eigenes Risiko: Es wird alles auf die Karte eines einzigen Unternehmens gesetzt. Zur Wahrheit gehört aber auch, dass die allermeisten Start-ups scheitern, bevor Mitarbeiterbeteiligungen werthaltig werden. Allein dieser Aspekt kann viele Menschen davon abhalten, im Start-up-Sektor zu arbeiten. Könnte man das Risiko des Totalverlusts minimieren und stattdessen die überproportionale Verdienstaussicht erhalten, würde das Start-up-Ökosystem in Deutschland insgesamt einen enormen Schub bei der Einstellung von exzellentem Personal verzeichnen. Deshalb plädieren wir für die Einrichtung eines Mitarbeiterbeteiligungsfonds.

Dieser von der öffentlichen Hand geförderte Fonds kann Anteile an allen Unternehmen erwerben, die ihre Mitarbeiter am Unternehmenskapital beteiligen. Das soll folgendermaßen funktionieren: Wenn Start-ups normale Mitarbeiterbeteiligungen in Höhe von 5 Prozent ausgeben und dann weitere 5 Prozent in den Fonds einzahlen, sichern sie sich zwei Gegenleistungen: Erstens erhalten sie aus dem Fonds einen entsprechenden Beitrag als Kapitalerhöhung, und zweitens werden entsprechende Fondsanteile auf die Mitarbeiter übertragen. Kommt es bei einem der Unternehmen, an denen der Fonds beteiligt ist, zu einem Exit, können die Mitarbeiter einerseits direkt am Erfolg partizipieren – über die Anteile, die sie persönlich halten. Andererseits partizipieren sie auch indirekt – über die Beteiligung des Fonds, genau wie auch dessen andere Teilhaber. Eine solche indirekte Erfolgsbeteiligung erhalten sie aber auch, wenn es bei einem anderen Unternehmen, an dem der Fonds Anteile hält, zu einem Exit kommt. Dadurch wird eine effektive Diversifizierung des Risikos erreicht, das mit der Kapitalbeteiligung einhergeht; die Attraktivität von Start-ups als Arbeitgeber erhöht sich.

Die Attraktivität des Fonds kann zudem dadurch gefördert werden, dass die Start-ups, die eine bestimmte Anzahl von Anteilen in den Fonds einbringen, einen dem Wert der Anteile entsprechenden Betrag erhalten. Die Bewertung der Anteile sollte sich dabei am Nominalwert bzw. am Wert der letzten Finanzierungsrunde bemessen. Beispiel: Werden 5 Prozent des Stammkapitals an Mitarbeiter zu einer Bewertung von 10 Mio. Euro ausgegeben, dann erwirbt auch der Fonds für 500.000 Euro im Wege der Kapitalerhöhung 5 Prozent Anteile an dem Start-up. Gleichzeitig erhalten die Mitarbeiter des Start-ups kostenlos Anteile an dem Fonds und dadurch eine Beteiligung an allen Unternehmen, in die der Fonds eingestiegen ist.

Jede Gründerzeit basiert auf neuen Geschäftsideen. Davon gibt es heute mehr denn je, aber nicht so sehr bei uns. Wo sie wachsen können, hängt sehr vom Klima ab – von Mitarbeitern, Kapital und Rechtssicherheit. Für das unmittelbare Ökosystem der jungen Unternehmen haben wir unsere Vorschläge gemacht. Sie allein genügen allerdings noch nicht, wir müssen größer denken: in der Regulierung, bei den Talenten und in der Finanzierung. Wenn Sie mehr erfahren wollen, lesen Sie in *Neustaat* nach.

Zur Autorin

Nadine Schön ist seit 2009 direkt gewählte Bundestagsabgeordnete für den Wahlkreis 298 im Saarland. Seit 2014 gehört sie dem geschäftsführenden Vorstand der CDU/ CSU-Fraktion im Deutschen Bundestag an. Als stellvertretende Fraktionsvorsitzende ist sie für die Themenfelder Digitale Agenda sowie Familie, Senioren, Frauen und Jugend verantwortlich.

Literatur

Acatech, 2019: Innovationskraft in Deutschland verbessern: Ökosystem für Wachstumsfinanzierung stärken, abrufbar unter: https://www.acatech.de/publikation/innovationskraft-in-deutschland-verbessern/ (Abruf am 27.12.20)

Bitkom, 2019: Schwierige Finanzierung: Jedes vierte Startup denkt über Umzug ins Ausland nach, abrufbar unter: https://www.bitkom.org/Presse/Presseinformation/Schwierige-Finanzierung-Jedes-vierte-Startup-denkt-ueber-Umzug-ins-Ausland-nach (Abruf am 27.12.20)

Bundesministerium für Bildung und Forschung, 2020: Bildung und Forschung in Zahlen 2019, abrufbar unter: https://www.bmbf.de/upload_filestore/pub/Bildung_und_Forschung_in_Zahlen_2019.pdf (Abruf am 27.12.20)

BVK, Roland Berger, Internet Economy Foundation, 2018: Treibstoff Venture Capital – Wie wir Innovation und Wachstum befeuern. Abrufbar unter: https://www.bvkap.de/sites/default/files/news/vc_studie_von_ief_bvk_roland_berger_treibstoff_venture_capital.pdf (Abruf am 27.12.20)

Ernest & Young, 2020: EY French Venture Capital Barometer, abrufbar unter: https://www.ey.com/fr/fr/services/strategic-growth-markets/ey-french-venture-capital-barometer-annual-results-2019 (Abruf am 27.12.20)

Heilmann, Thomas / Schön, Nadine: Neustaat. Politik und Staat müssen sich ändern, Münchener Verlagsgruppe, 2020.

Netzökonom, 2018: Wert der Plattform-Ökonomie steigt im ersten Halbjahr um 1 Billion Dollar, abrufbar unter: https://www.netzoekonom.de/2018/06/24/wert-der-plattform-oekonomie-steigt-im-ersten-halbjahr-um-1-billion-dollar/ (Abruf am 27.12.20)

OECD, 2019: Pension Marcets in Focus, abrufbar unter: http://www.oecd.org/daf/fin/private-pensions/Pension-Markets-in-Focus-2019.pdf (Abruf am 27.12.20)

Tagesspiegel, 2019: Rekordinvestitionen in deutsche Start-ups, abrufbar unter: https://www.tagesspiegel.de/wirtschaft/start-up-barometer-2018-rekordinvestitionen-in-deutsche-start-ups/23849192.html (Abruf am 27.12.20)

2 Die Corona-Krise und ihre Folgen: Herausforderungen für deutsche Unternehmen

Dago Diedrich

Zuallererst ist Covid-19 (»Corona«) eine humanitäre Herausforderung. Es gilt, unter größtem Zeitdruck Menschenleben zu retten, weltweit medizinisches Wissen in der Impfstoffforschung zu generieren und zu teilen. Darüber hinaus beschleunigt dieser globale Virus in nie gekannter Geschwindigkeit Innovationen und die Weiterentwicklung von Unternehmen. Fundamentale Restrukturierungen werden um Jahre vorgezogen. Nicht nur bei Themen wie Mitarbeitersicherheit oder Lieferketten. Corona beschleunigt auch vorhandene Trends wie Elektromobilität, Nachhaltigkeit, Homeoffice oder lebenslanges Lernen. Branchen wie Telemedizin, Home Delivery und alles rund um Digitalisierung boomen.

Diese Pandemie hat in der jüngeren Geschichte keine Parallelen. Sie ist der größte wirtschaftliche Schock seit dem Zweiten Weltkrieg. Für das 2. Quartal 2020 in Deutschland vermeldet das Statistische Bundesamt mit –9,7 Prozent den stärksten Quartalsrückgang seit Beginn der Berechnungen im Jahr 1970. Eine eindrückliche Zahl und doch nur ein Mittelwert. Dahinter steht die enorme Spreizung von Unternehmen und persönlichen Schicksalen. Den einen kostet die Krise die Existenz, wenige erleben einen Boom, und die meisten Unternehmen kämpfen mittendrin. Aber womöglich sind die Ausgangschancen der Unternehmen in Deutschland besser als die ihrer europäischer Nachbarn. Eine McKinsey-Studie unter kleinen und mittleren Unternehmen zeigt, dass deutsche Unternehmen im Vergleich zu Frankreich, Italien, Spanien und dem Vereinigten Königreich bessere Chancen für einen geschäftlichen Neustart haben, da sie wirtschaftlich weniger getroffen wurden.

Für die Akteure in den Unternehmen stellte diese Krise ein beispielloses Maß an Unbekanntheit und Unsicherheit dar, zunächst in Bezug auf den Schutz ihrer Mitarbeiter, seitdem auf der Suche nach neuen Strategien. Wie werden sich ihr Unternehmen, ihre Branche und wirtschaftliche wie politische Rahmenbedingungen in Zukunft entwickeln? Und wie sollen sie darauf reagieren? Niemand hat eine Blaupause. Sicher ist nur: Die Neue Normalität (»New Normal«) verändert alle Ebenen eines Unternehmens, Organisation wie Produktion, Mensch und Maschine.

Wir haben Unternehmen aus nahezu allen Branchen seit Jahren begleitet – auch und gerade seit dem ersten Tag der Corona-Pandemie. Wir sehen ihre Herausforderungen, und spüren sie auch selbst als Unternehmen. Nach dem ersten schweren Schock zeigt sich: Drei Themen werden die Unternehmen im Jahr 2021 und darüber hinaus prägen: Menschen, Märkte, Lieferketten. Wie ist die jeweilige Ausgangslage und welche konkreten Handlungsempfehlungen können wir geben? Das haben wir im Folgenden untersucht.

2.1 Zukunftsfähigkeit: Innovative Geschäftsmodelle

Einen eindeutigeren Beweis hat es seit Jahrzehnten nicht gegeben. Unternehmen, die schnell auf eine Krise reagieren können, überleben. Wer es nicht kann, steht vor einer mehr als unsicheren Zukunft.

Ehrliche Bestandsaufnahme

Binnen Tagen hat die Pandemie Schwächen in der Unternehmensaufstellung und -führung offengelegt. »Wir haben Grenzen und Silos auf eine Art und Weise beseitigt, die sich niemand zuvor hätte vorstellen können«, beschreiben zahlreiche CEOs ihre Erfahrungen in einer McKinsey-Umfrage. Oder: »Wir haben gelernt, welche Fähigkeiten in unseren Unternehmen wirklich erforderlich sind«. Plötzlich wurde gehandelt statt diskutiert, kooperiert statt beäugt. Unterschiedlichste Firmen nutzen seitdem digitale Plattformen, um ihre Kompetenzen über die Betriebsabläufe hinweg zu bündeln. Wenn auch unter Wachstumsschmerzen lautet das Fazit dieser CEOs: »Es gibt kein zurück«. Denn Entscheidungen fielen schneller und oft in neuen, kompetenten und cross-funktionalen Teams. Bürokratische Prozesse wurden ausgehebelt und die Kommunikation offener. Ein wenig wie in Deutschlands Schulen: Dort diskutierten ministerielle Führungskräfte jahrelang das Wie und Wann der Digitalisierung. Erst unter dem Druck, Kinder außerhalb der Schulräume unterrichten zu müssen, wurde Ideen in Windeseile umgesetzt – zumindest in Teilen.

Der Digitalisierungsfortschritt der Schulen ist schwer messbar. Anders bei Unternehmen: Im Schnitt um drei bis vier Jahre verkürzten erfolgreiche Unternehmen schon nach dem ersten Krisen-Halbjahr die Digitalisierung ihrer Kundenbeziehungen und Lieferketten sowie ihrer internen Abläufe. Um erstaunliche sieben Jahre beschleunigte sich der Anteil digitaler oder digital unterstützter Produkte in ihren Portfolios. Auch das zeigt eine aktuelle McKinsey-Studie. Heute sind mindestens 80 Prozent der Kundeninteraktionen dieser Unternehmen digital. Doch Verallgemeinerungen verbieten sich. Es kommt auf die Branche an. Den Führungskräften bspw. von verpackten Konsumgütern (CPG) ließ der Virus mehr Luft zum Atmen. Sie berichten von relativ geringen Veränderungen in ihren digitalen

Produktportfolios. Bereiche wie Gesundheitswesen, Telemedizin und Pharma, Finanzdienstleistungen und freiberufliche Dienstleistungen trieb der Virus vor sich her. Sie machten einen fast doppelt so großen Digitalisierungssprung wie die CPG-Unternehmen. Stationäre Händler erobern den E-Commerce, Online-Händler dehnen ihr Produktportfolio aus, Banken erleben einen dramatischen Verhaltenswandel bei ihren Kunden und deren steigendem Interesse an neuen, digitalen Anbietern von Finanzprodukten.

Innovationen werden belohnt

Es ist Zeit durchzuatmen. Die ersten Schlachten sind geschlagen. Jetzt lautet die Aufgabe: Wie lassen sich Organisation und Geschäftsmodell der Neuen Normalität auf Dauer anpassen – ohne in alte Verhaltensweisen zurückzufallen? Kein Hexenwerk, der Werkzeugkasten ist bekannt. Zum Beispiel beim Thema Innovationen. Covid-19 hat den Trend zum immer höheren Innovationstempo nur nochmals beschleunigt. Künftige Geschäftsmodelle müssen mehr denn je in der Lage sein, schnell zu innovieren, sich anzupassen und zu skalieren. Im Kleinen wie im Großen. So haben findige Unternehmer seit Ausbruch der Krise neue Umsatzmöglichkeiten entdeckt. Sie kooperieren erfolgreich mit Medizintechnikern. Läden bieten Lieferdienste an, Musiker lassen sich für Privatkonzerte buchen. Wann, wenn nicht jetzt? Der Ernst der Lage gibt den Unternehmen die Lizenz zur Umverteilung von Prioritäten, Ressourcen und Geldern und zu einem neuen Fokus auf Nachhaltigkeit und Gemeinsinn. Zugleich ist die Bereitschaft der Kunden gestiegen, sich auf neue Konzepte einzulassen. Aber zahlt sich das auch aus?

Die Antwort gibt ein eindrucksvolles Chart (▶ Abb. 3) zur Marktkapitalisierung solcher Unternehmen seit der Finanzkrise im Jahr 2008: Ihre Entscheidungsfreude und Tatkraft wurden nachhaltig belohnt. Innovative Outperformer lagen bei der Marktkapitalisierung nicht nur 2009, zum Tiefpunkt dieser Krise, zehn Prozent über dem Durchschnitt. Auch in den Jahren danach übertrafen sie den Markt um mehr als 30 Prozent.

Viele profitierten davon, sich darüber hinaus ein Ökosystem von Partnern aufgebaut zu haben. Wer Netzwerke bildet, gewinnt tiefe Einsichten entlang der gesamten Wertschöpfungskette. Wer diese nutzt, verbessert die eigenen Produkte oder Dienstleistungen und sichert sich somit einen Wettbewerbsvorteil. Als Folge steigender Innovationskraft und Kollaborationen boomen jetzt Cloud-basierte Plattformen und Dienstanbieter. Sie gewährleisten den Zugriff auf wichtige kundenseitige (z. B. Callcenter-Technologie) und geschäftskritische Plattformen (z. B. Handels- und Brokerage-Technologie bei Banken). Noch mehr Kapital wird nun auch in Automatisierung und Digitalisierung fließen. Nicht nur, um Kosten zu sparen und Prozesse zu vereinfachen. Sondern nach der Lehrstunde aus Covid-19 auch, um den Schutz von Mitarbeitern Verkaufsbereich oder Kunden an einer Supermarktkasse zu verbessern.

Aber woher kommt frisches Kapital in den nächsten Jahren? Strategie- und Budgetplanung für 2021 und darüber hinaus sind eine Herausforderung. 40 Pro-

Die Vergangenheit hat uns gelehrt, dass sich Unternehmen, die in einer Krise in Innovationen investieren, schneller wieder erholen

Normalisierte Marktkapitalisierung, Index (Q1 2007 = 100)

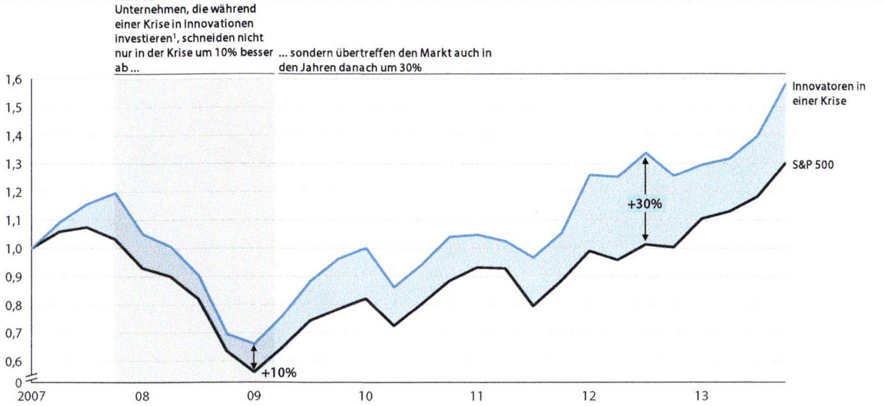

1. Innovatoren sind Unternehmen, die mindestens 2 Jahre nach einer Krise im Ranking „The World's 50 Most Innovative Companies" von Fast Company aufgeführt werden (normalisiert auf 2007)

Abb. 3: Marktkapitalisierung innovativer Unternehmen

zent der von McKinsey befragten CFOs und CSOs erwarten(zumindest kurzfristig) Schwierigkeiten beim Cashflow, vor allem aufgrund von Zahlungsproblemen bei den Kunden. 30 Prozent befürchten weitere Unterbrechungen ihrer Lieferketten. Auch diese Führungskräfte müssen agiler als bisher arbeiten, ihre Prozesse flexibilisieren und dafür neue Instrumente finden. CFOs haben erkannt, dass der traditionelle Budgetierungsprozess nicht zukunftsfähig ist. So geben in dieser Umfrage bspw. 43 Prozent der CFOs an, dass sie ihre gesamten Prozesse rationalisieren müssen, um schneller und effizienter reagieren zu können. 65 Prozent erwarten, dass im Jahr 2021 und darüber hinaus verstärkt rollierende Prognosen eingesetzt werden. Abbildung 4 zeigt, welche Schritte eine erfolgreiche Planung für 2021ff. enthalten sollte.

Die COVID-19-Krise hat Wertverschiebungen beschleunigt. Das bedeutet, die Messlatte, um an der Spitze zu bleiben, liegt künftig noch höher als bisher. Im Vordergrund steht die Analyse, welche Trends durch eine dritte Corona-Welle nochmals beschleunigt werden könnten, das Denken in mehreren Szenarien und die Frage, welche Investitionen dann sinnvoll sind. Auch dafür muss finanzielle Liquidität zur Verfügung stehen. Unternehmen müssen sich ehrlich machen: Wie zukunftsfähig ist ihr Geschäftsmodell wirklich und wo liegen realistisch neue Optionen? Wer bisher gut durch die Krise gekommen ist, kann seinen Startvorteil in eine sehr starke Position für die kommenden Jahre umwandeln. Wer ins Hintertreffen geraten ist oder in seinem Sektor unterdurchschnittlich abschneidet, der hat vielleicht nur noch eine letzte Chance.

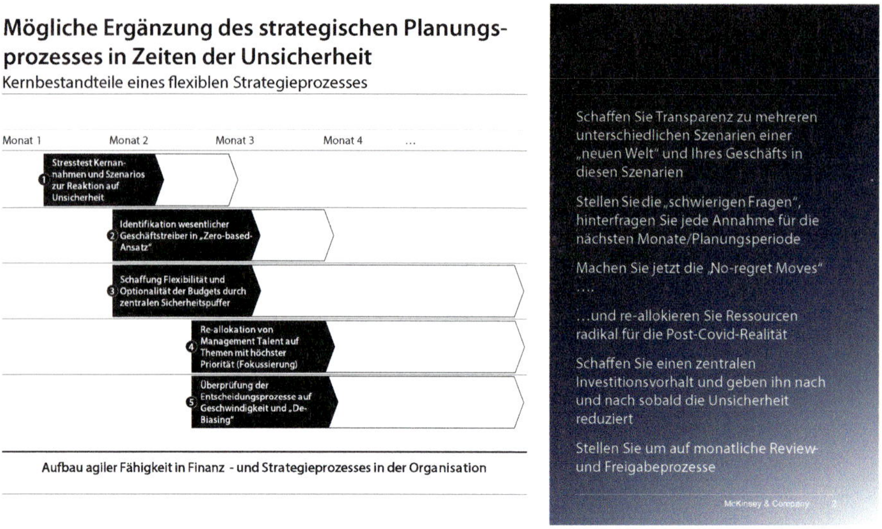

Abb. 4: Schritte für eine erfolgreiche Unternehmensplanung

2.2 Versorgungssicherheit: Lieferketten neu denken

Covid-19 wird als schlagender Beweis in die Lehrbücher eingehen, wie verletzlich globale Lieferketten, Angebote und Nachfrage sind. Leichten Herzens verzichteten viele Konsumenten gleich zu Beginn der Krise auf nicht lebensnotwendige Güter wie Bekleidung. Autokäufe wurden schlagartig verschoben. Vor allem wegen politischer Entscheidungen sank das Reiseaufkommen dramatisch, was Unternehmen in der Luftfahrt langfristig hart treffen wird. Einige Branchen wie Gastronomie oder Eventmanagement mussten ihre Geschäftstätigkeit vorübergehend gänzlich einstellen. Ganz anders aber in der Landwirtschaft oder Nahrungsmittel- und Getränkeindustrie: Trotz aller Lieferketten- und Produktionswidrigkeiten musste eine unverändert hohe Nachfrage abgearbeitet werden. Viele pharmazeutische Unternehmen können gar nicht so schnell forschen, pressen und blistern, wie sie gerade sollen.

Unterschätzes Gefahrenpotenial

Covid-19 schärft den Blick nicht nur für plötzliche Nachfrageeinbrüche. Covid-19 ist auch eine Lektion darin, wie schnell selbst angemessener politischer Einfluss und nationale Interessen zu Risiken für Unternehmen werden. Bei einer internationalen politischen Krise drohen Handels-, Übernahme- und Kreditbeschränkungen, bei einem Unwetter kann es die Energieversorgung treffen. Das ist keine Schwarzmalerei: Der Anteil des Welthandels mit Ländern, die nach Einschätzung der Weltbank im Hinblick auf politische Stabilität in der unteren Hälfte der Welt rangieren, ist schon von 16 Prozent im Jahr 2000 auf 29 Prozent im Jahr 2018 gestiegen. Eine Warnung sollte auch sein, dass knapp 80 Prozent des Handels mit Ländern abgewickelt wird, in denen die politische Stabilität sinkt. Abbildung 5 verdeutlicht weitere mögliche Brandherde.

Exposure verschiedener Wertschöpfungsketten zu Schocks, abhängig von geographischem Fußabdruck und weiteren Faktoren
Ergebnisse für ausgewählte Wertschöpfungsketten

Disruptionsrisiko Niedrig – Hoch Besser – Schlechter X = Rang der Exposure innerhalb der 23 Wertschöpfungsketten

	Gesamthafte Exposure zu Schocks*	Pandemie	Umfangreicher Cyber-Attacke	Geophysischer Schock**	Klima – Hitzeschock	Klima – Flutschock	Handels-konflikt
Kommunikationsequipment	1	13	3	2	16	7	2
Computer und Elektronik	6	15	5	4	14	14	9
Luftfahrt	8	2	1	18	20	21	5
Halbleiterindustrie	9	19	6	1	18	23	1
Maschinen- und Anlagenbau	18	9	10	20	17	20	7
Medizinische Geräte	23	22	8	22	22	22	3

* Komplette Analyse bewertet 23 Wertschöpfungsketten; ** z.B. Erdbeben, Tsunami

Abb. 5: Verwundbarkeit globaler Wertschöpfungsketten (Quelle: McKinsey Global Institute Analyse)

Wie sehr Probleme in der Versorgungskette über Verwundbarkeit oder Widerstandsfähigkeit eines Unternehmens entscheiden, zeigt eine McKinsey-Umfrage vom Mai 2020. 93 Prozent der Befragten wollen ihre Lieferkette widerstandsfähiger machen. Auf ihren Prioritätenlisten stehen Redundanzen bei Zulieferern, »Nearshoring«, die Reduzierung der Anzahl von Einzelteilen und die stärkere Regionalisierung ihrer Lieferkette. Bis zu einem Viertel der globalen Lieferketten in einem Volumen von bis zu 4,6 Billionen Dollar jährlich könnten bereits in den nächsten fünf Jahren verlagert werden. Das zeigt unsere Studie zu den Wertschöpfungs- und Lieferketten in 23 Branchen hinsichtlich ihrer Anfälligkeit für Pandemien, Cyberattacken, Handelskriege, Naturkatastrophen und Klimarisiken.

Die richtigen Fragen

Zur Gefahrenabwehr müssen jetzt die entscheidenden Fragen gestellt werden. Die erste: Welchen Risiken sind unsere Lieferketten wir ausgesetzt? Die erstaunliche Antwort: Die meisten großen Unternehmen wissen es nicht. Sie haben realistisch nur wenig mehr Überblick als über ihre Zulieferer der ersten und vielleicht noch über einige großer Zulieferer der zweiten Ebene. Hier kann Digital Analytics für mehr Effizienz und Transparenz sorgen. Auch in der globalen Fertigung gewinnen erst nach und nach wichtige Technologien an Raum wie Analytik und künstliche

Intelligenz, Industrie 4.0, Advanced Robotik oder digitale Plattformen. Erst sie ermöglichen die Bewertung von Szenarien und Kompromissen, beschleunigen die Reaktionsgeschwindigkeit und erhöhen die Wertschöpfung.

Hinzu kommt ein Kanon weiterer Fragen. Herrscht ein Gleichgewicht zwischen Belastbarkeit und Effizienz, zwischen Just-in-Time und »für den Fall der Fälle«? Müssen Lean- und Just-in-Time-Bestandsverwaltungssysteme beendet oder modifiziert werden, um das Ausfallrisiko zu minimieren? Lässt sich unsere Risikobereitschaft messen? Kommunizieren wir Kapitalgebern klar genug, wie sich Investitionen in eine höhere Widerstandsfähigkeit auszahlen? Globale Wertschöpfungsketten verschieben sich – welche neuen Chancen können sich daraus über Produkte und Regionen hinweg ergeben? Und können wir in die Offensive gehen, wenn unsere Konkurrenten straucheln?

Ein Beispiel als Ansporn: Ein weltweit führender Sportartikelhersteller zeigt, wie sehr ihm die Regionalisierung seiner Handels- und Produktionsnetzwerke, die Digitalisierung und seine Nähe zum Konsumenten unter Corona-Bedingungen genutzt hat. Besagtes Unternehmen hatte bereits zuvor in eine transparentere Lieferkette investiert. Davon profitierte sein Vertrieb in der Krise enorm, weil die Kanäle in China schnell und flexibel angepasst werden konnten. Im Detail: Dank der RFID-Etiketten auf allen Produkten konnte das Unternehmen lückenlos die Produktion in den vollständig ausgelagerten Fertigungsbetrieben an über 500 Standorten und in über 40 Ländern nachverfolgen und optimieren. Ein eigenes »Expressspur«-Fertigungssystem steigerte Geschwindigkeit und Flexibilität innerhalb ausgelagerter Fertigungsvorgänge. Mit vorausschauenden Nachfrageanalysen und einem integrierten digitalem Ökosystem konnte das Unternehmen schnell auf die Auswirkungen von Ladenschließungen reagieren. Zugleich wurden Lagerbeständen aus Shops zu digitalen Verkaufskanälen umgeleitet, in digitales Marketing investiert und drohender, überschüssiger Lagerbestand rechtzeitig identifiziert. Dieser Kraftakt führte dazu, dass der Umsatz des Sportartikelherstellers im 1. Quartal 2020 nur um fünf Prozent fiel – bei den wichtigsten Konkurrenten in China waren es 45 Prozent.

Über die Zukunftsfähigkeit einer Lieferkette entscheiden aber nicht nur technische Kriterien, sondern auch Organisationsstrukturen und Managementpraktiken. McKinsey befragte 56 globale Unternehmen, welche Faktoren mit dem EBITDA-Erfolg ihres Unternehmens korrelieren. Die ehrliche Antwort: Der viel diskutierte formale Aufbau der Supply-Chain-Organisation hat weitaus weniger Einfluss als weichere Faktoren wie End-to-End-Koordination, definierte Prozesse, klare Verantwortlichkeiten und funktionsübergreifende Zielgrößen. Und auf die Mitarbeiter kommt es an: auf deren berufliche Mobilität, deren Aufbau neuer Kompetenzen und ihr sozialer Zusammenhalt über Partikularinteressen, Abteilungen und Landesgrenzen hinweg.

Covid-19 war ein Schock, aber auch ein Wegweiser. Die Krise macht unmissverständlich klar, wovon Unternehmenserfolg heute abhängt. Von Resilienz und Wettbewerbsfähigkeit, von schnell zu realisierenden Innovationen, vom Grad der Automation und der Loyalität der Belegschaft. Nur wer jetzt alle digitalen Werkzeuge –

sei es in der Produktion oder beim agilen Arbeiten – nutzt, kann auf die nächste böse Überraschung widerstandsfähig reagieren. Unabhängig davon, wo, wie und wann sie eintritt. Ein einziges schwerwiegendes Ereignis, das die Produktion für 100 Tage unterbricht – etwas, das tatsächlich im Durchschnitt alle fünf bis sieben Jahre passiert – könnte in einigen Branchen fast den Jahresgewinn kosten.

Wer diesem Wandel jetzt nicht Produktion, Lieferkette und auch Unternehmenskultur anpasst, der muss mit zunehmenden Schäden durch die Unterbrechung seiner Wertschöpfungskette rechnen. Oder nach Zahlen des McKinsey Global Institutes: In jedem Jahrzehnt verlieren solche Unternehmen mehr als 40 Prozent der Gewinne eines Jahres. Oder: Sie haben ein halbes Jahr umsonst gearbeitet.

2.3 Ob remote oder agil: Die resilientere Zukunft der Arbeit

Die Pandemie hat Unternehmen auf der ganzen Welt nicht nur gezwungen, die Gesundheit ihrer Mitarbeiter besser zu schützen. Sie mussten auch auf neue Arbeitsweisen ausweichen.

Neue Verantwortlichkeiten, neue Motivation

Remote-Technologien wurden binnen Tagen eingeführt statt über Jahre pilotiert. Statt als Pyramide mit einem CEO samt dessen endloser To-do-Listen an der Spitze sorgen jetzt viele kleine Teams für schnelle und positive Kundenerfahrungen end-to-end. Sie arbeiten in Sprints und werden dabei je nach aktueller Aufgabe von gut ausgestatteten Inhouse-Experten unterstützt. Zugleich übernehmen die Teams mehr Verantwortung, z. B. für die Rentabilität ihrer Vertriebsideen. Auch Gruppen wachsen an ihren Aufgaben. Prioritäten werden top-down gesetzt, aber cross-funktionale Teams entscheiden, wie sie umgesetzt werden – und handeln sofort. Planungen erfolgen quartalsweise mit einem wöchentlichen Check zum Stand der Dinge. Die Erfahrung zeigt: Ein klarer Fokus, flexibel besetzte Führungsrollen und weniger Abstimmungsberechtigte führen zu enormen Veränderungen. Um nicht zu sagen: Fortschritten.

Wie bei der Neuausrichtung einer erfolgreichen europäischen Direktbank: Sie schnurrte sechs Hierarchieebenen auf drei zusammen und löste Silos durchsetzungsstark auf. Sie forderte eine Ergebnis- statt einer Meeting-Kultur ein und nutzte dafür alle agilen Arbeits- und Teammethoden. Ihre IT setzte die Bank modularer auf. Binnen eines Jahres und trotz aller Turbulenzen eines solchen Umbaus stieg die Kundenzufriedenheit signifikant, die Mitarbeiterzufriedenheit um 20 Prozent, die Effizienz um 30 Prozent und das Unternehmen eroberte Platz1 im Arbeitgeber-Ranking seines Heimatlandes.

Auch die deutschen Führungskräfte haben ihre Corona-Lektionen in Sachen Arbeitsorganisation gelernt. In einer Umfrage gaben 20 Prozent von ihnen an, dass mindestens ein Zehntel ihrer Mitarbeiter künftig zwei oder mehr Tage pro Woche aus der Ferne arbeiten könnten. Zum Vergleich: In China sind es nur noch 4 Prozent der Befragten. Aber der Remote-Boom hat seinen Preis. Um eine effiziente und sichere Kommunikation sicherzustellen, muss parallel in Technik und Datensicherheit investiert werden. Auch das Thema Online-(Weiter-)Bildung dürfe einen Aufschwung erleben, der zu technischen Innovationen wie zur dauerhaften Verfügbarkeit von remotefähigen, erschwinglichen und qualitativ hochwertigen Bildungsangeboten führen könnte. Wer nicht daheim, sondern im Büro oder in der Produktion arbeitet, wird ebenfalls auf Veränderungen stoßen. Da das Distanzgebot in vielen Bereichen andauern wird und Unternehmen nur vorsichtig zu einer Büropräsenz zurückkehren, müssen Organisationen Arbeit und Büros neu definieren. Flexible Zonen müssen sowohl der niedrigeren Auslastung als auch den Mitarbeitern, die zu wechselnden Zeiten ins Büro kommen, gerecht werden. Die Art der Arbeitsorganisation muss sich ebenfalls weiterentwickeln. Nur zu oft – und das ist nicht zwingend eine Frage des Unternehmensalters – behindern überholte Abstimmungsprozesse und Hierarchien schnelle Entscheidungen und demotivieren engagierte Mitarbeiter.

Doch Vorsicht vor turmhohen Erwartungen in allen Bereichen. Viele Organisationen hoffen, dass sie dank weniger Standortbeschränkungen auf neue Talentpools zugreifen können. Zugleich wollen sie innovative Prozesse zur Produktivitätssteigerung einführen, eine stärkere Unternehmenskultur schaffen und noch dazu die Immobilienkosten deutlich senken können. Bester Remote-Kundenservice steht selbstredend auch auf der Wunschliste. Doch das neue Ideal vom Arbeiten remote und/oder agile lässt sich nur verwirklichen, wenn Entscheidungen transparenter fallen und Mitarbeiter eigenständiger regeln können, wann und wo sie arbeiten.

Dynamik des Wandels nutzen

Wie schön wäre eine Patentlösung für Branchen oder Unternehmen! Es gibt keine. Alles hängt an individuellen Fragen. Welche Talente werden jetzt benötigt und welche internen Funktionen werden jetzt wichtiger? Wie viel interdisziplinäre Kooperation ist intern und extern für Spitzenleistungen erforderlich? Sogar innerhalb einer Organisation kann die Antwort je nach Geografie, Unternehmen und Funktionen unterschiedlich aussehen. Wer sich auf Veränderungen einlässt, erstellt sich auch beim Thema Arbeitsorganisation ein langes Pflichtenheft. Zunächst steht die detaillierte Analyse an, wie die Arbeit tatsächlich – unabhängig von einstigen Planungen – geleistet werden soll. Wer auf verstärktes Remote-Arbeiten setzt, muss definieren, wie viel Arbeit kann nach Covid-19 aus der Ferne erledigt werden und was ist dafür erforderlich? Nicht nur technisch: Eine erfolgreiche Verlagerung berücksichtigt die Bedürfnisse von Mitarbeitern, Teams und der Organisation als Ganzes. Jetzt muss die Dynamik des Wandels genutzt werden, um weiterhin neue Arbeitsweisen, Agilität, Standardisierung und Digitalisierung von Kernprozessen und eine flexible Personalzuweisung umzusetzen. Automatisierung und Digitalisierung der Frontend- und Backend-Operationen sorgen gegenüber dem Kunden für schnelle und zuverlässige Leistungen – auch im Krisenfall.

Eine ehrliche Bestandsaufnahme bei der Qualifikation der Mitarbeiter und Führungskräfte tut ebenfalls Not. Unternehmen müssen lernen, nicht nur die digitale, sondern auch die kompetenzbasierte Transformation voranzutreiben. Kritische Qualifikationslücken müssen durch groß angelegte Programme geschlossen und massiv in die kontinuierliche Fortbildung motivierter Mitarbeiter investiert werden.

Auch Führungskräfte sind gefordert. Ihre Persönlichkeit muss als Vorbild dienen, die Digitalisierung und neue Arbeitsweisen voranzutreiben. Nicht zuletzt müssen sie in der Lage sein, selbst große Teams aus der Distanz motivieren und leiten zu können. Keine Kleinigkeit. Und dann sollten Führungskräfte auch noch darüber nachdenken, wie sie durch die reduzierte Nutzung von Büroflächen und weniger berufsbezogenes Reisen und Pendeln den CO_2-Abdruck ihrer Firma senken zu können. Der Einsatz wird sich lohnen. Unternehmen können ihre gut geplante Rückkehr in die Büros nutzen, um sich neu zu erfinden. Veränderte Prozesse, neue Strukturen und effizientere Personalplanung können zu Einsparungen bis zu 30 Prozent führen.

Die Zufriedenheit der Mitarbeiter dürfte steigen, weil ihnen mehr Eigenverantwortung übertragen wird und sie weniger Zeit auf dem Arbeitsweg oder auf Dienstreisen verlieren. Studien zeigen: Zufriedene und motivierte Mitarbeiter erhöhen ihre Arbeitsleistung um bis zu 23 Prozent bzw. das Umsatzwachstum um das 2,9-fache. Dagegen führt eine von ihren Fähigkeiten her nicht zukunftsfähige oder vom dauerhaften Arbeiten im Homeoffice psychisch überforderte Belegschaft zu mangelnder Effizienz und unzufriedenen Kunden. Was in sinkender Nachfrage mündet.

Deshalb ist es so einleuchtend wie verführerisch, wenn sich Unternehmen unter dem Druck von Umsatzeinbrüchen nun auf ihre dringendsten Bedürfnisse wie neue Prozesse und Arbeitsweisen konzentrieren. Doch es befreit sie nicht davon, weiterhin das ganze Bild betrachten zu müssen. Denn es besteht die Gefahr, dass Inklusion und Diversität nun zu Unrecht als weitere strategische Prioritäten für Organisationen zurücktreten.

2.4 Checkliste

Covid-19 wird weder die letzte Pandemie sein noch die letzte Wirtschaftskrise bewirken. Und bisher sehen wir noch nicht einmal die vollen Auswirkungen der aktuellen Pandemie, die sich weiter in Etappen entwickeln dürfte. Schnelle Reaktion auf veränderte Märkte, Menschen und Lieferketten sind wichtig. Proaktive Resilienz-Interventionen führen wie oben gezeigt nachweislich zu einer über lange Zeit anhaltenden Outperformance. So lässt sie sich erreichen:

Ressourcen flexibel einsetzen

Widerstandsfähige Unternehmen zeichnen sich durch eine dynamische Kapitalumverteilung aus. In Abschwungphasen können sie sich schnell von Bereichen trennen; in Erholungsphasen erhöhen sie Investitionen und Übernahmen, mit dem Fokus auf kleinere, aber häufigere Transaktionen.

Führungspersönlichkeiten sollten im Sinne des Unternehmens bereit sein, Probleme früher und entschiedener anzugehen. Die Bereitschaft, Kosten zu reduzieren in echter Not, muss vorhanden sein – auch bei F&E-Ausgaben und Investitionskosten. Die Maßgabe sollte aber sein, diese Investitionen in die Zukunft bei einer Erholung schnell wieder hochfahren zu können.

Organisationen schnell bewegen

Resiliente Unternehmen bewegen sich im Abschwung schneller. Ihre gelebte Führungskultur ist auf schnelle Entscheidungsfindung auch unter Unsicherheit ausgerichtet. Niedrige Hierarchien, ein hohes Maß an Eigenverantwortung und die Platzierung der besten Talente an den kritischsten Stellen des Unternehmens fördern ein starkes organisatorisches Rückgrat, um das Unternehmen in Zeiten der Krise zu schützen.

Finanzen stabilisieren

Belastbare Unternehmen verschaffen sich zu Beginn des Abschwungs Spielräume, sowohl im operativen als auch im finanziellen Bereich. Mit einer detaillierten Bereinigung der Bilanz z. B. mit strafferem Forderungsmanagement sichern sie ihre Liquidität und ermöglichen entscheidende Portfolioveränderungen – zwei wesentliche Hebel in Zeiten der Erholung.

Systeme zur Früherkennung aufbauen

Um in einer Krise so schnell und flexibel wie beschrieben reagieren zu können, sind Früherkennungssysteme unabdingbar. Zum Beispiel ein »Resilience Nerve Center«: Dort erstellt ein Team engagierter Spezialisten Bedrohungskarten, entwickelt Belastungstests und stellt sie den betroffenen Unternehmenseinheiten zum kontinuierlichen Ist-Soll-Vergleich zur Verfügung. Eine mehr als lohnendes Investment.

Testen Sie doch mal, wie ganzheitlich Ihr Unternehmen vorbereitet ist (▶ Abb. 6)

Reflektieren und bewerten

Reflektieren, was während und nach der Krise funktioniert hat und was nicht

Chancen bewerten (schneller und besser)

Anspruchsniveau festlegen (10x höheres Ziel anstreben)

Festlegen, wo Interventionen nötig sind (z.B. Anforderungen an Führungskräfte, Kostenflexibilität, Kompetenzlücken)

Change Story entwickeln, um die Organisation zu mobilisieren

Entscheiden

Einzelne Elemente/Lösungsraum ausarbeiten

Erforderliche Änderungen in verschiedenen Bereichen festlegen:

- Leistungsstarke Hybrid-Remote-Teams
- Deutliche Veränderung der Kostenposition
- Schaffung der personellen Voraussetzungen
- Modernisierung des operativen Modells

Transformationsansatz festlegen

- Gezielte Interventionen
- Integrierte Transformation des operativen Modells in ausgewählten Geschäftsbereichen
- Eine All-in-Transformation?

Anwenden und ausweiten

Maßnahmen mit Quick Win umsetzen (z.B. Schulungsprogramm für Führungskräfte in einem hybriden Modell)

Pilote durchführen und daraus lernen (z.B. Vereinfachung eines Pilotprozesses)

Auf die ganze Organisation ausweiten

Abb. 6: Checkliste für die Phasen eines Transformatinsprozesses

2.5 Und wie wird die Welt für Unternehmen in den kommenden Jahren aussehen?

Die Antwort lautet schlicht: unumkehrbar anders. Und das gilt nicht nur für Geschäftsmodelle, Lieferketten und Arbeitsbedingungen, sondern auch rund um Stakeholder wie Mitarbeiter, der Kundenwunsch nach Nachhaltigkeit, Finanzierungsfragen und politische Einflussnahme.

- Selbstbewusste Mitarbeiter, die sich an mehr Entscheidungsfreiheit und Verantwortung gewöhnt haben, sind nicht mehr zur Rückkehr in hierarchischere Strukturen bereit. Unternehmen bleiben dauerhaft digitaler und agiler.
- Nachhaltiges Wirtschaften wird noch wichtiger. Künftige Arbeits- und Geschäftsführerverträge werden um sozial-ökologische Erfolgskriterien ergänzt. Unternehmensziele werden erweitert. Kunden (und Mitarbeiter) fordern Nachhaltigkeit und Orientierung am Gemeinwohl ein – Purpose wird zu einem Erfolgsfaktor. Mehr als 2.000 akademische Studien haben die Auswirkungen von ökologischen, sozialen und Governance-Faktoren auf die Eigenkapitalrendite untersucht. 63 Prozent fanden positive Ergebnisse, nur acht Prozent urteilten negativ. Unsere eigenen Studien zeigen, dass mehr als 70 Prozent der befragten Verbraucher, die in verschiedenen Branchen, einschließlich der Automobil-, Bau-, Elektronik- und Verpackungsbranche, einkaufen, bereit sind, für ein umweltfreundliches Produkt fünf Prozent mehr zu zahlen. Vorausgesetzt, es erfüllt die gleichen Leistungsstandards wie eine nicht umweltfreundliche Alternative.
- Darüber hinaus ist jetzt Liquidität ein größeres Thema. Unternehmen, die noch über Reserven verfügen, werden nach interessanten Zukäufen Ausschau halten,

zumal ihnen die Krise Schnäppchen beschert. Für finanziell angeschlagene Unternehmen wird die Lage noch schwieriger. Finanzierungsrunden mit Banken und Investoren dürften wegen drohender Zahlungsausfälle und Insolvenzen anspruchsvoller werden.

- Die deutsche Politik wird den aus ihrer Sicht für die Sicherheit oder Gesundheit der Bevölkerung relevanten Unternehmen womöglich mehr Vorgaben machen. Zudem steigt der staatliche Einfluss auf in der Krise gerettete Unternehmen etwa in der Luftfahrt und Tourismusindustrie. Trotz ihres eigentlich temporären Charakters könnten die Eingriffe länger erhalten bleiben und zu Wettbewerbsverzerrungen führen.

In der nächsten Krise werden Unternehmen widerstandsfähig sein, die das Wachstum der Wertschöpfung vorantreiben und gleichzeitig neue Chancen ausbalancieren. Die Unternehmen, die ihr Augenmerk auf die Aufrechterhaltung der operativen Margen auf Kosten anderer verhältnismäßiger Maßnahmen richten, werden erneut Lehrgeld bezahlen – vielleicht in existenzbedrohender Weise.

Die Verantwortlichen in den Unternehmen stehen vor Herausforderungen, wie sie seit dem Wirtschaftswunder keiner ihrer Vorgänger bewältigen musste. Doch sie können auch ähnlich große Chancen ergreifen: Die Pandemie hat viele Trends nur beschleunigt. Über den künftigen Erfolg ihrer Unternehmen entscheiden jetzt Resilienz und Agilität. Oder wie es Konrad Adenauer einst ausdrückte: »Wenn die anderen glauben, man ist am Ende, dann muss man erst richtig anfangen«.

Die deutsche Wirtschaft ist gut positioniert, aus dieser Krise gestärkt hervorzugehen. Es ist Zeit die Weichen zu stellen: Die Stimmung in vielen Unternehmen hellt sich bereits auf, aber 2021 wird lediglich ein Jahr des Übergangs sein, dass die tiefen Einschnitte von 2020 nicht wird aufwiegen können. Und sind wir gewappnet für die Post-CovidD-Ära, bereit, wenn sich der Wind nochmal dreht? Sicherlich hat jeder eine andere Vorstellung, wie sich das anfühlen mag. Wir werden die Wunden und Verluste nicht vergessen, aber der nächsten Krise hoffentlich gelassener ins Auge blicken.

Zum Autor

Dago Diedrich ist Senior Partner in McKinseys Büro in Düsseldorf und Leiter der Strategy & Corporate Finance Practice von McKinsey in Deutschland sowie Leiter der Business Strategy Practice weltweit. Er arbeitet intensiv mit Klienten an der Strategieentwicklung und -umsetzung in verschiedenen Industrien in Asien, Europa und den USA. Er verfügt ebenfalls über umfangreiche Erfahrung zu Trends und globalen Disruptionen und hat für McKinsey die Lösungen zur schnellen, digitalisierten Strategieplanung entwickelt.

Literatur

Agrawal, A. et al,: Memo to the CFO: A new approach to 2021 budgeting starts now, online im Internet, 10.09.2020, URL: https://www.mckinsey.com/business-functions/strategy-and-corporate-finance/our-insights/memo-to-the-cfo-a-new-approach-to-2021-budgeting-starts-now

Dhingra, N. et al.: Igniting individual purpose in times of crisis, online im Internet, 18.08.2020, URL: https://www.mckinsey.com/business-functions/organization/our-insights/igniting-individual-purpose-in-times-of-crisis

Dimson, J.et al.: COVID-19 and European small and medium-size enterprises: How they are weathering the storm, online im Internet, 22.10.2020, URL: https://www.mckinsey.com/industries/public-and-social-sector/our-insights/covid-19-and-european-small-and-medium-size-enterprises-how-they-are-weathering-the-storm

Gast, A. et al.: Purpose: Shifting from why to how, online im Internet, 22.04.2020, URL: https://www.mckinsey.com/business-functions/organization/our-insights/purpose-shifting-from-why-to-how

Laberge, L. et al.: How COVID-19 has pushed companies over the technology tipping point–and transformed business forever, online im Internet, 05.10.2020, URL: https://www.mckinsey.com/business-functions/strategy-and-corporate-finance/our-insights/how-covid-19-has-pushed-companies-over-the-technology-tipping-point-and-transformed-business-forever

Levy, C. et al.: The emerging resilients: Achieving ›escape velocity‹, online im Internet, 06.10.2020, URL: https://www.mckinsey.com/business-functions/risk/our-insights/the-emerging-resilients-achieving-escape-velocity

McKinsey Global Institute: Risk, resilience, and rebalancing in global value chain, online im Internet, 06.08.2020, URL: https://www.mckinsey.com/business-functions/operations/our-insights/risk-resilience-and-rebalancing-in-global-value-chains

Smit, S. et al.: As you return from the summer break, can you lead toward a COVID-Exit?, online im Internet, 25.09.2020, URL: https://www.mckinsey.com/business-functions/strategy-and-corporate-finance/our-insights/as-you-return-from-the-summer-break-can-you-lead-toward-a-covid-exit

3 China: Ansporn oder Bedrohung für die deutsche Wirtschaft?

Jörg Wuttke

Europa erlebt gegenwärtig seinen Sputnik-Moment. So wie die Sowjetunion in den späten 1950er-Jahren die USA mit dem ersten Satelliten im All überraschte, so erscheint der chinesische «Sputnik» für Europa aktuell in Form von batteriebetriebenen Automobilen und der 5G-Mobilfunktechnologie.

Die USA und China sind in Bereichen wie machine learning und künstlicher Intelligenz eindeutig in Führung, die beiden Mächte kämpfen um die künftige Führungsrolle in der Weltwirtschaft. Europa läuft derweil Gefahr, technologisch dauerhaft in Rückstand zu geraten und wirtschaftlich einen Bedeutungsverlust zu erleiden.

Der frühere Botschafter der USA in Deutschland bedroht das Konsortium für das Gaspipeline Projekt Nord Stream 2, Chinas Botschafter in Berlin denkt in der Huawei-Kontroverse laut über Vergeltungsschläge gegen deutsche Autohersteller nach: Solche Geschehnisse sind keine Ausnahmen mehr, sie beschreiben einen Trend; internationale Konflikte werden zunehmend mit wirtschaftlichen Mitteln ausgetragen.

Dabei geht es teilweise auch um einen Konflikt der Systeme und der Ideologien: China verfügt über ein Gesamtsystem mit staatlichen Banken und Investitionsfonds sowie einer allmächtigen Partei, die alles koordiniert. Uns in Europa fehlen solche Mittel für große strategische Pläne. Unsere liberale Wertvorstellung gibt dafür auch keinen Raum. Aber muss sich Europa entscheiden zwischen China und den USA, um mithalten zu können im Wettlauf um die Zukunft? Muss sich Europa anpassen oder kann es selbstbewusst einen eigenen Weg gehen? In diesem Essay wird es um den Ansatz gehen, wie Europa mit der wachsenden Konkurrenz aus China nicht nur umgehen, sondern auch die eigene Wettbewerbsfähigkeit steigern kann. Es sollen dabei Risiken und Möglichkeiten gegeneinander abgewogen werden.

3.1 Die Herausforderung durch China

Der Volksrepublik ist es auch in Zeiten der Covid-19-Pandemie gelungen, einer Rezession zu entgehen. Nach einem Einbruch im ersten Quartal 2020 hat sich die Wirtschaft rasch erholt, wobei die Industrieproduktion bereits im zweiten Quartal wieder robuste Expansionsraten zeigte. Möglich gemacht wurde der Aufschwung durch eine Kombination aus politischen Maßnahmen zur Stützung der Binnennachfrage sowie der Fähigkeit Chinas, während der Pandemie dringend benötigte Industrie- und Gesundheitsgüter an den Rest der Welt zu liefern.

Mit Blick auf die weitere Zukunft, nach dem Abklingen der Pandemie, wird deutlich, wie ambitioniert sich China sich in Bezug auf Zukunftstechnologien ausrichtet. In der Liste der Länder nach den kumulierten staatlichen und privaten Ausgaben für Forschung und Entwicklung (F&E) steht China an zweiter Stelle hinter den USA. 2018 betrug Chinas Anteil an den globalen F&E-Ausgaben 26,3%, während die USA auf 27,6%. Der im Oktober 2020 verabschiedete 14. Fünfjahresplan (2021-2025) der Kommunistischen Partei Chinas wird sich u. a. auf Forschung und Entwicklung fokussieren und etliche Milliarden Dollar an zusätzlichen Forschungsgeldern bereitstellen.

Gegenwärtig investiert China etwa 2,2 bis 2,5% seiner jährlichen Wirtschaftsleistung in die Forschung. Talente sind mehr als genug vorhanden: Jedes Jahr verlassen 8 Millionen Studenten die Universitäten, und viele sind ausgebildet in Zukunftstechnologien wie Fintech, E-commerce, 5G, erneuerbare Energien und Batterietechnologien. Der neue Fünfjahresplan sieht wahrscheinlich eine Erhöhung der F&E-Ausgaben auf 3% des Bruttoinlandproduktes vor. Dieses Geld wird nicht nur vom Staat kommen, sondern die Regierung wird sich vermehrt an Firmen beteiligen, die dann vom Kapitalmarkt und den Banken mitfinanziert werden. Schätzungen gehen davon aus, dass künftig etwa 80% der Forschungsgelder in der Volksrepublik vom nichtstaatlichen Sektor kommen werden.

Als die chinesische Staatsführung 2015 ihre Industriestrategie «Made in China 2025» vorstellte, sorgte sie weltweit für Irritationen. Spätestens damit war evident, dass Chinas Weg zur Industriesupermacht Friktionen und Rivalitäten mit dem westlichen, liberalen, regelbasierten Wirtschaftssystem verursachen wird. In Washington fand ein Umdenken statt: Statt von «konstruktivem Engagement» mit China sprachen die Strategen in der US-Regierung und in den einflussreichen Thinktanks nun von «strategischem Wettbewerb» oder «strategischer Rivalität».

Mit dem von der Trump-Regierung 2018 begonnenen Handelskrieg hat der Stellenwert der Innovation noch an Bedeutung gewonnen. Die aggressive Art und Weise, mit der die USA chinesische Firmen wie Huawei und ZTE angegriffen und vom Angebot an hochwertigen Halbleitern abgeschnitten haben, ebenso wie der rüde Ausschluss chinesischer Wissenschaftler von amerikanischen Universitäten, führte zu einer weiteren Verhärtung der Ansichten in Beijing. Mit großen finanziellen Anstrengungen arbeitet China daran, seine Abhängigkeit von «unzuverlässigen» westlichen Partnern zu verringern. China fördert unter den Konzepten der «dual circulation» und der «indigenous innovation» die heimische Technologie unter zunehmendem Ausschluss ausländischer Unternehmen.

Es wäre falsch, diese Entwicklungen einzig als Reaktion auf die rhetorische Aggressivität der Trump-Regierung zu sehen, und dass mit dem Abtritt von Trump der Status quo ante 2017 wieder eintritt. Die Staatsführung in Beijing ist zum Schluss gekommen, dass auch eine Regierung von Präsident Joe Biden nicht wesentlich anders agieren wird. Die Rhetorik mag wieder freundlicher werden, aber an der neuen Realität der strategischen Rivalität wird sich nichts ändern. Möglicherweise wird Biden im Gegensatz zum «America First»-Alleingang von Trump effektivere Allianzen schmieden, was China vor zusätzliche Herausforderungen stellt.

Das ist das Umfeld, in dem sich Deutschland und Europa in den kommenden Jahren bewegen muss.

3.2 Was Deutschland und China unterscheidet

Bevor wir beleuchten, wie sich Europa in dieser sich veränderten Welt aufstellen muss, ist ein Blick auf die Unterschiede wirtschaftlicher Natur zwischen Deutschland und China – beziehungsweise zwischen Europa und Asien – sinnvoll. Nicht zuletzt im Umgang mit der Covid-19-Pandemie sind diese Unterschiede deutlich zu Tage getreten, kann doch festgestellt werden, dass praktisch alle Länder in Asien deutlich besser und pragmatischer, überdies mit geringeren wirtschaftlichen Schäden mit der Pandemie fertigwerden als die meisten Staaten Europas – von den USA ganz zu schweigen.

Generell – und das gilt nicht nur für China – ist in Asien sowohl in der Bevölkerung als auch in den Regierungen eine größere Offenheit gegenüber neuen Technologien und dem technologischen Fortschritt festzustellen. Von Indonesien bis Korea ist die «mobile economy» weiter fortgeschritten als im Großteil Europas, sei es in der Durchdringung mit E-Commerce-Angeboten, bargeldlosen Bezahlsystemen oder Big Data-Anwendungen. Was die Bandbreiten in der Übertragungstechnologie betrifft, sind Länder wie Korea und Japan Deutschland um Jahre voraus.

In Asien blickt die Bevölkerung – natürlich generalisiert und vereinfacht ausgedrückt – optimistischer in die Zukunft, zeigt eine höhere unternehmerische Risikobereitschaft und steht auch der Idee des grenzüberschreitenden Handels, die im Westen derzeit von protektionistischen Kräften geschwächt und in Frage gestellt wird, positiv gegenüber.

Spezifisch auf China bezogen schafft ein Binnenmarkt mit 1,4 Milliarden, zunehmend urban lebenden Menschen ein erhebliches Maß an Nachfragepotenzial für Unternehmen mit innovativen Geschäftsmodellen. Ein weiterer, deutlich negativer zu bewertender Aspekt Chinas ist die große Macht der staatseigenen Betriebe, die mit enormen versteckten und offenen Subventionen unterstützt werden und so signifikante Vorteile gegenüber ihren Konkurrenten aus dem Ausland ausspielen können. Diese staatseigenen Kolosse drängen seit einigen Jahren vermehrt auf den Weltmarkt, bspw. unter dem Banner der Belt-and-Road-Initiative, und treten in Konkurrenz mit marktwirtschaftlich agierenden, westlichen Unternehmen.

3.3 Wie soll Europa dieser Herausforderung begegnen?

Europa hat weder die militärische und technologische Macht der USA, noch kann und soll es das staatlich gelenkte Subventions- und zentralistische Planungsmodell der Volksrepublik China imitieren. Das Interesse Europas – respektive der Europäischen Union – ist es, das zu bewahren, was die Volkswirtschaften des Kontinents nach dem Zweiten Weltkrieg erfolgreich gemacht hat: Integrierte globale Wertschöpfungsketten mit gegenseitigen Abhängigkeiten.

In den letzten Jahrzehnten haben sie dazu beigetragen, das Leben von Milliarden Menschen zu verbessern, indem sie beispiellosen Wohlstand und Frieden geschaffen haben. Die Basis dafür bildeten Handelsbeziehungen, die liberal, multilateral, regelbasiert und durch einen verbindlichen Streitbeilegungsmechanismus vor der Welthandelsorganisation WTO abgesichert waren. Der in Teilen der Welt beobachtete Anstieg von nationalem Protektionismus, Bilateralismus und dem Streben nach Autarkie stellt die EU vor eine Herausforderung, die sie meistern muss. Aber die Antwort Europas darauf sollte nicht sein, auch protektionistischer zu werden, sondern die liberalen, offenen Werte zu wahren und dafür einzutreten. Das bedeutet:

- Die EU muss in erster Linie hart an ihrer eigenen Attraktivität als Partner arbeiten, ihren Binnenmarkt und ihre Innovationsfähigkeit stärken.
- Sie muss eine Vorbildfunktion einnehmen und für die Wahrung der Grundsätze des freien und offenen Handels und des Wettbewerbs auf internationaler Ebene durch Sicherung gleicher Wettbewerbsbedingungen einstehen.
- Sie muss zusammen mit ihren wichtigsten Handelspartnern eine internationale Reform der Welthandelsorganisation WTO anführen und praktikable Lösungen für die veränderte wirtschaftliche Realität im 21. Jahrhundert entwickeln.

Europa kann und muss diese Aufgaben mit mehr Selbstbewusstsein angehen. Die Länder Europas sind nicht allein mit der Herausforderung einer durch die Rivalität von zwei Großmächten geprägten Welt. Andere Staaten, die in den Jahrzehnten nach dem Zweiten Weltkrieg vom liberalen, regelbasierten Weltwirtschaftssystem profitiert haben – bspw. Kanada, Korea, Japan, Australien oder Neuseeland – sind in einer ähnlichen Situation und teilen viele Interessen Europas.

Kommen wir nun zu den konkreten Bausteinen einer europäischen Strategie für die Zukunft. Sie lassen sich unter den Begriffen Nachhaltigkeit, Digitalisierung und Finanzierung subsummieren.

3.4 Der Green Deal und die europäische Wirtschaft

EU-Kommissionspräsidentin Ursula von der Leyen hat den «European Green Deal» zu einem der wichtigsten Themen ihrer Amtszeit erklärt. Es sollen 1.000 Milliarden Euro investiert werden, um die EU bis 2050 klimaneutral zu machen. Der Plan sieht vor, Strategien für eine neue Industrie-, Energie- und Verkehrspolitik der EU zu entwickeln und umzusetzen. Die Industrie ist die entscheidende Voraussetzung für den Erfolg des Green Deal, denn ohne echte Innovationen aus der Industrie werden die ambitionierten Ziele nicht erreicht werden können.

Die Covid-Krise hat das sehr deutlich gemacht: Die meisten von uns wurden überrascht von der Tatsache, wie wenig die CO_2-Emissionen im Jahr 2020 zurückgingen, obwohl große Bereiche der Wirtschaft und des öffentlichen Lebens zeitweise zum Stillstand kamen. Das zeigt: Es kann keine Lösung für den Klimaschutz sein, die industrielle Produktion abzuwürgen. Stattdessen brauchen wir eine Industrie, die stark genug ist, die erforderlichen Innovationen zu entwickeln, und wir brauchen einen mutigen regulatorischen Rahmen, damit diese Innovationen auch eingeführt werden können.

Der Green Deal wird erfolgreich für Europa und damit auch für Deutschland, wenn er mit einer ehrgeizigen Industriestrategie und einer entsprechenden Wettbewerbspolitik unterlegt wird, um Investitionen und Innovationen in Europa zu fördern und die Wettbewerbsfähigkeit unserer Industrien zu stärken.

Der Fahrplan und die bisher bekannten Vorschläge der EU-Kommission im Bereich Klimaschutz sind passend, denn es wurden Signale für die Entwicklung und den Einsatz neuer Technologien gesetzt. Forschungs- und Entwicklungsarbeiten sind teuer, und Unternehmen brauchen die Aussicht darauf, dass CO_2-arme Technologien in Zukunft auch einsetzbar sind. Es bleiben aber noch viele Fragen offen, etwa nach der Verfügbarkeit von erneuerbarer Energie zu wettbewerbsfähigen Preisen.

Ein erfolgreicher Green Deal bietet die Chance, dass Wirtschaftsregionen außerhalb Europas dem Beispiel folgen – sei es beim Einsatz CO_2-armer Produktionsmethoden oder der Nutzung von alternativen Energieträgern – und auf die erfolgreich angewandten Technologien und Modelle zugreifen können.

Überlegungen zum sog. «Carbon Leakage»-Schutz mit den «Border Adjustment Measures» (BAMs) sind handelsrechtlich problematisch und stellen keinen echten Schutz der EU-Produktion noch von deren Transformation dar. Stattdessen sollten alternative Modelle wie Marktabgaben (ähnlich dem Grünen Punkt) in Kombination mit Zahlungen an die Material-Produzenten für CO_2-freie Produktion («Carbon Contracts for Difference») weiterentwickelt werden, und zwar in enger Verzahnung von nationaler und europäischer Energie- und Klimapolitik.

3.5 Digitalisierung

Die digitale Infrastruktur ist das Rückgrat für den technologischen Fortschritt, und in diesem Bereich liegt Europa, wie eingangs erwähnt, signifikant hinter Asien zurück. Die Länder Europas brauchen engagierte und sinnvolle Investitionen in höhere Netzwerkkapazitäten sowie eine sichere und zuverlässige Umgebung für den Datenaustausch.

Digitale und ökologische Transformation ergänzen sich und müssen gemeinsam entwickelt werden. Oft bilden digitale Lösungen die Grundlage für eine umweltfreundlichere Wirtschaft, etwa durch Effizienzsteigerungen in Produktionsprozessen sowie durch neue Geschäftsmodelle. Politische Entscheidungsträger können dazu beitragen, diese Vorteile durch einen rechtlichen Rahmen für innovative Technologien und Anwendungen zu ermöglichen.

Investitionen in digitale Infrastruktur, digitale Lösungen und Kompetenzen werden nicht nur die wirtschaftliche Erholung nach dem pandemiebedingten Einbruch beschleunigen, sondern mittelfristig auch die Widerstandsfähigkeit und Wettbewerbsfähigkeit Europas verbessern. Eine innovationsfreundliche Gesetzgebung und die Unterstützung öffentlich finanzierter digitaler «Leuchtturmprojekte» sind dafür erforderlich.

Es wäre falsch, das Thema Digitalisierung bloß in Bereichen wie Fintech oder E-Commerce zu sehen. Enormes Innovationspotenzial und Produktivitätsfortschritte liegen speziell im Bereich der digitalen Industrie. Die chemische Industrie z. B. kann ihren Beitrag zur digitalen Souveränität auf der Stufe der Herstellung von Hardware (Halbleiter, Integrationskomponenten, etc.) leisten. Hierbei kommt eine Vielzahl von Chemikalien zum Einsatz, die teilweise im Endprodukt verbleiben, teils nur als Hilfsstoffe bei der Herstellung Verwendung finden. Um die wachsenden technologischen Herausforderungen in Richtung digitaler Souveränität zu sichern, kann es sinnvoll sein, in europäischen Konsortien von führenden Chemie-Rohstofflieferanten, Equipment- und Halbleiterherstellern für spezifische Fragestellungen zusammenzuarbeiten.

Dies könnte z. B. im Wettrennen für die Erarbeitung des nächsten großen Innovationssprungs zur Entwicklung von Quantencomputern sinnvoll sein, da eine derartige Herausforderung die Fähigkeiten einzelner Spieler schnell übersteigt.

Die Kooperation zwischen Forschung, Wissenschaft und angewandter Technologie in der Wirtschaft sollte unbedingt noch mehr institutionalisiert werden. Mehr Inkubationszentren sind nötig, wie sie bereits in München und Aachen bestehen.

3.6 Sustainable Finance

Das Vorhaben einer EU-Taxonomie ist förderlich, um ein gemeinsames Verständnis zu schaffen, welche Wirtschaftstätigkeiten als nachhaltig angesehen werden. EU-Taxonomie ist die weltweit erste «grüne Liste» – eine Klassifikation nachhaltiger Wirtschaftstätigkeiten, die sich auch um die Ausarbeitung der Umweltziele dreht,

z. B. die Nutzung und Schutz von Wasser- und Meeresressourcen, der Übergang zu einer Kreislaufwirtschaft, Abfallvermeidung und Recycling, die Vermeidung und Verminderung der Umweltverschmutzung und der Schutz gesunder Ökosysteme.

Die EU-Taxonomie kann dazu beitragen, Finanzmittel für umweltverträgliche Projekte zu mobilisieren und grenzüberschreitende Investitionen zu fördern, indem sie eine gemeinsame Sprache für umweltverträgliche Investitionen definiert. Sie kann auch einen strukturellen Wandel der europäischen Wirtschaft unterstützen, indem sie einen Wettbewerbsvorteil für die EU-Industrie bei innovativen und nachhaltigen Technologien schafft.

Die gemäß der EU-Taxonomie vereinbarte Verpflichtung für börsennotierte Unternehmen, den Anteil ihres Gesamtumsatzes und den Anteil der Gesamtinvestitionen und -ausgaben im Zusammenhang mit umweltverträglichen Wirtschaftstätigkeiten zu veröffentlichen, ist aber noch zu überdenken. Die EU-Taxonomie führt in ihrer derzeitigen Ausgestaltung zu einem erheblichen Mehraufwand. Die notwendigen Daten liegen nicht ohne weiteres vor und müssen in aufwendigen Prozessen ermittelt und zusammengeführt werden. Schon für ein Dax-Konzern ist das äußerst arbeitsintensiv; mittelständische Unternehmen sehen aufgrund dieses enormen Aufwandes für die Akzeptanz des Instruments in der Realwirtschaft ein erhebliches Hindernis.

3.7 Kapitalmarktunion

Das Projekt der Erschaffung einer Kapitalmarktunion muss politisch im Rahmen der Maßnahmen zur Bewältigung der Covid-Krise priorisiert werden. Unternehmen benötigen gerade in wirtschaftlich schwierigen Zeiten ausreichenden und sicheren Zugang zu Finanzierungsquellen. Die Unternehmensperspektive muss bei der Entwicklung von Regulierung stärker berücksichtigt werden. Bei der Kapitalmarktunion geht es insbesondere um die Bereitstellung von Finanzierungsmitteln für Unternehmen. Deshalb muss der regulatorische Rahmen von diesem Zweck ausgehend entwickelt werden.

Es bedarf der richtigen Balance zwischen den Bedürfnissen der Unternehmen und ihrer Investoren. Derzeit scheinen die regulatorischen Rahmenbedingungen für die Nachfrageseite (das heißt Unternehmen, die Zugang zu Kapital suchen) die Weiterentwicklung des Kapitalmarkts eher zu behindern. Unternehmen sind am Kapitalmarkt zunehmend zurückhaltend aufgrund des hohen Regulierungsgrades, der hohen Kosten für Compliance sowie der damit verbundenen Rechtsunsicherheit.

Die Konsistenz von Regulierungszielen muss sichergestellt werden. Die Ziele der Kapitalmarktunion müssen in sich konsistent und konstant über alle Sektoren hinweg verfolgt und umgesetzt werden. Sie dürfen nicht durch andere EU-Regulierungen verwässert oder gar unterlaufen werden. Prominentes Beispiel hierfür die ist die Diskussion um die Einführung der Finanztransaktionssteuer.

3.8 Venture Capital (VC)

Seit dem Zusammenbruch junger Technologiebörsen wie des Neuen Marktes zu Beginn der 2000er-Jahre haben sich viele Menschen nicht mehr getraut, in Startups und neue Technologien zu investieren. Es dauerte sehr lange, ehe sich der deutsche Venture-Capital-Markt davon erholte. Bis zum Ausbruch der Corona-Krise befand er sich aber immerhin allmählich im Aufwind. Das Umfeld für Anschubfinanzierungen und für Exits hat sich in den vergangenen Jahren nachhaltig verbessert. Trotzdem bleibt der deutsche Markt für Venture Capital vor allem in den wichtigen Bereichen Biotech und Gesundheitswesen hinter Großbritannien und Frankreich zurück, die in den vergangenen drei Jahre etwa 1,5- bis 2,1-mal größer waren.

Im Durchschnitt der vergangenen drei Jahre (2017– 2019) lag das VC-Deal Volumen in Deutschland auf einem Niveau von 0,127% des Bruttoinlandproduktes. In einer völlig anderen Liga spielen China und die USA, deren VC-Märkte gemessen an der Wirtschaftskraft um die Faktoren 4,1- bzw. 5,2-mal größer sind als der Markt in Deutschland. Theoretisch hätten in Deutschland in den vergangenen drei Jahren jährlich VC-Deals in Höhe von mehr als 7 Mrd. 13 Mrd. und 18 Mrd. US-Dollar zusätzlich abgeschlossen werden müssen, um die relativen Marktgrößen von China zu erreichen. Im Vergleich zu China entfällt in Deutschland besonders auf die Technologiebereiche Big Data, Elektro- und Hybridfahrzeuge sowie Clean Technology ein geringes Geschäftsabschlussvolumen.

Die Fragmentierung des europäischen VC-Markts, der sich letztlich nur aus der Summe der einzelnen nationalen VC-Märkte zusammensetzt, ist auch ein Grund dafür, weshalb es in Europa insgesamt weniger «Einhörner» – private Unternehmen mit einem Wert von mehr als einer Milliarde Dollar – gibt als in China und den USA. Die einzelnen nationalen VC-Märkte in Europa haben keinen einheitlichen Rechtsrahmen, was sowohl die Investitionstätigkeit als auch das Fundraising über die Grenzen hinweg behindert. Hürden für grenzüberschreitende Investitionen abzubauen, wäre ein wichtiger Schritt für eine effizientere Kapitalallokation und würde helfen, um VC-Renditepotenziale zu realisieren.

Die Verfügbarkeit von Wagniskapital sowie die nötige Risikofreude von Seiten der Unternehmer wie auch der Geldgeber werden in den kommenden Jahren von enormer Wichtigkeit sein, um Investitionen in Forschung und Entwicklung zu stemmen und den Rückstand zu China zu verringern.

3.9 Globale Herausforderungen

Die Denkfabrik European Council on Foreign Relations hat Vorschläge zum «Schutz Europas gegen Zwangsmaßnahmen» erstellt, wie z. B. den Aufbau einer EU-Exportbank bis hin zur Schaffung eines digitalen Euros, um die Abhängigkeit vom dollarbasierten Finanzsystem der USA zu verringern. Die Kompetenzen der EU-Kommission sollen gestärkt werden und technologische Abhängigkeiten sollen durch eine intelligente Industriepolitik verringert werden. Das würde dem neuen Ziel der EU-Kommission, der «strategischen Autonomie zur Stärkung der wirtschaftlichen Widerstandsfähigkeit» entgegenkommen.

Das soll nicht eine Abkehr vom Freihandel werden, sondern den Freihandel soweit wie möglich liberal halten und europäischen Firmen faire Wettbewerbsbedingungen garantieren. Was ist konkret zu tun?

1. **Stärke:** Die Innovationskraft muss gestärkt werden, um die europäische Wirtschaft wettbewerbsfähiger zu gestalten und um unsere Gesellschaft und Arbeitsplätze zu sichern.
2. **Offenheit:** Europa sollte seine gesellschaftliche Attraktivität bewahren durch Offenheit, um die besten Rahmenbedingungen zu schaffen für die internationale Kooperation im Bereich Forschung und Entwicklung.
3. **Risikomanagement:** Es muss ein besseres und koordiniertes System geschaffen werden, um den neuen Sicherheitsherausforderungen zu begegnen und die Kosten durch unerwünschte Technologie Abflüsse zu senken.

Es besteht kein Zweifel, dass der wirtschaftliche und technologische Aufstieg Chinas sowie die wachsende Rivalität zwischen China und den USA in den kommenden Jahren die größte Herausforderung für Deutschland und für Europa wird. China hat die Größe und unter der aktuellen Führung das politische Selbstvertrauen, ein unabhängiges, eigenständiges Wirtschaftssystem aufzubauen – ein System mit chinesischen Vorzeichen.

Lange hielt sich im Westen die Vorstellung, mit zunehmendem Wohlstand werde China dem Beispiel Japans und Koreas folgen, sich zu liberalisieren, zu demokratisieren, seinen Heimatmarkt öffnen und sich in das westlich geprägte, liberale, regelbasierte Weltwirtschaftssystem einfügen. Diese Vorstellung hat sich als Illusion erwiesen. China verfolgt einen eigenen Weg, man mag es kapitalistische Autokratie nennen, sodass durchaus auch von einem Konflikt der Systeme gesprochen werden kann.

Dennoch: Rivalen müssen nicht gleich zu Feinden werden. Konkurrenz sollte zur Steigerung der eigenen Leistung führen und nicht den Gegner aus der Bahn werfen. Will Europa das Technologie-Rennen gegen China langfristig bestehen wollen, dann muss es seine Gangart beschleunigen. Zu lange war Europa mit den hausgemachten Problemen der Währungsunion und den Wirren rund um den Austritt des Vereinigten Königreichs (Brexit) beschäftigt. Nun muss der Blick nach vorn gerichtet werden. Um gegen China zu bestehen, muss man bessere Ideen und klügere Technologien entwickeln, und nicht versuchen, durch Rückzug in die Isolation seine eigene Wirtschaft zu schützen.

Aber auch China wird sich anpassen müssen. Die Staatsführung kann nicht davon ausgehen, dass sich die bisherigen chinesischen Handelshemmnisse und die Abschottung des Heimatmarktes immer noch auszahlen werden. Genau zwanzig Jahre sind vergangen seit der Aufnahme Chinas in die Welthandelsorganisation, und zu lange wurden ausländische Unternehmen und Handelspartner mit Versprechungen auf künftige Liberalisierungsschritte abgespeist. Unter vielen ausländischen Unternehmen, die Milliarden an Direktinvestitionen ins Land bringen, hat sich angesichts der vielen unerfüllten Versprechen eine «Promise Fatigue» breit gemacht. Die Forderungen auf Reziprozität, gekoppelt mit einer robusteren Handelspolitik aus Europa, kann China rasch einholen. China sollte sich nicht wundern, wenn sein zu forsches Auftreten zu einer weiteren Abkopplung von westlicher Spitzentechnologie führen wird. Es bleibt zu hoffen, dass eine offene, verstärkte Kooperation mit den OECD-Ländern mittelfristig auch für China von Vorteil sein wird.

Zum Autor

Jörg Wuttke ist Chefrepräsentant der BASF SE in China. Er ist zudem Präsident der EU-Handelskammer in China – ein Amt, das er bereits von 2007 bis 2010 sowie von 2014 bis 2017 besetzt hatte. Wuttke ist Mitglied des Beratergremiums des Mercator Institute for China Studies (MERICS) in Berlin. Er lebt seit mehr als drei Jahrzehnten in Peking.

II Nachhaltigkeit

4 Nachhaltigkeit: Wie ein Leitbild zum Zukunftsimperativ für das Umsteuern bei Klima und Umwelt wird

Holger Glockner

4.1 Kontext

Im Zeichen der Pandemie sind uns kurzfristige Lösungsstrategien, um die gesundheitlichen Risiken zu minimieren und die gesellschaftlichen wie wirtschaftlichen Einschränkungen aufzuheben, wichtig. Dennoch ist in vielen Teilen der Gesellschaft das Bewusstsein nochmals gestiegen, dass der Erhalt der natürlichen Lebensgrundlagen die relevanteste Zukunftsfrage der gegenwärtigen Zeit und auch der kommenden Dekade sein wird. Das Wissen über die Zukunft ist in vielen Bereichen in erstaunlichem Maße vorhanden – insbesondere zu Klima- und Umweltfragen. Klar, die Zukunftsaussagen sind unter bestimmten Annahmen zu lesen. Und die zentrale lautet: Ein Weiter so wird die Menschheit vor nie gekannte Herausforderungen stellen. Diese Frage ist somit für die künftige Gestaltung des Zusammenlebens im globalen Maßstab und vielleicht gar für das Überleben der Spezies Mensch entscheidend und wird Politik, Wirtschaft und Gesellschaft auf Jahrzehnte hin prägen, egal wie auch immer die Antworten ausfallen werden. Die Vorsitzende des Weltbiodiversitätsrates, Anne Larigauderie, bringt es auf den Punkt: »Naturschutz ist kein Luxus, sondern eine Existenzfrage.«

Im Folgenden stehen daher auch nicht die Erkenntnisse zur Umwelt- und Klimaforschung an sich im Fokus, sondern die Frage, wie die relevanten Systeme von Politik, Wirtschaft und Gesellschaft auf diese referenzieren und welche Handlungsansätze es – ohne Anspruch auf Vollständigkeit – geben kann. Im öffentlichen Diskurs dominieren zumeist die technologischen und ökonomischen Perspektiven, es ist jedoch entscheidend, dass Menschen sich nicht zurückgelassen und übergangen fühlen. Insofern ist eine ergänzende soziokulturelle Perspektive maßgeblich, um Anforderungen und Konsequenzen in der Zukunft zu antizipieren. Schon heute sind die gesellschaftlichen Friktionen spürbar, die eine grundlegende ökologische Transformation hervorrufen kann. Dennoch ist es wichtig, radikal zu denken, um besonnen handeln zu können. Sich eine langfristige Zukunft ohne negative Umwelteinflüsse vorzustellen, bedeutet nicht, dass von heute auf morgen alle Lebensbereiche revolutioniert werden. Vielmehr bietet es die Perspektive, in demokratischen Aushandlungen die konkreten Wege zu diskutieren und die attraktivsten Alternativen zu wählen. Es geht also nicht darum, den moralischen Zeigefinger zu erheben – dies führt allzu oft zu emotionalen Gegenreaktionen – sondern darum, ganz praktisch Angebote zu machen, um eine neue Kultur des Experimentierens und Gelingens zu etablieren. Die Balance zwischen visionärem Denken und entschlossenem Handeln zu finden, darf nicht allein auf einer Verzichtslogik beruhen, sondern muss immer Elemente eines besseren Morgen enthalten.

4.2 Vom Wissen und Reden zum Handeln

Die Geburtsstunde der Umwelt-, Ressourcen- und Klimaberichte fällt auf die Veröffentlichung der ersten Club of Rome-Studie »Die Grenzen des Wachstums« aus dem Jahr 1972. 50 Jahre später ist einerseits viel passiert, was die Verbesserung der Umwelt betrifft, aber eben andererseits Vieles und vermutlich ein Vielfaches, das den Zustand der Erde hinsichtlich der natürlichen Lebensgrundlagen als kritisch zu bezeichnen erlaubt. Erich Fromm schrieb 1979 in seinem Werk ›Haben oder Sein‹: »Während im Privatleben nur ein Wahnsinniger bei der Bedrohung seiner gesamten Existenz untätig bleiben würde, unternehmen die für das öffentliche Wohl Verantwortlichen praktisch nichts, und diejenigen, die sich ihnen anvertraut haben, lassen sie gewähren.« Im Kern ist darin die zentrale Position der in der jungen Bewegung »Fridays for Future« Engagierten zum Ausdruck gebracht. Sprich, das Wissen um die anstehende Bedrohung ist seit vielen Jahrzehnten bekannt, aber ein entsprechendes Handeln lässt in vielen Teilen auf sich warten.

Der Weltklimarat IPCC (Intergovernmental Panel on Climate Change) wurde bereits 1988 gegründet, der Gipfel von Rio 1992 über Umwelt und Entwicklung sowie die UN-Klimakonferenz von 1995 stellen zwei weitere Startschüsse in die internationale Auseinandersetzung über Nachhaltigkeit und Klima dar. Insbesondere im Jahr 2015 schienen mit der Verabschiedung der 17 Sustainable Development Goals (SDGs) als politische Zielsetzung für eine ökologische, ökonomische und soziale Nachhaltigkeit im Jahr 2030 und dem Paris-Abkommen mit verbindlichen Klimazielen zur Begrenzung der Erwärmung auf weniger als 2 Grad Celsius bis 2100 gegenüber der vorindustriellen Zeit, Durchbrüche in Richtung Nachhaltigkeit auf globaler Ebene bevorzustehen. Allerdings fehlt es gegenwärtig immer noch an global konzertierten Aktionen, die auch nationale, regionale und lokale Entscheidungsträger in Verantwortung nehmen, um die adressierten Ziele endlich verbindlich umzusetzen. Umso wichtiger ist es, dass die Entscheidungsträgerinnen und -träger in Politik, Wirtschaft und Gesellschaft ein schnelles Umsteuern bewirken.

Forschungen und Studien zu den sich anbahnenden neuen planetaren Belastungsgrenzen (u. a. Klima, Ozeane, Atmosphäre) und diversen ökologischen Kipppunkten (Schwinden der Eiskörper, Veränderung von Strömungssystemen und Eingriffe in artenreiche Ökosysteme) sind zahlreich vorhanden. Dabei sind die vielfältigen Wechselwirkungen noch nicht in Gänze durchleuchtet. Nahezu gesichert gilt aber, dass es wechselseitig zu selbstverstärkenden Prozessen kommen kann, die zu einem nicht benennbaren Zeitpunkt in der Zukunft unumkehrbar sind (vgl. u. a. Lade et al., 2020).

Nicht umsonst lauten die Schlagzeilen immer noch »The decade to deliver« (vgl. UN Global Compact CEO Study on Sustainability, 2019) oder »Humanity stands at a crossroads« (vgl. UN Global Biodiversity Outlook 5, 2020), wenn der gegenwärtige Zustand der Welt mit Blick in die Zukunft bezeichnet werden soll. Wir müssen vom Diskutieren ins Tun kommen! Die drei zentralen Handlungsfelder Klima, Biodiversität und Ressourcen sollen kurz beleuchtet werden.

4.2.1 Voranschreitender Klimawandel

Wir haben genug Wissen über die bestehenden Verhältnisse und anstehenden Entwicklungen durch die zunehmende Freisetzung von CO_2-Emissionen. Erderwärmung, Schmelzen der Polkappen und Auftauen des Permafrosts, Hitzewellen mit Dürren, Starkregen und Stürme, Anstieg des Meeresspiegels – die Fakten liegen auf dem Tisch. Heutige Interventionen und Maßnahmen werden jedoch erst nach Jahrzehnten auf ihre Wirksamkeit überprüft werden können, wodurch immer noch ein Legitimations- und Akzeptanzproblem besteht, ob diese dann tatsächlich heute schon notwendig sind. Hinzu gesellen sich beharrliche Kräfte in vielen Institutionen und Organisationen, die immer noch alte Klientelpolitik betreiben und das Ausmaß der Risiken nicht verstehen oder nicht wahrhaben wollen. Ausschlaggebend ist also der fehlende politische Wille, eine den Erkenntnissen entsprechende politische Agenda, wie sie im Paris-Abkommen angelegt ist, zu liefern. Es bedarf daher ambitionierter Partnerschaften zwischen entwickelten und sich entwickelnden Ländern, die durch politische Umsetzungsregeln, Handels- und Finanzierungsabkommen, technischer und sozialer Innovationskooperationen ausgedrückt werden müssen.

4.2.2 Übernutzung der Natur

Die gegenwärtige Pandemie führt uns plakativ vor Augen, welche Gefahren mit dem stetigen Zurückdrängen der natürlichen Lebensräume von Tieren und Pflanzen auftreten. Die Übernutzung der zur Verfügung stehenden Ressourcen wird sinnbildlich durch den Earth Overshoot Day ausgedrückt, den Tag im Jahr, an dem die Menschheit die verfügbaren Ressourcen auf der Erde, die im Laufe eines Jahres nachwachsen könnten, verbraucht hat. 1987 fiel dieser Tag noch auf den 19. Dezember, 2019 hingegen auf den 29. Juli (2020 pandemiebedingt auf den 22. August). Gegenwärtig verbrauchen wir daher 1,75 Planeten (Referenzjahr 2019). Würden alle weltweit so konsumieren wie die Menschen in den USA, wären sogar fünf Planeten notwendig, drei Planeten bei einem Verbrauch wie in Deutschland und 2,2 Planeten wie in China (vgl. https://data.footprintnetwork.org). Der gegenwärtige Ressourcenabbau für die industrielle Produktionsweise, die enorme Landnutzung (u. a. Abholzung der Regenwälder) und die Schadstoffeinträge in die Umwelt (Emissionen, Plastik etc.) sind in der gegenwärtigen Dimension für die Natur nicht mehr zu absorbieren. Neue Produktions- und Konsumformen (z. B. Kreislaufwirtschaft und regionale/ lokale Wertschöpfung), die Umgestaltung globaler Lieferketten und Innovationen in der Materialtechnologie sind weitere wichtige Hebel auf dem Weg zu einem gesünderen Planeten.

4.2.3 Verlust der Biodiversität

Erkenntnisse des Weltbiodiversitätsrates (IPBES) legen nahe, dass mit dem Schutz der Biodiversität eine ähnliche Herkulesaufgabe wie die Bewältigung des Klimawandels bevorsteht. Weltweit scheint es ein erwachendes Bewusstsein für die Aufgaben zu geben. Aber wieder sind die entsprechenden Handlungen noch weit vom Notwendigen entfernt. Ziele, die man 2010 formulierte, wurden ausnahmslos bis 2020 nicht erreicht, wenn es auch Fortschritte in einzelnen Bereichen gab. Werden die bestehenden Trends aber nicht gebrochen, ist der Ausblick in die Zukunft kritisch bis dramatisch einzuschätzen. Die zunehmende Landnutzung und der damit verbundene Verlust an Arten und Ökosystemen wird vielfältige negative Effekte insbesondere auf die globale Ernährungs- aber auch auf die Gesundheitssituation haben. Betroffen sind dabei vermutlich vor allem die heute schon ärmeren und vulnerablen Bevölkerungsgruppen, aber die gegenwärtige Pandemie lehrt uns, dass weltweite Konsequenzen, somit auch in Europa und Deutschland zu erwarten sind. Notwendig sind also ein intensiverer Schutz bestehender Ökosysteme, aber auch die Wiederbelebung von bedrohten Lebensräumen wie z. B. Wiederaufforstung von Regen- und Mangrovenwäldern oder die Beseitigung der Verschmutzung von Ozeanen und die Wiederherstellung von Korallenriffen.

4.3 Die Grundsatzfrage und der Zukunftsimperativ

Die Probleme sind also offenkundig wie virulent. Die führenden Volkswirtschaften stehen zweifelsfrei besonders in der Pflicht, auf ein Umsteuern ihrer Lebens- und Wirtschaftsweise hinzuwirken. Was ist aber der richtige Ansatz, um zu handeln? Die Diskussion speist sich entlang der Frage, ob das natürliche Kapital in Form von Ressourcen durch ökonomisches und soziales Kapital ersetzt werden kann oder nicht. In der Fachwelt spricht man von Weak Sustainability (schwache Nachhaltigkeit) versus Strong Sustainability (starke Nachhaltigkeit) (vgl. Ekin et al. 2003). Nachhaltigkeit wird oftmals mit drei Säulen erklärt – dem Ökologischen, dem Ökonomischen und dem Sozialen. Alle drei sind nach dieser Auffassung gleichwertig und dürften nicht gegeneinander ausgespielt werden (▶ Abb. 7).

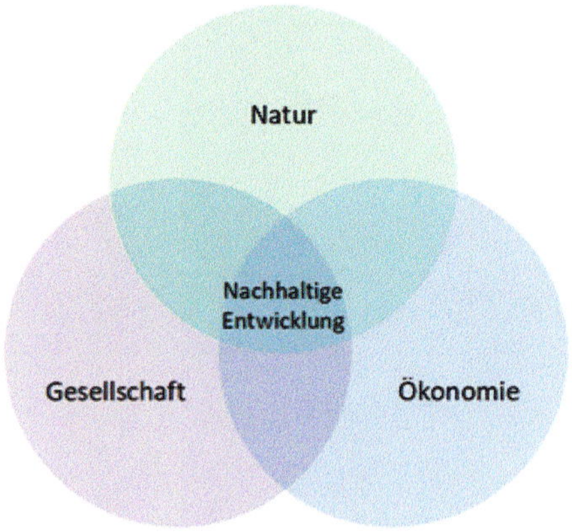

Abb. 7: Das propagierte Modell der Nachhaltigkeit

Dieses Prinzip bildet seit Jahrzehnten die herrschende Meinung unter den Entscheidungsträgerinnen und -trägern und ist als Ausdruck der schwachen Nachhaltigkeit zu sehen. Es basiert vor allem auf dem Glauben, dass die jeweils gegenwärtigen und zukünftigen ökologischen und sozialen Probleme durch neue technologische und ökonomische Lösungen überwindbar sind. Zu konstatieren ist jedoch, dass dieser Ansatz bisher dem Prinzip der Nachhaltigkeit unter ökologischen Gesichtspunkten nur unzureichend zu einer durchdringenden Wirkung verholfen hat. Vielmehr wird das gegenwärtige Modell durch die Abbildung 8 wiedergegeben.

Demgegenüber rüttelt die starke Nachhaltigkeit am Kern des heutigen kapitalistischen Systems mit seinen effizienzgetriebenen und technikorientierten Paradigmen. Das Konzept der starken Nachhaltigkeit akzeptiert die planetaren Grenzen und möglichen Kipppunkte der Ökosysteme und legt damit auch den Grundstein für Regeln und Bedingungen des gesellschaftlichen und ökonomischen Handelns (▶ Abb. 9).

Meine zentrale These lautet daher: Wenn der Handlungsdruck so groß ist, wie es die wissenschaftlichen Erkenntnisse nahelegen, dann muss es ein klares Primat für die Ökologie geben, das durch die Politik verbindlich umgesetzt wird und dem sich Gesellschaft und Wirtschaft unterzuordnen haben.

Gleichwohl sind Gesellschaft und Wirtschaft aufgefordert, gemeinsam mit der Politik in demokratisch transparenten Prozessen, diese Vorgaben zu definieren. Die Umsetzung einer starken Nachhaltigkeit bedarf mithin eines transdisziplinären Ansatzes, in dem Natur- sowie Sozial-, Kultur- und Wirtschaftswissenschaften

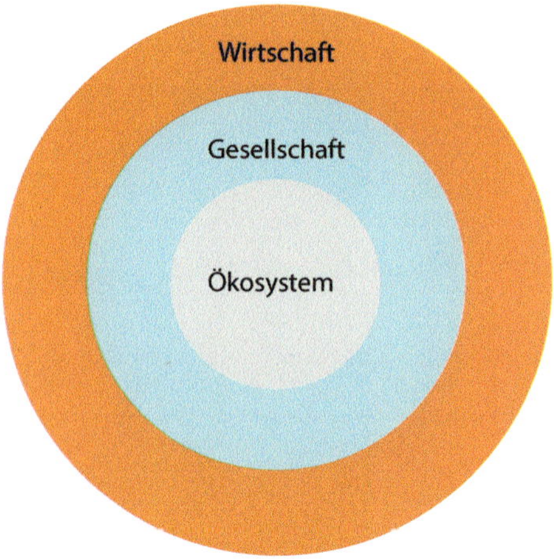

Abb. 8: Das gegenwärtige Modell der Nachhaltigkeit

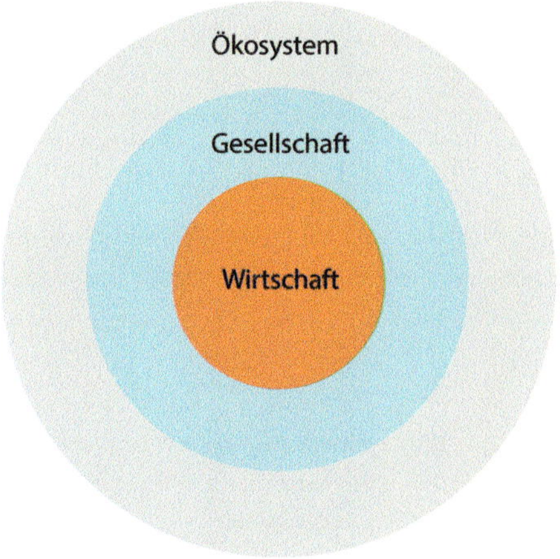

Abb. 9: Das anzustrebende Modell der Nachhaltigkeit

gemeinsam mit Politik, Zivilgesellschaft und Unternehmen nach neuen Lösungen suchen, das natürliche Kapital nur in den erneuerbaren Mengen zu nutzen. Neuere ökonomische Ansätze wie z. B. die Gemeinwohlökonomie von Christian Felber oder die Doughnut Economics von Kate Raworth streben bereits danach, in den planetaren Grenzen und unter Beachtung des sozialen Ausgleichs, ökonomisches Handeln radikal zu transformieren.

4.4 Bitte wenden!

In vielen Industrien stehen die Unternehmen vor großen Umbrüchen. Diese selbst mitzugestalten, kann helfen, der Menschheit ihr Überleben zu sichern. Und damit auch den Unternehmen selbst. Oder man setzt auf Abwarten, auf Verzögern und Taktieren, um die bewährten Geschäftsmodelle zu retten. Dann werden andere Spieler auf das Parkett treten und die immer noch zahlreich vorhandenen Wertschöpfungsoptionen abgreifen, die angesichts der anstehenden Transformation möglich werden. In Summe zeichnet sich schon länger deutlich ab, dass ein »Business as usual« keine Option mehr ist, unter Betrachtung der vielfältigen Risiken, die dieser Pfad beinhalten würde.

Ein Umsteuern betrifft die Art, wie wir produzieren und konsumieren, wie wir unsere Städte und ländlichen Regionen gestalten, welchen Wert wir der Natur und ihrem Schutz beimessen und nicht zuletzt, welche soziokulturellen Narrative wir dieser umfänglichen Transformation zuordnen. Positive Visionen, die auf bereits heute sichtbaren Geschichten des Gelingens beruhen, sind wichtig, um den Menschen die Angst zu nehmen und Freude zur Veränderung zu vermitteln (vgl. u. a. Welzer 2020). Innovationen sind in vielen Branchen erforderlich, dies betrifft insbesondere eine technisch hochentwickelte Ökonomie wie die in Deutschland. Hier sind Staat wie Wirtschaft gleichermaßen in der Pflicht, entsprechende Basisinnovationen zu stimulieren. Innovation bedingt aber immer auch Exnovation, sprich sich von Gewohnheiten und etablierten Prozessen, Produkten und Systemen zu trennen, um Raum für das Neue zu schaffen. Dieser Gedanke führt in vielen Kernbereichen der europäischen Volkswirtschaften zu einer Wende in der strukturellen Art des Wirtschaftens.

4.4.1 Energiewende

Die Energiewende ist die prominenteste unter den industriellen Wandlungs- bzw. Wendeprozessen. In Deutschland immerhin schon in den 1990er Jahren gestartet mit dem Erneuerbare-Energien-Gesetz, sind mittlerweile deutliche Fortschritte zu verbuchen. Laut Bundesregierung betrug der Anteil der Erneuerbaren an der Stromversorgung 2019 bereits 42 Prozent, bei der Wärmeversorgung hingegen erst knapp 14 Prozent.

Weltweit gilt es, gültige Mechanismen zu etablieren, die die Wirtschaftlichkeit der Gewinnung und Umwandlung fossiler Energieträger reduzieren und die Investitionssicherheit für alternative Technologien schaffen (z. B. durch einen globalen CO_2-Preis). Allerdings gibt es manifeste geopolitische Interessen vieler Länder, diesen Prozess zu verhindern, um ihre derzeitige Stellung zu festigen. Der forcierte Umstieg auf von fossilen auf erneuerbare Energien bleibt der zentrale Hebel, um die CO_2-Emissionen zu reduzieren und den Klimawandel abzuschwächen. Verschiedene Maßnahmen können dies unterstützen. Eine dezentrale Erzeugung kann z. B. helfen, um den Verbrauchern mehr Wissen zu vermitteln und global mehr Einfluss im Markt zu übertragen und somit auch erfahrbar zu machen, selbst einen Beitrag leisten zu können.

Bezogen auf Deutschland sind die zentralen Stichpunkte der weitere Ausbau der Erneuerbaren Energien (z. B. durch gebäudeintegrierte Photovoltaik und Einleitung einer echten ›Wärmewende‹), die Steigerung der Energieeffizienz (z. B. Gebäudesanierung insbesondere im Altbestand und Ausbau des Internets der Energie), der Ausbau der Stromnetze (z. B. Steuerung dezentraler Verteilnetze), Innovationen bei der Energiespeicherung (z. B. Umwandlung von Strom zu grünem Wasserstoff) und Anreize zur Substituierung fossiler Energieträger bei energieintensiven Industrien (z. B. Chemie oder Stahl). Auch die Förderung der Elektromobilität für Privathaushalte, Kommunen und Kleingewerbe sind ein wichtiges Element der Energiewende und tangiert damit bereits die Schnittstelle zur Mobilitätswende.

4.4.2 Mobilitätswende

Auch im Mobilitätssektor steht ein tiefgreifender Umbruch bevor. Einerseits wird die Digitalisierung zu neuen Geschäftsmodellen, neuen Mobilitätsmustern und neuen Anbieterstrukturen führen. Andererseits werden die Anforderungen in Richtung einer klimaneutralen und ressourcenschonenden Mobilitätsweise tiefgreifende systemische Veränderungen bedingen. Die einzelnen Punkte sind vernetzt und können nicht singulär betrachtet werden.

Die volkswirtschaftliche Relevanz der Automobilindustrie in Deutschland ist außergewöhnlich, umso dringlicher aber auch die aktive Steuerung und Gestaltung des anstehenden Wandels. Ein energetisches Thema steht dabei in der öffentlichen Debatte noch über allen: der Wechsel vom Verbrenner hin zur batterie- oder wasserstoffbasierten Elektromobilität. Für die deutsche Industrie ist dies neben der Digitalisierung sicher die zentrale Herausforderung des kommenden Jahrzehnts angesichts der massiven Verschiebung in der Wertschöpfung und der infrastrukturellen Anforderungen (z. B. Ausbau Ladeinfrastruktur und Sektorkopplung). Blickt man auf die Mobilität als System werden schnell andere Fragen relevant.

Insbesondere in Städten verdichten sich die Herausforderungen durch den Klimawandel, Mangel an Wohnraum und Verknappung von Ressourcen. Es bedarf einer Neugestaltung des öffentlichen Raums weg von der autozentrierten hin zur menschenzentrierten Stadt. Daher führt der Weg in Richtung fußgänger- und fahrradfreundlicher Städte sowie vernetzter Mobilitätsangebote, um Raum zu schaffen und die Lebensqualität (z. B. durch saubere Luft) zu erhöhen. Städte ziehen Menschen an und stoßen Autos ab. Dieser globale Trend wird verzögert gegenüber anderen Ländern auch in Deutschland sichtbar werden, indem Autos zunehmend aus den Städten hinausgedrängt werden (z. B. durch Verkehrsbeschränkungen, Parkraumbewirtschaftung, Fahrverbote, autofreie Innenstädte).

Auch multimodale Lösungen, um eine Reise komfortabel über mehrere Verkehrsträger hinweg zu ermöglichen, werden zunehmend, insbesondere bei jüngeren Generationen, nachgefragt. Im ländlichen Raum könnten in Ermangelung flächendeckender ÖPNV-Angebote zusehends Angebote autonomer und geteilter Mobilität entstehen. Pandemiebedingt erleben wir gerade, dass der öffentliche Nah- und Fernverkehr einer generellen Reform bedarf, um in der Breite der Bevölkerung als attraktive Option wahrgenommen zu werden. Um dies zu realisieren ist die Digitalisierung ein entscheidender Hebel (Echzeitinformationen, Planbarkeit, Abrechnungssysteme).

Insgesamt bewegt sich die Mobilität in einem soziokulturellen Paradigmenwechsel weg vom autozentristischen hin zu einem eher polyzentristischen Weltbild mit vielfältigeren Mobilitätsmustern als wir es heute gewohnt sind. Menschen werden zunehmend erfahren, dass ein Leben ohne eigenes Auto möglich ist. Dies funktioniert aber nur, wenn attraktive Alternativen vorhanden sind.

4.4.3 Ernährungswende

Agrarwirtschaft, Nahrungsmittelindustrie und Verbraucher sind gleichermaßen gefragt, wenn es darum geht, den negativen Eintrag für Umwelt und Klima zu reduzieren.

Systemisch bleibt in Europa weiterhin eine nachhaltige Reform der Gemeinsamen Agrarpolitik notwendig. Gegenwärtig sehen wir immer noch eine starke Förderung der alten Systemstruktur mit dem Kern der industriellen Landwirtschaft, die wegen Palmölplantagen oder Viehzuchtfarmen Haupttreiber des weltweiten Waldverlustes ist. Die »Farm to Fork Strategy« der EU-Kommission als Teil des European Green Deals ist ein richtiger Ansatz für den Umstieg in ein faires, nachhaltiges und gesundes Ernährungssystem. Ähnlich wie im Energie- und Mobilitätssektor stehen aber viele Gewinner des derzeitigen Systems unter enormen Anpassungsdruck und werden weiterhin versuchen, die Transformation zu verzögern.

Im Blickfeld stehen sowohl die Nahrungsmittelerzeugung als auch der Nahrungsmittelkonsum. Erzeugerseitig ist die Hinwendung zu einer nachhaltigen Landwirtschaft unumgänglich, entsprechende Anreize müssen schnell gesetzt werden. Dies beinhaltet u. a. eine organische Landwirtschaft mit alternativen Düngemitteln und nicht-chemischem Pflanzenschutz, aber auch der systemische Umstieg von Monokulturen auf Mischkulturen und der gezielte Einsatz digitaler Applikationen, um den Einsatz von Pflanzenschutz und Wasser effizienter zu gestalten. Auch neue Konzepte der urbanen Landwirtschaft (Vertical Farming, Indoor Farming), sowie regionale und lokale Nahrungsketten (u. a. verbesserter Transport und Lagerung von Lebensmitteln) helfen strukturell, negative Umwelteinträge zu vermeiden. Biotechnologische Innovationen wie z. B. in der Saatgutentwicklung sind zwar ein umstrittenes Thema, werden aber gerade in der globalen Nahrungsmittelversorgung eine bedeutendere Rolle spielen.

Konsumseitig stehen veränderte Ernährungsgewohnheiten im Zentrum der notwendigen Reformen. An erster Stelle steht dabei ein reduzierter Fleischkonsum mit deutlichen Effekten für Klimaschutz und Naturverbrauch. Gleiches gilt im Übrigen auch für den Konsum von Palmöl oder Avocados, die als SUVs auf der Speisekarte bezeichnet werden können. Wichtig sind daher regionale und saisonale Nahrungsmittel, um auch Transporte und den Verlust von Nahrungsmitteln zu minimieren. Auch die digitale Unterstützung durch personalisierte Ernährungspläne kann dazu beitragen, das Einkaufen und Kochen von Lebensmitteln zu optimieren und geringere Mengen wegzuwerfen.

4.4.4 Materialwende

Vielfach unbeachtet durch die disruptiven Entwicklungen der Digitalisierung findet auf der Ebene der Materialien eine grundlegende Transformation statt, die als wichtiger Baustein einer nachhaltigen Lebens- und Wirtschaftsweise zu sehen ist.

Der vorherrschende Rohstoff in der chemischen Industrie ist immer noch Öl, das als Nebenprodukt aus den Prozessen der Ölraffinerien zur Entwicklung von Kraftstoffen verwendet wird. Notwendig ist zukünftig die verstärkte Verwendung von recycelten oder anderen nachhaltigen Materialien, die zu ihrer Herstellung keine fossilen Ressourcen benötigen. Den Gedanken der Kreislaufwirtschaft verfolgend müssen chemische Produkte im Hinblick auf ihren gesamten Lebenszyklus optimiert werden, einschließlich der Recyclingfähigkeit und biologischen Abbaubarkeit. Gleichfalls werden die zukünftigen Materialien spezifischere Eigenschaften ausweisen, insofern kann der Schadstoffeintrag und insbesondere das Gesundheitsrisiko in vielen Fällen reduziert werden. Der Green Deal der EU beinhaltet eine Strategie für eine echte Chemiewende, indem Innovationen für sichere und nachhaltige Chemikalien gefördert werden, um Umwelt und Menschen zu schützen.

Auch im Bauwesen sind materialseitig deutliche Verschiebungen absehbar. Entscheidend sind vor allem neue Verfahren zur Herstellung von grünem Zement oder Stahl. Vielfältige Forschungen legen nahe, dass in den nächsten Jahrzehnten eine klimaneutrale Produktion möglich wird. Bei Zement betrifft dies einerseits eine neue chemische Zusammensetzung und andererseits die Verpressung von Kohlendioxid. Beim Stahl erfolgt der Weg über die Nutzung von grünem Wasserstoff als Energieträger, was dem Thema generell zum Durchbruch verhelfen soll. Aber auch das Recycling von Materialien wird eine bedeutende Rolle einnehmen und zirkuläre Prozesse in der Bauwirtschaft stimulieren.

4.5 Zeigen, dass es geht!

Die ökonomischen Chancen, die in der nachhaltigen Transformation vieler Märkte liegen, dürfen aber nicht überlagern, dass es einen starken politischen Impuls geben muss, diesen Umbruch unumkehrbar zu machen. Derzeit gehen die EU und China voran und streben bis 2050 bzw. 2060 die vollständige Klimaneutralität an. In der EU gibt es mit dem Green Deal bereits ein nahezu verbindliches Maßnahmenprogramm, während in China die Absichtserklärung noch mit konkreten Bestandteilen unterlegt werden muss. Man darf gespannt sein, ob die USA sich wieder in das globale Klimaregime eingliedern und entsprechende Zielsetzungen verbindlich formulieren. Aus globaler Sicht ist es wichtig, dass die Sustainable Development Goals der UN als handlungsleitete Prinzipien gelten und das Paris-Abkommen verbindlich umgesetzt wird.

Zeigen wir in Europa, dass es geht und warten nicht wie das Kaninchen vor der Schlange auf China oder die USA. Der Green Deal ist ein mutiger Schritt, der hoffentlich auch zur Umsetzung kommt, insbesondere auch um den langfristigen Wohlstand zu sichern und die Wettbewerbsfähigkeit der Unternehmen zu stärken. Der Fokus auf die genannten Bereiche von Energie bis zum Bauen ist richtig, kann aber durch vielfältige Maßnahmen begleitet werden: z. B. die strikte Ausrichtung des öffentlichen Beschaffungswesens auf Nachhaltigkeit oder die vermehrte Internalisierung externer Umweltkosten, um der Natur den Wert beizumessen, den sie verdient hat. Dabei ist zu beachten, soziale Ausgleichsmaßnahmen in der Gesellschaft für negativ Betroffene zielgerichtet zu adressieren. Sicher wird dies in den kommenden Jahren auch eine Debatte über Universal Basic Services als Instrument der öffentlichen Daseinsfürsorge befeuern. Welche Güter müssen dem Gemeinwesen zur Verfügung gestellt werden?

Ein Primat für den Natur- und Klimaschutz erfordert in der Politik ein stärker ressortübergreifendes Denken und Handeln und wird sicher auch einen kulturellen Wandel einleiten, wie demokratische Gesellschaften gesteuert und geführt werden. Unter den klaren Vorgaben, die notwendig sind, ist weiterhin ein lebendiger Wettbewerb um die besten Ideen als auch der aktive Beitrag von Unternehmen und Bürger wichtig.

4.6 Schlussfolgerung: Vorausschauend denken, urteilen und handeln

Im Englischen spricht man von ›wicked problems‹, wenn Lösungen für Herausforderungen gesucht werden, die eine schier unüberschaubare Komplexität in sich bergen. Verzagen wäre naheliegend, hilft aber nicht. Attraktive und machbare Wege für klimaneutrale und umweltverträgliche Gesellschaften und eine Verlagerung von der wachstumszentrierten zu einer sinnstiftungsorientierten und nachhaltigen Wirtschaftsweise existieren. Die Herausforderungen sind gewaltig, aber durch konzertierte Aktion der handelnden Akteure in Politik, Wirtschaft und Gesellschaft noch zu bewältigen. Systemische Weiterentwicklung von Institutionen, neue Marktmechanismen, technologische Lösungen, politische Programme und gesellschaftliche Veränderungen müssen Hand in Hand gehen.

Viele ›Change Agents‹ zeigen bereits heute im Alltag, durch soziale Innovationen in der gemeinsamen Nutzung von Produkten und Dienstleistungen, durch kooperatives Verhalten oder Einüben des Unterlassens, wie beispielhaft dazu beigetragen werden kann, auf die notwendige Veränderung hinzuwirken. Man darf jede Einzelne und jeden Einzelnen nicht aus der Verantwortung lassen, sie müssen befähigt werden, ihre Potenziale zu aktivieren, um sich mit der Welt und ihren Ökosystemen in Beziehung zu setzen. Nicht zuletzt ist dies eine Bildungsaufgabe.

Aber die großen Hebel sind durch ein klares politisches Umsteuern realisierbar. Insofern bleiben die Regierungen als Vertreter ihrer Völker im Fokus der Anforderungen, dieses Umsteuern zu organisieren und damit Wissenschaft und Wirtschaft Leitlinien vorzugeben, wohin die Reise gehen muss.

Am Ende ist die vorausschauende Klugheit aller Akteure entscheidend, um eine »Transformation by Disaster«, d. h. den erzwungenen Umstieg durch katastrophale Naturereignisse zu vermeiden und eine »Transformation by Design«, d. h. eine Wende durch gezielte Steuerung und Gestaltung zu erreichen. Eine systemische, ganzheitliche und zukunftsorientierte Perspektive ist gefragt. Die Zeit zum Handeln wird aber enger. Immerhin hat die Welt in der Pandemie gezeigt, dass enorme Kraftanstrengungen möglich sind. Aber auch, welch enorme Kosten entstehen, wenn im Moment der eingetretenen Katastrophe gehandelt werden muss. Insgesamt zeigt sich zunehmend: Nachhaltigkeit ist keine strategische Option unter vielen mehr, sondern ein politisch, wie gesellschaftlich und ökonomisch unumkehrbarer Imperativ. Alles könnte anders sein.

Zum Autor

Holger Glockner ist Managing Partner von Z_punkt The Foresight Company und arbeitet seit knapp zwanzig Jahre im Foresight-Bereich. Er hat zahlreiche Zukunftsprojekte für Organisationen aus dem privaten wie öffentlichen Sektor geleitet. Inhaltlich treibt ihn die Frage nach einer gelingenden Transformation zu einer nachhaltigen Gesellschaft und Wirtschaft um.

Literatur

Ekins, Paul; Simon, Sandrine; Deutsch, Lisa; Folke, Carl and De Groot, Rudolf: A Framework for the practical application of the concepts of critical natural capital and strong sustainability. Ecological Economics, 44(2-3) pp. 165-185, (2003)

Lade, S.J., Steffen, W., de Vries, W. et al.: Human impacts on planetary boundaries amplified by Earth system interactions. Nat Sustain 3, 119–128, (2020). https://doi.org/10.1038/s41893-019-0454-4

Secretariat of the Convention on Biological Diversity: Global Biodiversity Outlook 5, (2020).

United Nations Global Compact and Accenture Strategy: The decade to deliver. A call for business actions. CEO Study on Sustainability, (2019).

Welzer, Harald: Alles könnte anders sein. Eine Gesellschaftsutopie für freie Menschen, (2020).

5 Innovation als Treiber für Klimaschutz: Die zentrale Rolle von Wirtschaft und Politik

Andreas Freytag und Matthias Menter

5.1 Einführung

Der Klimawandel stellt eine der größten Herausforderungen für die Menschheit dar. Laut einer aktuellen Studie des Institute for Economics and Peace (IEP) könnte bis zum Jahr 2050 der Lebensraum von bis zu 1,2 Milliarden Menschen bedroht sein (IEP 2020). Besonders betroffen sind demnach Südasien, der Mittlere Osten, die afrikanische Sahelzone sowie die weiter südlich liegenden afrikanischen Staaten. Eine massenhafte Migration könnte die Folge sein. Die negativen Auswirkungen eines sich verändernden Klimas sind jedoch auch heute schon spürbar: ein kontinuierlicher Anstieg des Meeresspiegels, eine Häufung von Extremwetterereignissen wie Hitze, Dürre, Stürmen, Starkregen und Hochwasser – auch hierzulande – sowie das Abschmelzen der Polarkappen und Gletscher. Dies wiederum hat einen Einfluss auf verschiedene Sektoren wie Land- und Forstwirtschaft, Gesundheit, Tourismus und die Wirtschaft im Allgemeinen. Ein Land wie Deutschland, das stark von der globalen Arbeitsteilung abhängt, muss Vorkehrungen treffen, diese Herausforderung auf globaler, aber auch auf nationaler Ebene zu meistern.

Die deutsche Bundesregierung verabschiedete deshalb im Jahr 2008 die sog. »Deutsche Anpassungsstrategie an den Klimawandel« (DAS), um Aussagen über beobachtete und erwartete Klimaänderungen zu treffen, Handlungsbedarfe zu identifizieren und nachgelagerte Anpassungsmaßnahmen frühzeitig umzusetzen (Die Bundesregierung 2008). So sollen Schäden im Kontext des Klimawandels verringert bzw. vermieden und Chancen genutzt werden, um die Verletzlichkeit der deutschen Gesellschaft, aber auch der Wirtschaft und Umwelt zu reduzieren und gleichzeitig die Anpassungskapazitäten Deutschlands zu erhöhen. Die DAS zielt deshalb neben einer Risikobewertung und der Entwicklung und Umsetzung von Anpassungsmaßnahmen insbesondere auch auf eine Sensibilisierung der Bevölkerung ab, also die Schaffung eines Bewusstseins für den Klimawandel und dessen Folgen. Entsprechend wurden drei zentrale Aktivitätsfelder identifiziert: (1) Bewusstseinsbildung und Information, (2) Dialog und Beteiligung sowie Unterstützung der verschiedenen Akteure sowie (3) Verbesserung der Wissensbasis.

Umso unverständlicher erscheint es, dass nach wie vor umweltschädliche Industrien sowie die Förderung umweltschädlichen Verhaltens durch Steuergelder massiv subventioniert werden. So veröffentlichte das Bundesamt für Naturschutz im Jahr 2019 eine Studie, wonach im Jahr 2018 insgesamt ca. 55 Milliarden Euro an natur- und klimaschädlichen Subventionen ausbezahlt wurden – immerhin knapp 16 Prozent der Haushaltsausgaben des Bundes (Bundesamt für Naturschutz 2020). Hierunter fallen u. a. niedrigere Strom- und Energiesteuern für energieintensive Industrien, Steuerrabatte für Autofahrer durch die niedrigere Besteuerung von Diesel im Vergleich zu Benzin sowie Geld für Vielflieger durch die Energiesteuerbefreiung von Kerosin und Steuernachlässe für Konsum.[2] Entsprechend groß ist die Entrüstung unter Klimaschützern, bei denen die Subventionsempfänger, meist große Konzerne, ganz oben auf der Liste der Klimasünder stehen.

Aber nicht nur aus ökologischer Perspektive sind diese Subventionen ein Fehler. Die ökonomische Theorie zeigt auf, dass klimaschädliche Aktivitäten am einfachsten dadurch zu vermeiden sind, dass sie mit den vollen Kosten für die Verursacher versehen werden. In der Tat erzeugen Umweltverschmutzung und Klimaschäden hohe externe Kosten für die Gesellschaft. Diese zu internalisieren, stellt die erstbeste ökologische und ökonomische Maßnahme dar. Umso mehr erstaunt es, dass die Bundesregierung es bis heute nicht vermocht hat, diese Kostenzuweisung umzusetzen. Dies mag auch damit zu tun haben, dass viele politische Entscheidungsträger immer noch einen Gegensatz zwischen Ökologie und Ökonomie sehen und die wesentlichen Akteure der sog. Klimabewegung es bis heute nicht verstanden haben, dass insbesondere die (innovativen) Unternehmen ihre natürlichen Verbündeten im Kampf um das Klima sind. Ganz im Gegenteil, sie sehen in der privaten Wirtschaft die wesentlichen Gegner im Kampf um ein gutes Klima. Möglicherweise auch deshalb definiert die Bundesregierung Klimaschutz nach wie vor als eine Ansammlung von Geboten und Verboten, also zur Hauptsache als staatliche, obrigkeitliche Angelegenheit.[3] Genauso regelmäßig gibt es dann Rückschläge für das Klima.

Dieser Beitrag dient dazu, das Potential einer marktwirtschaftlichen Strategie zum Klimaschutz herauszuarbeiten. Anstatt den Unternehmen detaillierte sektorspezifische oder gar auf individuelle Kraftwerke und Betriebsstätten abzielende Vorschriften zu machen, kann man mit Hilfe preisbasierter Instrumente dafür sorgen, dass klimaschädliche Produktionsweisen teurer und klimafreundliche Innovationen angeregt werden. Zunächst stellen wir die wesentlichen Instrumente ganz kurz vor. Anschließend gehen wir auf die deutsche und globale Klimapolitik kurz ein, bevor wir eine innovationsökonomische Anwendung diskutieren. Schlussfolgerungen schließen den Beitrag ab.

5.2 Marktwirtschaftlicher Klimaschutz: Effizient und effektiv zugleich

Effektiver Klimaschutz ist nicht schwer zu realisieren. Man muss nur die innovativen Fähigkeiten der Unternehmen sowie ihre Gewinnorientierung in die richtige Richtung, in diesem Fall in klimafreundliche Produktionsweisen bzw. klimafreundliche Produkte lenken. Diese triviale Einsicht geht mindestens auf Adam Smith zurück und gilt auch für moralisch aufgeladene Dienstleistungen wie den Umwelt- bzw. Klimaschutz. Es geht also um die Schaffung der richtigen Anreize für Unternehmen, um Änderungen hin zu mehr klimafreundlichen wirtschaftlichen Aktivitäten zu induzieren. Denn gewinnorientierte Unternehmen reagieren auf Signale, die ihnen von der Politik in Form von Regulierungen und Gesetzen sowie von Marktteilnehmern in Form von Nachfrageänderungen oder neuen Angeboten gesendet werden. Nun hängt es von der Politik und den Kunden ab, welche Signale sie senden und welche Anreize sie setzen.

Bislang zeigt sich, dass die Kunden nur schwache, aber zunehmende Signale in Richtung mehr Klimaschutz aussenden. Solche Signale wären in diesem Zusammenhang ein geändertes Konsumverhalten und eine damit einhergehende erhöhte Zahlungsbereitschaft für klimafreundliche Produkte. Das Nachfrageverhalten ändert sich jedoch nur sehr zögerlich: so ist z. B. der Anteil der Ökostrom-Kunden in Deutschland von 2016 auf 2019 von 14% auf 17,9% gestiegen. Allerdings scheint jüngst das Interesse an Elektromobilität stark zuzunehmen. Laut Statistischem Bundesamt übertraf die Zahl der Neuzulassungen des laufenden Jahres 2020 bis September die Neuzulassungen im gesamten Jahr 2019 um mehr als die Hälfte.[4]

Das bedeutet wiederum, dass es in der Hand der politischen Entscheidungsträger liegt, ob Unternehmen klimafreundlich produzieren oder nicht. Dazu muss der Ausstoß der wesentlichen Klimakiller reduziert werden. Dies sind vor allem Treibhausgase, insbesondere Kohlenstoffdioxid (CO_2), Methan (CH_4), Lachgas (N_2O), sowie fluorierte Kohlenwasserstoffverbindungen (F-Gase) wie wasserstoffhaltige Fluorkohlenwasserstoffe (HFKW), perfluorierte Kohlenwasserstoffe (FKW), Schwefelhexafluorid (SF_6) und Stickstofftrifluorid (NF_3); sie stellen wesentliche Inputs für das Angebot zentraler Dienste und Güter dar: Wärme, Strom, Mobilität und Nahrungsmittel. Solange die Emission von Treibhausgasen kostenfrei möglich ist, das Klima also aus Sicht der Unternehmen ein kostenfreies Gut[5] darstellt, wird ein gewinnorientiertes Unternehmen es sich nicht erlauben können oder wollen, auf die Nutzung des kostenfreien Inputs zu verzichten.

Wenn sich die Politik dazu durchringen kann, die Bepreisung der Treibhausgase ernsthaft voranzubringen, werden die Unternehmen – schon um ökonomisch überleben zu können – automatisch klimafreundlicher produzieren. Einige Unternehmen, die sich nicht auf eine emissionsfreie Produktion umstellen können, scheiden aus. Andere treten jetzt erst in die Märkte ein. Es erfolgt somit eine Art natürliche Selektion am Markt, bei der am Ende des Tages ausschließlich klimafreundliche Unternehmen mit innovativen Technologien übrig bleiben.

Idealerweise folgt die Politik dabei – ganz in der Tradition der sozialen Marktwirtschaft – einer langfristigen Strategie, die das Ausscheiden und Eintreten von Unternehmen auf den Märkten als einen relativ sanften Prozess ermöglicht. Um den hier beschriebenen Strukturwandel hin zu klimafreundlicher Produktion voranzutreiben, bieten sich grundsätzlich zwei Lösungsansätze an: (1) handelbare CO_2-Emissionszertifikate oder (2) die Einführung einer CO_2-Steuer.

Die Einführung des CO_2-Emissionszertifikatehandels zur Eindämmung von CO_2-Emissionen basiert auf einer einfachen Grundidee. Der Staat bzw. die Staatengemeinschaft legt eine maximale Emissionsmenge fest und regelt die Ausgabemodalitäten der Zertifikate.[6] Wollen Produzenten CO_2 emittieren, so müssen sie hierfür Zertifikate erwerben, welche die maximal auszustoßende Menge an CO_2 definiert. Klimafreundliche Produktionsweisen bedürfen weniger Zertifikate (sind also günstiger), klimaschädliche Produktionsweisen hingegen mehr. Somit begünstigt der Zertifikatehandel den Umstieg auf neue Technologien und Verfahren, welche weniger CO_2 produzieren. Vorteil des CO_2-Emissionszertifikatehandels ist die Steuerbarkeit der gesamten Emissionsmenge. Schwieriger ist hingegen eine Preisfestsetzung, was in der Anfangszeit des Zertifikatehandels in einem viel zu geringen Preis pro Zertifikat mündete, sodass keine großen Anreize zur CO_2-Vermeidung bestanden. Zudem ist der Zertifikatehandel vor spekulativen Aktivitäten nicht geschützt.

Eine CO_2-Steuer versucht die Schwachstellen des CO_2-Emissionszertifikatehandels zu adressieren. So wird bei einer CO_2-Steuer ein Preis vom Staat festgelegt. Im Gegensatz zu einer Mengenlösung gilt die Einführung einer CO_2-Steuer deshalb als Preislösung. Nachteil dieser Lösung ist es jedoch, dass die ausgestoßene Menge an Emissionen schwer prognostizierbar ist. Unter der Annahme, dass die Bundesregierung eine CO_2-Steuer einführt, wäre die richtige Strategie dann, den Steuersatz über einen langen Zeitraum stetig zu erhöhen.

Wenn die CO_2-Steuer entsprechend hoch ausfiele bzw. die Zertifikate entsprechend knapp wären, wäre die Stromproduktion mit Braunkohle lange vor 2038 nicht mehr attraktiv, ohne dass es eines Beschlusses zur Abschaltung bedürfte. Es bedeutete aber auch, dass jeder Anbieter alternativer Energien, der rechnen kann, weiß, ab wann sein Angebot attraktiv ist. Es wird dann vermutlich schnell zu einem Wettbewerb um die Wärme- und Stromkunden kommen. Es würde auch völlig neue Ideen geben, wie die Menschen ohne fossile Brennstoffe mobil bleiben.

Neben dem Setzen von Anreizen für klimafreundliche Technologien in Unternehmen impliziert die Einführung einer CO_2-Steuer möglicherweise auch eine Veränderung des Konsumverhaltens beim Verbraucher. Wird eine CO_2-Komponente in die Energiesteuer integriert, so besteht ein finanzieller Anreiz, z. B. spritsparende Autos zu fahren bzw. die Ölheizung im Keller zu ersetzen. Entstehende steuerliche Mehreinnahmen könnten in Form eines »Klimabonus« an die privaten Haushalte zurückgegeben werden, um dadurch soziale Verwerfungen zu verhindern. Folgt man einer aktuellen Studie des Deutschen Instituts für Wirtschaftsforschung (DIW) in Berlin, so erscheint eine sozialverträgliche CO_2-Bepreisung umsetzbar (DIW 2019).

Unabhängig von der gewählten preisbasierten Lösung käme es zu einem politikinduzierten Wettbewerb unter Unternehmen. Unternehmen mit neuen (klimafreundlicheren) Technologien hätten dabei einen Preis- und Kostenvorteil gegenüber Unternehmen mit weniger innovativen (klimaschädlicheren) Technologien. Anreize zur Investition in neue Technologien wären vorhanden: Unternehmen haben die Wahl, entweder die nötigen Strafzahlungen (in Form der CO_2-Steuer oder des Erwerbs zusätzlicher Zertifikate) in Kauf zu nehmen, oder aber ihre Produktionsabläufe zu ändern, also zu investieren, um die CO_2-Steuer zu vermeiden bzw. die Anzahl der benötigten Zertifikate zu verringern. Langfristig würden nur die innovativeren Unternehmen am Markt bestehen bleiben können. Das Faszinierende an diesem Prozess ist, dass niemand heute wissen kann, wie genau das Angebot an Wärme, Strom und Mobilität in der Zukunft aussehen wird. Der Innovationsfreude und Kreativität der Unternehmen und ihrer Beschäftigten sind dabei keine Grenzen gesetzt.

5.3 Die deutsche Klimapolitik vor dem Hintergrund globaler Anstrengungen

Die Bundesregierung hat sich in ihrer Klimapolitik für eine Hybrid-Version aus sektorspezifischen Vorschriften und einem Mix aus beiden marktwirtschaftlichen Ansätzen entschieden. Im Oktober 2020 legte die Bundesregierung (gemäß Plan des Klimapakets 2019) den CO_2-Preis auf 25 Euro pro Tonne fest; er soll bis 2030 auf mindestens 55 Euro pro Tonne steigen. Nach einer Einführungsphase (vermutlich in jedem neuen Jahr) werden Zertifikate eingeführt, die die Bundesregierung versteigern will. Es muss jedem klar sein, dass dies nur ein kleiner quantitativer Beitrag zum Klimaschutz sein kann, denn der deutsche Anteil an den globalen Emissionen fällt ständig, weil die absoluten Emissionen der Schwellen- und Entwicklungsländer zunehmen. Wichtiger erscheint der technologische Beitrag deutscher Unternehmen zu einem kostengünstigen Klimaschutz.

Da das Klima ein globales Allmendegut ist, kann das Klima am Ende nur dadurch gerettet werden, dass es eine globale Koordinierung gibt. Trotz der Tatsache, dass Treibhausgase als mögliche Verursacher für den menschengemachten Klimawandel schon früh identifiziert wurden, konnte man sich auf globaler Ebene erstmals im Jahr 1992 auf dem Weltgipfel in Rio darauf verständigen, die Treibhausgasemissionen zu stabilisieren. Weitere rechtsverbindliche Reduzierungen des Ausstoßes von Treibhausgasen wurden u. a. in Kyoto (1997) durch die Verabschiedung des sog. Kyoto-Protokolls, in Cancún (2010) durch die erstmalige offizielle Anerkennung der Zwei-Grad-Obergrenze, in Doha (2012) durch den Beschluss der Fortsetzung des Kyoto-Protokolls und in Paris (2015) durch die Verabschiedung des Pariser Abkommens mit dem Ziel, die Erderwärmung auf weniger als 2,0 Grad, besser noch 1,5 Grad, gegenüber dem vorindustriellen Zeitalter zu beschränken, beschlossen; alle mit dem Ziel, die irreversiblen Folgen der Klimaerwärmung zu verhindern. Viele der dort beschlossenen Maßnahmen gehen Kritikern jedoch nicht weit genug: Klimaschutzzusagen für das nächste Jahrzehnt müssten weiter überarbeitet und Langfriststrategien bis 2050 entwickelt werden. Entsprechend heftige Kritik wurde deshalb auch an der Klimakonferenz 2019 in Madrid geübt, die weitestgehend ergebnislos blieb und viele kritische Punkte auf die UN-Klimakonferenz in Glasgow, die auf Grund der Corona-Pandemie erst im Jahr 2021 stattfinden soll, vertagte. So konnte insbesondere über die Ausgestaltung des Artikels 6 des Pariser Klimaschutzabkommens, der die Zusammenarbeit zwischen Vertragspartnern regelt, um die Klimaschutzziele zu erreichen, keine Einigung erzielt werden. Zentraler Punkt dabei war die Finanzierung von Klimaschutzprojekten, vor allem in Entwicklungsländern. Hierfür notwendige Themen wie die Schaffung eines internationalen Markts für CO_2-Emissionszertifikate wurden nicht abschließend diskutiert. Der Ausstieg der Vereinigten Staaten von Amerika aus dem Klimaabkommen von Paris zum 3. November 2020 ist dabei sicherlich nicht hilfreich. Insofern ist nach wie vor eine gewisse Skepsis angebracht.

5.4 Die Rolle der Unternehmen im globalen Kampf um das Klima

Der zähe Verlauf der internationalen Verhandlungen zeigt, dass es nicht ausreicht, auf einen Durchbruch der globalen Verhandlungen zu warten. Eine alternative Strategie besteht darin, auf nationaler oder regionaler Ebene Anreize für Unternehmen zu klimafreundlichen Innovationen zu setzen und damit eine internationale Vorbildfunktion wahrzunehmen. Dies sollte zum einen mit den oben diskutierten Internalisierungsstrategien (Zertifikate oder Steuern) geschehen. Wegen der Problematik des Trittbrettfahrens und des sog. Carbon Leakage (also der Auslagerung klimaschädlicher Produktion in andere weniger klimafreundliche Standorte) sind dieser Strategie jedoch Grenzen gesetzt. Allerdings gilt: Je mehr Länder sich daran beteiligen, desto erfolgreicher ist die Strategie.

Wegen dieser Einschränkungen gehen manche Regierungen einen anderen Weg – sie fördern klimafreundliche Innovationen direkt. Dabei nimmt die Europäische Kommission eine Vorreiterrolle ein. Mit der Vorstellung des sog. »Green Deal«, einer neuen europäischen Wachstumsstrategie, soll die Europäische Union (EU) bis 2050 klimaneutral werden (Europäische Kommission 2019). Auch hier soll eine enge Verzahnung von Politik und Wirtschaft erfolgen. So soll die Strategie einen Übergang hin zu einer modernen, ressourceneffizienten und wettbewerbsfähigen Wirtschaft ermöglichen und dabei alle Menschen und Regionen mit einbeziehen. Als Zwischenziel wird bereits bis zum Jahr 2030 eine Reduktion der Treibhausgasemissionen um mindestens 55 % angestrebt. Um diese ehrgeizigen Ziele zu erreichen, sind massive Investitionen nötig. Konkret sollen in den nächsten zehn Jahren insgesamt etwa eine Billion Euro investiert werden.

Obwohl sich die Politik in der Sache grundsätzlich einig ist und eine Förderung von Forschungs- und Innovationsvorhaben für sinnvoll erachtet, existieren über die notwendigen Maßnahmen und potenziellen Eingriffsmöglichkeiten des Staates in den Markt verschiedene Standpunkte (Dachs et al. 2015). Eine vielfach geäußerte Position ist, dass sich das staatliche Handeln im Rahmen der Forschungs- und Innovationspolitik auf die Schaffung günstiger Rahmenbedingungen sowie die Reduktion allokativer Verzerrungen beschränken sollte. Aufgabe der Politik ist es demnach lediglich, die durch Externalitäten, Informationsmängel oder Unsicherheit induzierten Verzerrungen zu adressieren, um ein mögliches Marktversagen zu verhindern. Die Grundannahme hierbei ist, dass der Markt und dessen inhärente Dynamik die Wirtschaftsakteure in die richtigen Bahnen lenken werden und dies schlussendlich in einer Erhöhung der materiellen Wohlfahrt mündet. Die Eigennutzorientierung von Wirtschaftsakteuren resultiert demnach im Kontext eines sich selbst regulierenden Marktes zu einer optimalen Produktionsmenge und einer gerechten Verteilung. Die Rolle der Politik ist somit auf eine koordinierende und in Teilen korrigierende »unsichtbare Hand des Marktes« beschränkt.

Eine entgegengesetzte und in den letzten Jahren häufiger vertretene Position fordert eine deutlich aktivere Rolle des Staats in der Forschungs- und Innovationspolitik. Befürworter dieser eher interventionistischen Wirtschaftspolitik sehen es als Kernaufgabe des Staates, sich an den gesellschaftlichen Herausforderungen der heutigen Zeit zu orientieren (die Vereinten Nationen haben in diesem Zusammenhang 17 Nachhaltigkeitsziele, sog. Sustainable Development Goals, ausgegeben) und transformative Prozesse zur Bewältigung dieser Herausforderungen anzustoßen. Es geht dabei also um die Festlegung thematischer Prioritäten für Forschungs- und Innovationsagenden. Das EU-Rahmenprogramm für Forschung und Innovation »Horizont 2020« mit einem Budget von knapp 80 Milliarden Euro sowie die sich daran orientierende Hightech-Strategie 2020 der Bundesregierung sind nur einige Beispiele dieser neuen »missionsorientierten« Innovationspolitik. Ausschließliches Ziel dieser Politik ist demnach nicht die Steigerung der Produktivität und Wettbewerbsfähigkeit, sondern auch die Lösung gesellschaftlicher Probleme – u. a. der Vereinbarkeit von wirtschaftlicher Aktivität mit Umwelt- und Klimaschutz.

Vertreter dieser Missionsorientierung sehen es somit als die zentrale Aufgabe des Staates an, die Geschwindigkeit und Richtung des technologischen Wandels maßgeblich zu beeinflussen, z. B. durch die Subvention erneuerbarer Energien. Erklärtes Ziel dieser Politik ist es dabei, die Diffusion von Technologien zu fördern (Diffusionsorientierung) und die Koordination von Ressortpolitiken zu verbessern (Politikkoordination). Kritiker dieses Politikansatzes sehen hier eine Anmaßung von Wissen und beziehen sich dabei oftmals auf Friedrich August von Hayek, der eine zentrale (staatliche) Instanz mit der Verarbeitung der notwendigen Informationen über Technologien und Präferenzen der Bürger überfordert sah sowie in staatlichen Eingriffen eine Verzerrung des marktlichen Wettbewerbs und der dahinterliegenden Dynamiken befürchtete. Die Erfahrung der Technologiepolitik in OECD-Ländern stützt diese Sicht weitestgehend.

Schlussendlich erscheint allerdings eine Kombination aus der Schaffung innovationsfreundlicher Rahmenbedingungen sowie der staatlichen – zum Teil gezielten – Technologieförderung sinnvoll und realistisch. Grundlage aller Maßnahmen ist jedoch unbedingt die Bepreisung der Treibhausgase. EU-Kommissionschefin Ursula von der Leyen verkündete deshalb erst kürzlich: »CO_2 muss einen Preis bekommen«. Es bedarf also eines enges Zusammenspiels von Politik und Wirtschaft, um die angestrebten Klimaziele zu erreichen und eine nachhaltige Wirtschaft umzusetzen.[7] Die Innovationskraft der Unternehmen spielt dabei die zentrale Rolle, da nur durch umweltfreundliche und nachhaltige Technologien eine Verringerung der Emissionen bei Beibehaltung der hohen Lebensstandards ermöglicht werden kann. Innovative Unternehmen sind deshalb zentrale Akteure im Kampf um ein besseres Klima und der Motor für ein nachhaltiges Wachstum.

5.5 Schlussfolgerungen

Die deutsche Wirtschaft hat sich in den letzten Jahrzehnten als äußerst robust und wettbewerbsfähig erwiesen. Sie hat zahlreiche Strukturbrüche bewältigt und sich gerade im Feld der angewandten Technologien als sehr erfolgreich erwiesen. Im Herbst 2020 stehen Wirtschaft, Gesellschaft und Politik vor vielfältigen Herausforderungen. Zum permanenten, sozusagen routinemäßigen Strukturwandel tritt die weltweite Krise im Zuge der globalen Corona-Pandemie sowie der immer deutlicher werdende Klimawandel.

Diese Situation kann nur gemeistert werden, wenn die Politik die richtigen Weichen stellt und dazu beiträgt, das in der Wirtschaft vorhandene Potential zu entfesseln. Der Klimaschutz kann ein Vehikel dazu sein, denn er erfordert eine Welle von Innovationen, die nötig werden, wenn der Lebensstandard – nicht nur, aber auch – in Deutschland weiterhin hoch bleiben soll. Dazu muss die Bundesregierung, durchaus unterstützt von der Europäischen Kommission und im Einklang mit internationalen Partnern, allerdings die Instrumente für den Klimaschutz sorgfältig wählen. Kriterien sind Effizienz und Effektivität.

Mit Hilfe marktwirtschaftlicher Instrumente zum Klimaschutz und einer vorsichtig dosierten und möglichst horizontal wirkenden Technologiepolitik können die politischen Entscheidungsträger dazu beitragen, dass die Innovationstätigkeit der Unternehmen klimafreundliche Produkte hervorbringt. Damit würden sie nicht nur in Deutschland einen Beitrag zum Klimaschutz leisten, sondern auch ihr Exportpotential steigern sowie zum Klimaschutz weltweit beitragen. Denn die Diskussion um den Klimaschutz hat noch etwas gezeigt: Nur wenn praktizierter Klimaschutz in den reichen Regionen der Welt ohne wirtschaftliche Einbrüche funktioniert, werden andere Länder bereitwillig und rechtzeitig folgen. Noch besteht die Chance, hierzulande den Klimaschutz zum ökonomisch erfolgreichen Geschäftsmodell zu machen, das andere gerne kopieren werden. Dazu bedarf es aber einiger politischer und wirtschaftlicher Weichenstellungen in den kommenden Jahren.

Zu den Autoren

Prof. Dr. Andreas Freytag ist Inhaber des Lehrstuhls für Wirtschaftspolitik an der Friedrich-Schiller-Universität Jena. Dort leitet er u. a. das Schumpeter-Zentrum. Außerdem ist er Honorarprofessor an der Universität Stellenbosch, Mitglied des CESifo-Forschungsnetzwerks und STIAS-Fellow. In seiner Forschung liegt der Schwerpunkt auf außenwirtschaftlichen und entwicklungspolitischen Fragen, insbesondere mit Blick auf das südliche Afrika.
Prof. Dr. Matthias Menter ist Juniorprofessor für Unternehmensentwicklung, Innovation und wirtschaftlichen Wandel an der Friedrich-Schiller-Universität Jena. Zudem ist er Research Fellow am Institute for Development Strategies an der Indiana University, USA. In seiner Forschung beschäftigt er sich mit innovationspolitischen Fragestellungen, der Rolle von innovativen Ökosystemen sowie dem Unternehmertum.

Literatur

Bundesamt für Naturschutz (BfN) (2020), Abbau naturschädigender Subventionen und Kompensationszahlungen auf stoffliche Belastungen,: https://www.bfn.de/fileadmin/BfN/oekonomie/Dokumente/Abbau_naturschaedigender_Subventionen.pdf, abgerufen am 8.10.2020.

Dachs, Bernhard, Michael Dinges, Matthias, Weber, Georg Zahradnik, Philine Warnke, und Benjamin Teufel (2015), Herausforderungen und Perspektiven missionsorientierter Forschungs- und Innovationspolitik (Nr. 12-2015). Studien zum deutschen Innovationssystem.

Die Bundesregierung (2008), Deutsche Anpassungsstrategie an den Klimawandel, https://www.bmu.de/fileadmin/bmu-import/files/pdfs/allgemein/application/pdf/das_gesamt_bf.pdf, abgerufen am 8.10.2020.

DIW (2019), Politikberatung kompakt: Für eine sozialverträgliche CO_2-Bepreisung, DIW Berlin https://www.diw.de/documents/publikationen/73/diw_01.c.635193.de/diwkompakt_2019-138.pdf

Donges, Juergen B. und Freytag, Andreas (2009), Allgemeine Wirtschaftspolitik, 3. Auflage. Stuttgart: UTB, Lucius & Lucius.

Europäische Kommission (2019), Ein europäischer Grüner Deal, https://ec.europa.eu/info/strategy/priorities-2019-2024/european-green-deal_de, abgerufen am 16.10.2020.

Fücks, Rolf und Thomas Köhler (2019), Soziale Marktwirtschaft ökologisch erneuern, Berlin: Konrad-Adenauer-Stiftung und Zentrum Liberale Moderne.

Institute for Economics and Peace (IEP) (2020), Ecological Threat Register 2020, http://visionofhumanity.org/app/uploads/2020/09/ETR_2020_web-1.pdf, abgerufen am 8.10.2020.

6 Klimaschutz als Teil der Nachhaltigkeitsstrategie der chemischen Industrie

Wolfgang Große Entrup

6.1 Nachhaltigkeit in der chemischen Industrie

Knappe Ressourcen und wachsende Weltbevölkerung, steigende Temperaturen und dicht besiedelte Städte: Die großen globalen Trends unserer Zeit stellen neue Anforderungen an die Unternehmen – auch in der chemischen Industrie. Ihre Aktivitäten entlang der gesamten globalen Wertschöpfungskette haben entscheidenden Einfluss darauf, ob und wie eine insgesamt nachhaltige Entwicklung für die Weltgemeinschaft möglich wird. Das wissen auch ihre Stakeholder: Die Mitarbeiterinnen und Mitarbeiter, die in einer nachhaltigen Organisation arbeiten wollen, Investoren und Anteilseigner ebenso wie die öffentlichen Akteure. Auch sie formulieren klare Erwartungen.

Das zeigt sich insbesondere in der Verabschiedung der Globalen Nachhaltigkeitsziele – den Sustainable Development Goals (SDGs) – der Vereinten Nationen im Jahr 2015. Deutschland hat mit der Nachhaltigkeitsstrategie der Bundesregierung und dem Nationalen Aktionsplan Wirtschaft und Menschenrechte (NAP) weitere Leitplanken geschaffen, die sich an den SDG orientieren. So fordert der NAP Unternehmen auf, Nachhaltigkeitsstandards entlang der Lieferketten einzuhalten. Das gilt auch für kleine und mittlere Unternehmen.

Bereits 2013 haben die drei großen Organisationen der chemischen Industrie in Deutschland – der Wirtschaftsverband VCI, die Gewerkschaft IG BCE und der Arbeitgeberverband BAVC – diese Entwicklungen ins Auge gefasst und die Nachhaltigkeitsinitiative Chemie[3] gegründet. Gemeinsam wollen sie Nachhaltigkeit als Leitbild in der Branche verankern und dazu beitragen, die Position der Chemie als Schlüsselindustrie für eine nachhaltige Entwicklung weiter auszubauen. Nachhaltigkeit verstehen sie dabei als einen Dreiklang aus Ökonomie, Ökologie und Sozialem.

Den Kern von Chemie[3] bilden die zwölf »Leitlinien zur Nachhaltigkeit für die chemische Industrie in Deutschland«. Sie sind auf die Besonderheiten der Branche zugeschnitten und bieten sowohl dem Management als auch den Beschäftigten Orientierung bei der Frage, wie sich Nachhaltigkeit im Betriebsalltag am besten realisieren lässt.

6.2 Klimaschutz: Die Chemie als Verursacher und Lösungsgeber

Eine dieser Leitlinien zielt explizit auf das Thema Klimaschutz – ein Thema, bei dem sich die chemisch-pharmazeutische Industrie klar zu den Zielen des Pariser Klimaabkommens bekennt. Das heißt erstens: Das Weltklima soll sich gegenüber der vorindustriellen Zeit um deutlich weniger als zwei Grad erwärmen. Und zweitens – daraus abgeleitet: Bis zum Jahr 2050 sind sowohl Deutschland als auch die EU insgesamt treibhausgasneutral.

Im Blick auf die Erreichung dieses Zieles spielt die Chemie-Industrie eine doppelte Rolle. Denn: Sie ist sowohl ein Mit-Verursacher des Klimawandels als auch einer seiner potentiell wirkungsvollsten Bekämpfer. Einerseits gehört sie zu den größten industriellen Emittenten von CO_2, das sie durch ihren Energieeinsatz, durch ihre Prozesse und durch den Kohlenstoffgehalt in ihren Produkten verursacht. Gleichzeitig tragen Chemieprodukte aber in vielen Bereichen zur Energieeffizienz und zum Einsparen von Treibhausgasen bei. Die gute Nachricht in diesem Zusammenhang lautet: Bilanziert man beide Seiten, ist das Ergebnis unter dem Strich schon heute positiv. Insgesamt sparen Chemieprodukte nämlich in der Anwendung deutlich mehr Treibhausgase ein, als bei ihrer Produktion entstehen. Das belegen Studien des Weltchemieverbands ICCA.

Ein Beispiel für diese positive Wirkung von Chemieprodukten auf den Klimaschutz sind Dämmstoffe. Laut der Deutschen Energieagentur (dena) liegt das größte Energieeinsparpotenzial in Deutschland im Gebäudebestand. Schließlich verbrauchen ältere, unsanierte Häuser mit Baujahr vor 1979 bis zu fünf Mal mehr Energie als nach 2001 errichtete Neubauten. Mit Hilfe moderner Dämmmaterialien aus Polystyrol (PS) oder Polyurethan (PUR) hingegen lassen sich Wände, Dächer und Kellerdecken wirksam dämmen. Schon eine fünf Zentimeter dicke Isolierschicht aus Kunststoffschaum halbiert nahezu die notwendige Heizenergie eines ungedämmten Einfamilienhauses. Das entspricht pro Jahr dem Ausstoß von etwa 2.800 Tonnen CO_2. Auf diese Weise amortisiert sich der Energieverbrauch für die Produktion von Wärmedämmstoffen energetisch bereits im ersten Jahr.

Ein zweites Beispiel für die positive Klimabilanz der Chemie findet sich auf dem Gebiet der erneuerbaren Energien. So konnten etwa Windräder erst dank Hightech-Verbundwerkstoffen aus faserverstärktem Kunststoff immer größer und damit leistungsfähiger werden. Mit dem Durchmesser der Rotorblätter steigt auch die Energieausbeute, gerade für den Ausbau der Offshore-Windkraft eine wichtige Voraussetzung. Und auch bei der Produktion von Solarmodulen kommt die Chemie ins Spiel, denn sie liefert mit hochreinem Polysilicium den dafür wichtigsten Rohstoff. Und: Ein Kilogramm Polysilicium kann über die Lebensdauer einer Solarzelle gerechnet mehr als 7.000 Kilogramm an CO_2-Emissionen sparen. Bedenkt man, dass der Weltmarktführer für hochreines Polysilicium aus der deutschen Chemie-Industrie kommt, wird die klimapositive Bedeutung der Branche weit über die eigenen Landesgrenzen hinaus deutlich.

Das gilt umso mehr für die Zukunft, denn das Potential für die Emissionsvermeidung mit Hilfe von Chemieprodukten dürfte einer Studie des Weltchemieverbandes zufolge noch wachsen. Allein die darin analysierten 17 Technologien könnten bis 2050 bis zu zehn Gigatonnen Treibhausgase einsparen, was etwa einem Viertel der heutigen globalen CO_2-Emissionen entspricht. Die drei wichtigsten Technologien mit einem besonders hohen CO_2-Einsparpotenzial sind noch bessere Solarzellen für die Stromerzeugung, Batteriespeicher mit mehr Kapazität für den Verkehrsbereich und Aminosäuren für die Tierernährung.

Über ihre Wirkung in der Anwendung hinaus wäre es aber auch sinnvoll, wenn Chemieprodukte bereits in der Herstellung weniger Treibhausgasemissionen verursachen. Dadurch könnte sich die angesprochene Hebelwirkung von Chemieprodukten für den Klimaschutz noch verstärken. Genau dieses Ziel verfolgt die deutsche Chemie: Sie will ihre Produktion bis 2050 treibhausgasneutral machen.

6.3 Emissionsquellen aus der Chemie

Auf dem Weg dahin steht sie ebenso wie andere energieintensive Industriebranchen vor großen Herausforderungen: Zum einen verursacht die Branche Treibhausgase durch Prozessemissionen. Sie entstehen, wenn die eingesetzten Rohstoffe chemisch umgewandelt werden. Die größte CO_2-Quelle ist aber der nötige Energieeinsatz: Die Chemie ist »energieintensiv«, das heißt sie benötigt viel Energie in Form von Wärme und Strom, um die nötigen chemischen Prozesse in Gang zu bringen. So ist die Chemie für 15 Prozent des gesamten deutschen Erdgas- und für zehn Prozent des Stromverbrauchs verantwortlich, verbunden mit entsprechenden CO_2-Emissionen. Einen Teil dieser Energie erzeugt die deutsche Chemie selbst in eigenen Kraftwerken größtenteils auf Basis von Erdgas, mit denen sie fast ihren kompletten Wärmebedarf (90 Prozent) und etwa ein Fünftel ihres Strombedarfs abdeckt. Den größten Teil des Stroms kauft die Branche von außen zu. Hier entstehen in öffentlichen Kraftwerken CO_2-Emissionen, die aber durch die Energiewende immer weiter zurückgehen werden.

Mit diesen beiden Emissionsquellen – den direkten Emissionen aus Prozessen und Eigenenergieerzeugung sowie den indirekten Emissionen aus dem Zukauf von Energie – sieht sich die Chemie für etwa sieben Prozent der Gesamtmenge an Treibhausgasemissionen in Deutschland in der Verantwortung.

In absoluten Zahlen (▶ Abb. 10) entspricht dies rund 33 Millionen Tonnen CO_2-Äquivalenten durch direkte und rund 23 Millionen Tonnen durch Energieeinkauf bedingten, indirekten CO_2-Emissionen. Damit ist die Chemie hierzulande die Branche mit dem dritthöchsten Ausstoß von Treibhausgasen. Ohne eine treibhausgasneutrale Chemieindustrie kann es demnach realistisch kein treibhausgasneutrales Deutschland geben.

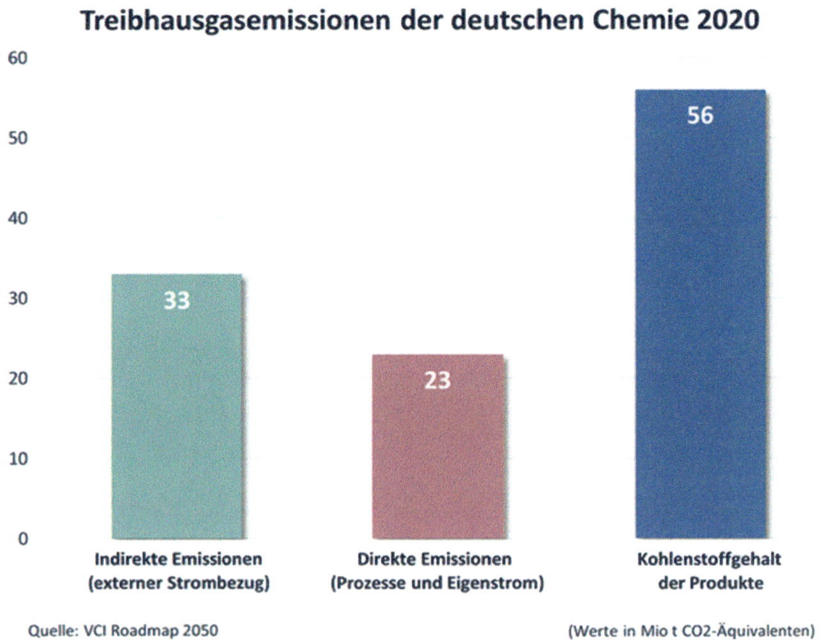

Abb. 10: Treibhausgasquellen der chemischen Industrie in Deutschland 2020 (Quelle: VCI Roadmap 2050, S. 7)

Zusätzlich hat die Chemie aber ein Alleinstellungsmerkmal unter allen Industriebranchen: Ihre Produkte bauen selbst auf Kohlenstoff auf, der heute noch zum größten Teil aus fossilen Quellen stammt und am Ende des Produktlebens als CO_2 in die Atmosphäre entweicht. Bislang werden diese Emissionen größtenteils der Abfallwirtschaft zugerechnet, da sie dort anfallen. Rechnet man sie jedoch der Chemie zu, schlägt das mit weiteren rund 56 Millionen Tonnen CO_2 – Äquivalenten zu Buche.

6.4 Bisherige Erfolge und weitere Optimierungen

Weil die Branche vor allem bei der Herstellung von chemischen Grundstoffen derart viel Energie aufwenden muss, hat sie schon aus Kostengründen frühzeitig entsprechende Gegenmaßnahmen ergriffen. Eine höhere Energieeffizienz liegt im intrinsischen Interesse von energieintensiven Unternehmen, denn Energiekosten sind einer der wichtigsten Standortfaktoren im internationalen Wettbewerb. Schon deshalb investieren deutsche Chemieunternehmen beständig in Technologien, um ihre Energieeffizienz zu verbessern. Zusätzlich wirken politische Vorgaben auf die Branche ein: Die Bundesrepublik hat sich verpflichtet, ihre CO_2-Emissionen bis 2020 um 40 Prozent im Vergleich zum Basisjahr 1990 zu reduzieren. Zu diesem Ziel konnte die deutsche Chemie entscheidend beitragen: Sie hat ihren eigenen Ausstoß von Treibhausgasen von 1990 bis 2018 bei Prozessen und im Energieverbrauch um 51 Prozent gesenkt – und das, obwohl die Chemieproduktion im gleichen Zeitraum sogar um 76 Prozent stieg. Es lohnt sich, die dazu getroffenen Maßnahmen in Augenschein zu nehmen:

- Schon vor der Wiedervereinigung veränderte die Branche einerseits ihren Energiemix: weg von kohlenstoffreichen Energieträgern wie Braun- und Steinkohle, hin zu Erdgas, das in der Verbrennung weniger Treibhausgase verursacht.
- Nach der Wende investierten die Unternehmen stark, um ihre Anlagen zu modernisieren. Allein zwischen 1991 und 2008 wurden dafür insgesamt 113,3 Milliarden Euro aufgewendet. Diese Investitionen flossen einerseits in Bestandsanlagen, deren Energieeffizienz und Klimabilanz sich dadurch verbesserte. Veraltete Produktionsstätten, vor allem in den östlichen Bundesländern, wurden dagegen durch ganz neue, viel effizientere Anlagen ersetzt.
- Ein zusätzlicher Faktor war die verstärkte Nutzung der Kraft-Wärme-Kopplung (KWK). Durch die gleichzeitige Erzeugung von Wärme und Strom wird der Brennstoff bis zu 85 Prozent energetisch genutzt, während selbst ein modernes Kondensationskraftwerk, das nur Strom produziert, etwa die Hälfte des Energieinhaltes im Brennstoff ungenutzt lässt.
- Nicht zuletzt waren für den sinkenden Energiebedarf der Chemieindustrie die in der Branche charakteristischen Verbundstandorte bedeutsam. Sie sind energetisch und im Blick auf die Materialflüsse optimal vernetzt, sodass sich Produkte und anfallende Wärme aus der einen Produktion in einer anderen verwenden lassen.

Mit dieser Methode der kontinuierlichen Optimierung kann die deutsche Chemie auch in den kommenden Jahren ihre Klimabilanz weiter verbessern. Das belegt eine Studie, die DECHEMA und FutureCamp 2019 im Auftrag des Verbands der Chemischen Industrie (VCI) durchgeführt haben.

Laut dieser »Roadmap 2050« kann die Branche ihren heutigen CO_2-Ausstoß von ca. 112 Millionen Tonnen CO_2 bis 2030 um 27 Prozent (Referenzpfad ▶ Abb. 11) reduzieren, wenn sie den aktuellen Anlagenpark weiter optimiert und immer CO_2-ärmeren Strom bezieht. Die Chemiebilanz verbessert sich hier auch durch den weiteren Ausbau erneuerbarer Energien, die zunehmend fossile Energiequellen ersetzen. Zudem fahren die Unternehmen die Nutzung von Öl und Kohle auch in ihren eigenen Kraftwerken zurück und reizen das Effizienzpotential moderner Produktionsanlagen weiter aus. Fortschritte in der zirkulären Wirtschaft wirken sich ebenfalls positiv aus.

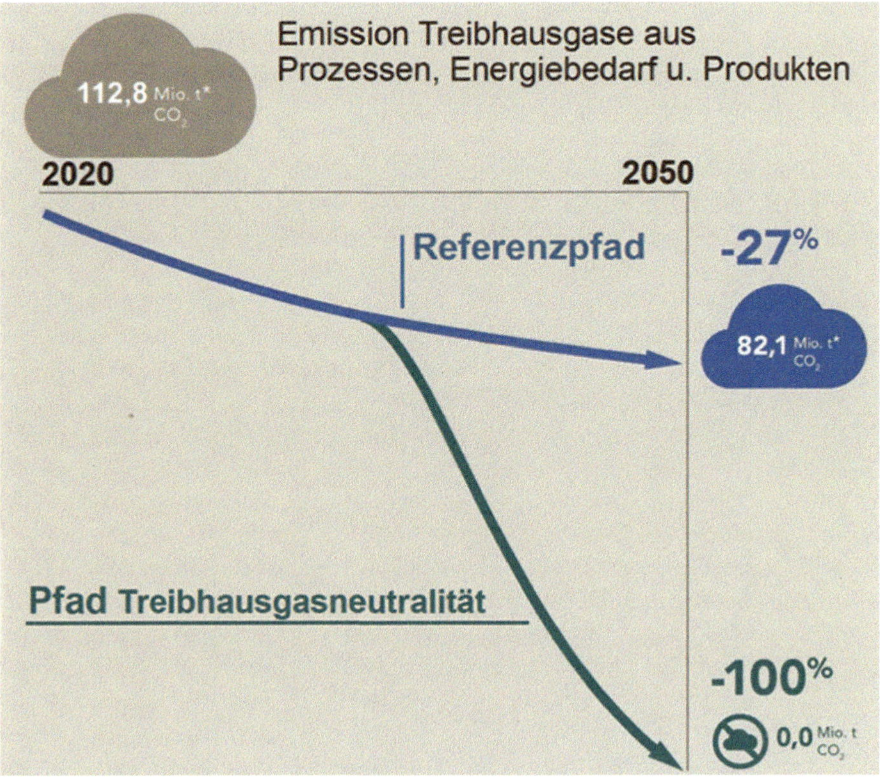

Abb. 11: Alternative Pfade für die Entwicklung der Treibhausgasemissionen der chemischen Industrie

6.5 Transformation der Branche und Roadmap 2050

Um die Chemieindustrie in Deutschland treibhausgasneutral betreiben zu können, wird es jedoch nicht ausreichen, die vorhandenen Produktionsanlagen zu optimieren. Sollen auch die verbleibenden zwei Drittel der heutigen CO_2-Emissionen neutralisiert werden, steht der Branche vielmehr eine Transformation bevor (Pfad Treibhausgasneutralität ▶ Abb. 11). Denn dazu sind laut der VCI-Roadmap alternative Produktionsverfahren für die Basischemie nötig. Konkret geht es um die Herstellung der mengenmäßig wichtigsten Grundchemikalien Chlor, Ammoniak und Harnstoff, Methanol, der Olefine Ethylen, Propylen und Butadien, sowie der Aromaten Benzol, Toluol und Xylol. Diese Grundchemikalien sind die Ausgangsstoffe für die Synthese aller weiteren chemischen Produkte. Ihre Produktion ist gleichzeitig für 75 Prozent der gesamten CO_2-Branchen-Emissionen verantwortlich. Alternative treibhausgasneutrale Verfahren, um diese Grundchemikalien herzustellen, sind heute schon bekannt, müssen aber noch weiterentwickelt werden.

Das wichtigste Fazit der Roadmap lautet daher: Technologisch ist eine treibhausgasneutrale Chemie 2050 möglich.

Wie werden die neuen Produktionsverfahren arbeiten? Hier spielen zwei Technologiefortschritte eine herausgehobene Rolle:

- Bestimmte Verfahren müssen in Zukunft stärker elektrifiziert und möglichst mit emissionsfreiem (Grün-)Strom betrieben werden. Ein Beispiel hierfür ist die Umstellung der »Steam-Cracker«, der zentralen Basischemie-Anlage, auf Beheizung mit Hilfe von regenerativ erzeugtem Strom. In diesen Crackern wird Rohbenzin bei hohen Temperaturen in die Basischemikalien Olefine und Aromaten aufgespalten, die ihrerseits Ausgangsprodukte für die Wertschöpfungsketten der Chemie sind. Bisher werden die Spaltöfen dieser Cracker mit Erdgas als Energiequelle betrieben, also fossil befeuert. Werden sie stattdessen mit regenerativem Strom betrieben, ist eine CO_2-Ersparnis von bis zu 90 Prozent möglich.
- Um zu verhindern, dass der Kohlenstoffgehalt aus Chemieprodukten am Ende ihres Produktlebens die CO_2-Konzentration in der Atmosphäre weiter ansteigen lässt, muss es gelingen, diesen Kohlenstoff im Kreislauf zu führen. Denn aus einem geschlossenen Kohlenstoffkreislauf entstehen keine Emissionen mehr. Außerdem setzen die damit verbundenen alternativen Verfahren nicht mehr auf Erdöl, sondern auf alternative Rohstoffe wie Biomasse, recycelte Kunststoffe und das Treibhausgas CO_2 selbst. Das bedeutet:
  - Zum einen werden Abfallprodukte wieder zu Rohstoff. Dazu gilt es, bestehende Verfahren für das Recycling weniger komplexer Kunststoffprodukte wie PET-Flaschen (mechanisches Recycling) zu verbessern, aber auch Verfahren zum Recycling komplexerer Kunststoffprodukte aus Mischkunststoffen einzuführen (chemisches Recycling).
  - Zum anderen sollte der Einsatz von Biomasse eine größere Rolle spielen, da sie als nachwachsender Rohstoff keine zusätzlichen CO_2-Emissionen verursacht. Die Chemie setzt heute schon gut zehn Prozent nachwachsende Rohstoffe ein. Ihr Anteil soll aber weiter steigen und in entsprechendem Umfang den Einsatz fossiler Ressourcen verringern.
  - Als dritten Schritt der Kreislaufführung wird das Treibhausgas CO_2 selbst, in dem ja auch der für die Chemie nötige Kohlenstoff steckt, als Rohstoff eingesetzt. Beispielsweise untersuchen Experten, wie sich die wichtige Basischemikalie Methanol aus CO_2 herstellen lässt. In diesem und in anderen Zusammenhängen der CO_2-Nutzung ist allerdings eine große Menge Wasserstoff erforderlich, der seinerseits mit Hilfe von erneuerbarem Strom hergestellt sein muss, um nachhaltig zu sein.

Die Herstellung dieses Wasserstoffs ist daher ein zentrales Element der VCI-Roadmap. Sie betrachtet Wasserstoff neben den genannten Rohstoffquellen Biomasse, Recyclingkunststoff und CO_2 als wichtigsten Rohstoff für eine treibhausgasneutrale Chemie, obwohl Wasserstoff selbstredend keine Kohlestoffquelle ist.

Schon heute ist Wasserstoff unentbehrlich für bestimmte Prozesse in der Chemie. Und die Branche arbeitet bereits an mehreren Technologien, um ihn noch stärker als Grundlage für eine zukünftige treibhausgasneutrale Chemie nutzbar zu machen. Diese würde 2050 laut Roadmap etwa sieben Mal so viel Wasserstoff erfordern wie heute. Daher ist eine zukünftige Wasserstoffwirtschaft auch so wichtig für die Branche. Der nötige Strombedarf, um diesen Wasserstoff zu produzieren, liegt allein für die deutsche Chemie bei 550 Terawattstunden (TWh), also fast neunmal so hoch wie der Stromverbrauch der gesamten deutschen Chemie heute. Für alle in der Roadmap untersuchten treibhausgasneutralen Verfahren der Basischemie liegt der Strombedarf 2050 sogar bei 627 TWh, etwa so viel wie die gesamte deutsche Stromproduktion heute.

6.6 Voraussetzungen für eine treibhausgasneutrale Chemie

Die genannten neuen Verfahren sind bereits in Entwicklung, ihre Anwendung wird größtenteils schon in Laboranlagen untersucht. Gleichwohl wird ihre Einführung für die Industrie nicht trivial. Denn die Verfahren müssen nicht nur technisch funktionieren, sie müssen auch nachhaltig arbeiten, also ökonomisch, ökologisch und sozial tragfähig sein.

Grundvoraussetzung dafür, dass Unternehmen die alternativen Prozesstechnologien erforschen, entwickeln und schließlich in den Markt bringen, ist deren Wirtschaftlichkeit. Allein die Umstellung der in der Roadmap untersuchten Prozesse der Basischemie zieht immense Zusatzinvestitionen nach sich. Insbesondere in der Anlaufphase können neue Anlagen nicht mit älteren, abgeschriebenen Anlagen konkurrieren, durch die Produkte noch günstiger herzustellen sind. Die Mehrkosten für alternative Verfahren jedoch können angesichts von Weltmarktpreisen für Basischemikalien kaum an den Kunden weitergegeben werden.

Unternehmen können die Transformation hin zu null Emissionen daher nur vorantreiben, wenn sie in jeder Phase wettbewerbsfähig bleiben. Das ist auch Voraussetzung dafür, dass Unternehmen die Erträge erzielen, die sie benötigen, um in den technologischen Wandel investieren zu können. Zudem sind Fortschritte in der Chemie auch von externen Rahmenbedingungen abhängig:

- An erster Stelle zu nennen ist in diesem Zusammenhang die Verfügbarkeit erneuerbaren Stroms in aus heutiger Sicht gigantischen Mengen. Das entspricht etwa der gesamten deutschen Stromproduktion heute. Zwar arbeiten einzelne Unternehmen schon daran, sich über spezielle Stromlieferverträge, sog. Power Purchase Agreements (PPA), individuell mit erneuerbarem Strom zu versorgen. Das allein wird aber nicht für den nötigen, massiven Aufbau erneuerbarer Erzeugungskapazitäten sorgen. Hier ist vielmehr die Politik gefragt.
- Gleichzeitig muss der Strom sehr günstig verfügbar sein. Die Kosten müssten nach heutiger Marktlage 4 Cent je Kilowattstunde betragen, ein sehr niedriger Wert. Schon bei einem Strompreis von 6 Cent, ist eine treibhausgasneutrale

Chemie bis 2050 nicht möglich, da entsprechende Anlagen bis dahin nicht wirtschaftlich werden. Eine Absenkung unter 4 Cent könnte neue Technologien dagegen schneller wirtschaftlich machen.

- Je früher die CO_2-Emissionen in der deutschen Stromerzeugung sinken, desto schneller führen neue Verfahren auch in der Chemie zur CO_2-Minderung.
- Neue Verfahren benötigen in jeder Phase beginnend vom Forschungs- und Entwicklungstand über Demonstrationsanlagen bis hin zur Großanlage eine entsprechende Förderung, da die unternehmerischen Investitionen in der Vorlaufphase immens sind. Nur so können sie rechtzeitig bereitstehen und bis zur Marktreife zügig weiterentwickelt werden.
- Neue Verfahren müssen zudem regulatorisch als Fortschritt anerkannt werden, den man nicht mit zusätzlichen Hürden ausbremsen sollte. Das gilt z. B. für den Wasserstoff, der als »grüner Wasserstoff« mit Hilfe erneuerbarer Energien hergestellt werden kann, aber auch als »türkiser Wasserstoff« über die thermische Spaltung von Methan (Methanpyrolyse). Da hier diverse Wege zum gleichen Ziel führen – nämlich einer größtmöglichen Verfügbarkeit von Wasserstoff in Deutschland – ist prinzipielle Offenheit gegenüber den verschiedenen Technologieansätzen besonders wichtig.
- Positiv auf die Wirtschaftlichkeit neuer Verfahren wirken sich auch günstige Rohstoffkosten aus. Einwirken kann die Politik z. B. auf wettbewerbsfähige Preise für die Bereitstellung von emissionsarmem Wasserstoff.

Ohne diese politischen Rahmenbedingungen ist die Einführung der neuen Technologien zur CO_2-Minderung in der Chemie kaum zu erreichen. Nur wenn die notwendige Energie und wenn Rohstoffe in ausreichender Menge verfügbar, treibhausgasneutral und bezahlbar sind, könnten erste Anlagen der nächsten Generation ab etwa 2035 installiert werden. Die größten CO_2-Minderungen würden erst in den 2040er Jahren erbracht, wenn die Technologien in der Breite wirken und der deutsche Strommix weitgehend dekarbonisiert ist.

6.7 Branchenweites Engagement

Um die Voraussetzungen für eine treibhausgasneutrale Chemie zu schaffen, müssen noch viele Fragen technischer, regulatorischer und gesellschaftlicher Art beantwortet werden. Die chemisch-pharmazeutische Industrie will und wird dazu selbst entscheidende Beiträge leisten. Zusammen mit dem Verein Deutscher Ingenieure (VDI) hat sie deshalb eine neue Klimaschutzplattform unter dem Namen »Chemistry4Climate« ins Leben gerufen. Daran nehmen Expertinnen und Experten aus mehreren Industriebranchen, aus der Politik und von Nichtregierungsorganisationen teil. Sie sollen in den kommenden Jahren Lösungsvorschläge erarbeiten, um die Vision einer treibhausgasneutralen Chemie bis 2050 umzusetzen.

Die Chemie ist eine lösungsorientierte Branche. Als Ingenieure der Zukunft wollen wir auf den gesellschaftlichen Bedarf und die Probleme der Zeit eingehen und Lösungen dafür entwickeln. So auch beim Klimaschutz: Wir stellen Produkte her, mit denen unsere Kunden Treibhausgase einsparen können. Und wir wollen diese Produkte selbst immer klimafreundlicher herstellen.

Dabei sehen wir uns in einer doppelten Verantwortung: Im Sinne des Klimaschutzes wollen wir Treibhausgasemissionen senken. Gleichzeitig müssen wir auch 2050 noch eine wirtschaftlich starke und technologisch führende Branche sein, um unsere Funktion in den industriellen Wertschöpfungsketten bestmöglich ausfüllen zu können. Gelingt die Transformation der Branche, dann sichern wir dadurch auch Arbeitsplätze. Heute beschäftigen wir am Standort Deutschland über 460.000 Mitarbeiterinnen und Mitarbeiter mit in der Regel sehr hoher Qualifikation und sichern somit wesentlich den Wohlstand der Bürgerinnen und Bürger in der Bundesrepublik. Das ist ein hohes Gut, das es zu erhalten gilt. Im Idealfall zahlen Klimaschutz und wirtschaftlicher Erfolg also aufeinander ein.

Zum Autor

Wolfgang Große Entrup ist promovierter Agraringenieur und seit 1. Oktober 2019 Hauptgeschäftsführer des Verbandes der Chemischen Industrie. Im September 2020 ist er auch ins Präsidium, dem Leitungsgremium des VCI berufen worden. Vor dem Wechsel zum VCI war er bei der Bayer AG verantwortlich für die weltweite Steuerung der Konzernaktivitäten in den Bereichen »Sustainability & Business Stewardship«. Davor in verschiedenen leitenden Funktionen für die BASF SE tätig.

7 Verkehrswende als Chance für den Standort Deutschland

Dirk Flege

7.1 In der Mobilität haben wir zu lange auf »Weiter so« gesetzt

Anfang des Jahrtausends wähnten sich Deutschlands Automobilisten noch an der Weltspitze. »Vorsprung durch Technik« lautete der Werbespruch einer deutschen »Premiummarke«, der stellvertretend für das Selbstbewusstsein der ganzen Branche hierzulande stand.

Anfang des Jahrtausends begann ein japanischer Autobauer, seinen weltweit ersten Pkw mit Hybridantrieb außerhalb Japans in Serie zu verkaufen. Als wenige Jahre später Hollywood-Stars sich in Kalifornien bereits mit dem Toyota Prius als Öko-Auto brüsteten, eilte in Deutschland die Zahl neu zugelassener Pkw mit Dieselmotor von Rekord zu Rekord und wir schauten weiterhin gönnerhaft auf vermeintlich rückständige asiatische Autobauer. Diese Arroganz kommt uns heute teuer zu stehen. Der Toyota Prius hat weltweit den Taxi-Markt erobert, die deutschen Autobauer stehen nach Milliarden-Strafzahlungen für Software-Manipulationen am Dieselmotor zur Einhaltung geltender Umweltgrenzwerte vor einem Scherbenhaufen. Heute ist der US-amerikanische Autoproduzent Tesla an der Börse mehr wert als Volkswagen, Daimler und BMW zusammen.

In Deutschland wurden in den vergangenen Jahren immer mehr Autos zugelassen. Während die Zahl der Bahnhöfe von 2009 bis 2019 um ein Prozent schrumpfte, stieg die Pkw-Dichte in demselben Zeitraum um zwölf Prozent auf 569 Pkw pro 1.000 Einwohner. Anders als in Deutschland zeichnet sich in Nordamerika, Skandinavien und den Benelux-Ländern bereits eine Trendwende ab. Auch bei der Verkehrsinfrastruktur macht Deutschland unbeirrt weiter wie in den vergangenen Jahrzehnten: Die Autobahnlänge stieg zwischen 1995 und 2019 um 18 Prozent. Das Bundesschienennetz schrumpfte im selben Zeitraum um gut 20 Prozent. Bei der Elektrifizierung des Schienennetzes kommt Deutschland kaum voran und verharrt seit Jahren mit einem Anteil von rund 60 Prozent elektrifizierter Strecken im europäischen Mittelfeld.

Vor diesem Hintergrund verwundert es nicht, dass wir in Deutschland seit Jahren im Verkehr sämtliche Nachhaltigkeitsziele verfehlen. Egal ob Flächenverbrauch, Endenergieverbrauch oder CO_2-Ausstoß: Der Verkehr ist das »Sorgenkind« im Klimaschutz, wie es das Umweltbundesamt formuliert (▶ Abb. 12).

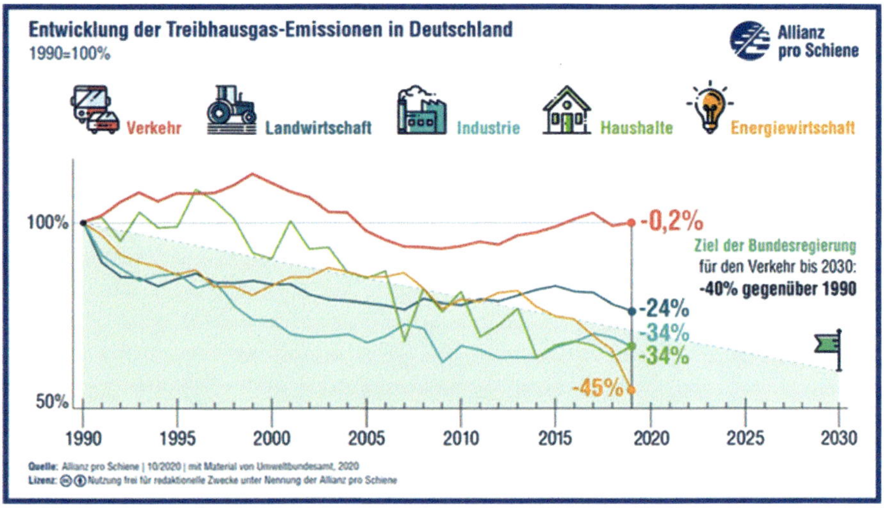

Abb. 12: Entwicklung der Treibhausgasemissionen 1990-2030

Ein wesentlicher Grund für diese Fehlentwicklung sind die Preise. Sowohl im Personen- als auch im Güterverkehr spiegeln sie nicht die wahren Kosten wider, die der Verkehr verursacht. Jährlich entstehen allein im Straßenverkehr in Deutschland 141 Milliarden Euro Folgekosten[8], die zu einem großen Teil nicht von den Verkehrsteilnehmern selbst getragen werden. Stattdessen werden diese Kosten auf die Allgemeinheit und auf kommende Generationen abgewälzt – durch Einbußen an Lebensqualität, durch höhere Steuern oder Krankenversicherungsbeiträge. Klar ist: Volkswirtschaftlich können wir uns ein »Weiter so« im Verkehr nicht mehr lange leisten.

7.2 Mobilität im tiefgreifenden Strukturwandel

Die Städte marschieren bei der Verkehrswende vorneweg. In nahezu allen Metropolen Europas werden neue Fortbewegungsmittel wie E-Scooter ausprobiert, boomen Carsharing- und Rent-A-Bike-Dienstleistungen, wird der Straßenraum zugunsten aktiver Mobilität neu verteilt und der Öffentliche Personennahverkehr ausgebaut. Die Verkehrswende hat längst begonnen. Initiiert worden ist sie nicht von der Europäischen Union, nicht von den nationalen Regierungen, sondern von den Menschen in den Städten – und der jungen Generation.

Junge Menschen sind weniger autozentriert als ihre Vorgängergenerationen, sie wollen mobil sein. Das Smartphone gehört zu diesem modernen Mobilitätsbegriff genauso dazu wie das pragmatische Nutzen verschiedener Verkehrsmittel. Überhaupt sind die Menschen in Europa wechselfreudiger als viele Verkehrsplaner und Politiker glauben. Fast 50 Prozent der Reisenden haben in den vergangenen Jahren ihren Mobilitätsmix verändert, wie eine repräsentative Umfrage im Auftrag der Allianz pro Schiene in sechs europäischen Ländern ergab.[9] Wertewandel und Digitalisierung verstärken seit Jahren diesen Trend zur Multimodalität, der auch von der Corona-Pandemie nicht gestoppt werden wird.

Dieser tiefgreifende Strukturwandel ist auch im Arbeitsmarkt angekommen. Die Autoindustrie baut Arbeitsplätze ab, während bei den Verkehrsmitteln des Umweltverbundes neue Arbeitsplätze entstehen. So sollen nach den Planungen von Ende 2020 bei Volkswagen, Daimler und BMW in den kommenden Jahren mehr als 50.000 Arbeitsplätze wegfallen. Bei der VW-Tochter Audi in Ingolstadt und Neckarsulm etwa jede sechste Stelle, am Daimler-Stammsitz in Stuttgart sogar jeder fünfte Arbeitsplatz. In der Bahnbranche arbeiten dagegen von Jahr zu Jahr mehr Menschen – im Durchschnitt kommt die Branche auf ein jährliches Beschäftigungsplus von drei Prozent. Allein die Deutsche Bahn AG stellt jährlich mehr als 20.000 neue Arbeitskräfte ein. Exemplarisch sichtbar wird der Arbeitsplatzaufbau im Schienensektor an der Zahl der Lokführer und Straßenbahnfahrer, die jährlich um vier Prozent und damit im Branchenvergleich leicht überproportional wächst (▶ Abb. 13).

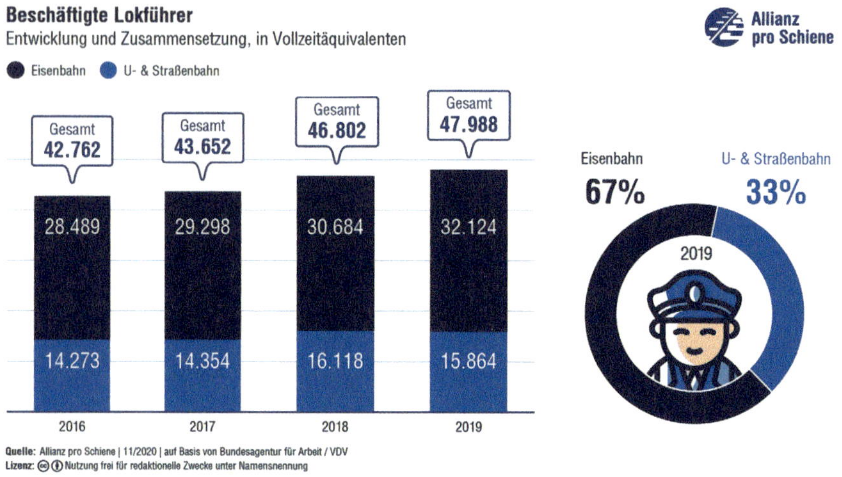

Abb. 13: Anzahl der Lokführer in Deutschland 2015-2019

7.3 Verkehrswende als Chance für den Standort Deutschland

Die Arbeitsmarktzahlen zeigen: Jede Veränderung ist auch eine Chance. Wohl kaum ein Beispiel in Deutschland veranschaulicht dies so plastisch wie Berlin und sein Umland. Während Daimler verkündet, im Motorenwerk in Marienfelde nicht mehr in den Verbrennungsmotor zu investieren, baut Tesla wenige Kilometer entfernt eine Produktionsstätte für E-Autos. In Marienfelde sind 2.500 Mitarbeiter von der Daimler-Konzernentscheidung betroffen, die um ihren Arbeitsplatz fürchten müssen, in Grünheide will Tesla bis zu 12.000 Arbeitskräfte in seiner neuen Giga-Factory beschäftigen.

Vorhersagen, wie sich eine Verkehrswende langfristig auf den Arbeitsmarkt auswirkt, sind naturgemäß mit vielen Unsicherheiten behaftet. Das Karlsruher Fraunhofer-Institut für System- und Innovationsforschung hat es in einer aufwändigen Modellberechnung versucht. In der Annahme, dass sich bis 2035 der Pkw-Verkehr halbiert, ICE zwischen allen großen und mittleren Städten im 30-Minuten-Takt verkehren und Gütertransporte von der Straße auf die Schiene verlagert werden, kommen die Karlsruher Forscher auf 770.000 Arbeitsplätze, die entfallen, und 750.000 Arbeitsplätze, die neu entstehen. Den größten Aderlass prognostizieren die Forscher im Straßengüterverkehr (350.000 Arbeitsplätze) und bei der Instandhaltung und Reparatur von Kraftfahrzeugen (150.000), während im Carsharing- und Taxi-Segment bspw. 200.000 Arbeitsplätze entstehen sowie 150.000 beim Bau von Schieneninfrastruktur.

Auch wenn diese Zahlen nichts über die Qualität der Arbeitsplätze aussagen, machen sie doch eines klar: Das Totschlagargument »Verlust von Arbeitsplätzen« zieht bei der Verkehrswende nicht. Die Wende kann auch eine Chance sein – vorausgesetzt die Politik erkennt die Möglichkeiten und nimmt eine aktive, gestaltende Rolle ein.[10]

Eine Neuausrichtung der Verkehrspolitik, die sich am Credo »Mehr Mobilität mit weniger Verkehr« orientiert und den verbleibenden Verkehr umwelt- und sozialverträglicher macht, bietet neben der Stärkung des Wirtschaftsstandortes weitere Vorteile:

- Mehr Lebensqualität, weil weniger Kfz-Verkehr weniger Lärm, mehr Platz, bessere Luft und weniger Stau bedeutet. Im Gegenzug sorgen ein Deutschlandtakt auf dem Schienennetz und ein Ausbau des Öffentlichen Verkehrs auch in ländlichen Räumen für eine bessere Erreichbarkeit und eine attraktivere Mobilität.
- Mehr Klimaschutz, weil Bahnen im Personenverkehr pro Personenkilometer nicht einmal ein Drittel so viel Treibhausgase produzieren wie der Autoverkehr und im Güterverkehr pro Tonnenkilometer nur ein Sechstel der Treibhausgase eines Lkw.[11]
- Mehr Verkehrssicherheit, weil Bus und Bahn um ein Vielfaches sicherer sind als Pkw und Lkw. Das Risiko eines tödlichen Unfalls ist im Pkw 47-mal höher als im Zug, das Verletzungsrisiko während einer Autofahrt sogar 137-mal hö-

her. Bei Gefahrguttransporten ist das Risiko eines Unfalls auf der Straße 42-mal höher als auf der Schiene.

In der Summe wird die Verkehrswende die öffentlichen Haushalte enorm entlasten. Aktive Mobilität macht Menschen gesünder, es gibt weniger Verkehrsunfallopfer, und die externen Kosten des Verkehrs sinken. Pro Leistungskilometer verursacht der umweltschonende und sichere Schienenverkehr nur ein Drittel der externen Kosten des Straßenverkehrs. Diese versteckten Kosten sind Folgekosten, die zwar von Mobilitätsteilnehmenden verursacht, jedoch von Krankenkassenbeitrags- und Steuerzahlern sowie zum Teil von kommenden Generationen getragen werden. Die externen Kosten des Verkehrs in Deutschland belaufen sich auf 149 Milliarden Euro jährlich. Fast 95 Prozent dieser versteckten Kosten verursacht der Straßenverkehr, der Schienenverkehr weniger als vier Prozent.

Und schon heute wissen die Bürger, aber auch die auf Transportdienstleistungen angewiesene Wirtschaft mehr und besseren Schienenverkehr als Alternative zur Straße zu schätzen. Überall dort, wo eine echte Wahlmöglichkeit besteht und der öffentliche Verkehr einen dichten Fahrplan, gute Anschlüsse, moderne Fahrzeuge, einfache Tarife und Zuverlässigkeit bietet, lassen die Menschen immer häufiger der Pkw stehen, und die Fahrgastzahlen schießen in die Höhe. Beispiele finden sich im gesamten Land, in Ballungsräumen ebenso wie in ländlichen Regionen.[12] Auch im Güterverkehr wechseln zunehmend Verlader auf die Schiene. Die Gründe dafür sind vielfältig: Umwelt- und Klimaschutz sind hier nur ein Aspekt; ausschlaggebende Faktoren sind vor allem auch bessere Planbarkeit und Verlässlichkeit und die Kosten.[13]

7.4 Schiene als Innovationstreiber einer nachhaltigen Mobilität

Dem Schienenverkehr kommt eine Schlüsselrolle bei der Verkehrswende zu. Er ist volkswirtschaftlich effizient, leistungsstark und hat etliche Innovationspotenziale.

Beispiel: Digitale Automatische Kupplung

Bis heute nutzen die Bahnen in Europa die 1861 eingeführte Schraubenkupplung, mit der Rangier-Arbeiter die Güterwagen verbinden. Diese körperlich schwere Handarbeit belastet die Beschäftigten und verhindert, dass die Schiene im Güterverkehr all ihre Effizienzvorteile ausspielen kann. Mit automatisch und digital verbundenen Waggons steigert die Schiene ihre Kapazität und kann mit längeren und schwereren Güterzügen sowie einer schnelleren Abfertigung mehr Verkehr übernehmen. Zudem können diese modernen Güterzüge vorausschauend gewartet werden, so dass unnötige Standzeiten entfallen. In allen bedeutenden Wirtschaftsräumen der Welt wird im Schienengüterverkehr automatisch gekuppelt – nur in Europa nicht. Sogar etliche afrikanische Länder nutzen bereits automatische Güterzug-Kupplungen, allerdings ohne die digitalen Funktionen. Wir haben die Chance, mit der Umstellung sowohl zu automatisieren als auch zu digitalisieren. Von den hinteren Plätzen an die Weltspitze – das kann Europa mit der Digitalen Automatischen Kupplung mit einem Schlag schaffen.

Die Technik dafür ist vorhanden. Vier Hersteller in Europa produzieren die Zukunftskupplung. Die EU-Verkehrsminister wollen sich bis zum Jahr 2022 festlegen, welcher Kupplungstyp der Standard in der EU werden soll. Das haben sie in der »Berliner Erklärung« im September 2020 angekündigt. Die Umrüstung sämtlicher Güterwaggons könnte dann zum Ende des Jahrzehnts abgeschlossen werden.

Beispiel: Digitale Schiene

In einem finanziellen und organisatorischen Kraftakt wollen der Bund und die Deutsche Bahn das gesamte Bundesschienennetz bis zum Jahr 2035 digitalisieren. Nötig sind dafür zum einen digitale Stellwerke, die ihre Befehle digital per Glasfaserkabel übermitteln und in Deutschland 400.000 Kilometer Kupferkabel sparen. Zum anderen ist die Ausstattung von Fahrzeugen und Strecken mit der europäischen Leit- und Sicherungstechnik ETCS erforderlich, die die 160.000 Signale an der Strecke überflüssig macht. Die neuen Technologien versprechen bis zu 20 Prozent mehr Kapazitäten im Netz, höhere Qualität und Pünktlichkeit, weniger Kosten in Instandhaltung und Betrieb durch die einheitliche Anlagenarchitektur, eine europäische Interoperabilität der Systeme sowie eine verbesserte Energieeffizienz. Die Umstellung von konventioneller Signaltechnik auf funkgesteuerten Bahnbetrieb ist neben dem weiteren Ausbau des Netzes und der Anwendung innovativer Technologien der wichtigste Hebel, um das System Eisenbahn leistungsfähiger und zukunftsfest zu machen.

Seit Dezember 2017 fahren zwischen Bamberg, Erfurt und Halle/Leipzig ICE-Züge mit ETCS und ohne Signale an der Strecke. Die ersten digitalen Stellwerke sind 2018 in Annaberg-Buchholz (Sachsen) und 2019 in Warnemünde (Mecklenburg-Vorpommern) in Betrieb gegangen.

Beispiel: Building Information Modeling (BIM)

Mit einem 3D-Computermodell, das um zusätzliche Informationen wie Zeit, Kosten oder Nutzung erweitert werden kann, kurz BIM (Building Information Modeling), können Bauvorhaben beschleunigt und kostengünstiger abgewickelt werden. Die Vorteile von BIM liegen klar auf der Hand. Anstatt – wie in konventionellen Planungsmethoden – Informationen während der Planung unterschiedlicher Gewerke jeweils neu anzusammeln, werden die Daten über den gesamten Projektzeitraum kontinuierlich aufgebaut. Die Projektbeteiligten partizipieren von den Informationen ihrer Projektpartner, ohne diese neu oder doppelt eingeben zu müssen. Manuelle Übertragungsfehler werden reduziert. Durch die zentrale Datenhaltung und die Verwendung eines gemeinsamen Koordinationsmodells sind die Daten exakt und konsistent. Das digitale Infrastrukturmodell befindet sich stets auf dem aktuellen Planungsstand und ermöglicht den Projektbeteiligten Entscheidungen basierend auf einer soliden Datengrundlage.

Die für Bahnhöfe zuständige Infrastrukturtochter der Deutschen Bahn AG, die DB Station & Service AG, startete nach der erfolgreichen Realisierung von Pilotprojekten im Jahr 2016 die Planung von über 60 Bahnhofsprojekten mit der BIM-Methodik. Seit dem 1. Januar 2017 werden alle neuen Bauprojekte der DB Station & Service AG mit der BIM-Methodik umgesetzt. Die für das Gleisnetz zuständige Infrastrukturtochter DB Netz AG wird die Einführung von BIM Ende 2020 abgeschlossen haben. Die Deutsche Bahn gehört damit zu den BIM-Vorreitern in Deutschland.

Beispiel: Ökostromanteil

Elektrische Antriebe gelten als die Zukunftsantriebe im Verkehr. Von allen motorisierten Verkehrsmitteln hat der Schienenverkehr hier auf absehbare Zeit einen uneinholbaren Vorsprung. Mehr als 90 Prozent der Verkehrsleistung auf der Schiene werden elektrisch erbracht, davon 60 Prozent mit Ökostrom – Tendenz weiter steigend. Bis zum Jahr 2030 strebt die Deutsche Bahn einen Anteil von 80 Prozent erneuerbarer Energien im Bahnstrommix an, bis 2038 sollen es 100 Prozent sein (▶ Abb. 14).

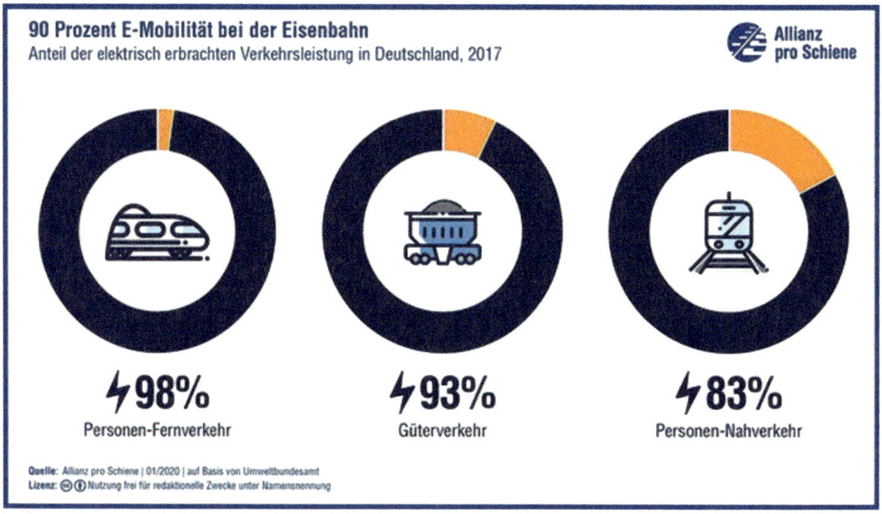

Abb. 14: E-Mobilität im Schienenverkehr

Beispiel: Autonomes Fahren

Noch fährt in Europa kein einziger Pkw fahrerlos. Im Schienenverkehr ist dies seit fast 40 Jahren Alltagsrealität. Europas erste fahrerlose U-Bahn nahm im Jahr 1983 im nordfranzösischen Lille ihren Betrieb auf. Mittlerweile fahren in 15 Metropolen Europas vollautomatische U-Bahnen und transportieren jährlich mehr als eine Milliarde Menschen – Peoplemover an Flughäfen nicht mitgerechnet. Im Vergleich zu einer konventionellen U-Bahn können selbstfahrende Metros durch kürzere Abstände zwischen den Bahnen 20 Prozent mehr Fahrgäste auf einem Streckenabschnitt transportieren, und der Energieverbrauch sinkt durch computergesteuertes Fahren um 30 Prozent. Auch die bei Metros üblicherweise hohe Pünktlichkeitsquote verbessert sich noch einmal.

In Deutschland fahren seit 2012 U-Bahnen in Nürnberg vollautomatisch, in Hamburg sollen im Oktober 2021, wenn in der Hansestadt der Weltkongress für intelligente Transportsysteme abgehalten wird, erstmals vier S-Bahnen der Linie 21 auf einem 23 Kilometer langen Abschnitt zwischen den Haltestellen Berliner Tor und Bergedorf im hochautomatisierten Betrieb unterwegs sein.

Beispiel: Energieeffizienz

Egal, ob E-Mobilität oder alternative Antriebe – eine Herausforderung im motorisierten Verkehr bleibt es, den Energieverbrauch drastisch zu reduzieren. Deswegen sind energieeffiziente Verkehrsmittel auch künftig strategisch im Vorteil. Der Schienenverkehr ist dreimal energieeffizienter als der motorisierte Straßenverkehr. Auch ein Antriebswechsel im Straßenverkehr ändert nichts an dem physikalischen Fakt, dass Gummi auf Asphalt einen deutlich höheren Rollwiderstand erzeugt als Stahl auf Stahl. Insofern wundert es nicht, dass die Energieeffizienzgewinne sich zwischen 2005 und 2017 ungleich auf die Verkehrsträger verteilen. Laut Bundeswirtschaftsministerium und dem von ihm herausgegebenen »Zweiten Fortschrittsbericht zur Energiewende« liegen die größten Effizienzgewinne mit 37,5 Prozent bei der Schiene, der Straßenverkehr kommt im selben Zeitraum lediglich auf eine Effizienzsteigerung von 7,5 Prozent (▸ Abb. 15).

7.5 Politik muss handeln

Jahrzehntelang galt der Satz »Die Schiene bekommt die schönen Worte, die Straße das Geld«. Für den Klimaschutz im Verkehr wäre schon viel gewonnen, wenn Reden und Handeln in Einklang kämen. Ein Jahr vor der Bundestagswahl 2021 gibt es Grund für Optimismus. Mittlerweile gibt es einen »Masterplan Schienengüterverkehr«, einen »Masterplan Schienenverkehr«[14] und einen »Zielfahrplan Deutschlandtakt 2030«. Da Ziele und Programmatik Konsens sind, rückt nun das entschlossene Handeln umso mehr in den Mittelpunkt. Konzentrieren sollte die Politik sich auf drei Punkte:

- Bahninfrastruktur ausbauen – für einen Deutschlandtakt mit mehr Fahrgästen und Gütern auf der Schiene,
- Bahnsystem digitalisieren – für Leistungsfähigkeit und Zuverlässigkeit,
- Verkehrswende forcieren – für Klimaschutz und Lebensqualität.

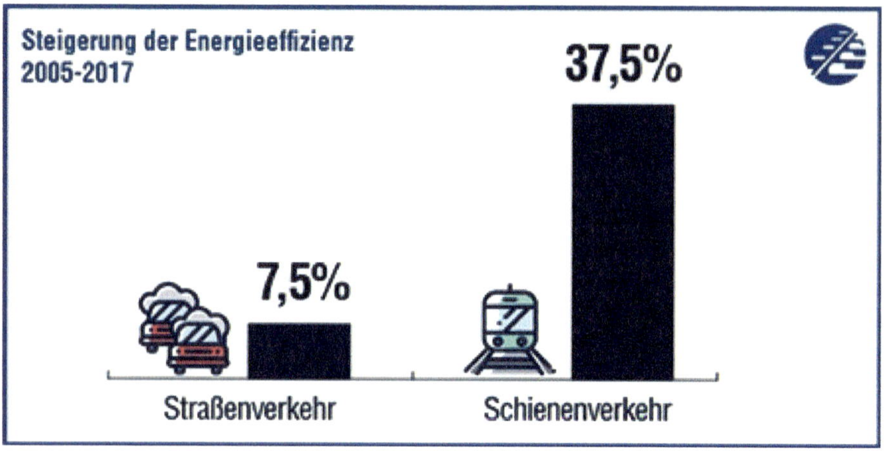

Abb. 15: Steigerung der Energieeffizienz im Schienen- und Straßenverehr zwischen 2005 und 2017

Angetrieben von den Protesten der Klimabewegung hat die Bundesregierung begonnen, die Ausgaben für die Schiene zu erhöhen. Das ist lobenswert, reicht aber nicht. Die schwarz-rote Bundesregierung folgt in ihrer Verkehrspolitik weiterhin dem Prinzip: Wir fördern alles – den Lkw genau wie das Flugzeug, die Schiene wie den Pkw. So aber kann keine Verkehrsverlagerung gelingen. Dabei hat der Deutsche Bundestag bereits 2019 einen Beschluss mit einer wegweisenden Leitlinie gefasst: »der Schiene Priorität einräumen«.

Genau dies muss das Motto für die nächsten Jahre sein. Eine Pro-Schiene-Politik allein reicht nicht, um die Mobilität der Zukunft klimafreundlicher zu gestalten. Ein substanziell höherer Marktanteil der Bahnen bedeutet weniger Marktanteile für die Straße – sowohl im Güter- als auch im Personenverkehr. Dafür brauchen wir einen ganzheitlichen, einen verkehrsträgerübergreifenden Ansatz. Der 2011 bei den Lkw-Mauteinnahmen eingeführte Grundsatz »Straße finanziert Straße und keine anderen Verkehrsträger« muss ersetzt werden durch »Verkehr finanziert Verkehr«. Beim Neu- und Ausbau von Verkehrsinfrastruktur muss der Ausbau der Schieneninfrastruktur Priorität im Bundeshaushalt bekommen und mindestens zwei Drittel des hierfür zur Verfügung stehenden Etats erhalten. Die Mauteinnahmen, der Abbau umweltschädlicher Subventionen und CO_2-Abgaben erweitern den finanziellen Handlungsspielraum für die Forcierung der Verkehrswende.

Bei einer ganzheitlichen Betrachtung kostet eine klimafreundliche Verkehrspolitik die Gesellschaft kein Geld, sondern spart ihr gewaltige Summen. Die hohen Lasten von fast zweihundert Milliarden Euro pro Jahr durch Klimaveränderungen, durch Luftverschmutzung, durch Unfälle und vieles mehr gehen als so genannte externe Kosten in Deutschland nicht in die Kalkulation der Verkehrsteilnehmer ein. Stattdessen produziert der Staat durch falsche Preissignale immer mehr Lkw-

und Pkw-Verkehr und bürdet die Folgen davon der Allgemeinheit auf. Eine derartige Subventionierung des Straßen- und Flugverkehrs ist nicht länger akzeptabel. Nötig ist mehr Kostenwahrheit im Verkehr. Das ist die Grundlage für eine echte Verkehrswende zum Wohle der Gesellschaft, der Umwelt und der Wirtschaft.

Zum Autor

Dirk Flege ist Geschäftsführer der gemeinnützigen Allianz pro Schiene und Mitglied mehrerer Regierungskommissionen zur Verkehrspolitik. Der Diplom-Politologe, Master of Business Marketing und gelernte Journalist war zuvor u. a. als wissenschaftlicher Mitarbeiter im Deutschen Bundestag, Manager in der Konzernzentrale der Deutschen Post und Bundesgeschäftsführer des ökologischen Verkehrsclub Deutschland (VCD) tätig.

Literatur

Allianz pro Schiene (2012): Die Bahn bringt's. 10 kluge Verlagerungsbeispiele vom Lkw auf die Schiene. Abgerufen am 05.11.2020 von https://www.allianz-pro-schiene.de/wp-content/uploads/2015/09/broschuere-die-bahn-bringts-2-auflage.pdf

Infras (2019): Externe Kosten des Verkehrs in Deutschland. Straßen-, Schienen-, Luft- und Binnenschiffverkehr 2017. Abgerufen am 05.11.2020 von https://www.allianz-pro-schiene.de/wp-content/uploads/2019/08/190826-infras-studie-externe-kosten-verkehr.pdf

Allianz pro Schiene (2018): Mehr Klimaschutz mit Schienenverkehr. Handlungsfelder und Lösungsansätze. Abgerufen am 05.11.2020 von https://www.allianz-pro-schiene.de/wp-content/uploads/2018/03/180307_Brosch%C3%BCre_Handlungsempfehlungen_Klimadialog_Final.pdf

Allianz pro Schiene (2011): Die zukünftige Rolle des Schienenverkehrs in einer nachhaltigen Mobilität – Potenziale, Risiken und Handlungsoptionen. Abgerufen am 05.11.2020 von https://www.allianz-pro-schiene.de/wp-content/uploads/2015/09/S-2010-403-1-1.pdf

UseMobility (2013): Warum wechseln Reisende in Europa das Verkehrsmittel? Fakten und Implikationen für Politik und Anbieter. Abgerufen am 05.11.2020 von https://www.allianz-pro-schiene.de/wp-content/uploads/2015/10/USEmobility_policy-brief-deutsche-fassung.pdf

Bundesministerium für Verkehr und digitale Infrastruktur (2020): Masterplan Schienenverkehr. Abgerufen am 05.11.2020 von https://www.bmvi.de/SharedDocs/DE/Anlage/E/masterplan-schienenverkehr.pdf?__blob=publicationFile

8 Innovationen im Energiemarkt und daraus folgende Herausforderungen

Hans Heinrich Kleuker

8.1 Vorbemerkung

Seit der Liberalisierung des Energiemarktes 1998 ist ein Markt, der viele Jahrzehnte auf Wachstum und Sicherheit ausgerichtet war, in Bewegung geraten. Früher galt »der jährliche Zuwachs im Strombedarf sind 7%« und »wir« (als Energieversorgungsunternehmen, EVU) tragen die Verantwortung für unsere Abnehmer.

Seit Beginn des 21. Jahrhunderts haben sich EVU zunächst damit beschäftigen müssen, dass diese Kunden hatten und nicht mehr Abnehmer. Dies hat die Branche viele Jahre geprägt. Als nächster wesentlicher Meilenstein ist die Energiewende zu nennen. Hier wurde das erste Mal grundsätzlich über die Erzeugungsart von zunächst elektrischer Energie diskutiert. In der Folge wurden eine Vielzahl von Windkraft-, Photovoltaik-, und Biomasseanlagen errichtet. Interessanterweise jedoch nicht von den etablierten EVU, sondern einer Vielzahl von privaten Investoren. Gedeckt durch gesetzliche Rahmenbedingungen wie das Erneuerbare-Energien-Gesetz (EEG) wurde die Erzeugung grüner Energie, im wesentlichen Strom, in private Hände gelegt. Die meisten EVU haben dieses fassungslos verfolgt, da die Anlagen aus Ihrer Sicht zu klein waren und in ihren Planungen kaum vorkamen. Neben diesen sehr auffälligen Herausforderungen sieht sich die Branche mit einer Vielzahl von weiteren regulatorischen, aber auch Marktveränderungen konfrontiert. Diese sollen hier nicht weiter diskutiert werden.

Im Folgenden wird der Versuch unternommen, aktuelle Innovationen in verschiedensten Marktbereichen und ihre Wirkung auf den Energiemarkt darzustellen. Das Ziel ist es nicht, fertige Lösungen oder Konzepte zu präsentieren. Vielmehr sollen Denkanstöße gegeben werden, mögliche Entwicklungen in den kommenden Jahren dargestellt und aber auch konkurrierende Maßnahmen punktuell herausgearbeitet werden. Dieser Artikel hat nicht den Anspruch einer vollständigen Darstellung noch den, ausschließlich die einzig richtigen Antworten zu geben. Der wesentliche Fokus liegt auf der Seite der elektrischen Energie, andere Energiearten werden nur gestreift.

8.2 Erneuerbare Erzeugung und Übertragungsnetze

Das deutsche und europäische Übertragungsnetz ist dazu aufgebaut worden, den erzeugten Strom von den großen Kraftwerken (Kohle, Atom und Gas) über größere Entfernungen zu den Endverbrauchern zu transportieren. Die zugrundeliegende These ist, dass es an einer Stelle Erzeugung gibt und an vielen anderen Stellen Verbrauch, der Stromfluss verläuft also vom Kraftwerk zum Kunden. Diese These wird durch den Ausbau vieler kleiner Photovoltaikanlagen (PV) und Windkraftanlagen (Wind) jedoch teilweise in Frage gestellt. Aus wirtschaftlichen Gründen wurden in den letzten Jahren im Norden von Deutschland sowohl an Land (onshore) als auch auf dem Meer (offshore) eine Vielzahl großer Windparks errichtet. Die Erzeugungsleistung dieser Anlagen übertrifft den regionalen Verbrauch bei weitem. Folglich müssen nach den bisherigen Maximen neue Transporttrassen (ca. 3.500 km) gebaut werden, die den erzeugten Strom zu den Verbrauchern im Süden transportieren sollen. Hier regt sich jedoch erheblicher Widerstand in der Bevölkerung und pro km Trasse gibt es derzeit rund 1,5 Bürgerinitiativen, die gegen den Bau verschiedenste Argumente anführen. Dies führt zu einer erheblichen Verzögerung im Bau dieser Trassensysteme. In Teilen bedeutet dies für die Transportunternehmen, neue Technologien wie Gleichstromkabel zu nutzen. Dadurch steigen die Kosten erheblich. Dies wird zukünftig zu höheren Gebühren für die Netznutzung zur Folge haben. Die bereits hohen Stromkosten in Deutschland werden hierdurch weiter ansteigen. Zeitgleich werden jedoch im Süden zusätzliche Erzeugungsleistungen im Wesentlichen als PV-Anlagen oder kleinere Windanlagen errichtet. Dies stellt den Leitungsbau dauerhaft in Frage. Hinzu kommt, dass einerseits die PV-Module immer effektiver werden und andererseits neue Anwendungsfälle umgesetzt oder angedacht werden. Nach bisherigen Gutachten beträgt die mögliche Erzeugungsleistung der PV in Deutschland etwa 140 GWP (= Treibhauspotenzial, auch Global Warming Potential), was dem doppelten maximalen Verbrauch in Deutschland entspricht. Wenn man jetzt folgende Überlegung anstellt: PV-Module werden nicht nur auf Dächern und freien Flächen, sondern auch auf sämtlichen senkrechten Flächen von Gebäuden installiert. Hierdurch entsteht ein Potential für PV-Strom in Höhe von 5.000 bis 6.000 GWP, allerdings auf Grund der Verschattung mit geringeren Erzeugungsmengen. Dennoch würde dies ausreichen, um den Strombedarf in Ballungszentren zu decken ohne neue Transporttrassen errichten zu müssen. Es gibt eine Reihe junger Unternehmen, die sich genau mit diesem Anwendungsfall beschäftigen. Erste Wirtschaftlichkeitsberechnungen zeigen, dass dies in naher Zukunft Realität werden könnte.

Daneben gibt es eine Reihe technologischer Innovationen, wie den Einsatz von Robotern, Sensorik oder 3D-Drucker, die den Betrieb von Netzen stark beeinflussen werden. Ein besonderer Fokus dabei wird der Einsatz von Drohnen sein. Diese werden heute bereits zur Kontrolle von Höchstspannungs-Freileitungen eingesetzt. Zukünftig wird durch den Einsatz von Drohnen können eine Vielzahl von Arbeitsstunden eingespart, die heute als Wegezeiten zum Erreichen von Betriebsmitteln eingesetzt werden.

8.3 Speicherung

In der bisherigen Welt der Energiewirtschaft war insbesondere im Strommarkt eine wesentliche Prämisse, einen permanenten Ausgleich von Erzeugung und Verbrauch zu erreichen. Um dieses sicherzustellen, wurden eine Reihe von Regimes erarbeitet, den Ausgleich zu ermöglichen. Ein markantes Beispiel hierfür waren Pumpspeicherkraftwerke. In lastschwachen Zeiten wurde Wasser bergauf gepumpt, um in laststarken Zeiten als zusätzliche, gut regelbare Energiequelle zu dienen. In Zeiten, wo Nachhaltigkeit eine immer größere Rolle spielt ist diese Vorgehensweise zumindest diskussionswürdig.

Durch den zunehmenden Ausbau und Einsatz von zentralen und dezentralen Stromspeichern auf Basis der bisherigen Batterietechnologie kommen eine Vielzahl von neuen Elementen in den Strommarkt und die bisherige Netzsteuerung sowie die bisherigen Geschäftsmodelle werden durch neue ergänzt.

Es muss an dieser Stelle darauf hingewiesen werden, dass gerade aus Gründen der Nachhaltigkeit die heutigen Batterietechnologie weiterentwickelt werden muss. Der Einsatz von Seltenen Erden wird diesen Systemen in den nächsten Jahren Grenzen aufzeigen. Zudem ist die Produktion der heutigen Zellen mit einem erheblichen »Treibhausgas-Footprint« belastet. Es zeigen sich jedoch erste Ansätze, auf Basis von Kohlenstoff und Natriumchloriden neue Batteriezellen zu entwickeln, deren Grundsubstanzen in einem nahezu unbegrenzten Vorrat zur Verfügung stehen und deren Treibhausgaseffekt deutlich geringer ist.

Unabhängig von der Speichertechnologie werden Batteriesysteme zunehmend und intensiver eingesetzt. Auch hier sind es vor allem privaten Haushalte, die Batterien als Ergänzung ihrer privaten PV-Anlage nutzen. Hierdurch werden aus reinen Stromverbrauchern auch Stromerzeugern mit einem kaum vorhersehbaren Lastprofil. Insbesondere das Start-up Sonnen hat sich dies zunutze gemacht. Durch die externe Steuerung dieser Batterien kann Sonnen nennenswert zum Ausgleich auf dem Strommarkt beitragen. Ein weiteres Gebiet, in dem Batterien zum Einsatz kommen, ist die Elektromobilität. Dieser von vielen, insbesondere in Deutschland zunächst sehr reserviert zur Kenntnis genommene Ansatz, die Treibhausgasemissionen der Mobilität deutlich zu senken, hat spätestens durch Elon Musk und der Tesla-Entwicklung einen großen Sprung nach vorne gemacht. Im Jahr 2020 haben sich die Zulassungszahlen von Elektrofahrzeugen deutlich erhöht und der Trend wird sich in den nächsten Jahren verstärken. Heute ist das Elektroauto zunächst nur ein weiterer Verbraucher im Stromnetz. Ein reines Elektroauto hat bei einer Jahreslaufleistung von etwa 20.000 km einen Stromverbrauch von etwa 4.000 Kilowattstunden (kWh), dies entspricht dem Verbrauch eines normalen

Haushaltes. In den letzten Jahren hatten fast alle Elektroautos ein Problem mit der Reichweite. Dies lag vor allem an dem Leistungsgewicht der Batterien. Während in den ersten Jahren 50 bis 60 kWh gängige Batterieleistungen im Fahrzeug Standard waren, gehen die aktuellen Entwicklungen zu Batterien mit 120 bis 200 kWh. Hiermit können Reichweiten von rund 800 km erreicht werden. Mit Batterien dieser Größenordnung lassen sich nun für das Stromnetz weitere interessante Innovationen vorantreiben. Während bisher die Batterien für Haushalte 10 bis 20 kWh Speicherkapazität hatten, besteht nun die Möglichkeit, das Elektrofahrzeug nicht nur als Verbraucher, sondern auch als Energiequelle für den eigenen Haushalt zu nutzen. Eine PV-Anlage mit 10 kWp (Spitzenleistung unter Testbedingungen) produziert in Deutschland etwa 9.000 kWh Strom. Hiervon können für den Haushalt etwa 4.000 bis 5.000 kWh genutzt werden. Der Überschuss wurde bisher ins Netz eingespeist. Addiert man nun den Verbrauch des Elektroautos hinzu, so entspricht der Bedarf etwa der Erzeugung. Mit den großen, in den Fahrzeugen verbauten Batterien, ergeben sich hier interessante Modelle, die es Kunden ermöglichen ihren Bedarf an Strom autark zu decken. Vor dem Hintergrund steigender Strompreise wird die Wirtschaftlichkeit dieser Modelle in den nächsten Jahren steigen.

Bei der Speicherung von Energie gewinnt seit einiger Zeit ein weiterer Aspekt an Bedeutung: Durch die von der Bundesregierung beschlossene Wasserstoffstrategie arbeiten eine Reihe von Unternehmen an Konzepten, die schon seit Jahren schwelende Idee zur Nutzung von Wasserstoff umzusetzen. Wasserstoff bietet vielfältige Möglichkeiten im Energiemarkt. Auch hier nur ein kurzer Denkansatz: Die Nutzung von PV in Verbindung mit einer Batterie, einem Elektrolyseur und einer Brennstoffzelle könnte private Haushalte sowohl im Strom- als auch im Wärmeverbrauch vollständig autark machen. Sobald alle Bestandteile zu wirtschaftlichen Preisen vorliegen, könnte dieses Vorgehen insbesondere bei den derzeit stark steigenden Strom- und Gaspreisen bei einigen Privatleuten als echte Alternative gesehen werden. Vorwiegend zunächst im Neubau, da damit die zusätzlich hohen Netzanschlusskosten vermieden werden können. Das wiederum hätte auch Folgen für alle anderen Marktteilnehmer, da sowohl die Kosten für das Stromnetz als auch das Gasnetz solidarisch nach Verbrauch auf alle Netzanschlussnehmer umgelegt wird. Das dargestellte Vorgehen würde dieses Solidarsystem zumindest teilweise kontakarieren.

8.4 Verteilnetze und dezentrale Erzeugung

Auch in den regionalen Verteilnetzen gibt es eine Reihe von interessanten Innovationen neben gesetzlich gewollten Veränderungen. Ein herausragendes Beispiel ist der Smart Meter. Die hohen gewollten Sicherheitsanforderungen an den Einbau und den Datentransfer sowie die Berechtigung auf diese zuzugreifen sind ein wichtiges Element. Der Nutzen der gewonnenen Daten ist bisher jedoch kaum erkennbar. Die Datenauslesung folgt dabei den Grundlagen des Strommarktes im

Viertelstundentakt. Dies sind für Anwendungen, die auf Basis einer Lastgangzerlegung fußen, zu wenige. Durch eine hohe Abtastrate im Millisekundentakt können einzelne Verbraucher identifiziert und deren Nutzung analysiert werden. So kann bspw. die Häufigkeit der Spülvorgänge einer Spülmaschine genutzt werden, um dem Kunden neue Tabs anzubieten, wenn eine bestimmte Anzahl nahezu erreicht ist. Diese durchaus interessanten Geschäftsmodelle können leider z. Zt. durch den Smart Meter noch nicht realisiert werden. Auch für die Nutzung von Blockchain-Anwendungen zur automatisierten Aussteuerung von Netzen bieten die Smart Meter im Moment kein genügend feines Raster an Datenpunkten.

8.5 Kunden

Mit der Liberalisierung der Energiemärkte besteht für Kunden die Möglichkeit, ihren Energielieferanten frei zu wählen. In den ersten Jahren nach Beginn der Liberalisierung haben hiervon jedoch wenig Kunden Gebrauch gemacht. Es hat viele Jahre gedauert, bis Kunden akzeptiert haben, dass die Versorgung auch sicher ist, wenn ein Wechsel vom lokalen Stadtwerk zu einem anderen, möglicherweise preiswerteren Versorger erfolgt. Die Versorgung mit Energie ist für viele Kunden eine Selbstverständlichkeit nach dem Motto »Der Strom kommt aus der Steckdose«. Das Produkt Strom ist wenig differenzierbar, außer über den Preis und aus Sicht vieler Kunden »wenig sexy«. Im Telekommunikationsmarkt, wo dies ähnlich ist, sind die Endgeräte wesentliche Treiber, warum sich Kunden für diesen oder jenen Anbieter entscheiden. Die Nutzung von Strom ist ein Grundbedürfnis, welches die EVU über viele Jahre mit hoher Versorgungsqualität und angemessenen Preisen bedient haben. Die Mehrzahl der Kunden ist deshalb bei den lokalen Versorgern geblieben.

Die zunehmende Digitalisierung und auch die Möglichkeit einer zunehmenden Kommunikation zwischen Maschinen wird auch auf den Energiemarkt erhebliche Einflüsse haben. Zum Beispiel können durch die Nutzung einer Blockchain als sichere und unveränderbare Datenbank für Transaktionen können Endverbraucher selbst automatisiert am Strommarkt teilnehmen. Ein Kunde, der über eine eigene PV-Anlage verfügt, könnte im einfachsten Fall seinen nicht selbst benötigten Strom an Nachbarn und Freunde verkaufen. Im Falle eines zusätzlichen Elektrofahrzeuges können zunächst die Batterie des Fahrzeugs und der eigene Verbrauch die erzeugte Strommenge aufnehmen. Fehlen dabei Strommengen oder ist zu viel Strom vorhanden, können diese Mengen mit Nachbarn und Freunden ausgetauscht werden. Es ist nicht unwahrscheinlich, dass über diese Mechanismen kleinräumig der gesamte Strombedarf zu jedem Zeitpunkt gedeckt werden kann und damit die Netzinfrastruktur deutlich weniger genutzt wird. Zieht man zusätzlich in Betracht, dass bestimmte Verbrauchsvorgänge wie Waschen oder die Nutzung der Spülmaschine gesteuert und in das Lastmanagement integriert werden, ergeben sich zusätzliche Potentiale. In Bestandsgebieten wird dies sicherlich noch längere Zeit dauern. Für den Neubau von Wohngebieten werden sich diese Konzepte schon in den nächsten Jahren durchsetzen. Es wäre dann durch Nutzung von intelligentem Lastmanagement, eigener Stromerzeugung durch PV und ggf. Wind, den Einsatz von Wasserstoff als Saisonspeicher und der Nutzung von Blockchaintechnologien als Transaktionsbasis möglich, diese Gebiete autark vom Netz zu konzipieren und ggf. gar keinen Anschluss an das öffentliche Strom- und Erdgasnetz mehr vorzusehen. Es werden zunehmend Inseln entstehen, die ihre Versorgung mit Energie autark vornehmen.

Die genannten Beispiele für mögliche zukünftige Entwicklungen im Energiemarkt zeigen, dass der Energiemarkt von morgen deutlich vielfältiger sein wird als heute. Die Energieversorger müssen sich darauf einstellen, Kunden nur noch auf der technische Wartungs- und Instandhaltungsseite zu bedienen, da diese sich autark versorgen. Der Verkauf der reinen Commodity Strom bzw. Erdgas wird deutlich an Bedeutung verlieren. Vielmehr werden integrierte, ganzheitliche Lösungen gefragt sein, die unterschiedliche Komponenten optimal auf die Bedürfnisse des Kunden anpassen.

Zum Autor

Dr. Hans-Heinrich Kleuker ist selbstständiger Berater und Interimsmanger im Energiebereich. Seit nahezu 30 Jahren ist er in der deutschen und europäischen Energiewirtschaft in verschiedensten Managementpositionen tätig gewesen. Zusätzlich engagiert er sich in jungen Unternehmen aus den Bereichen IoT und Energiewirtschaft.

III Digitalisierung und Künstliche Intelligenz (KI)

9 Digitalisierung in Deutschland – Status quo und was zu tun ist

Interview mit Florian Roth

Herr Roth, über den Standort Deutschland wird oft gesagt, dass er im Bereich Digitalisierung abgehängt sei. Auf welchen Feldern ist dies der Fall?

Herr Roth: Wir sind in einigen Bereichen der Digitalisierung oft nur Mittelmaß; diese Einschätzung gilt übrigens nicht nur für Deutschland, sondern für viele Länder der Europäischen Union (Cisco, 2020). Vier Felder, auf denen wir besonders starken Nach- bzw. Aufholbedarf haben, sind aus meiner Sicht: Digitale Infrastruktur, Digitale Bildung, Digitale Gesundheit und Digitale Verwaltung.

Können Sie vielleicht kurz die Nachteile benennen, die die geschilderten Defizite mit sich bringen?

Wenn wir den Digitalisierungsrückstand nicht aufholen, riskieren wir den Verlust unserer Wettbewerbsfähigkeit mit den entsprechenden Folgen für Beschäftigung und Wohlstand. Statistiken zeigen dies bereits seit Jahren deutlich: Das Wachstum der deutschen Top 500-Unternehmen z. B. hat in den vergangenen Jahren tendenziell immer weiter abgenommen. (Accenture, 2020) Gründe dafür sind neben einer schwindenden Innovationskraft auch verpasste Chancen bei der digitalen Transformation. Unsere klassischen Leitindustrien wie die Automobilbranche, von der hunderttausende Arbeitsplätze und zahlreiche andere Branchen abhängen, zeigen kaum noch Wachstumsimpulse. Und Digitalisierung wird bei uns häufig nur mit Effizienz übersetzt (in der Automobilindustrie z. B. durch Prozessverbesserungen in der Produktion). Dabei kann Digitalisierung bestehende Geschäftsmodelle grundlegend verändern und neue Werteversprechen und Kundenerfahrungen ermöglichen (in der Automobilindustrie etwa digitale Plattformen für Elektromobilitätsangebote). Durch die beschriebene Bottom-Line-Falle besteht aber die Gefahr, dass unsere deutschen Leitanbieter ohne solche digitalen Geschäftsmodellinnovationen im globalen Wettbewerb zu Zulieferern degradiert werden.

Die Auswirkungen des Digitalisierungsrückstands zeigt auch die Corona-Pandemie sehr deutlich: Wer sich der Digitalisierung verweigert oder nicht schnell genug Lücken schließt, gefährdet seine Wettbewerbsfähigkeit – unter Umständen sogar seine Existenz. Nehmen sie als Beispiel den Umsatzeinbruch beim Einzelhandel in den Innenstädten. Unternehmen, die dagegen systematisch und konsequent digitalisieren, verzeichnen sowohl Umsatz und Gewinn als auch bei Kunden- und Mitarbeiterzufriedenheit messbare Erfolge und sind stabil in solchen Krisenzeiten.

Darüber hinaus sehen wir aber natürlich bei Bürgern durch die digitalen Defizite im Gesundheitssystem, in der öffentlichen Verwaltung und durch Homeschooling besonders deutlich eine verstärkte Unzufriedenheit mit unserer digitalen Grundausstattung. Ein Aspekt, der uns vielleicht weniger bewusst ist, aber dennoch gesellschaftliche Auswirkungen hat, ist der folgende: Unsere begrenzten digitalen Voraussetzungen in Deutschland tragen zu einer Konzentration in Ballungsräumen bei bzw. umgekehrt bedingen die Landflucht. Mit einer flächendeckenden 5G-Konnektivität könnte diesem Trend entgegengewirkt werden. Im Gefolge der mangelnden Digitalisierung ist schließlich noch zu beobachten, dass mangelnde Sensibilität für Cybersecurity- und Datenschutzthemen besteht. Daher bleibt der Nutzer die größte Sicherheitsschwachstelle.

Bevor wir zu der sicherlich zentralen Frage kommen, wie wir im Bereich der Digitalisierung wieder Anschluss finden bzw. auch in Spitzenpositionen kommen, wäre zu klären: Gibt es digitale Felder, bei denen wir gut abschneiden?

Lassen Sie mich hierzu grob zwischen dem Business-to-Consumer (B2C)-Bereich und dem Business-to-Business (B2B)-Bereich unterscheiden. Im B2B-Bereich sind wir in Deutschland bei der Digitalisierung von industriellen Geschäftsprozessen innerhalb eines Unternehmens sowie von Geschäftsprozessen zwischen Unternehmen vergleichsweise gut aufgestellt, teilweise sogar führend, wie z. B. beim Thema Industrie 4.0. Mit der durchgängigen Vernetzung über die Digital Supply Chain können alle Medienbrüche der Wertschöpfungskette von heute überwunden werden. Dieser Vorsprung ist aber kein Selbstläufer; auch hier müssen Wissenschaft, Wirtschaft und Politik kontinuierlich »am Ball bleiben«, um nicht von der globalen Konkurrenz ein- und überholt zu werden. Potenziale stecken hier primär in der Beschleunigung und Flexibilisierung von Produktions- und Logistikprozessen, in der Reduktion des Erfassungsaufwands und in der Optimierung von Datensicherheit und -konsistenz. In jedem Industrie 4.0-Szenario kommen aktuelle Themen wie Big Data, Cloud-Computing, Cybersecurity, Mensch-Roboter-Kooperation und Mobility vor. Hier ein paar Beispiele von Unternehmen und digitalen Anwendungen, die weltweit eine führende Rolle einnehmen:

- IT: SAP (z. B. die Plattformen Ariba, SCP), Bosch IoT Suite (mehrseitige und offene Plattform), Software AG

- Elektronik und Hightech: SIEMENS bei Industrie 4.0, Rohde & Schwarz (z. B. Messgeräte und -systeme für Mobilfunk- und Wireless-Anwendungen, Cybersicherheit, Kommunikationssysteme für Flugsicherung und Streitkräfte sowie die zugehörige Verschlüsselungstechnik), SMA Solar (Wechselrichter für Photovoltaikanlagen mit Netzeinspeisung, netzunabhängiger Einspeisung sowie Backup-Betrieben)
- Gesundheitswesen: B. Braun (Produkte und Systeme für Anästhesie, Intensivmedizin, Kardiologie, extrakorporale Blutbehandlung oder Chirurgie sowie mit Dienstleistungen für Kliniken, niedergelassene Ärzte und den Homecare-Bereich)
- Telekommunikation: Telekom, United Internet

Im B2C-Bereich (z. B. Suchmaschinen, soziale Netzwerke, Online-Stores, digitale Plattformen) haben wir die »erste Halbzeit« der Digitalisierung mehr oder weniger verschlafen, obwohl wir z. B. mit Studi- und Schüler-VZ bereits in einer sehr frühen Phase funktionierende und beliebte soziale Netzwerke hatten. Hier ist der Handlungsdruck seitens Wissenschaft, Wirtschaft und Politik ungleich höher als im B2B-Bereich. Zwei Beispiele, wie der Staat hier unterstützen kann, möchte ich stichwortartig an dieser Stelle gerne nennen: Zum einen sollte der Staat die Rahmenbedingungen für den Aufbau digitaler Ökosysteme schaffen, indem er den Zugang zu Plattformmärkten sicherstellt, den Austausch aller Akteure untereinander fair gestaltet und das Wettbewerbsrecht im Hinblick auf skalierbare Geschäftsmodelle weiterentwickelt. Zum anderen sollte der Staat Start-ups als wichtigen Motor für unsere Wirtschaft stärker fördern, z. B. durch die Erweiterung des Hightech-Gründerfonds um ein Segment, das besonders risikoreiche, aber potenziell wachstumsstarke Gründungen, insbesondere im KI-Bereich, fördert oder dadurch, dass man Genehmigungs-, Antrags- und Besteuerungsverfahren für Gründer konsequent zu vereinfacht und bündelt. Die Gründerquote verharrt in Deutschland seit Jahren auf niedrigem Niveau, der Anteil von Gründerinnen und Gründern wächst nur sehr langsam. Das Bild von Unternehmerinnen und Unternehmern in der Gesellschaft, in Lernmaterialien und Medien ist nach wie vor recht einseitig und nicht positiv konnotiert. Die einzelnen Tickets von Venture Capital-Investments sind im Durchschnitt und im Gesamtvolumen erheblich niedriger als z. B. in den USA oder China. Scale-ups sehen sich so gezwungen, für Wachstumskapital ausländische Investoren anzusprechen.

Was wäre nun aber zu tun, um unsere digitale Position als Wirtschaftsstandort Deutschland zu stärken bzw. die eingangs genannten Defizite zu reduzieren?

Lassen Sie mich meine Antwort im Rahmen der eingangs genannten Felder geben: Erstens die Digitale Infrastruktur: Ein flächendeckender und bedarfsgerechter Ausbau von Gigabit-Infrastrukturen ist dringend erforderlich, idealerweise vor 2025, denn die Unterversorgung auf diesem Gebiet entwickelt sich immer mehr zu einem Standortnachteil und behindert die Einführung von modernen Technologien wie z. B. Cloud-Computing oder Industrie 4.0. Dies gilt insbesondere für den äußerst schleppenden Breitbandausbau (Deutschland liegt bei 10% des OECD-Durchschnitts von gut 30% beim Glasfaseranteil an Festnetz-Breitbandanschlüssen). Erst eine 5G-Infrastruktur ermöglicht überhaupt den Einsatz neuer Technologien und damit die Implementierung neuer Geschäftsmodelle. Lassen sich mich ein praktisches Beispiel nennen: Mit 5G lassen sich im Bereich der industriellen Fertigung Geschäftsmodelle wie Predictive Maintenance oder IoT-Plattformen weiter vorantreiben, über die Maschinen entlang industrieller Prozesse vollautomatisiert Daten miteinander austauschen und wertvolle Daten für die Backend-Systeme liefern.

Unternehmen werden jedoch erst dann in öffentliche 5G-Netze und 5G-Campusnetze investieren, wenn die rechtlichen Rahmenbedingungen geklärt sind. Hier gilt es, den Investitionsstau der vergangenen Jahre schnellstmöglich abzubauen. Mit anderen Worten: Der Staat ist gefordert, denn aktuell unterzeichnen Telekommunikationsnetzbetreiber wegen politisch-regulatorischer Untersicherheit keine neuen Verträge mit Herstellern von Komponenten. Die Novelle des Telekommunikationsgesetzes, das IT-Sicherheitsgesetz 2.0 und der erweiterte Sicherheitskatalog zu §109 TKG definieren die Anforderung an die Sicherheit und Vertrauenswürdigkeit von Herstellern für Netzkomponenten (diese gelten zwar verbindlich nur für öffentliche Netze, werden jedoch Strahlkraft auf Campusnetze entfalten).

Zum Investitionsbedarf kann man aus einschlägigen Quellen folgendes entnehmen: Im Koalitionsvertrag der Bundesregierung sind Pläne für die Subventionierung des Breitbandausbaus enthalten. Mit dem Förderprogramm sollen 12 Milliarden Euro ausgeschüttet werden, jedoch ist die Ausgestaltung noch ungewiss. Die 5G-Initiative des BMVI sieht vor, dass der Aufbau von Mobilfunkzellen so weit wie möglich durch Einbeziehung öffentlicher Liegenschaften und bestehender kommunaler Trägerstrukturen wie Dächern, Ampeln und Straßenlampen erfolgen soll. Aber selbstverständlich werden die klassischen Verfahren der Standortwahl weiterhin die Hauptrolle spielen. (Haupt, Jung, Lichter & May, 2019)

Kommen wir zum zweiten Punkt, der digitalen Bildung: Die Corona-Pandemie hat deutlich gezeigt, dass Förderung, Ausbau und Nutzung digitaler Bildung und Weiterbildung ebenfalls dringend erforderlich sind. Deutschland investiert im OECD-Vergleich vom Primarbereich bis zum Hochschulsektor zu wenig in Bildung – insbesondere gilt dies für digitale Bildung und das Wecken von Interesse an technisch orientierten Berufen und zukunftsträchtigen Kompetenzen (Lern- und Lösungskompetenzen anstelle reiner Fachkompetenzen). Eine gute Infrastruktur ist die Basis für digitale Bildung und letztlich für den Erfolg der beabsichtigten Maßnahmen. Bestehende Hindernisse auf dem Weg dorthin sind daher zu beseitigen durch

- das Ausräumen datenschutzrechtlicher Bedenken durch die zuständigen Landesdatenschutzbehörden,

- Anreize, digitale Tools und Lernangebote für den Fernunterricht zu verwenden,
- Bereitstellen von bundes- oder landesweiten Lernplattformen, wie z. B. die SchulCloud des Hasso-Plattner-Instituts,
- einfache Beschaffung von Equipment für Schulen und insbesondere für einkommensschwache Familien, unbürokratische Bereitstellungs- und Vergabeprozesse von Digitalpaktmitteln in den Ländern – z. B. auch ohne die langwierige Prüfung von Medienkonzepten – oder ein Sofortprogramm des Bundes, z. B. mit 50 Euro pro Schüler zur Beschaffung von Lizenzen,
- Lockerung des Fernunterrichtsschutzgesetzes, um digitales Lernen in Zeiten von Schul- und Hochschulschließungen zu ermöglichen,
- Verankerung von Digitalkompetenzen in der Lehrerschaft als verpflichtendes Fortbildungsmodul in den Schulgesetzen,
- flächendeckenden Ausbau von Fördermaßnahmen und durch niedrigschwelligen Zugang und Nutzung digitaler Weiterbildungsangebote für Beschäftigte, insbesondere für Arbeitnehmer in Kurzarbeit und einfache, unbürokratische Beantragung und Genehmigung von Online-Weiterbildungsmaßnahmen, die im »Arbeit-von-Morgen-Gesetz« beschlossen wurden,
- zusätzliche Lockerung von Förderungsbedingungen für Unternehmen, in denen weniger als jeder fünfte Mitarbeiter Weiterbildung benötigt, damit diese Zuschüsse für Lehrgangskosten und Arbeitsentgelt erhalten.

Drittens das Feld digitale Gesundheit: Digitalisierung in der Gesundheitsbranche ist generell und erst recht jetzt nicht mehr wegzudenken. In nahezu jedem medizinischen Gerät steckt bereits intelligente Elektronik. Die Auswertung von CT-Ergebnissen ist ohne leistungsfähige Software nicht möglich. Auch elektronische Krankenakten oder eine IT-gestützte Patientenverwaltung benötigen maßgeschneiderte Lösungen. Dazu gehören z. B. zentrale Portale für Patientenanwendungen, Wartezeitprognosen für Notaufnahme und ambulante Versorgung, eine KI-basierte Patientenabrechnungslösung zur Automatisierung der Patientenfaktura. Das gilt auch für die verbesserte Verwaltung und das Monitoring mehrerer Datenquellen und erweiterte SelfService-Angebote für Patienten. Darüber hinaus benötigen wir im Gesundheitswesen einen dynamischeren und effizienten Datenschutz, vernetzbare, zentrale, elektronische Gesundheitsakten, Standards, Schnittstellen und Kriterienkataloge für elektronische Akten und Kommunikation, klare rechtliche Grundlagen für ein digitales Gesundheitswesen, Testläufe mit Kontrollmechanismen, leichteren Zugang zu digitalen Gesundheitsinnovationen, Aus- und Weiterbildungen zur Überwindung der Technikskepsis und vor allem eine zentral koordinierte Infrastruktur.

Zuletzt die digitale Verwaltung: Auch hier ist die Corona-Krise zu einem Gradmesser für den Digitalstandort Deutschland geworden. Insbesondere die Verwaltung unterliegt aktuell einem besonderen digitalen Stresstest: Binnen Tagen müssen Notpakete und Hilfsmaßnahmen beschlossen und umgesetzt sowie hunderttausende Anträge auf Nothilfen registriert und bearbeitet werden. Richtungsweisende und bundeseinheitliche sowie einfache Konzepte und Online-Verfahren fehlen. Bundes-, Länder- und Kommunalebene machen aber bei der Verwaltungsdigitalisierung zu langsame Fortschritte. Großprojekte von De-Mail als Kommunikationsmittel zur »sicheren, vertraulichen und nachweisbaren« Kommunikation im Internet und eID für die elektronische Identifizierung, digitaler Gesundheitskarte und elektronische Rechnung (XRechnung) hängen nicht nur im Vergleich mit EU- Spitzenreitern wie Estland oder Finnland um Jahre hinterher. Ihr inhaltlicher Anspruch und die Nutzerfreundlichkeit ist aufgrund sehr langwieriger Umsetzung häufig mit der Einführung bereits veraltet. Ich sehe u. a. folgende Handlungsfelder:

- Umfassende Digitalisierung der Verwaltungsprozesse (E-Government), z. B. Aussetzen oder Lockerung von flächendeckenden Schriftformerfordernissen, Implementierung einfacher Online-Verfahren, Einsatz etablierter Authentifizierungs- und Identifizierungswege (z. B. aus dem Online-Banking), unbürokratische und digitale Beantragungs- und Bearbeitungsmöglichkeiten sowie Genehmigungsverfahren, Öffnung und Bevorzugung von IT-Tendern der öffentlichen Verwaltungen.
- Anpassung der Arbeitsbedingungen der Beschäftigten im Öffentlichen Sektor an Digitalisierung, z. B. digitale Gestaltung der (zunehmend flexibleren) Arbeits- und Prozessabläufe.
- Nutzung und Ausbau von zentralen Cloud-Plattformen für die Bundesverwaltung, z. B. Nutzung skalierbarer und flexibler Cloud-Lösungen, Videokonferenzen, Kollaboration im Homeoffice, Abrücken von pauschalen Forderungen nach »No-Spy-Erklärungen« oder »No-Spy-Klauseln«.

Digitalisierung der Politik und Verwaltungsverfahren vorantreiben, z. B. rasche Umsetzung von »Digital first« als Leitprinzip – Einführung und Umsetzung eines Digitalisierungs-Checks für neue Gesetzgebung, Bündelung und Zentrierung einer klaren und zukunftsweisenden und schnell umsetzbaren Strategie für Deutschland in einem Digitalministerium, Förderung und flächendeckende Nutzung von Online-Abstimmungsverfahren bzw. Online-Wahlen.

Das sind sehr detaillierte, klare Hinweise bezüglich Ihrer eingangs genannten Felder. Gibt es darüber hinaus Aspekte, nicht nur auf die genannten Felder bezogen sind?

Ja, weitere, eher generische Forderungen an die Politik sind

- Digitale Souveränität und Open Source: In kritischen Infrastrukturbereichen, bei Hard- und Software sowie bei datengetriebenen Geschäftsmodellen muss eine Abstimmung deutscher Interessen mit dem gemeinsamen Vorgehen auf europäischer Ebene abgestimmt werden. Projekte wie GAIA-X (Bundesministerium für Wirtschaft und Energie, 2019) sind hierfür ein wesentlicher erster Schritt.

- Künstliche Intelligenz: Bei der Umsetzung der deutschen KI-Strategie fehlt es noch immer an Tempo. Die Bundesregierung muss deutlich schneller dafür sorgen, dass die Ziele der KI-Strategie auch erreicht werden, bereitgestellte Fördervolumina tatsächlich in priorisierten Projekten und Maßnahmen eingesetzt werden. Die Nutzung von KI-Anwendungen in der Industrie ebenso wie bei Unternehmens-, Prozess- und Produktdaten muss innerhalb kürzester Zeit von einem Zukunfts- zu einem Alltagsthema werden.
- Disruption: Die Gründung der Bundesagentur für Sprunginnovationen (SprinD) ist ein begrüßenswerter Schritt. Die konkrete Ausgestaltung der SprinD-Engagements und -Exits bleibt abzuwarten, ebenso die Einbettung und Verknüpfung mit den zahlreichen Akteuren aus Wirtschaft, Wissenschaft und Politik.
- EU-Benchmarks: Die Herausforderungen der Digitalisierung durch große Plattformanbieter (Stichwort GAFA = Google, Apple, Facebook und Amazon) sowie erhebliche Investments und technologische Vorsprünge und Kostenvorteile chinesischer Anbieter zeigen sich für alle EU-Staaten in ähnlicher Weise. Hier gilt es, schnell auf der Basis der Lessons learned der EU-Partner eigene Förderinstrumente und Maßnahmen zu konzipieren, nachzuschärfen und kontinuierlich auszubauen. Neben dem Digital Hub Denmark (Digital Hub Denmark, 2020) bspw. kann dies das Konzept des Digitalministeriums mit zahlreichen wirtschaftserfahrenen Ministern und Staatssekretären wie bspw. in Ungarn sein, für das Stichwort Verwaltungsdigitalisierung und Bürokratieverschlankung die »Station F« (Station F, 2020) in Paris, ein Venture Capital-Dachfonds wie z. B. in Dänemark oder auch eine nationale Förderung digitaler Innovationen nach dem Vorbild der britischen Nesta.

Politische Koordination: Zentralisierung der Digitalpolitik in Verbindung mit dem Abbau von ebenenübergreifenden Redundanzen und Entwicklung einheitlicher Standards im Rahmen des digitalen Binnenmarktes.

Was wäre von Unternehmen selbst beizutragen, um den Standort Deutschland auf diesen Feldern zu sichern?

Deutsche Unternehmen sollten aus meiner Sicht erstens mit Nachdruck die Digitalisierung ihrer Geschäftsprozesse fortsetzen und gleichzeitig – aber ebenfalls mit Nachdruck – neue Geschäftsmodelle entwickeln und implementieren, ohne ihre bestehenden Geschäftsmodelle sofort über Bord zu werfen. Man spricht hier von sog. Ambidextrie, also Beidhändigkeit, d. h. die Unternehmen müssen Freiräume für Investitionen in neue Geschäftsmodelle schaffen, ohne dabei ihr profitables und zu optimierendes Bestandsgeschäft aufzugeben. Zwei zentrale Geschäftsmodelle sind dabei digitale Plattformen (z. B. Delivery Hero) und datengetriebene Produkte und Dienstleistungen (z. B. Verkauf von Fahrzeugdaten an Anbieter von Navigationssoftware).

Solche Geschäftsmodelle lassen sich umso leichter skalieren, je mehr man sich mit anderen Unternehmen zusammenschließt. Kooperationen und der Aufbau von Ökosystemen sind eine zweite wichtige Handlungsempfehlung. Beide fördern in vielerlei Hinsicht die Entwicklung neuer Geschäftsmodelle, insbesondere um eine kritische Masse an Daten zu erhalten, die notwendig ist, um marktrelevante Smart Services zu entwickeln und rentabel zu gestalten, um an Agilität im Unternehmen zu gewinnen sowie um neue Wachstums- und Wertschöpfungsperspektiven zu schaffen, indem von anderen Unternehmen andere Arbeitsweisen erlernt werden.

Schließlich sollten Unternehmen den Dreiklang aus Innovation, Transfer und Skalierung beherrschen (Riemensperger & Falk, 2019). Innovationsführerschaft zu erlangen und zu verteidigen war und ist meines Erachtens ein ganz zentraler Punkt. Bezogen auf die digitale Transformation und die Entwicklung datengetriebener Geschäftsmodelle bedeutet das: Um die Daten für datengetriebene Geschäftsmodelle zu generieren, bedarf es neuer Architekturen für Smart Products. Die notwendige Innovationsleistung besteht darin, intelligente Geräte und Maschinen zu entwickeln, die auf die Plattformökonomie ausgerichtet sind und mithilfe von Software und Daten permanent neue Fähigkeiten erhalten können. Die über Smart Products gewonnenen Daten müssen aggregiert und analysiert werden, um daraus schließlich neue Werteversprechen und neue Geschäftsmodelle ableiten zu können. Was Massenproduktionsvorteile in der klassischen Industrie erreichen konnten, schaffen in der digitalen Wirtschaft Plattformen, die das Ökosystem skalieren und noch mehr Daten aggregieren.

Zwei weitere Empfehlungen an die Unternehmen sind erstens das Einbringen von konkreten Lösungsvorschlägen, etablierten Netzwerkpartnerschaften, hochrangigem Verbandsengagement für eine Beteiligung an der politischen Diskussion über die besten Strategien und deren Umsetzung sowie zweitens der Ausbau eigener interner (Weiter-)Bildungs- und Qualifizierungsmöglichkeiten für Mitarbeiter und die aktive Förderung von Digitalkompetenzen.

Unterstützend muss auch hier der Staat aktiv werden und bestehende Rechtsunsicherheiten schleunigst beseitigen. Themen wie die Datenschutzgrundverordnung und die E-Privacy-Richtlinie führen zu Verunsicherung.

Herr Roth, ein letzter Punkt, der den Kontext unseres Buches, das ja den Standort Deutschland in den Mittelpunkt der Betrachtungen stellt, betrifft: Macht es in einer globalisierten Welt für Sie Sinn, überhaupt den Standort Deutschland, die Arbeitsplätze und das Sozialprodukt in den Mittelpunkt zu rücken?

Eine globalisierte Welt und Verantwortung für die Erhaltung der Wettbewerbsfähigkeit des Standortes Deutschland, aber auch Europas zu übernehmen, ist aus meiner Sicht kein Widerspruch. Lücken bei der Digitalisierung zu schließen, geht nicht im Alleingang. Nur mit dem Willen zur unternehmens-, branchen- und länderübergreifenden Kooperation und einer unterstützenden Wirtschaftspolitik können dringend benötigte Investitionen in global relevante digitale Infrastrukturen oder Plattformen gelingen. Maßgebend für den Erfolg der deutschen Wirtschaft ist aus meiner Sicht auch, dass Unternehmen sowie die Wirtschaftspolitik in Deutschland ein höheres Ambitionsniveau anstreben. Der deutsche Staat kann dabei eine wichtige Rolle als Leitanwender einnehmen, auch um für Innovationen aus dem Unternehmenssektor erste Skalierungsphasen zu ermöglichen.

Nicht erst die Corona-Pandemie hat gezeigt, wie verwundbar ein maximal auf Effizienz ausgerichtetes System in der Krise ist – auch unter dem Aspekt der Cybersecurity. Eine wachstumsorientierte Balance zwischen Kosteneffizienz, lokaler und regionaler Verankerung und Chancennutzung auf globalen Märkten wird allerdings nur gelingen, wenn Deutschland mit seinen EU-Partnern noch stärker das Gewicht des gemeinsamen EU-Binnenmarkts auf der Grundlage europäischer Werte einbringt. Strategische Standortstärkung, Corporate Citizenship und die Nutzung von Erfahrungen aus Standorten in anderen Ländern sollten auch in deutsche Engagements einfließen.

Gerade der stark international orientierte und technisch hochspezialisierte deutsche Mittelstand profitiert vom Leitbild der Sozialen Marktwirtschaft, im internationalen Vergleich niedriger Fluktuation, wenig Streikausfällen, stabilen Rahmenbedingungen und vielem anderen.

Dieses Verhältnis zwischen Unternehmen und Staat würde aber in jedem Land gelten, so dass ein globaler Konzern mit Hauptsitz Deutschland beliebig den bisherigen Staat verlassen könnte, wenn Ressourcen beliebig transferierbar sind und die jeweilige Region es zuließe; eine nationale Bindung gibt es aber nicht.

Das kann man nicht prinzipiell sagen. Bei einem Konzern wie der SAP, bei dem die ursprünglichen Eigentümer das Unternehmen aufgebaut haben, ist eine Bindung an den Standort – Region oder Land – zweifellos immer noch von hoher Bedeutung.

Herr Roth, haben Sie vielen Dank für das Gespräch.

Das Gespräch wurde von Prof. Rainer Völker geführt.

Zum Interviewpartner

Florian Roth ist Chief Information Officer der SAP SE. In dieser Funktion leitet er die Intelligent Enterprise Solutions (IES) Organisation als Trusted Advisor und ist verantwortlich für die IT Strategie der SAP und deren Umsetzung. Die IES Organisation bildet nicht nur die Grundlage zur betrieblichen Effizienzsteigerung, sondern schafft auch die Voraussetzungen für die Transformation von SAP zu einem intelligenten Unternehmen.

Literatur

Accenture (2020). *Top 500-Studie Deutschland.* Abgerufen am 23.09.2020 von accenture.com: https://www.accenture.com/_acnmedia/PDF-115/Top500-Studie-Deutschland-Weltmarktf%C3%BChrer-von-morgen.pdf#zoom=50

Bundesministerium für Wirtschaft und Energie (2019). *Das Projekt GAIA-X.* Abgerufen am 09.10.2020 von bmwi.de: https://www.bmwi.de/Redaktion/DE/Publikationen/Digitale-Welt/das-projekt-gaia-x.html

Cisco (2020). *Cisco Digital Readiness Index.* Abgerufen am 09.10.2020 von cisco.com: https://www.cisco.com/c/dam/global/de_de/solutions/digital-transformation/deutschland/digital_readiness_index_web.pdf

Digital Hub Denmark (2020). *We help connect so that you can grow.* Abgerufen am 09.10.2020 von digitalhubdenmark.dk: https://digitalhubdenmark.dk/about/

Gerichtshof der Europäischen Union (2020). *Pressemitteilung Nr. 91/20.* Abgerufen am 09.10.2020 von curia.europa.eu: https://curia.europa.eu/jcms/upload/docs/application/pdf/2020-07/cp200091de.pdf

Haupt, S.; Jung, S.; Lichter, J.; May, F. C. (2019). *Infrastruktur der Zukunft.* Abgerufen am 23.09.2020 von handelsblatt.com: https://www.handelsblatt.com/downloads/25298418/7/hri-ebook-masterplan-infrastruktur-der-zukunft.pdf?ticket=ST-3008844-2p7lMztDhuFP2YceSS6f-ap3

Riemensperger, F.; Falk, S. (2019). *Titelverteidiger: Wie die deutsche Industrie ihre Spitzenposition auch im digitalen Zeitalter sichert.* München: Redline-Verlag.

Station F (2020). *Join the world's biggest startup campus.* Abgerufen am 09.10.2020 von stationf.co: https://stationf.co/

10 Keine KI ist auch keine Lösung: Wie Deutschland sich gerade abhängen lässt und was wir dagegen tun sollten

Claudia Bünte

10.1 KI als Wachstumspotential

KI bietet der Wirtschaft global ein großes Wachstumspotential

KI ist derzeit in aller Munde: Präsident Macron sieht in KI die »Schlüsseltechnologie für Frankreich im 21. Jahrhundert.« (FAZ, 2018) und Deutschland hat einen eigenen Investitionsplan für KI aufgelegt, genau wie die EU. Künstliche Intelligenz entwickelt sich derzeit in bisher nicht gekannter Geschwindigkeit zu einem wichtigen Wirtschaftsfaktor: Das McKinsey Global Institute (MGI) berechnet global bis 2030 einen durchschnittlichen Anstieg des BIP um 1,2 Prozentpunkte pro Jahr allein durch künstliche Intelligenz – ein beeindruckender Einfluss einer einzigen Technologie auf das BIP: Die Dampfmaschine hatte einen Anstieg der Auswirkungen auf das BIP von 0,3 Prozentpunkte, Industrieroboter von 0,4 Prozentpunkte und Informations- und Kommunikationstechnologien um 0,6 Prozentpunkte (McKinsey & Company, 2018, S. 23) Bereits vor der Corona-Krise wurde geschätzt, dass der globale KI-Markt bis 2025 einen Wert von etwa 90 Milliarden Dollar haben wird, davon 43 Milliarden in den USA und weitere 20 Milliarden in Europa und im asiatisch-pazifischen Raum. Das wäre eine Verachtfachung von 2019 bis 2025, von 2016 bis 2025 sogar eine Verachtundzwanzigfachung (Brand, 2018). China schätzt den Umsatz bis 2025 in seinem aktuellen Fünfjahresplan allein für das eigene Land auf 52 Milliarden Euro (Webster, et al., 2017). Diese Entwicklung wird auch in Nordeuropa und damit für Deutschland vorhergesagt: Laut einer Studie von pwc dürfte bis zum Jahr 2030 das deutsche Bruttoinlandsprodukt (BIP) allein dank KI um 9,9 Prozent steigen (pwc, 2017, S. 7). Alle Quellen und Schätzungen gehen also von einer steilen Wachstumsrate der Wirtschaft durch künstliche Intelligenz aus.

KI zeigt ihre finanzielle Wirkung bereits heute in der Wirtschaft

Die drei weltweit größten Unternehmen nach Marktkapitalisierung im ersten Quartal 2008 fußten ihre Angebote noch hauptsächlich auf Öl: Exxon Mobil (Platz 1) und Petrochina (Platz 2) fokussierten klar auf Öl und seine Derivate, General Electrics (Platz 3) deckte Öl-basierte Segmente wie Energie, Öl und Gas, Luftfahrt, Gesundheit, Transport und Licht ab (Financial Times, 2018). Nur zehn Jahre später hat sich das Bild komplett gewandelt. 2018 waren Apple, Alphabeth (der Mutterkonzern von Google) und Microsoft die weltweiten Top-3-Unternehmen (Financial Times, 2018). Deren Portfolien fußten fast ausschließlich auf Daten – Kundendaten, Bilddaten, Bewegungsdaten, Kaufdaten, Suchdaten – die Liste der Daten ist lang. Deshalb wird allgemein gesagt, dass Daten das neue Öl des 21. Jahrhunderts seien. Die folgende Abbildung zeigt denselben Trend mit noch aktuelleren Daten: Unter den acht größten Unternehmen 2020 findet sich mit Saudi Aramco nur noch ein Unternehmen, das nicht hauptsächlich von Software, Daten, Consumer Insights lebt (▶ Abb. 16).

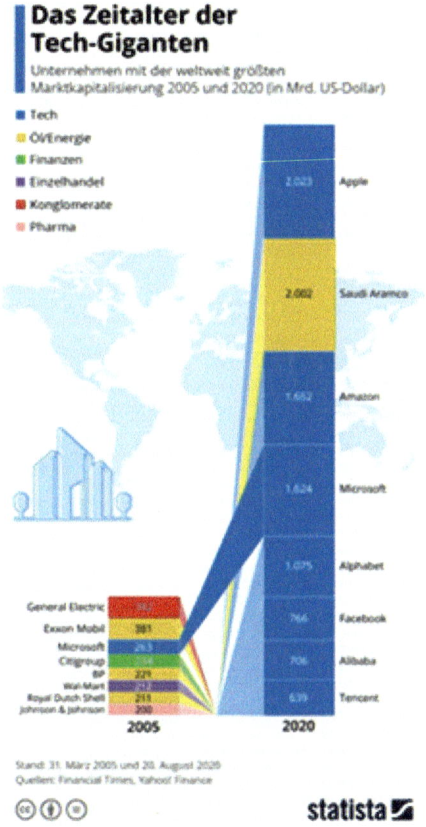

Abb. 16: Unternehmen mit der größten Marktkapitalisierung 2005 und 2020 (Quelle: Bocksch, 2020)

KI ist effektiv und effizient, weil es bereits heute viele Aufgaben schneller und besser erledigen kann als ein Mensch.

Wer mehr und bessere Daten hat als der Wettbewerb, kann schneller und besser Kunden verstehen, daraufhin Kundenwünsche erfüllen und hat damit einen Wettbewerbsvorteil. Das ist der Moment, in dem Künstliche Intelligenz ins Spiel kommt und eine Anwendungsrelevanz bekommt. Denn Künstliche Intelligenz, richtig genutzt, kann Daten schneller und besser analysieren als ein Mensch. KI wird damit, zusammen mit ausreichenden und hochwertigen Daten zu einem entscheidenden Wettbewerbsvorteil für Unternehmen und Staaten.

10.2 Deutsche KI-Defizite

Deutschland ist im internationalen Vergleich alles andere als eine führende KI- oder Digitalmacht

Um KI effektiv und effizient einzusetzen, braucht es vereinfacht gesagt drei Dinge: Unmengen an Daten, die Möglichkeit, diese Daten verknüpft zu analysieren und ein klarer Fokus der Regierung auf das Thema KI mit ausreichend Kapital für die Grundlagenentwicklung. In nur einem einzigen dieser Voraussetzungen ist Deutschland aktuell im Vergleich mit anderen Ländern gut:

Große Menge an Daten:

Damit eine KI – ein Algorithmus, der selbständig lernt – sinnvoll lernen kann, sind große Menge an Daten nötig, egal, ob strukturiert oder unstrukturiert. Große Datenmengen fallen im Internet und in der Nutzung von Smartphones an. Dafür wiederum muss das W-Lan-Netz gut sein. Deutschland ist im internationalen Vergleich gerade mal Durchschnitt in Europa (▶ Abb. 17).

Verknüpfte Datenanalyse:

Die Datenschutzverordnung (DSGVO), die europaweit gilt, geht vom Grundsatz aus, dass individuelle Daten eines Einzelnen vor dem Zugriff von Firmen und Staaten zu schützen seien. Datenschutz ist in Europa also Individualschutz der Persönlichkeitsrechte. Mit diesem Grundsatz einher geht ein wichtiger Unterschied z. B. zum Datenschutz in den USA oder in China: Unternehmen müssen bei jeder einzelnen neuen Verarbeitung von Daten einer Person auf individueller Basis das Individuum um Erlaubnis fragen. Michaela Müller aus Berlin muss also z. B. von Tchibo gefragt werden, ob ihre persönlichen Daten für die Anwendung xy analysiert und mit den Bewegungsdaten des Smartphones kombiniert werden darf. Eine anonyme Gruppenanalyse dagegen ist erlaubt, also unabhängig von Michaela Müller, z. B. für Frauen in Berlin im Alter von 30-49 Jahre. Was auf den ersten Blick für den Laien kaum einen Unterschied macht, hat für Firmen und damit auch den Nutzen von KI im wirtschaftlichen Zusammenhang eine große Bedeutung: Für Firmen wie z. B. Kaffeeverkäufer ist deutlich besser zu wissen, dass Michaela Müller die Kaffeesorte xy gerne trinkt, preissensibel ist UND gerade an einem ihrer Geschäfte in Berlin vorbeigeht – oder ob 70 % der Zielgruppe von Frauen im Alter von 30-49 Jahren in Berlin diesem Konsummuster folgen, man

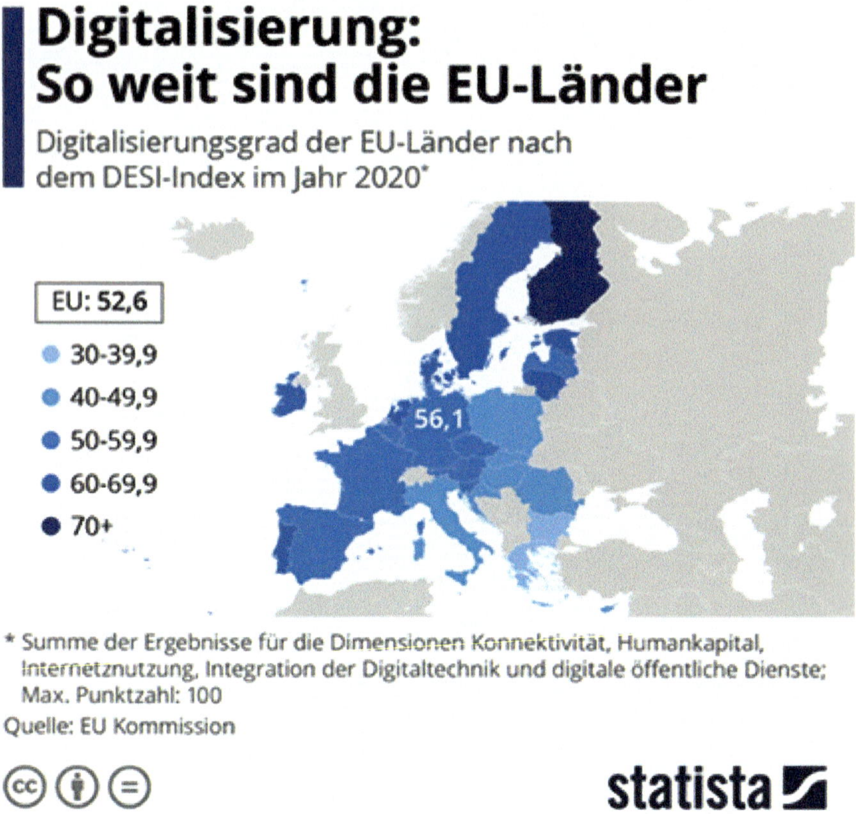

Abb. 17: Europavergleich Digitalisierung 2020 (Quelle: Janson, 2020)

aber nicht weiß, wo diese Personen gerade sind. Der Unterschied: Gezielte Ansprache im ersten Fall mit genau dem richtigen Angebot genau dann, wenn Michaela Müller am Geschäft vorbeikommt oder mindesten 30 % Streuverlust im zweiten Fall. Streuverlust heißt nicht nur ein schlechterer Return-on-Investment. Es kann auch heißen, dass diese 30 % nicht sinnvoll Angesprochene die Marke weniger wertschätzen, weil sie sich nicht gut verstanden fühlen und ggf. später weniger wahrscheinlich zu Markennutzern werden.

Klarer Fokus der Regierung auf KI und ausreichende Mittel für die Grundlagenforschung

a) Fokus: Bei der KI handelt es sich noch um Grundlagenforschung: Gewisse rechtliche Rahmenbedingungen müssen z. B. erst geschaffen werden – denken wir etwa an die zu ändernden Straßenverkehrsordnungen im Hinblick auf autonomes Fahren. Daher ist die intensive Unterstützung der jeweiligen Regierung eines Landes notwendig. Dieser Bereich ist der einzige, bei dem Deutschland auf Augenhöhe mit den anderen Ländern wie USA und China zu agieren scheint: Das Bundeswirtschaftsministerium für Wirtschaft (2018) hat eine inhaltliche »Strategie Künstliche Intelligenz« veröffentlicht, die als Handlungsrahmen und Prozess der Bundesregierung zu verstehen sei, deren Fortschritt regelmäßig auf der Internetseite www.ki-strategie-deutschland.de dokumentiert wird (Bundesministerium für Wirtschaft, 2018, S. 3). Darin steht folgende Absichtserklärung: »Wir wollen Deutschland und Europa zu einem führenden KI-Standort machen und so zur Sicherung der künftigen Wettbewerbsfähigkeit Deutschlands beitragen.« (Bundesministerium für Wirtschaft, 2018, S. 8). »Artificial Intelligence (AI) made in Germany« solle »zum weltweit anerkannten Gütesiegel werden« (Die Bundesregierung, 2020). Auf der genannten Internetseite werden rund 100 Initiativen genannt, die im ersten Jahr der Strategie initiiert worden sind und jetzt unterstützt werden. Im Vergleich zum chinesischen 5-Jahresplan zu Künstlicher Intelligenz (Webster, et al., 2017) wirkt die deutsche Strategie zwar deutlich weniger detailliert ausgearbeitet – das ist vor dem Hintergrund der sich ständig und schnell wandelnden Materie »Künstliche Intelligenz« aber kein Nachteil, denn eine Strategie muss sich an die sich verändernden Rahmenbedingungen anpassen können. Aber es kommt auch auf die konsequente Umsetzung der Absichtserklärung in der Strategie an.

b) Ausreichende finanzielle Entwicklungsmittel: Die KI-Entwicklung ist Grundlagenforschung und kostet Geld. Allein auf Unternehmensseite wurden daher im Jahr 2016 schätzungsweise 26-39 Milliarden US-Dollar investiert, der Großteil davon durch Tech-Giganten (McKinsey Global Institute, 2017, S. 5). Die Stanford University hat ein jährliches KI-Budget von 6,3 Milliarden US-Dollar (Wolff & Yogeshwar, 2019) und China investiert 1,76 Milliarden US-Dollar in nur einen einzigen Technologiepark (Neuerer, 2018). Dem eigenen Ziel, bis 2030 weltführend bei KI zu sein, stellt man in China bis 2030 staatliche Investitionen von 150 Milliarden US-Dollar in KI-Kernbranchen und 1,5 Billionen US-Dollar in KI-verwandte Branchen zur Seite (Webster et al., 2017). Allein die Investitionen in die KI-Kernbereiche sind, verteilt auf 13 Jahre (2018-2030) 8,2 US-Dollar pro Einwohner und Jahr. Dagegen wirken die 3,3 Milliarden US-Dollar (Bundesministerium für Wirtschaft, 2018, S. 5), die die deutsche Regierung bis 2025 in KI investieren will, vergleichsweise gering. Denn das sind über die acht Jahre von 2018-2025 verteilt pro Jahr rund 41,3 Millionen Dollar – also gerade mal 0,50 US-Dollar pro Einwohner pro Jahr.

Salopp ausgedrückt könnte man also sagen, dass wir in Deutschland auf der einen Seite im übertragenen Sinn schwimmen lernen wollen (Schwimmen = KI entwickeln), und gleichzeitig aber das Wasser einschränken (Wasser = Daten und Finanzen). Wir üben quasi schwimmen unter der Dusche. Man wird nass, aber schwimmen lernt man auch nicht wirklich.

Nicht nur Deutschland hat eine große Diskrepanz zwischen »wollen« und »können«

Viele der von McKinsey befragten Firmen weltweit bemängeln, dass ihre KI-Versuche die Potenziale nicht sinnvoll heben können, viele bleiben in der Pilotphase stecken: »Im Allgemeinen haben nur wenige Unternehmen KI in großem Maßstab in ihre Wertschöpfungsketten integriert; die Mehrheit der Unternehmen, die ein gewisses Bewusstsein für KI-Technologien hatten, befinden sich noch in der Versuchs- oder Pilotphase. Tatsächlich gaben von den 3.073 Befragten nur 20 % an, dass sie eine oder mehrere KI-bezogene Technologien im Maßstab oder in einem Kernbereich ihres Unternehmens eingeführt haben.16 % gaben an, mehr als zwei Technologien eingeführt zu haben, und nur 9 % gaben an, maschinelles Lernen einzuführen.« Der Hauptgrund für den geringen Einsatz von KI in 120 untersuchten Usecases: Vielfach waren schlechte oder ungewisse Renditen der Hauptgrund für die Nichtübernahme von KI in Unternehmen, insbesondere in kleineren Firmen. (McKinsey Global Institute, 2017, S. 13)

Unsere eigenen Studien zeichnen ein ähnliches Bild: Zwar sagen 81 % der von uns befragten Marketingmanagerinnen und -manager in der D-A-CH-Region, dass KI generell wichtig sei, aber nur 50 % der Unternehmen, in denen die Befragten arbeiten, setzen überhaupt irgendwo in der Firma KI ein. Im Marketing sogar nur 31 %. Eine tägliche Nutzung kommt nur bei 7 % der Befragten in ihrem eigenen Verantwortungsbereich vor (Bünte, 2019, S. 7, 10). In einer weiteren Studie in 2020 haben wir Elektrogroßhändler in Europa befragt, mit sehr ähnlichen Ergebnissen: 78 % der Antwortenden sagen, KI sei wichtig, nur 39 % nutzen KI aber im eigenen Unternehmen, und intensiv ebenfalls ein nur sehr kleiner Teil von gerade mal 9 % (Beutin, et al., 2020, S. 17-18). Im verarbeitenden Gewerbe sehen die Zahlen ähnlich aus: Eine Studie von PwC Global Digital Operations aus dem Jahr 2018 unter 1.155 Führungskräften der Fertigungsindustrie in 26 Ländern hat gezeigt, dass nur 9 % KI in ihre Prozesse implementiert haben, um die betriebliche Entscheidungsfindung zu verbessern (pwc, 2020, S. 5).

Vergleicht man die Patente, die im Bereich KI weltweit angemeldet werden, kann man ablesen, wer die Nase vorne hat. Die Bertelsmann Stiftung untersuchte 2020 die sog. »Weltklassepatente«, das sind die Klassen, die »am bedeutsamsten« sind (Bertelsmann Stiftung, 2020, S. 6) und umfassen die oberen 10 %. Heißt: Hier wird Klasse und nicht Masse verglichen. Die USA belegen in allen 58 Kategorien mindestens einen der ersten drei Plätze (Bertelsmann Stiftung, 2020, S. 41), gefolgt von China. China belegt in 42 von 58 Kategorien die Plätze eins bis drei im Nationenranking, auch in der Digitalisierung (Bertelsmann Stiftung, 2020, S. 19). Deutschland kam 2020 in nur 22 Technologien unter die Top-3-Länder. 2010 waren es noch 47. Deutsche Schwächen sieht die Studie vor allem in der Digitalisierung und Infrastruktur, genau die Bereiche, in denen KI angesiedelt ist (Bertelsmann Stiftung, 2020, S. 59). Das ist immer noch besser als Großbritannien – 6-mal dabei – (Bertelsmann Stiftung, 2020, S. 51) und Frankreich – einmal dabei (Bertelsmann Stiftung, 2020, S. 55). Man könnte also sagen: Künstliche Intelligenz ist in Europa wie Teenager-Sex: »Alle reden drüber, aber keiner macht's.« Bei den Patenten und finanziellen Investitionen sind also die USA und China führend. Und

Deutschland hinkt finanziell, Daten-lerntechnisch und bei den Patentanmeldungen zur Digitalisierung besonders hinterher.

Die wirtschaftlichen Auswirkungen für Deutschland kann man heute schon sehen

Unter den 100 nach Marktkapitalisierung größten Unternehmen 2020 findet sich erst auf Platz 50 das erste deutsche Unternehmen: SAP. Und es ist das einzige deutsche Unternehmen unter den Top 100 (pwc, 2020). Die Prognosen gehen in dieselbe Richtung, nämlich nach unten: Nach einer Studie von pwc verliert Deutschland bis 2050 ganze vier Plätze im Weltranking beim Bruttoinlandsprodukt, die USA einen, China und Indien belegen 2050 die Plätze eins und zwei (▶ Abb. 18).

Abb. 18: Entwicklung der Wirtschaftskraft bis 2050 (Quelle: pwc, 2017, S. 4)

Wenn Künstliche Intelligenz die Schlüsseltechnologie des 21. Jahrhunderts ist, darf Deutschland sich nicht mehr ausruhen auf Erfolgstiteln des 19. und 20. Jahrhunderts wie beispielweise »Made in Germany« »Exportweltmeister« oder »German Engineering«.

10.3 Vorreiterländer bei KI

Von welchem Land kann man KI lernen?

Welche Faktoren wichtig sind, um eine gute KI zu entwickeln, haben wir schon diskutiert: Große Mengen an Daten, eine datenverknüpfende Analyse und ausreichend Fokus/Kapital. Traditionell blicken die Deutschen in die USA, um Innovationen zu finden und weiterzuentwickeln – also nach San Francisco, Silicon Valley und in die dortige Start-up Szene. Aber ist das beim Thema digitale Transformation richtig oder ausreichend? Machen wir ein kleines Quiz. Bitte schauen Sie sich Abbildung 19 an. Heute leben circa sieben Milliarden Menschen auf der Erde. Jede Figur steht für eine Milliarde Menschen. Welche Karte zeigt die realistischste geografische Verteilung?

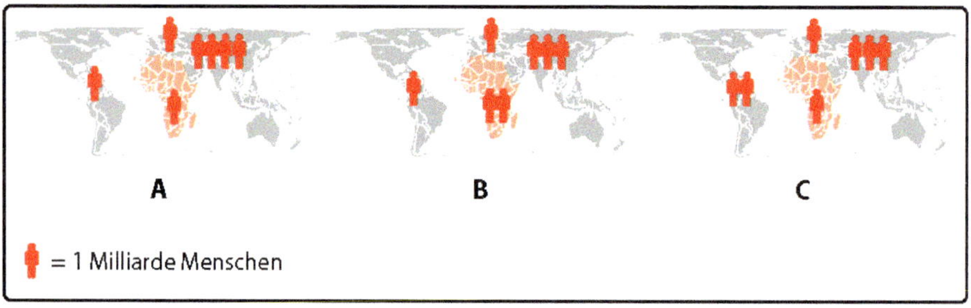

Abb. 19: Verteilung der Weltbevölkerung nach Regionen (Quelle: Rosling, 2019, S. 168)

Die richtige Antwort ist A. In Asien leben heute rund 4 Milliarden Menschen, 1,4 Milliarden in China, rund 1,3 Milliarden Menschen in Indien. Wenn Sie die richtige Antwort wussten, gehören Sie in Deutschland einer Minderheit an. Die meisten vermuten, C sei richtig.

China, wird aller Voraussicht nach weltführend bei KI werden

Aktuell müssen wir in Europa zumindest auch nach China blicken, um beim Thema KI lernen zu können. Denn China wird bei KI führend werden. Weltführend. Dafür gibt es drei Gründe:

1. China hat mit 1,4 Milliarden Menschen die größte Bevölkerung der Erde, davon sind rund 800 Millionen Menschen »mobile only« unterwegs, d. h. sie nutzen statt eines PCs oder Laptops ein Smartphone, um ihre digitalen Alltagsaufgaben zu erledigen. D. h., hier entstehen Unmengen an Daten auf den Smartphones, die dem jeweiligen User zugeordnet werden können. Und KI ist immer dann hilfreich, wenn viele Daten zur Verfügung stehen.
2. Der chinesische Datenschutz erlaubt es Firmen wie oben bereits beschrieben, unter vergleichsweise einfachen rechtlichen Bedingungen Nutzerdaten aus verschiedenen Quellen verknüpft zu analysieren und so das Verhalten und die Konsumbedürfnisse viel individueller zu verstehen.

3. Die Einparteienregierung in China hat einen expliziten und sehr detaillierten KI-5-Jahresplan ausgearbeitet mit dem Ziel, bis 2030 weltführend bei KI zu sein (Webster, et al., 2017). Dieser Plan geht bis auf Stadtverordnetenebene und den Lehrplan von Schulen und Universitäten herunter ins Detail. Dass die Regierung auch in der Lage ist, den Plan in die Tat umzusetzen, sieht man am Beispiel von Shenzhen. In der 11 Millionen-Nachbarstadt von Hongkong bestimmte die Stadtverwaltung 2010, dass alle Stadtbusse und (privaten) Taxis auf E-Fahrzeuge umzurüsten seien. 2016 fuhren dann auch schon über 16.000 Busse elektrisch. Shenzhen belegt damit einen Weltrekord (Ingenieur.de, 2018). Eine Durchgriffskraft, die in einem europäischen demokratischen Staat kaum vorstellbar ist. Zum Vergleich: Die Bundesregierung setzte 2010 das Ziel, bis 2020 sollten auf deutschen Straßen 1 Millionen Elektroautos fahren (Bundesregierung, 2011, S. 10). Stand September 2020 sind es aber maximal 245.000 Fahrzeuge – und das auch nur, wenn man alle seit 2003 zugelassenen Fahrzeuge zusammenzählt (KBA, 2020).

Wie ebenfalls schon ausgeführt hinterlegt die Regierung Chinas die Bemühungen um KI mit großen finanziellen Mitteln: Die Pro-Kopf-Investition ist in China mit 8,2 US-Dollar pro Jahr deutlich höher als mit 0,5 US-Dollar in Deutschland.

Die ersten Erfolge in China sind bereits deutlich sichtbar

Zum einen entwickelt sich basierend auf KI und Daten über Konsumentinnen und Konsumenten wirtschaftlich eine völlig neue Kategorie von Unternehmen, sog. Plattform-Ökosysteme. Während in den USA die großen digitalen Unternehmen Schritt für Schritt versuchen, aus ihrem angestammten Kompetenzbereich herauszuwachsen, haben viele chinesische Unternehmen dies schon erreicht. So ist WeChat nicht mehr nur ein Messenger, wie etwa das US-Pendent WhatsApp, sondern ein ganzes Alltags-Organisations-System mit Messenger, Bank- und Kreditfunktionen, Ticketbuchanbieter für Auto, Bahn, Flug und Fahrrad, chinesische Nutzerinnen und Nutzer können Arzttermine buchen und verwalten, ihre Steuererklärung darüber abwickeln und Parkticket bezahlen. Rund 1,2 Milliarden Menschen (Tencent, 2020) weltweit, der Großteil davon in China, organisieren täglich bis monatlich fast ihren gesamten digitalen Alltag über diese sog. Super-App. Die Angebote von Alibaba gehen ähnlich tief und sind breiter ausgebaut als die ihres Gegenstück Amazon im Westen.

Zum anderen vollzieht der chinesische Handel einen deutlichen Entwicklungssprung. Durch ein Verschmelzen von Online- und Offline-Handel entsteht ein sog. New Retail, in dem der einzelne Kunde deutlich mehr und passgenaue Angebote im Laden oder online sieht. Kundinnen und Kunden erhalten Angebote wann sie wollen, wie sie es wollen und zu einem Preis, der dynamisch an ihre Kaufbereitschaft angepasst ist. Nicht ohne Grund ist der weltweit größte Verkaufstag nach Umsatz nicht der »Black Friday« oder »Prime Day« von Amazon in den USA, sondern der sog. »11.11.« von Alibaba in China. 2019 betrug der Umsatz an diesem Tag 38,4 Milliarden US-Dollar in 24 Stunden, das ist mehr als halb so viel wie Amazon in einem Quartal umsetzt (Klebnikov, 2019).

Durch diese Angebote ändert sich das Kaufverhalten der Konsumentinnen und Konsumenten sowie das Marketing. Konsumentinnen und Konsumenten werden zunehmend anspruchsvoller und erwarten, dass jederzeit passgenau auf ihre Wünsche eingegangen wird. Eine Marke, die nicht relevant ist, verliert. Gleichzeitig haben Marketingexpertinnen und -experten nun Daten in Echtzeit und können, man könnte auch sagen, müssen ein Marketing in Echtzeit betreiben. Kampagnen, die nur einmal pro Jahr, Halbjahr oder Monat geplant werden, sind nicht mehr dynamisch genug, eine tägliche Planung von Inhalt und Streuung der eigenen Markenbotschaft ist Schlüssel um Absatzerfolg. Dieses sog. New Marketing, also Marketing in Echtzeit, wird unterstützt durch Künstliche Intelligenz. Und so sehen denn viele China bei KI um mehrere Jahre vor den USA oder Europa (Bünte, 2020). Dieses Angebot wiederum ändern das Konsument*innenverhalten in China so, dass wiederum mehr mit dem Smartphone organisiert, gekauft und gechattet wird. Ein dynamischer Innovationskreislauf beginnt.

Diese Veränderungen sind im Straßenbild sichtbar: Shanghai bspw. hat an der Bank, einem beliebten Touristenbereich in der Altstadt, Fußgängerampeln installieren lassen, deren rote und grüne Signale im Boden eingelassen sind. So können auch Fußgänger, die die Augen nicht vom Smartphone nehmen wollen, sicher bei grün über die Straße gehen, weil sie das grüne Licht mühelos auf dem Boden sehen. Und fast jedes Restaurant, Cafe, jede Rezeption bietet Schnellladestationen an. Kleine Kästen, in die man sein Smartphone legen kann, um gegen eine geringe Gebühr das Handy innerhalb von wenigen Minuten wieder aufzuladen. Dieser Service ist nötig, weil eine Vollladung am Morgen bei der intensiven Nutzung der Smartphones nicht ausreicht, um über den Tag zu kommen (▶ Abb. 20).

10.4 Deutschland ist nicht China – aber keine KI ist auch keine Lösung

Nun soll nicht der Eindruck erweckt werden, dass jede Neuerung in den USA und in China bezogen auf KI eine Blaupause für Deutschland sein kann oder sein soll. Der Schutz der persönlichen Daten, demokratische Prozesse, die auf einen breiten Konsens der Gesellschaft beruhende Entwicklungsidee des deutschen Staates, sind hohe Güter, die es gilt, zu bewahren und zu nutzen. Aber keine KI ist für Deutschland auch keine Lösung. Amerikanische und noch mehr chinesische Unternehmen lernen jetzt auf Basis ihrer finanziellen, rechtlichen und von ihren Regierungen finanziell unterstützten Möglichkeiten mit vielen Daten und Künstlicher Intelligenz, wie eine Befriedigung der Kundenwünsche optimiert werden kann. Dieses Wissen werden sie nutzen, wenn sie auch in Deutschland ihre Dienste anbieten. Die US-Firmen sind bereits in Europa aktiv, die chinesischen Unternehmen wachsen derzeit noch gut im asiatischen Markt. Sobald dieses Wachstum durch Marktsättigung erreicht ist, werden auch sie sich auf die reichen Konsument*innen in Europa einstellen. Diese Firmen werden sich dann an den europäischen Datenschutz

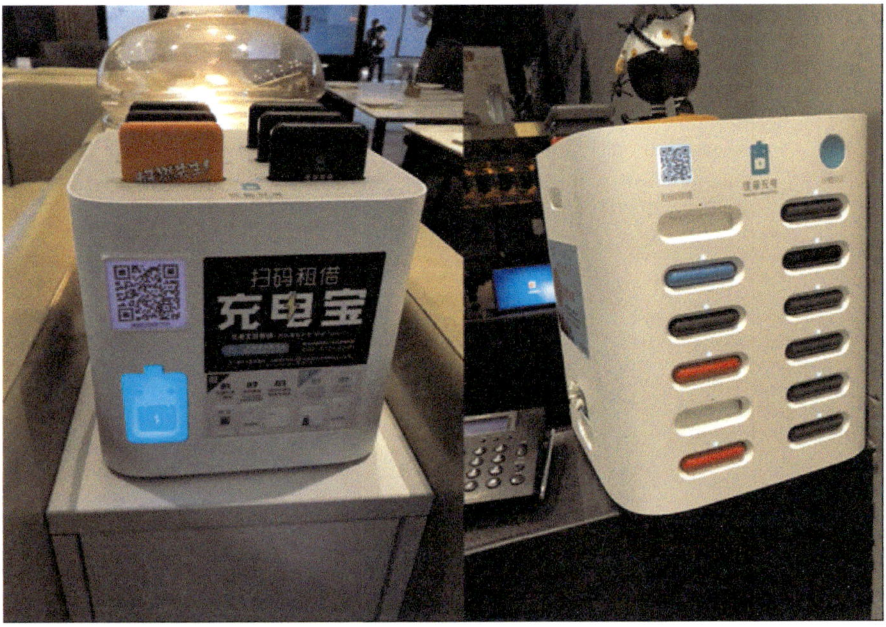

Abb. 20: Schnellladestationen für Mobiltelefone

halten. Mit anderen Worten, sie werden ihre Erfahrungen aus vollen Daten und perfekter KI aus ihren Heimatländern nehmen und auf weniger vollständige Kundendaten in Europa anwenden. Deren Angebote werden damit aber immer noch deutlich besser sein als alles, was deutsche Firmen anbieten können, was auf wenig Daten und nur zögerlich entsteht. Mit anderen Worten: Es ist einfacher und besser, von einer perfekten Lösung (USA, China) Abstriche zu machen, als zu spät mit zu wenigen Daten/KI eine Lösung erstellen zu wollen. Downszising auf perfekten Insights ist einfacher als Upszising auf schlechten oder lückenhaften Insights. Wenn die deutsche Wirtschaft jetzt nicht schnell und allumfassend beginnt, KI zu nutzen, wird sie kaum wettbewerbsfähige Angebot haben. Das Ergebnis wäre, dass Deutschland vom Exportweltmeister von Waren zum Importweltmeister von digitalen Angeboten werden könnte.

Es gibt viel zu tun, um den digitalen Anschluss an die Welt nicht zu verlieren

Wenden wir uns dazu wieder den drei Hebeln zu:

- Große Mengen an Daten und datenverknüpfende Analyse: Gesetzgebende müssen einen Weg schaffen, wie Unternehmen DSGVO-konform mit Daten KI trainieren können. Nur eine gut trainierte KI liefert die Insights, die wettbewerbsfähig sind. Es gibt, Persönlichkeitsrechte zu wahren UND KI Trainingsmöglichkeiten zu bieten.

- Fokus der Regierung: Deutschland hat aktuell eine Staatssekretärin für Digitales und einen Digitalrat. Der bisherige Motor der deutschen Wirtschaft, die Autoindustrie, hat eine ganzes Ministerium für Verkehr, der nebenbei auch noch für »digitale Infrastruktur« zuständig ist. Wenn wir KI entsprechend ihres Potentials wichtig nehmen, braucht es ein eigenes Ministerium. KI ist Chefsache.
- Kapital: Deutschland und Europa muss die Grundlagenforschung finanziell deutlich stärker unterstützen und über Leistungs-KPI steuern. Eine Möglichkeit der Finanzierung wäre bspw., wenn digitale Unternehmen, die in Europa verkaufen, auch in Europa Steuern bezahlen. Aktuell geschieht dies nicht in ausreichendem Maß.

Aber auch der Gesellschaft kommt eine wichtige Rolle dabei zu, wie es mit dem Wirtschaftsstandort Deutschland weitergeht.

All diese Forderungen werden nur sinnvoll umsetzbar sein, wenn der Einsatz, die Chancen und Grenzen von Künstlicher Intelligenz in einen gesellschaftlichen Diskurs eingebettet werden. Wir als Gesellschaft müssen uns fragen, wie wir mit einer KI umgehen wollen. Die bisherige Diskussion ist dabei in vielen Teilen geprägt von einer Mentalität, das KI-Wasserglas sei halb leer. Arbeitsplatzverlust, Big Brother- und Terminatorgedanken bestimmen vielfach die öffentliche Diskussion. Die häufig beschworenen Jobverluste wird es geben, genauso, wie auch neue Arbeitsplätze entstehen werden, wie z. B. eine globale Studie von McKinsey berechnet: Die Studie geht davon aus, dass rund 18 % der heute global ausgeführten Arbeiten im Jahr 2030 durch KI gänzlich wegfallen werden, aber mit 17 % neuen Aufgaben aufgefangen werden könnten. Netto würden so also nur 1 % der Jobs durch KI wegfallen. Die neuen Aufgaben sieht McKinsey in den Bereichen Augmentation, Innovationen, Umschichtung von Arbeit und globale Arbeitskraftströme. Allerdings weisen die Autorinnen und Autoren explizit darauf hin, dass diese Simulation nur indikativ, also explizit keine exakte Vorhersage sei. (McKinsey Global Institute, 2018, S. 45). Und man muss auch berücksichtigen, dass nicht alle Mitarbeiterinnen und Mitarbeiter, deren Jobs ganz oder teilweise wegfallen, die Ausbildung, Fähigkeiten oder Neigungen haben, mit den dann neuen Aufgaben sicher umgehen zu können.

KI kann viel bewirken, wenn man sie richtig einsetzt. Wir müssen und sollten uns als Gesellschaft darüber austauschen, welche Rolle KI für uns spielen soll. Lassen Sie uns das Thema mit ein wenig Interesse und Neugierde ansehen. Das Wasserglas ist vielleicht doch halb voll. Denn: Keine KI ist auch keine Lösung, wenn Deutschland nicht zum Importweltmeister für digitale Lösungen werden will.

Zur Autorin

Prof. Dr. Claudia Bünte ist ausgewiesene Marketing- und KI-Expertin. Sie verantwortete leitete Positionen bei weltweit führenden Unternehmen, u. a. bei McKinsey, VW und Coca-Cola. Für Apple, NIVEA und Siemens war sie ebenfalls tätig. Sie ist Geschäftsführerin von Kaiserscholle GmbH – Center of Marketing Excellence und vereidigte Sachverständige. Prof. Bünte lehrt Marketing an internationalen Hochschulen und forscht zu Künstliche Intelligenz in der Wirtschaft. Ihr neustes Buch befasst sich mit der zunehmenden Vorreiterrolle Chinas angetrieben durch Künstliche Intelligenz.

Literatur

Bünte, C., 2018. *KI - Die Zukunft des Marketing.* Wiesbaden: Springer Gabler.

Bünte, C., 2019. *Künstliche Intelligenz - Die Zukunft des Marketings; D-A-CH Studie.* [Online] Available at: https://kaiserscholle.de/de/kuenstliche-intelligenz/ [Zugriff am 20 August 2020].

Bünte, C., 2020. *Die chinesische KI-Revolution; Konsumverhalten, Marketing und Handel: Wie China mit Künstlicher Intelligenz die Wirtschaftswelt verändert.* Wiesbaden: Springer Gabler.

Bertelsmann Stiftung, 2020. *Weltklassepatente in Zukunftstechnologien; Die Innovationskraft Ostasiens, Nordamerikas und Europas.* [Online] Available at: https://www.bertelsmann-stiftung.de/fileadmin/files/user_upload/BST_Weltklassepatente_2020_DT.pdf [Zugriff am 13 September 2020].

Beutin, N., Bünte, C., Kirchner, P. & Vogler, O., 2020. *Digital transformation in B2B: The role of AI and Pricing Automation - Electrical Wholesale Study 2020,* Berlin: s.n.

Bocksch, R., 2020. *Das Zeitalter der Tech-Giganten.* [Online] Available at: https://de.statista.com/infografik/22707/unternehmen-mit-der-weltweit-groessten-marktkapitalisierung/?utm_campaign=90084a99ff-All_InfographTicker_daily_DE_AM_KW35_2020_Do_&utm_medium=email&utm_source=Statista%20Global&utm_term=0_afecd219f5-90084a99ff-3091 [Zugriff am 27 August 2020].

Brand, M., 2018. *Das Milliardengeschäft mit der künstlichen Intelligenz.* [Online] Available at: https://de.statista.com/infografik/14245/prognostizierter-umsatz-mit-ki-anwendungen-weltweit/ [Zugriff am 20 August 2020].

Bundesministerium für Wirtschaft, 2018. *Strategie Künstliche Intelligenz.* [Online] Available at: https://www.bundesfinanzministerium.de/Content/DE/Downloads/Digitalisierung/2018-11-15-Strategie-zur-Kuenstlichen-Intelligenz.pdf?__blob=publicationFile&v=2 [Zugriff am 20 August 2020].

Bundesregierung, 2011. *Regierungsprogramm Elektromobilität.* [Online] Available at: https://www.bmbf.de/files/programm_elektromobilitaet(1).pdf [Zugriff am 16 September 2020].

Die Bundesregierung, 2020. *Künstliche Intelligenz (KI) ist ein Schlüssel zur Welt von morgen..* [Online] Available at: https://www.ki-strategie-deutschland.de/home.html [Zugriff am 28 August 2020].

FAZ, 2018. *Macron setzt auf Künstliche Intelligenz.* [Online] Available at: http://www.faz.net/aktuell/wirtschaft/kuenstliche-intelligenz/emmanuel-macron-setzt-auf-kuenstliche-intelligenz-15514715.html [Zugriff am 20 August 2020].

Financial Times, 2018. *Financial Times.* [Online] Available at: http://media.ft.com/cms/7f24a88e-0faa-11dd-8871-0000779fd2ac.pdf [Zugriff am 27 August 2020].

Fraunhofer Institut für Produktionstechnik und Automatisierung IPA, 2017. *Einsatzfelder von Künstlicher Intelligenz im Produktionsumfeld; Kurzstudie im Rahme nvon »100 Orte für Industrie 4.0 in Baden-Würtemmberg«.* [Online] Available at: https://www.i40-bw.de/wp-content/uploads/Studie-Einsatzfelder-KI-im-Produktionsumfeld.pdf [Zugriff am 18 August 2020].

iit – Institut für Innovation und Technikin der VDI/VDE Innovation + Technik GmbH, 2018. *Potenziale der künstlichen Intelligenz im produziernden Gewerbe in Deutschland.* [Online] Available at: https://www.bmwi.de/Redaktion/DE/Publikationen/Studien/potenziale-kuenstlichen-intelligenz-im-produzierenden-gewerbe-in-deutschland.pdf?__blob=publicationFile&v=8 [Zugriff am 20 August 2020].

Ingenieur.de, 2018. *Weltrekord: Shenzhen hat 16.359 Busse auf Elektroantrieb umgestellt.* [Online] Available at: https://www.ingenieur.de/technik/fachbereiche/e-mobilitaet/weltrekord-shenzhen-hat-16-359-busse-auf-elektroantrieb-umgestellt/ [Zugriff am 16 September 2020].

Janson, M., 2020. *Digitalisierung: So weit sind die EU-Länder.* [Online] Available at: https://de.statista.com/infografik/18365/digitalisierungsgrad-der-eu-laender-nach-desi-index/?utm_source=Statista+Global&utm_campaign=6d5a39f04f-All_InfographTicker_daily_DE_AM_KW34_2020_Fr&utm_medium=email&utm_term=0_afecd219f5-6d5a39f04f-309170961 [Zugriff am 27 August 2020].

KBA, 2020. *Anzahl der Neuzulassungen von Elektroautos in Deutschland von 2003 bis August 2020.* [Online] Available at: https://de.statista.com/statistik/daten/studie/244000/umfrage/neuzulassungen-von-elektroautos-in-deutsch [Zugriff am 16 September 2020].

Klebnikov, S., 2019. *Alibaba's 11/11 Singles' Day By The Numbers: A Record $38 Billion Haul.* [Online] Available at: https://www.forbes.com/sites/sergeiklebnikov/2019/11/11/alibabas-1111-singles-day-by-the-numbers-a-record-38-billion-haul/#6f601e732772 [Zugriff am 16 September 2020].

McKinsey & Company, 2018. *Künstliche Intelligenz: Größeres Potential als die Dampfmaschine.* [Online] Available at: https://www.mckinsey.de/news/presse/2018-09-05-ki-studie-mgi-dampfmaschine [Zugriff am 20 August 2020].

McKinsey Global Institute, 2017. *Artificial Intelligence: The next digital frontier?.* [Online] Available at: https://www.mckinsey.com/ [Zugriff am 19 August 2020].

McKinsey Global Institute, 2018. *Notes for the frontier: Modeling the impact of AI on the world+s economy.* [Online] Available at: https://www.mckinsey.de/and%20Middle%20East/Deutschland/News/Presse/2018/2018-09-05%20-%20MGI%20AI-Studie%20Dampfmaschine/MGI-Studie_Notes_from_the_Frontier_2018.ashx [Zugriff am 13 September 2020].

Neuerer, D., 2018. *China investiert massiv in künstliche Intelligenz.* [Online] Available at: https://www.handelsblatt.com/politik/deutschland/deutsch-franzoesische-kooperation-china-investiert-massiv-in-kuenstliche-intelligenz/20982190-2.html?ticket=ST-67786-Pz5GLUDx0kMSwEbNJRK6-ap3 [Zugriff am 20 August 2020].

pwc, 2017. *https://www.pwc.com/gx/en/issues/analytics/assets/pwc-ai-analysis-sizing-the-prize-report.pdf.* [Online] Available at: https://www.pwc.com/gx/en/issues/analytics/assets/pwc-ai-analysis-sizing-the-prize-report.pdf [Zugriff am 28 August 2020].

pwc, 2017. *The Long View: How will the global economic order change by 2050?.* [Online] Available at: https://www.pwc.com/gx/en/world-2050/assets/pwc-the-world-in-2050-full-report-feb-2017.pdf [Zugriff am 16 September 2020].

pwc, 2020. *An introduction toimplementing AI inmanufacturing.* [Online] Available at: https://www.pwc.com/gx/en/industrial-manufacturing/pdf/intro-implementing-ai-manufacturing.pdf [Zugriff am 20 August 2020].

pwc, 2020. *Ranking der 100 wertvollsten Unternehmen der Welt 2020.* [Online] Available at: https://www.pwc.de/de/kapitalmarktorientierte-unternehmen/ranking-der-100-wertvollsten-unternehmen-der-welt-2020.html [Zugriff am 27 August 2020].

Rosling, H., 2019. *Factfullness: Wie wir lernen, die Welt so zu sehen, wie sie wirklich ist.* Berlin: Ullstein.

Statista, 2020. *Anzahl der Downloads der Corona-Warn-App über den Apple App Store und den Google Play Store in Deutschland von Juni bis August 2020.* [Online] Available at: https://de.statista.com/statistik/daten/studie/1125951/umfrage/downloads-der-corona-warn-app/ [Zugriff am 20 August 2020].

Tencent, 2020. *Tencent. (2020). Number of monthly active WeChat users from 2nd quarter 2011 to 2nd quarter 2020 (in millions).* [Online] Available at: https://www.statista.com/statistics/255778/number-of-active-wechat-messenger-accounts/ [Zugriff am 16 September 2020].

Webster, G., Creemers, R., Triolo, P. & Kania, E., 2017. *Full Translation: China's ›New Generation Artificial Intelligence Development Plan‹ (2017).* [Online] Available at: https://www.newamerica.org/cybersecurity-initiative/digichina/blog/full-translation-chinas-new-generation-artificial-intelligence-development-plan-2017/ [Zugriff am 20 August 2020].

Webster, G., Creemers, R., Triolo, P. & Kani, E., 2017. *Full Translation: China's ›New Generation Artificial Intelligence Development Plan‹ (2017).* [Online] Available at: https://www.newamerica.org/cybersecurity-initiative/digichina/blog/full-translation-chinas-new-generation-artificial-intelligence-development-plan-2017/ [Zugriff am 28 August 2020].

Wolff, T. & Yogeshwar, R., 2019. *Der große Umbruch – Wie Künstliche Intelligenz unser Leben verändert.* [Online] Available at: https://www1.wdr.de/mediathek/video/sendungen/video-der-grosse-umbruch–wie-kuenstliche-intelligenz-unser-leben-veraendert-100.html [Zugriff am 1 September 2019].

11 Unsere unbegründete Angst vor KI und warum wir uns dennoch sorgen sollten

Wolfgang Reuter

11.1 Wer werden alle sterben

Die (vor allem) den Deutschen eigene irrationale Furcht vor der neuen Technologie gefährdet unseren Wohlstand. Sorgen sollten wir uns dennoch. Allerdings nicht, weil uns die Künstliche Intelligenz überlegen ist oder bedroht, sondern aus ganz anderen Gründen.

Keine Frage, der Weltuntergang kommt. Er ist unvermeidbar. Eine künstliche Superintelligenz wird die Menschheit in 30 Jahren auslöschen, zu Lebzeiten also der meisten von uns. Zahlreiche Forscher und Experten vertraten und vertreten diese Meinung, zumindest als ernstzunehmendes, drohendes Szenario. Darunter der 2018 verstorbene Physiker Stephen Hawkins, Microsoft Gründer Bill Gates, Telsa-Chef Elon Musk – und viele andere (vgl. Wired 2017, Wirtschaftswoche 2018). Gerade in Deutschland treffen sie dabei auf einen Nerv. Auf ein undefiniertes Unbehagen, eine diffuse Angst vor der Technologie, die jüngst noch von dem Philosophen Richard David Precht befeuert wurde (vgl. Precht, 2020).

Ängste sind, wie wir alle wissen, meist irrational – doch kollektive Ängste, die wie in diesem Fall wesentliche Teile der Gesellschaft betreffen, sind rational sehr genau vorhersehbar. Immer dann nämlich, wenn Technologien und Innovationen in unseren Alltag einziehen, die wir entweder nicht auf Anhieb verstehen oder die unser Leben nachhaltig verändern. Wobei die Frage, wie »neu« die Künstliche Intelligenz tatsächlich ist, noch zu erörtern sein wird.

Blicken wir also kurz auf den Friedhof der vermeintlich wissenschaftlichen Warnungen vor bahnbrechenden Erfindungen und der Weltuntergangsszenarien. Anno 1825 beantragte der britische Dampflokerfinder George Stephenson die Eisenbahnstrecke von Liverpool nach Manchester. Das britische Unterhaus gab ein Gutachten bei der »Académie des science« in Auftrag. Die Wissenschaftler in Paris kamen zu dem Urteil: Geschwindigkeiten von über 30 Stundenkilometern würden bei Passagieren zweifellos zu einer Geisteskrankheit führen, einem »Dilirium furiosum« (vgl. Die Presse 2010). Am 28. Mai 1883, wenige Tage nachdem die als achtes Weltwunder gefeierte Brooklyn-Bridge in New York eröffnet wurde, stürzte dort eine Frau auf einer Treppe. Ihre Begleiterin schrie und Tausende Menschen glaubten, die Brücke stürze ein. Bei der anschließenden Massenpanik kamen zwölf Menschen ums Leben. Noch Monate danach wurde die Brücke kaum genutzt – obwohl Polizisten bereitstanden, um ängstlichen Menschen über das Bauwerk zu begleiten. Erst nachdem der Zirkus Barnum am 17. Mai 1884 21 Elefanten, 7 Kamele und 10 Dromedare über das Bauwerk trotten ließ, legte sich die Skepsis (vgl. New York Historical Society 2014). Selbst das Auto stieß vor dem Ersten Weltkrieg in Teilen der Bevölkerung auf geradezu militante Ablehnung. Gegner der neuen Erfindung spannten Seile zwischen Bäumen. Ein Juweliers-Ehepaar, das im Opel »Tornado« zum Wandlitzsee unterwegs war, starb 1913 bei so einem Anschlag. Auch Peitschenhiebe wütender Kutscher oder Steinwürfe auf Autolenker waren an der Tagesordnung. Allein in Bayern gab es zwischen 1902 und 1914 genau 50 Zwischenfälle dieser Art – bei gerade Mal 10000 gemeldeten Automobilen im Freistaat (vgl. Augsburger Allgemeine 2011). Ich selbst habe Ende der 1970er Jahre in der Grundschule gelernt, dass der Menschheit spätestens im Jahr 2000 das Öl ausgehen würde – und wir deshalb im Winter frieren oder gar erfrieren würden. Zehn Jahre später, als die Roboter massenweise Einzug in die Fabrikhallen nahmen, lernte ich, dass Deutschland künftig mit 50 Prozent Arbeitslosigkeit klarkommen müsste. Und Günter Grass hat, ebenfalls in den 1980er Jahren, dem »Spiegel« nahegelegt, die Produktion einzustellen. Schließlich würde der hohe Holzbedarf für die Unmengen an Papier das Waldsterben beschleunigen.

Müßig zu erwähnen, dass die Bahn heute aus ökologischer Sicht unser präferiertes Verkehrsmittel ist. Die Brooklyn-Bridge steht immer noch, die Automobilindustrie ist das Rückgrat unserer Wirtschaft und unseres Wohlstandes – die Herzkammer des Standorts Deutschland. Heizöl ist so billig wie lange nicht mehr, vor der Corona-Pandemie hatten wir praktisch Vollbeschäftigung, der Spiegel erscheint nach wie vor wöchentlich und der Wald lebt, auch wenn er auf Grund des Klimawandels wieder kränkelt.

Bleibt die interessante Frage, warum wir aus den Fehleinschätzungen der Vergangenheit nicht lernen? Das Schlüsselwort heißt: »Vertrauen«. Wir misstrauen neuen Technologien, weil wir noch nicht an sie gewöhnt sind – oder weil wir sie nicht verstehen. Die Gewöhnung erfordert die Erfahrung, dass schon alles gut geht. Das braucht Zeit und lässt sich schwer steuern. Zumindest den Versuch, uns auf Neues einzulassen und es zu verstehen, sollten wir jedoch unternehmen. Und uns dabei durchaus kritisch damit auseinandersetzen.

11.2 Ist Siri intelligent?

Der britische Mathematiker und Informatiker Alan Turing schlug dazu 1950 einen Test vor. Eine Versuchsperson sitzt in einem abgeschlossenen Raum vor zwei

Computerterminals und stellt Fragen. Auf einem Terminal erscheint die Antwort eines Menschen, auf dem anderen die Antwort eines Computers und der Mensch muss entscheiden, wer die Antwort gegeben hat. Kann der Computer die Versuchsperson bei einem Drittel der Fragen täuschen, hat er laut Turings Definition den Test bestanden. Die Maschine könne dann als intelligent angesehen werden (vgl. Turing 1950).

Turing starb letztlich am Mangel eines Wesensmerkmals, zu dem, ähnlich der Intelligenz, nur Menschen in der Lage sind – und das auch nur zeitweilig: der Toleranz. Der IT-Pionier war homosexuell, was in Großbritannien damals als Straftat verfolgt wurde. Im März 1952 wurde er zur chemischen Kastration verurteilt, fiel in eine schwere Depression und nahm sich zwei Jahre später das Leben. Erst im Dezember 2013 wurde er von Königin Elisabeth II. posthum begnadigt.

Heute ist Turings Test allgegenwärtig. Egal ob »Siri«, »Alexa« oder »Hey Google« – die digitalen Butler auf unseren Smartphones oder Computern gehorchen unseren Befehlen. Dazu kommen tausende »Chatbots«, die uns in Servicecentern auf die Nerven gehen. Die Qualität der Antworten ist unterschiedlich. Ob sie den Turing-Test bestehen würden, sei dahingestellt. Wichtig ist jedoch die Beobachtung, dass die virtuellen Personen hinter den uns so vertrauten Stimmen allesamt amerikanische oder auch chinesische Staatsbürger sind. Deutschland stellt keine Computer (mehr) her – und kaum massentaugliche Software. Trotz einiger Förderprogramme der Regierung: Das Land verweigert sich beharrlich einer innovativen Technologie, die, wie einst das Auto, ein Zeitalter bestimmt und dominiert.

Wir gefährden damit den Standort Deutschland, was rational kaum zu verstehen ist. Lassen wir Mal die vielen anderen – allesamt unzureichenden Definitionen weg. Rein praktisch gesehen ist Künstliche Intelligenz eine Innovation. Ein Werkzeug, das in der Lage ist, Muster in Daten zu erkennen – und zwar in vielen Fällen besser als wir Menschen. Was aber eigentlich nicht ungewöhnlich ist. Jede Innovation in der Menschheitsgeschichte hat es uns ermöglicht, über unsere eigenen Fähigkeiten hinauszuwachsen. Mit dem Faustkeil konnten unsere Vorfahren besser Werkzeuge schnitzen und Tiere töten als mit der bloßen Hand. Aber natürlich auch Menschen. Mit dem Traktor konnten wir unsere Felder besser pflügen als mit der Harke. Und mit dem Flugzeug kommen wir schneller von Berlin nach Madrid, als mit dem Auto – von Transkontinentalflügen einmal ganz zu schweigen.

Mit allen diesen und vielen anderen Innovationen haben wir heute, trotz anfänglicher Widerstände und Ängste, kein Problem mehr. Doch bei Künstlicher Intelligenz sitzt die Verunsicherung tiefer. Möglicherweise können wir Maschinen, die uns physisch überlegen sind, die also plump ausgedrückt einfach mehr Kraft haben, besser akzeptieren, weil wir im Ökosystem Erde nie die stärksten waren. Allerdings haben wir uns immer – ob zu Recht oder Unrecht – für die klügsten und intelligentesten gehalten. Die Vorstellung einer Maschine, die klüger ist als wir, bedroht unser Selbstbild und unsere selbst erlebte Identität deshalb viel stärker und nachhaltiger als ein Hydraulikkran oder ein 700 PS Bolide. Und vielleicht ist sie gerade für uns, die Bewohner des einstigen Landes der Dichter und Denker, besonders unerträglich.

11.3 Die Erde ist keine Kugel

Wie unberechtigt unsere Sorgen und Ängste sind, zeigt sich, wenn wir den Kern der Künstlichen Intelligenz näher beleuchten. Zumindest jenes Teils, der in den vergangenen zehn Jahren unseren Alltag erobert hat, also das Machine Learning. Die Methoden werden als »selbstlernende Algorithmen« bezeichnet und im Grunde haben sie ihren Ursprung in der Mitte des 18. Jahrhunderts. Wissenschaftler und Gelehrte bezweifelten damals, dass die Erde eine »echte« Kugel ist – sie vermuteten völlig zu Recht eine an den Polen abgeplattete, ellipsoide Form. Der englische Jesuit Christopher Maire und der kroatische Gelehrte Roger Joseph Boscovich versuchten um 1750 die Elliptizität, also das Maß der Abplattung, zu berechnen. Dazu hatten sie die Länge eines Breitengrades an insgesamt fünf verschiedenen Orten (Kap Horn, Quito, Rom, Paris und Lappland) zusammengetragen.

Mit exakten Messdaten wäre es mathematisch möglich, aus nur jeweils zwei der Orte die Elliptizität zu berechnen. Doch die Messungen wiesen Fehler auf. Die beiden ermittelten die Elliptizität deshalb für alle möglichen Kombinationen, nahmen den Mittelwert und untersuchten die Abweichungen der gemessenen Längen von dem Vorhersagemodell (vgl. Haid 2007). Obwohl sie das Verfahren in ihrem 1755 veröffentlichten Buch »De Litteraria de Expeditione per Pontificiam ditionem ad dimetiendas duas Meridiani gradus« nicht mathematisch formal beschrieben, gelten die Arbeiten heute als die erste Anwendung einer linearen Regression.

Formalisiert wurde das Verfahren durch den französischen Mathematiker Adrien-Marie Legendre und seinen deutschen Kollegen Carl Friedrich Gauss. Das Vorgehen dabei ist ganz einfach: Eine Gerade wird so in eine »Wolke« von Daten-Punkten, etwa die Körpergröße von Menschen im Verhältnis zu ihrem Gewicht gelegt, dass die Summer der Abstände aller Punkte zu der Geraden minimiert wird. Mathematisch existiert dafür eine exakte Lösung – doch der Rechenaufwand ist bei großen Datensätzen enorm hoch. In der Praxis wird deshalb meist mit einer Zufallsgerade begonnen. Deren Steigung und Position wird dann in zahlreichen Optimierungsschritten so bestimmt, dass die Fehlerfunktion, also die Summe der Abweichungen aller Punkte von der Geraden, minimiert wird.

Die Gerade ist die »Regel«, nach der wir suchen – und mit der wir Vorhersagen treffen. Um bei unserem Beispiel zu bleiben: Wenn Kriminaltechniker das Skelett einer bislang nicht identifizierten Leiche untersuchen, könnten Sie zwar die Körpergröße messen, nicht aber das Gewicht. Mit der Regel, also der Geradengleichung (und eventuell anderen Anhaltspunkten) könnten sie jedoch eine Vorstellung gewinnen, wie schwer die betreffende Person war. Leider ist unsere Welt alles andere als linear. Die allermeisten Zusammenhänge haben andere Formeln als Grundlage, sie sind exponentiell, logarithmisch, trigonometrisch, polynomial oder gehorchen anderen Gesetzen. Mit linearer Regression sind diese Zusammenhänge nicht zu ermitteln. Über viele Jahrzehnte behalfen sich Forscher deshalb mit einem Trick: Sie schummelten die Nichtlinearität einfach in die Daten, etwa indem sie die Eingabewerte exponierten. Dadurch erscheinen sie wie auf einer Gerade, die sie dann berechnen konnten. Blieb nur noch, die Vorhersagewerte zurück zu berechnen – und schon war das Vorhersagemodell fertig. Da war viel Intuition, Fingerspitzengefühl und letztlich »Versuch und Irrtum« nötig, doch die Kostenfunktion lieferte am Schluss eine Zahl – und je kleiner die war, desto besser funktionierte das Modell.

11.4 Ein Blick in unsere Köpfe

In den 1940er Jahren kam Bewegung in die Sache. Die Pioniere der Künstlichen Intelligenz beschäftigten sich damals vor allem mit der Frage, ob Computer in der Lage sind, aus bestimmten Axiomen logische Schlüsse zu ziehen. Doch Neurobiologen hatten inzwischen eine klare Vorstellung von menschlichen Gehirnzellen. Sie wurden als eine Art Energiespeicher oder Kondensator betrachtet. Der sammelte elektrische Impulse und gab sie über die Dendronen an andere Zellen weiter, wenn ein bestimmter Schwellenwert überschritten wurde. Einige Forscher (vgl. Mccullock, Pitts 1943) versuchten, die Zellen und ihre Verbindungen mathematisch zu modellieren. Die ersten neuronalen Netze waren geboren.

Diese miteinander verknüpften Zellen oder »Neuronen« konnten und können auch nicht-lineare Zusammenhänge erkennen. Das entscheidende aber ist: Auch sie benötigen eine Kostenfunktion. Grundlage dafür sind Zielwerte, die dem Algorithmus vorgegeben werden müssen. Meist werden sie als »Label« bezeichnet. Die Kostenfunktion ermittelt die Abweichung von den Zielwerten und sie wird während des Trainings der Algorithmen minimiert. Die »Label« und die darauf basierende Kostenfunktion sind bis heute das Herzstück der allermeisten Verfahren des maschinellen Lernens.

Das ist eigentlich alles, was Sie als Nicht-Mathematiker wissen müssen, um zu verstehen, dass Künstliche Intelligenz keine Bedrohung ist, sondern bestenfalls ein ziemlich rudimentäres Verfahren. Es ermöglicht uns, in sehr engen Grenzen, bestimmte Muster und Gesetzmäßigkeiten zu entdecken, die das menschliche Gehirn nicht so einfach oder auch so schnell entdecken kann. Kein Grund zur Panik also – denn unser menschliches Gehirn kann sehr viel mehr. Schon allein die Vorstellung, dass künstliche Neuronale Netze unser Gehirn modellieren, erscheint abwegig. Jedenfalls wenn wir uns überlegen was unser Gehirn leitet, wenn wir etwas lernen, bspw. eine neue Sprache. Unser Gehirn ist nämlich, anders als Künstliche Intelligenz, in der Lage, die Daten oder Quellen, die wir zum Lernen nutzen, selbst zu suchen. Früher vermutlich in irgendeiner Staats- oder Unibibliothek, heute meist über Suchmaschinen.

Vor allem aber übertragen wir intuitiv Informationen und Erfahrungen aus ganz anderen Gebieten oder Situationen auf das, woran wir gerade denken oder was wir gerade lernen. Etwa Grammatikelemente einer Sprache auf eine andere. Unser Erfahrungshorizont ist vielschichtig, unsere Welt ist weit – und unseren Gedanken sind keine Grenzen gesetzt. Die Welt der selbstlernenden Algorithmen dagegen ist eng und ziemlich eindimensional.

11.5 Silberdistel statt Playboy-Cover

Um nur ein Beispiel zu nennen: Stellen sie sich einen Algorithmus vor, der darauf trainiert ist, Pflanzen zu klassifizieren. Ist ja eine praktische Sache für Naturliebhaber. Sie gehen in den Bergen wandern, sehen eine schöne Blume – und wollen wissen, was für eine Art das ist. Dann machen sie ein Handy-Foto und der Algorithmus sagt sofort: »Enzian« oder »Silberdistel«. Wenn Sie dann das aktuelle Playboy-Cover fotografieren wird sich der Algorithmus auch für eine Blume entscheiden, er kann nämlich nichts anderes. Im besten Fall ist er auch mit Bildern trainiert worden, auf denen keine Blume zu sehen ist. Dann könnte er sagen: »Das ist keine Blume. Versuchen Sie es nochmal«, was aber nicht sonderlich intelligent ist, denn das wussten Sie ohnehin schon. Klar, die Grundlagenforschung in der Künstlichen Intelligenz beschäftigt sich intensiv damit, den Horizont der Algorithmen zu erweitern – allerdings bislang mit sehr mäßigem Erfolg. Dass uns in absehbarer Zukunft eine von uns selbst geschaffene Superintelligenz versklavt ist ebenso unwahrscheinlich wie die Eroberung der Erde durch Außerirdische.

Kein Grund also, den Standort Deutschland zu schwächen und unseren Wohlstand zu verspielen – nur weil wir uns in Skepsis üben, unseren Ängsten freien Lauf lassen und einer Zukunftstechnologie verschließen, die gerade die Welt erobert. Denn die USA, China und einige andere Staaten gehen das Thema pragmatischer an. Sie entwickeln munter drauf los – und wenn ein Algorithmus dann Fehler oder Schwachstellen aufweist, wird er eben verbessert – während wir uns gefühlt jahrelang mit theoretischen Risiken auseinandersetzen, bevor wir eine Anwendung zulassen. Das »Learning by doing« haben wir noch nicht gelernt – und das sollten wir schleunigst nachholen.

Denn im Grunde waren es oft oder fast immer technische Neuerungen, die das geopolitische Gefüge und den globalen Wohlstand verschoben haben: Der überlegene Schiffsbau im Athen der Antike etwa, die Druckerpresse von Guttenberg und die Dampfmaschine, ohne die es die industrielle Revolution nie gegeben hätte. Bei der digitalen Revolution und ihrer neuen Phase, der Künstlichen Intelligenz, schauen wir lieber vom Spielfeldrand zu.

Und dennoch sollten wir mit Künstlicher Intelligenz vorsichtig sein. Nicht weil sie uns überlegen ist, im Gegenteil: Die Gefahren beruhen vor allem darauf, dass Künstliche Intelligenz so eindimensional, ja engstirnig ist.

11.6 Künstliche Intelligenz lernt auch zu diskriminieren

Angenommen ein großer Konzern entscheidet sich, mit Hilfe von Künstlicher Intelligenz eine Vorauswahl aus den Tausenden von Bewerbungen zu treffen, die jedes Jahr eingehen. Er ist trainiert mit Bewerbungen aus der Vergangenheit. Das ist eine ganz simple Sache und funktioniert hervorragend. Nur: Wenn der Konzern bislang zu 80 Prozent Männer eingestellt hat, wird der Algorithmus das Gleiche tun. Er wird lernen, dass Frauen eine deutlich höhere Qualifikation benötigen, um einen Job zu bekommen – ganz einfach, weil sich sonst die Kostenfunktion nicht optimal minimieren lässt. Und den genialen Nerd mit abgebrochener Realschulkarriere, der die Firma wesentlich voranbringen könnte, erkennt der Algorithmus auch nicht.

In der Theorie beschäftigt sich die wissenschaftliche Literatur rund um Künstliche Intelligenz vor allem mit neuen Anwendungsfällen, Modellen, und Netzarchitekturen auf der Basis von öffentlich verfügbarer Standard-Datensätze. Denn nur so lassen sich Ergebnisse zwischen Forscherteams vergleichen. In der Praxis aber lässt sich die Genauigkeit selbstlernender Algorithmen vor allem durch bessere Daten erhöhen. Welches Modell oder welche Netzarchitektur für eine Anwendung verwendet wird, ist zwar nicht ganz, aber doch ziemlich irrelevant.

Die Bedrohung durch Künstliche Intelligenz liegt also nicht in der Technologie an sich – sondern vor allem darin, wie wir sie, zum Teil ganz unbewusst, nutzen. Und die Gefahren, die bei der Nutzung lauern, sind vielfältig. Schon vor fast 30 Jahren versuchten KI-Forscher in den USA, mit Hilfe neuronaler Netze russische Panzer von amerikanischen zu unterscheiden. Sie erreichten dabei eine Genauigkeit von 100 Prozent. Später stellte sich heraus, dass die US-Tanks alle recht freundlich bei gutem Wetter fotografiert waren, die russischen Panzer jedoch unter bewölktem Himmel bedrohlich wirkten (vgl. New York Times 2017). Das entsprechende Netz hatte nicht die Panzertypen erkannt, sondern die Wetterbedingungen. Im Klartext heißt das: Würde der Algorithmus mit dem Bild eines sonnendurchfluteten Strandes an der Adria gefüttert, hätte er »US-Panzer« vorhergesagt – und im Fall einer stimmungsvollen Herbstaufnahme aus dem wolkenverhangenen Taunus »russischer Panzer«.

11.7 Wann ist ein Fußgänger ein Fußgänger?

Die Problematik mit den Daten, der Fachausdruck dafür heißt Verzerrung, hat Google kürzlich zu spüren bekommen. Die Healthcare-Experten des Software-Giganten hatten ein Modell entwickelt, das diabetische Retinopathie oder Blindheit auf Bildern des Augapfels erkennt bzw. erkennen sollte. Der Algorithmus funktionierte in den USA sehr gut, er war ja vorwiegend mit gestochen scharfen Bildern aus US-Krankenhäusern trainiert. Das Modell kam in Thailand in 11 Krankenhäusern zum Einsatz, nachdem die dortige Regierung beschlossen hatte 60 Prozent der Bevölkerung auf die Krankheit zu testen. Doch der Algorithmus versagte. Die Qualität der Aufnahmen war, wie auch die Genauigkeit in der Vorhersage, deutlich schlechter und oftmals lieferte die KI überhaupt kein Ergebnis (vgl. MIT Technology Review 2020). Die Lösung für dieses Problem ist ganz einfach. Wir müssen uns auf die Engstirnigkeit der Modelle einlassen. Sie sagen uns: »Was ich nicht kenne, kann ich auch nicht erkennen«. Das gilt auch in ganz anderen Bereichen.

Am 18. März 2018 fuhr ein von Uber betriebener, selbstfahrender Volvo XC90 auf der Mill Avenue in Tempe, Arizona, USA in nördlicher Richtung. Gut 100 Meter vor der Kreuzung mit der Curry Road erfasste das Fahrzeug eine 49jährige

Fußgängerin, die gerade die Mill Avenue an einer Stelle ohne Zebrastreifen überquerte und dabei ihr Fahrrad schob. Das Unfallopfer starb an den Folgen des Zusammenpralls. Es war der erste tödliche Unfall mit einem selbstfahrenden Auto. Das Ergebnis der Untersuchung des National Transportation Savety Boards ist ernüchternd: Die Algorithmen in dem selbstfahrenden Auto erkannten die Fußgängerin nicht. Stattdessen erkannten sie in den sechs Sekunden vor dem Unfall mehr oder weniger erratisch »Fahrzeug«, »unbekanntem Objekt« oder »Fahrrad«. Auf Grund der wechselnden Klassifizierungen konnte das Fahrzeug den Weg der Fußgängerin nicht korrekt bestimmen (vgl National Transportation Savety Board 2019). Konkret heißt das: Wäre das Modell auch mit fahrradschiebenden Fußgängern außerhalb bewohnter Gebiete trainiert worden, die obendrein die Straße an einer nicht gekennzeichneten Stelle überqueren, wäre der Unfall wohl nicht passiert.

All diese Probleme sind lösbar – doch die »gefühlte Bedrohung« durch Künstliche Intelligenz, das diffuse Unbehagen in der Gesellschaft gegenüber der Technologie an sich – und nicht gegenüber eventuell falsch trainierten Anwendungen – geht deshalb nicht weg. Die Art und Weise, wie wir mit diesen Ängsten umgehen, ist ausgesprochen irrational.

11.8 Künstliche Intelligenz hat keinen Wertekatalog

Eines der Lieblingsbeispiele der KI-Kritiker geht so: Ein selbstfahrendes Auto kommt in eine Situation, in der es nur zwei Möglichkeiten hat: Entweder es fährt nach rechts und kollidiert mit einem Rentner, oder aber es entscheidet sich für links, was dann dazu führen würde, dass es eine Gruppe von spielenden Kindern erfasst. All jene, die dieses Gedankenspiel propagieren nehmen an, dass der Algorithmus eine Abwägung vornehmen muss: Ist das Leben eines Rentners mehr wert oder das von Kindern? Sie postulieren damit, dass Künstliche Intelligenz einen Wertekatalog benötigt, auf dessen Basis sie dann rationale Entscheidungen trifft.

Das Beispiel ist natürlich extrem unwahrscheinlich und es erinnert an die Fragen, die Wehrdienstverweigerer bis in die frühen 1980er Jahre bei der Gewissensprüfung beantworten mussten. Beispielsweise: Stellen Sie sich vor, ihre Freundin wird vor Ihren Augen vergewaltigt. Sie haben zufällig eine Kalaschnikow dabei und die einzige Möglichkeit, ihre Freundin zu retten besteht darin, dass Sie auf den Vergewaltiger schießen. Was würden Sie tun?

Wie irrwitzig die Forderung nach einem Wertekatalog und rationalen Entscheidungen ist, zeigt sich, wenn wir uns selbst den Spiegel vorhalten. Käme ein Mensch in so eine Extremsituation, würde sich sein Gehirn abschalten, das zentrale Nervensystem würde übernehmen – und er würde reflexartig und ohne Abwägung reagieren. Also zufällig und ohne bewussten Einfluss auf sein Handeln.

Aber der Anspruch an die Künstliche Intelligenz, rationale und nachvollziehbare Entscheidungen zu treffen, ist – jenseits aller hypothetischen und konstruierten Beispiele – durchaus real. Die Finanzaufsicht bspw. akzeptiert den Einsatz von Neuronalen Netzen nicht, weil sie als sog. »Black Boxes« gelten. Die Ergebnisse der Modelle mögen also noch so gut sein, wenn Banken und Versicherungen nicht angeben können, auf welchen Kriterien sie beruhen, dürfen sie die Technologie nicht anwenden. Und dabei geht es nicht nur darum, dass die Entwickler dokumentieren, wie die Algorithmen trainiert wurden – um eventuelle Verzerrungen in den Daten korrigieren zu können.

Auch diese Anforderung erscheint irrational, wenn wir uns vor Augen führen, wie wir Menschen Entscheidungen treffen – nämlich in den allermeisten Fällen eben nicht rational. Der psychologische Mainstream geht heute davon aus, dass wir nur 15 Prozent unserer Energie für die eigentliche Entscheidung aufwenden und 85 Prozent darauf, diese Entscheidung ex-post vor unserem Gewissen, also unserem Wertekatalog und unseren rationalen Ansprüchen an uns selbst, zu rechtfertigen.

11.9 Die unsichtbare Vielfalt

Statt also ständig zu hinterfragen, wie die Künstliche Intelligenz zu ihren Entscheidungen kommt, sollten wir vielleicht besser uns fragen, was die KI mit uns macht. Denn schon heute nutzen wir tagtäglich Dutzende von selbstlernenden Algorithmen, ohne es zu merken. Google bspw. hat mittlerweile mehr al 20.000 KI-Modelle in seinen Produkten verbaut. Sie führen dazu, dass wir immer bessere, auf unsere ganz persönlichen Bedürfnisse zugeschnittenen Suchergebnisse erhalten. Und personalisierte Werbung natürlich auch. Bei Amazon, Netflix und letztlich jedem Dating-Portal ist es das Gleiche. Wir erhalten Angebote, Filmempfehlungen oder Partner, die immer besser zu uns passen.

Dadurch entsteht eine völlig paradoxe Situation. Zum einen ist unsere Welt vielfältiger als je zuvor. Nie zuvor in der Geschichte hatten wir Zugang zu so vielen Informationen, Meinungen, Weltanschauungen und Kulturen, wie heute. Und das vergleichsweise schnell und einfach. Niemand muss heute in die Staats- oder Unibibliothek fahren, um einen Text von Heine oder Büchner zu finden. Oder von Cicero. Google & Co. machen es möglich.

11.10 Wie Künstliche Intelligenz den Hass im Internet schürt

Zum anderen leben wir, dank der KI, in immer homogeneren Scheinwelten, denn wir sehen die Vielfalt nicht mehr, wir erleben sie kaum noch, weil wir nicht mehr, wie früher, zufällig darüber stolpern. Weil wir das Buch, das in der Unibibliothek neben dem stand welches wir eigentlich suchten, nicht mehr in die Hand nehmen. Wir stöbern auch nicht mehr in der Zeitung, bekommen stattdessen Nachrichten und Artikel empfohlen – auf Basis unserer früheren Lese- oder besser

Klickgewohnheiten. Und klar: Die passen zu uns, verstärken uns in unseren Meinungen und Überzeugungen.

Und wenn wir ganz ehrlich sind, dann ist uns der smarte Auswahlservice unserer unsichtbaren, elektronischen Butler ganz recht. Wir müssen uns nicht mehr selbst hinterfragen, was ja anstrengend ist, etwa wenn wir auf Fakten stoßen, die nicht in unser Weltbild passen, weil wir zu diesen Fakten kaum noch Zugang haben.

Eine Folge dieser Entwicklung ist möglicherweise die immer offenere Hass-Kultur im Internet. Heterogene Gruppen können nur mit einem Mindestmaß an Toleranz existieren. Homogene Gruppen dagegen neigen dazu, sich von anderen abzugrenzen. Sie treten vehementer und übergriffiger auf, in etwa nach dem Motto: In der Masse sind wir stark, auch wenn es nur eine selbst und subjektiv erlebte Masse ist, eben die Scheinwelt oder »Community«, in der wir uns bewegen.

11.11 Ist der selbstbestimmte, freie Mensch eine Illusion?

Und letztlich stellt die Situation unser gesamtes Selbstverständnis in Frage: Den Grundgedanken der Aufklärung und somit den Glauben an freie, selbstbestimmte Individuen. »Aufklärung ist der Ausgang des Menschen aus der selbst verschuldeten Unmündigkeit«, so hat es Immanuel Kant einst formuliert. Die Initiation der heute noch dominanten Geisteshaltung in der westlichen Welt war René Descartes berühmter Satz: »Cogito, ergo sum«. Zu Deutsch: »Ich denke, also bin ich«. In gewisser Weise denken wir heute nicht mehr, wir lassen denken (vgl. Focus 2018). Wir lassen uns zumindest das Material, das wir zum Denken benutzen, nach unseren persönlichen Vorlieben vorsortieren – was unsere Gedanken erheblich einschränkt. Und wir begeben uns damit erneut in eine selbst verschuldete Unmündigkeit.

Die entscheidende Frage aber ist: Können wir der Künstlichen Intelligenz dafür verantwortlich machen? Oder zeigt sie uns nur auf, dass wir zwei, drei Jahrhunderte lang einer Illusion aufgesessen sind. Einer Weltanschauung, die ähnlich dem Kommunismus, gar nicht der Natur der Menschen entspricht?

Zum Autor

Wolfgang Reuter ist leiteter Entwickler für Künstliche Intelligenz bei der Alexander Thamm GmbH, einem führenden Data Science-Unternehmen in Europa. Der 55jährige war 25 Jahre Wirtschaftsjournalist («Spiegel«, »Handelsblatt«, stellvertretender Chefredakteur »Focus«). 2013 lernte er Programmieren und spezialisierte sich auf Maschinelles Lernen. Seit 2018 arbeitet er hauptberuflich als KI-Entwickler und -Trainer.

Literatur

Augsburger Allgemeine: »Vom brutalen Hass gegen das Auto in seiner viehischsten Form«, 28.1.2011, online im Internet, URL: https://www.augsburger-allgemeine.de/wirtschaft/Vom-brutalen-Hass-gegen-das-Auto-in-seiner-viehischen-Form-id9555356.html

Die Presse: »Fehleinschätzungen der Menschheit«, 28.2.2010.

Focus: »Ich lasse denken – aber bleibe ich?«, Nr. 23, 1. 6. 2018.

Haid, A.: History of Parametric Statistical Inference from Bernoulli to Fisher, 1713 – 1935 (Sources and Studies in the History of Mathematics and Physical Sciences), 2007, Kindle Edition

Mccullock, W & Pitts, W. »A Logical Calculus of Ideas Immanent in Nervous Activity«, Bulletin of Mathematical Biophysics, Vol. 5, No. 1-2, Seiten 99-115

MIT Technology Review: »Google's medical AI was super accurate in a lab. Real life was a different story«, online im Internet, URL: https://www.technologyreview.com/2020/04/27/1000658/google-medical-ai-accurate-lab-real-life-clinic-covid-diabetes-retina-disease/

New York Times: »Why Stanford Researchers Tried to Create a ›Gaydar‹ Machine«, online im Internet, URL: https://www.nytimes.com/2017/10/09/science/stanford-sexual-orientation-study.html

National Transportation Savety Board, Office of Highway Savety, Vehicle Automation Report, Tempe, Az, HWY18MH010, 2019, online im Internet, URL: https://dms.ntsb.gov/public/62500-62999/62978/629713.pdf?utm_campaign=The%20Batch&utm_source=hs_email&utm_medium=email&utm_content=79366324&_hsenc=p2ANqtz-_gzcmI2VM7DCgxVaGr8zxnrodRT_NMZeNho62nEg7Y-8v0ZpGeqPqXPaKP2b9A2vJJG35qZ1kb2zeUVaWUyjOjj5QUHw&_hsmi=79366324

New York Historical Society: »130 years ago, elephants solved panic on the Brooklyn Bridge«, 29.5.2014, online im Internet, URL: http://behindthescenes.nyhistory.org/elephants-panic-brooklyn-bridge-1883/

Precht, R.D., »Künstliche Intelligenz und der Sinn des Lebens«, Goldmann, 2020

Turing, A.M.: Computing Machinery and Intelligence, online im Internet, URL: https://www.csee.umbc.edu/courses/471/papers/turing.pdf

Wired: Stephen Hawkins: »I fear AI may replace humans altogether«, online im Internet, 28.11.2017, URL: https://www.wired.co.uk/article/stephen-hawking-interview-alien-life-climate-change-donald-trump

Wirtschaftswoche: »Wie Elon Musk das South by Southwest-Festival sprengte«, online im Internet, 12.3.2018, URL: https://www.wiwo.de/technologie/digitale-welt/sxsw-wie-elon-musk-das-south-by-southwest-festival-sprengte/21058538.html

12 Die Chancen der digitalen Transformation nutzen – Was Unternehmen von Start-ups lernen können

Interview mit Dirk Ramhorst

In der englischen Sprache wird zwischen »Digitalization« und »Digitization« unterschieden; das Erste beschreibt die Umwandlung analoger Daten in digitale und das Zweite letztlich die Nutzung digitaler Möglichkeiten für Effizienzverbesserungen und neue Geschäftsmodelle. Herr Ramhorst, Sie haben bei verschiedenen Unternehmen sehr erfolgreich die digitale Transformation durchgeführt und darauf Wert gelegt, dass beide Aspekte von vorneherein gesehen und angegangen werden sollten. Können Sie uns zunächst kurz zusammengefasst die Erfolgsbausteine einer solchen Transformation darlegen?

Herr Ramhorst: Ein wesentlicher Erfolgsbaustein ist die genannte Ganzheitlichkeit des Ansatzes. Dies bedeutet die Betrachtung der Digitalisierung als soziotechnisches System sowie die geschäftliche Ausrichtung eines Unternehmens. In meiner Erfahrung hat dies zu drei Clustern geführt, die zu betrachten sind: Zunächst sind dies alle Themen, die Kunden, Markt und Vertrieb tangieren, dann Forschung und Entwicklung sowie – bei fertigenden Unternehmen – natürlich vor allem die Produktion und dann alle übrigen Prozesse. Schließlich gilt es die Grundlagen und Voraussetzungen – methodisch, aber auch technisch – zu schaffen und die digitale Transformation im Hinblick auf die Organisation und die Mitarbeiter zu voranzutreiben.

Es steht zu vermuten, dass die größten Herausforderungen weniger in der Technik lagen, sondern vielleicht eher bei »den Menschen«?

Ja, das ist sicher zutreffend. Es geht darum, die Mitarbeiter im Boot zu haben und von den digitalen Vorzügen zu überzeugen. Sehr wichtig, ja erfolgsentscheidend, ist dabei auch ein bewusster Umgang mit den Daten. Es wird eine detaillierte

Datenstrategie benötigt. Es ist im ersten Schritt genau zu verstehen, welche Daten im Unternehmen vorliegen, wo, in welcher Form und in welchem Zustand und – zusätzlich – welche Daten gebraucht werden. In einem zweiten Schritt ist zu regeln, wer welche Daten nutzen darf, wo sie liegen sollen bzw. zusammengeführt und vor allem auch geschützt werden. Dabei ist die Abkehr vom sog. Need-to-know- hin zum Need-to-protect-Prinzip wichtig.

Wenn ich am Punkt Sicherheit anknüpfen darf: Sie vertreten klar und deutlich die Cloud-First-Strategie, aber eben nicht die Cloud-Only-Strategie. Als produzierendes Unternehmen, das auch die Pharmabranche beliefert, ist Wacker ein sehr wichtiges Unternehmen zur Aufrechterhaltung der zentralen Strukturen in Deutschland. Im Kontext Cloud und Sicherheit wird nun oft von IT-Praktikern und auch manchen Politikern die Problematik angemerkt, dass die großen amerikanischen Konzerne wie Apple, Microsoft etc. sowie chinesische Anbieter »unsere« Daten in »ihrer« Cloud speichern. Aus Sicht des Wirtschaftsstandorts Deutschland: Wie schätzen Sie die Gefahren ein und welche Alternativstrategien sehen Sie?

Wir sind ein global agierendes Unternehmen und insofern ist uns nicht mit einer rein europäischen Cloud-Lösung (GAIA-X) geholfen, unsere Daten und Applikationen liegen und entstehen überall auf der Welt. Die Achtung von Grundlagen wie der Datenschutzgrundverordnung oder die Anwendung von Sicherheitsmechanismen wie Verschlüsselung sowie der schon zuvor genannten Datenstrategie und dem Need-to-Protect-Prinzip sind dabei von hoher Bedeutung. Das Thema Datensouveränität ist für mich auch nicht auf politisch-geographische Aspekte beschränkt, sondern auf die Methoden der sicheren Ablage und des sicheren Zugriffs auf die Daten – wo immer auf der Welt. Wir müssen, wie erwähnt, aus technischen Gründen wie bspw. der Netzwerklatenz sowie weiterer rechtlicher Gründe Daten lokal halten.

Herr Ramhorst, Sie sind nicht nur Manager in den Unternehmen, für die Sie tätig sind. Sie setzen sich auch generell mit dem Thema auseinander, wie Unternehmen in puncto Innovation erfolgreich werden. Sie stehen über Branchengrenzen hinweg in intensivem Austausch mit anderen Unternehmen und haben dabei Eigentümer, Geschäftsführer oder die »Next Gen« von deutschen Unternehmen ins Silicon Valley begleitet. Was können etablierte Unternehmen dort lernen?

Nun, wir haben dort viele Start-ups besucht und versucht zu identifizieren, welche Faktoren für etablierte Unternehmen ebenfalls von hoher Bedeutung sein können. Folgende Aspekte lassen sich nennen: Etablierte Unternehmen werden über die Jahre starrer, es entstehen Abteilungen, Hierarchien und Silodenken – das ist nicht von der Hand zu weisen. Deshalb ist es wichtig, dass bei etablierten Unternehmen Crossfunktionalität wie sie in Start-ups selbstverständlich ist viel stärker gelebt wird. In Großunternehmen werden demgemäß auch »Venture-Einheiten« oder flache, agile sowie abteilungsübergreifende Produktentwicklungseinheiten gegründet. Der Mittelstand hat hier sicher noch Nachholbedarf bei solchen Organisationsmodellen. In Großunternehmen finden sich schon verbreitet Inkubtor- und Akzeleratormodelle, die letztlich in irgendeiner Form Start-ups erzeugen bzw. deren Wissen nutzen sollen. Diese Modelle ließen sich auch im Mittelstand nutzen. Ohne Zweifel stehen immer mehr digitale Innovationen bei neuen Geschäftsmodellen im Vordergrund. Das Denken vor allem in digitalen Geschäftsmodellen ist auch etwas, das übertragbar ist. Nicht zuletzt ist die enge Anbindung oder zumindest der enge Austausch mit Hochschulen und/ oder Forschungsinstituten ein Kennzeichen gerade von Start-ups überall in der Welt. Viele etablierte deutsche Unternehmen haben durchaus Kontakte mit Hochschulen in ihren angestammten Technologiegebieten. Ein systematisches Screening, wer für neue Geschäftsmodelle oder neue Kerntechnologien in Frage kommt, findet sich allerdings weniger.

In Deutschland versucht man seit einiger Zeit durch spezifische Förderprogramme Start-ups zu fördern – letztlich auch um die Innovationsdynamik nicht nur einzelner Firmen, sondern eben des Wirtschaftsstandorts Deutschland zu erhöhen. Gerade auch im Vergleich mit den USA – wie beurteilen Sie die Chancen solcher Maßnahmen?

Die Finanzierung von Start-ups ist natürlich ein sehr wichtiger Aspekt. In den USA hat man schon über sehr lange Zeit gute Erfahrung mit privatem Venture Capital. Die Eigenfinanzierung bei Start-ups ist häufig sehr gering und wird in verschiedenen Finanzierungsrunden durch Venture Capital Finanzierung ergänzt. Ohne dieses Risikokapital können Start-ups nicht ihr Wachstumsziel verfolgen. In der Konsequenz erhalten die Risikokapitalgeber Mitspracherechte und erwerben Anteile an den Unternehmen. Dabei geht es nicht nur um eine Verzinsung des eingesetzten Kapitals wie etwa bei der klassischen Kreditfinanzierung, sondern um eine Art »Entwicklungshilfe« für junge Unternehmen. Dennoch ist das Ziel natürlich die Maximierung des eingesetzten Geldes, wobei als Daumenregel gilt, dass Venture Capital-Gesellschaften von zehn gemachten Deals drei sehr erfolgreiche benötigen, um eine gute Gewinnquote zu erzielen. Meistens werden bei Venture Capital-Deals nicht nur finanzielle Mittel zur Verfügung gestellt, sondern auch, anders als bei Banken und Kreditinstituten, logistische, methodische und ideelle Unterstützung von Seiten des Investors. Gerade deswegen sind solche Kapitalgeber ein sehr wichtiger Partner für junge, entwicklungsfähige Unternehmen.

In der Unternehmenskultur gibt es große Unterschiede, wobei hier weniger die Organisation an sich, sondern der Kulturkreis eine wichtige Rolle spielt. Während man in den USA so lange an Themen entwickeln kann bis von staatlicher Seite oder seitens anderer Interessensvertreter mögliche Grenzen aufzeigt werden, muss in Deutschland bzw. in Europa grundsätzlich vor der Erprobung neuer Ideen deren Unbedenklichkeit aufgezeigt werden und danach können diese weiterverfolgt und am Markt getestet werden. Diese Vorgehensweise führt in der Regel nicht zu unwesentlichen Verzögerungen beim Markteintritt, aber auch bei der grundsätzlichen Ausrichtung des Unternehmens. Ein weiterer Unterschied, der zu einem verzögerten Markteintritt oder gar einem Misserfolg führt, ist der Anspruch auf die Perfektion einer technischen Lösung, insbesondere aus einer ingenieurtechnischen Sicht, häufig zusammen mit Problemen bei der Gestaltung des Geschäftsmodells bzw. der Vermarktung.

Man kann wohl folgendes festhalten: Digitale Transformation von Unternehmen ist heutzutage ein »Muss«. Allerdings sollte man von vorneherein den »Digitalization«-Aspekt mit in Betracht ziehen: Neue digitale Geschäftsmodelle mit neuen entsprechenden Organisationsformen sowie kulturellen Mustern, die oft aus der digitalen Start-up-Szene stammen, sind zu nutzen, um sich über die reine »Digitization« hinaus Wettbewerbsvorsprünge zu verschaffen.

Ja, da ist ein zentraler Zusammenhang. Die Chancen müssen jedoch realisiert werden. Hier scheint aus meiner Sicht vor allem der Mittelstand gefordert, der Schwerpunkt der deutschen Wirtschaft beruht auf ihm: Der Mittelstand hat sozusagen Innovation seit Jahrzehnten in seiner DNA. Diese durch die digitale Transformation technisch wie methodisch zu modernisieren und durch die Globalisierung mit frischen Genen zu versorgen, muss die Agenda der Unternehmen selbst, aber auch der Wirtschaftsverbände und der Politik sein. Politik meint hier nicht nur die Wirtschaftspolitik, sondern auch andere Ressorts wie Bildung, Arbeit und weitere. Der Übergang kann für viele Unternehmen also eine sehr große Chance sein, diese neuen Themen in die DNA aufzunehmen, erfolgreich bestehende, aber tendenziell zeitlich begrenzte Geschäftsmodelle zu überdenken und die Unternehmen zeitgemäß weiterzuentwickeln.

Herr Ramhorst, haben Sie vielen Dank für das Gespräch.

Das Gespräch wurde von Prof. Rainer Völker geführt.

Zum Interviewpartner

Dirk Ramhorst hat einen Abschluss in Software Engineering und als Diplom-Kaufmann mit dem Schwerpunkt im Bereich Innovationsmanagement. In den letzten 20 Jahren hat er in verschiedenen IT- und Digitalisierungsrollen u. a. in der Beratung, bei Lufthansa, bei BASF und Siemens gearbeitet. 2013 wurde er bei der BASF zum ersten Chief Digital Officer (CDO) im DAX ernannt. Seit September 2016 leitet er bei der WACKER Chemie AG als CDO und CIO die Digitale Transformation und eine moderne IT.

IV Arbeit

13 Die Neue Normalität – künftige Anforderungen für Beschäftigte, Arbeitgeber, Wirtschaft und Gesellschaft

Interview mit Jutta Rump

Frau Prof. Rump, Sie sprechen in Ihren Publikationen und Vorträgen von der »Neuen Normalität«. Was müssen wir uns darunter vorstellen?

Frau Rump: Die Neue Normalität ist ein Spiegelbild der Corona-Effekte, kombiniert mit den Megatrends in der Arbeitswelt. In den letzten Jahren wurde vermehrt die Veränderungen in der Arbeitswelt im Kontext der digitalen Transformation diskutiert. Dabei wurden nicht nur die technologischen Innovationen, die Innovationen in Geschäftsmodellen sowie in Wertschöpfungsketten, sondern auch kulturelle Innovationen und Innovationen in der Art und Weise, wie wir arbeiten, in den Blick genommen. Dieser ganzheitliche Blick wird nicht zuletzt durch die sog. VUCA-Welt getrieben. V steht dabei für Volatilität, also Beweglichkeit und Dynamik, U steht für Unsicherheit und Ungewissheit, C steht für Komplexität, A steht für Ambiguität, also Mehrdeutigkeit. Was bedeutet das konkret? Stellen Sie sich eine Gruppe von 50 Personen vor, die alle ein Smartphone haben, miteinander vernetzt sind. Wenn eine Person den anderen 49 eine Nachricht schickt, die bei den 49 zu einer Reaktion führt, die dann auch wieder miteinander geteilt wird, was wiederum Aktionen und Reaktionen hervorruft, dann können Sie sich vorstellen, welche Beweglichkeit im Raum ist, wie schnell sich Inhalte verändern, eine Idee folgt der nächsten usw. Und nun denken wir groß: Im Moment sind 4,8 Mrd. Menschen mittels Smartphone vernetzt und 500 Mrd. Maschinen und Systeme sind dank Digitalisierung miteinander verbunden (und das ist nur der Anfang). Veränderung wird zu einem Normalzustand. In einem solchen Kontext besteht eine der größten Herausforderungen darin, gleichzeitig »in Bewegung zu bleiben«, »die Nase vorne zu haben« und »die Welle zu reiten«. Ein Ergebnis dieser VUCA-Entwicklung ist, dass traditionelle Strukturen und Prozesse sowie Denk- und Handlungsmuster hinterfragt werden.

Die Corona-Krise hat die bereits vorhandenen Veränderungen beschleunigt und verstärkt. Man kann hier sicherlich von Rückenwind oder Brandbeschleuniger sprechen. Eine Befragung des Instituts für Beschäftigung und Employability IBE zur Personalpolitik in der Corona-Krise sowie eine Interviewreihe mit Geschäftsleitungen zeichnen ein solches Bild. Der unfreiwillige und nicht planbare Ausnahmezustand erzeugt Rückenwind für virtuelle Zusammenarbeit, mobile Arbeit und Homeoffice, agile Organisationsformen und New Work. Zudem treibt die Krise die Digitalisierung der Geschäftsmodelle und Prozesse im Unternehmen. Wenn die finanziellen Mittel zur Verfügung stehen, wird diese – ohnehin anstehende – digitale Transformation anlässlich der gegenwärtigen Krise schneller und konsequenter umgesetzt werden.

Was bedeutet denn nun die Neue Normalität? Was sind die Eckpfeiler?

Die Neue Normalität beinhaltet die folgenden 8 Aspekte: Erstens die Transformations-Trilogie: Digitale Transformation – ökonomische Transformation – ökologische Transformation, zweitens drei limitierte Faktoren, nämlich eingeschränkte finanzielle Mittel – Zeit als knappes Gut – Nachwuchs- und Fachkräftemangel, drittens drei »Währungen« in Form von Geld – Zeit – Purpose, viertens wiederum drei Aspekte der Organisation: Agiles Arbeiten – Mobile Work – Flexible Arbeitsformen. Fünftens drei neue Formen der Zusammenarbeit: Stationäre, hybride und virtuelle Zusammenarbeit. Sechstens drei Merkmale der Führung: Transparenz – Partizipation – Krisenstab. Siebtens drei Dimension der Beschäftigungsfähigkeit: Kompetenzen – Identifikation – Gesundheit sowie nicht zuletzt als achter und letzter Aspekt die Generation Z, die teilweise zur Generation C wird.

Lassen Sie uns einiger dieser Aspekte genauer betrachten. Die Transformations-Triolgie haben Sie bereits thematisiert. Könnten Sie es nochmals kurz zusammenfassen, was Sie damit meinen?

Die Transformations-Trilogie umfasst die digitale, ökonomische und ökologische Transformation. Die digitale Transformation wird durch die Corona-Krise beschleunigt und findet in größerem Ausmaß statt. Eine Reihe von Unternehmen nutzen diese Krisenzeit sowie die damit verbundene Disruption als Treiber der Digitalisierung von Prozessen und Geschäftsmodellen. Damit einher geht eine ökonomische Transformation. Wir arbeiten zunehmend in digitalen, virtuellen Kontexten. Gleichzeitig bewegt nicht nur die Digitalisierung die Geschäftsmodelle, sondern auch die Pandemie mit ihren Begleiterscheinungen in Volkswirtschaft, Gesellschaft und Politik. Darüber hinaus sind Auswirkungen in Bezug auf die Globalisierung nicht von der Hand zu weisen. Reshoring, also die Rückholung der Produktion in Heimat, wird mehr und mehr diskutiert. Schließlich ist parallel zur digitalen und ökonomischen Transformation die ökologische Transformation zu beobachten. Nicht wenige Unternehmen agieren noch entsprechend der Überlegung »Wenn wir digital und ökonomisch transformieren, dann können wir die ökologische Transformation doch gleich mitmachen«. Im Moment hat man allerdings den Eindruck, dass die ökologische Transformation eher im Hintergrund – quasi auf der Hinterbühne – stattfindet.

Sie beschreiben die Neue Normalität auch im Kontext von limitierten Faktoren – können Sie diese kurz erläutern?

In der neuen Arbeitswelt muss mit drei Knappheiten agiert werden: eingeschränkte finanzielle Möglichkeiten, Zeit als knappem Gut sowie Fachkräftemangel. Die Corona-Krise hat die 10 Jahre währende ökonomische Party abgelöst. Die finanziellen Möglichkeiten auf staatlicher Ebene, in vielen Betrieben und bei Teilen der Bevölkerung sind begrenzt. Es erfolgt eine zunehmende Fokussierung bei Investitionen, die mit einer intensiven Kosten-Nutzen-Betrachtung verbunden ist. Es ist damit zu rechnen, dass es zu Verteilungskämpfen um das knappe Gut »Geld« kommt.

Der Faktor Zeit wird nicht unerheblich durch die digitale Transformation und durch die Corona-Krise beeinflusst. Die Corona-Krise treibt die Digitalisierung, was wiederum Zeit zum knappen Gut werden lässt. Expertinnen und Experten sprechen von einer Verdoppelung der Veränderungsgeschwindigkeit, was zu einer Halbierung der Reaktionszeit führt. In diesem Kontext ist Zeit nicht nur ein knappes Gut, sondern wird zu einem Vermögenswert. Lassen Sie uns das an einem Beispiel verdeutlichen: Jeder bzw. jede von uns hat 24 Stunden am Tag, dies multipliziert mit 365 Tagen im Jahr, multipliziert mit der erwarteten Restlebenszeit. Wenn Sie das Gefühl haben, Ihnen rinnt zunehmend die Zeit durch die Finger angesichts steigender Veränderungsgeschwindigkeit und sinkender Reaktionszeit, strebt jeder bzw. jede von uns nach mehr Selbstbestimmtheit in Sachen Zeit und Zeitsouveränität. Das ist dann im Übrigen ein Faktor für die Attraktivität als Arbeitgeber in der Neuen Normalität.

Nachwuchs- und Fachkräftemangel gehören ebenfalls zu den limitierten Faktoren. Vor der Corona-Krise war der Arbeitsmarkt durch einen Nachwuchs- und Fachkräftemangel gekennzeichnet. Der Arbeitsmarkt war zum großen Teil ein Arbeitnehmermarkt. Während der Corona-Krise haben sich bestimmte Segmente in Richtung Arbeitgebermarkt bewegt. Nach der Corona-Krise wird eine Polarisierung erwartet: Angesichts der Demografie sowie der Entwicklung zur Wissens- und Innovationsgesellschaft sowie der Transformations-Trilogie werden Fachkräfte mit bestimmten Kompetenzprofilen gesucht. Nachwuchs- und Fachkräftemangel werden zur Tagesordnung gehören. Demgegenüber sind mit der digitalen und ökonomischen Transformation Personalanpassungsprozesse verbunden. Bestimmte Tätigkeiten werden durch Algorithmen und Roboter substituiert und/ oder simplifiziert. Die Neue Normalität wird also durch ein Spannungsfeld gekennzeichnet sein. In ein und demselben Betrieb werden in einigen Bereichen dringend Fachkräfte gesucht, während in anderen Bereichen harte Personalanpassungsprozesse notwendig sind.

Als Eckpfeiler der Neuen Normalität erwähnten Sie auch die drei Währungen – was meinen Sie damit?

Entgelt für eine erbrachte Leistung gilt in der Arbeitswelt als Währung. Auch in der Neuen Normalität ist eine angemessene Bezahlung ein zentraler Faktor. In der Welt der Neuen Normalität wird diese Währung jedoch ergänzt um die Währung Zeit. Wenn Zeit zu einem knappen Gut wird, entwickelt sich diese Ressource zu einem Vermögenswert. Als dritte Währung lässt sich Purpose identifizieren. Von Generation Y thematisiert, von Generation Z eingefordert und mittlerweile von vielen Beschäftigten aller Generationen gewünscht stellt die nachvollziehbare Sinnhaftigkeit des Geschäftsmodells, der Leistungserstellungsprozesse, der Tätigkeiten oder auch des Ressourceneinsatzes einen wesentlichen Attraktivitätsfaktor dar. Mit dem Einfordern von Purpose sind Transparenz und Partizipation verbunden. Wir reden also nicht nur von einem Ansatz zur Attraktivität als Arbeitgeber, sondern von einer Kulturveränderung.

Frau Rump, zur Neuen Normalität gehört doch sicher auch die Umgestaltung der Organisation. Häufig wird vor allem mobile Arbeit mit New Normal verbunden. Sie scheinen einen weiteren Blick zu haben.

Die Neue Normalität zeigt sich in mehreren organisationalen Perspektiven. Zum ersten zeigt sich die Neue Normalität der Organisation in der Verankerung von agilen Organisations- und Arbeitsformen. Agilität im organisationalen Kontext bedeutet Selbstbestimmtheit, Selbstorganisation und mehr oder weniger Hierarchiefreiheit mit dem Ziel Innovationen zu generieren, Verbesserungen in den Fokus zu nehmen und Optimierungen anzustreben. Es gilt, die Schwarmintelligenz bzw. die kollektive Intelligenz zu heben und zu nutzen. Im Rahmen der Transformations-Trilogie und den damit verbundenen Herausforderungen eine Notwendigkeit.

Zum zweiten ist die Neue Normalität der Organisation mit mobiler Arbeit verknüpft. Vor der Corona-Krise lediglich ein Arbeitsmodell für bestimmte Zielgruppen, ist es nun in der Corona-Krise zu einer Arbeitsform für fast alle geworden, die in dieser Art und Weise arbeiten können. Nach der Corona-Krise kehren wir nicht in die alte Welt zurück, sondern praktizieren hybride Arbeitsmodelle, die ein Mix zwischen stationär und mobil sind. Welches Modell letztlich praktiziert werden, hängt von zahlreichen Faktoren ab, die von Betrieb zu Betrieb unterschiedlich sind. Eines gilt jedoch für alle gleichermaßen: Die Präsenzkultur der Vergangenheit wird ersetzt durch eine Erreichbarkeitskultur. Zudem müssen sich Unternehmen darüber klar werden, wie sie mit der »Spaltung« innerhalb der Belegschaft umgehen: Ein Teil der Beschäftigten hat die Wahlfreiheit (sie können zwischen mobilem und stationärem Arbeitsplatz wählen), ein anderer Teil der Belegschaft hat diese Freiheit nicht. Ihr Arbeitsplatz ist an einen Arbeitsort gebunden.

Zum dritten zeigt sich New Normal in der Organisation in der Virtualisierung von Kommunikation. Es ist nicht davon auszugehen, dass Face-to-Face-Kommunikation verschwindet. Auch hier kommt es zu hybriden Modellen der Kommunikation – also zu einer Mischung von persönlicher und virtueller Kommunikation. An dieser Stelle sei auf die Zoom-Fatigue verwiesen. Zoom-Fatigue beschreibt die Müdigkeit, die sich nach zahlreichen virtuellen Meetings am Tag und in der Woche einstellt. Viele sprechen sogar von Erschöpfung. In der Alten Normalität stand ein Meeting nach dem anderen im Kalender, heute reiht sich ein Call an den nächsten. Wo früher zumindest Zeit war, den Raum zu wechseln und sich auf dem Weg zur nächsten Sitzung einen Kaffee zu holen, clickt man heute in das nächste virtuelle Meeting. Zwei Clicks und der Bildschirm ist voll mit anderen Personen, aufgereiht wie eine antike Büstensammlung: Kopf und Oberkörper sind zu sehen, ebenso wie die Wohnungseinrichtung.

Lassen Sie uns noch einmal zum Aspekt der Mobilität zurückkehren: Kann man von einem grundsätzlichen Trend zur Mobilität sprechen?

Mobilität im Kontext des Arbeitsortes schreitet voran, während sie bei der »Sammlung von Kilometern« weniger wird. Virtuelle Kommunikation und Kooperation machen einige Geschäftsreisen überflüssig. Mit anderen Worten: Die Zunahme der Mobilität am Arbeitsplatz führt zu einer Abnahme der Mobilität auf der Straße, der Schiene und in der Luft. Hieraus ergeben sich wichtige Lerneffekte für nachhaltiges Handeln – ein Thema, das schon vor der Krise einen immer weiter wachsenden Stellenwert für viele Betriebe eingenommen hat. Es zeigt sich, dass Nachhaltigkeit und Digitalisierung sich durchaus gegenseitig bedingen können.

Was ist die Neue Normalität in der Führung. Kann man dazu bereits etwas sagen?

Im Kontext von New Normal basiert der Führungsansatz vor allem auf einer Philosophie »Heute und in Zukunft kann keiner/keine mehr alles wissen (können).« Führungskräfte müssen nicht mehr auf jede Frage eine Lösung haben, im besten Fall wissen sogar die Mitarbeitenden bzw. die Teammitglieder deutlich mehr. Die Aufgabe der Führenden ist es also, die richtigen Fragen zu stellen, zuzuhören und die Mitarbeitenden auf dem Weg zur Lösung zu begleiten. Es reicht nicht mehr aus, einen Führungsstil im Sinne der klassischen Managementlehre zu praktizieren. Neben Stil und Instrumenten braucht es eine Leadership-Philosophie mit den entsprechenden Skills und Einstellungen. Führungskräfte werden Value-Keeper, Change Agents und Coaches, Gestaltende der Rahmenbedingungen, Motivatorinnen und Motivatoren sowie Mediatorinnen und Mediatoren. Dazu braucht es eine hohe Mitarbeiterorientierung mit empathischen Kompetenzen. Während der Corona-Krise ist jedoch ein gegenteiliger Trend zu beobachten: Im Rahmen des akuten Krisen-Managements werden Leadership-Skills eher zur Seite gedrückt und klassische Management-Kompetenzen bzw. -Verhaltensmuster wieder in den Vordergrund gestellt. Wenn nach der Krise die Zeiten weiterhin als turbulent gelten und finanzielle Ressourcen knapp sind, ist es durchaus wahrscheinlich, dass die Dominanz des Management-Agierens bleibt. Der durch die Krise erforderlich gewordenen Restrukturierung von Unternehmen droht die Gefahr, in alten Mustern zu verharren bzw. in alte Muster zurückzukehren.

Die Neue Normalität wird auch mit dem Ansatz von Employability in Verbindung gebracht. Was ist daran neu?

Die Notwendigkeit von Employability und der Employability-Ansatz sind nicht neu. Durch die Megatrends und die Corona-Krise erhalten die Anforderungen, die mit Employability verbunden sind, jedoch erheblichen Rückenwind. Nur Beschäftigte, die beschäftigungsfähig, willens und in der Lage sind, die Entwicklungen mitzugehen und mitzugestalten.

Employability beinhaltet drei Dimensionen. Kompetenzen und Qualifikationen, Gesundheit und Wohlbefinden sowie Motivation und Identifikation. Kompetenzen und Qualifikationen tragen dazu bei, dass Aufgaben bearbeitet und Prozesse bewältigt werden. Die Transformations-Trilogie benötigt jedoch – neben Kompetenz und Qualifikation als Inputfaktoren – Motivation und Identifikation der Beschäftigten. Das ist der Hebel, um sich von einer »guten« Prozessbewältigung und Aufgabenbearbeitung zur »bestmöglichen« Prozessbewältigung und Aufgabenbearbeitung zu wandeln. Gesundheit und Wohlbefinden stellen einen Rahmenfaktor dar. Nur Mitarbeitende, die gesund sind und sich wohlfühlen, können jeden Tag den Anforderungen standhalten und »ihr Bestes geben«.

Employability ist verknüpft mit Empowerment. Die kontinuierliche Stärkung und Förderung der Beschäftigungsfähigkeit ist zwingend erforderlich, um eine immerwährende Kontinuität in der Leistungserbringung zu gewährleisten. Eine wesentliche Voraussetzung, damit die »Gleichung: Employability + Empowerment = Exzellenz« (das sind die drei E) aufgeht, ist die Talent- und Stärkenorientierung. Nur dann sind Mitarbeitende willens und in der Lage, immer mitzudenken, über den Tellerrand hinauszuschauen, aktiv Veränderungen anzustoßen und sich lebenslang weiterzuentwickeln und lebenslang zu lernen.

Lassen Sie uns zum Abschluss noch einen Blick auf die jüngere Generation werfen. Die jüngere Generation – Generation Z – wird im Moment auch Generation C genannt. Warum? Was ist das Besondere? Ist das New Normal?

Das Roman Herzog Institut hat treffend formuliert: Generation Z wuchs bis zur Corona-Krise in einer zutiefst reichen Gesellschaft auf, wohlbehütet und oft als Einzelkind mit der gesamten Aufmerksamkeit der Familie versehen. Alles war in positiver Sicht verhandelbar, schon als kleines Kind im Supermarkt: Wenn sie Schokolade wollte, dann gab es kein Nein, sondern eine gelebte Diskussionskultur. Zudem kannte die Generation Z eine enorme Multioptionalität: Wenn etwas nicht gefiel, wurde einfach zur nächsten Option gehüpft. Natürlich auch, weil wir sie so erzogen haben: Verwirkliche dich selbst, nutze deine Chancen und Freiheiten! Du kannst es dir leisten. Aufgrund der demografischen Situation seid ihr ein rares Gut, um das sich Unternehmen reißen werden. Jetzt auf einmal ist die Welt eine völlig andere. Keiner weiß, wie schnell die Unternehmen die roten Teppiche für sie wieder ausrollen. Gestern noch Überflieger, heute Krisenverliererinnen und -verlierer? Diese Zeit zu meistern, wird für die Generation Z nicht einfach werden.

Generation Z wird zur Generation C. Die Corona-Kinder werden wieder Sicherheit als Wert entdecken, nicht zuletzt weil sich für viele Jüngere zum ersten Mal im Leben der Arbeitsmarkt als ein Arbeitgebermarkt darstellt. Damit haben sie nicht gerechnet, umso schockierter reagiert die jüngere Generation auf die plötzliche, krisenbedingte Veränderung. Darüber hinaus hinterlässt die Disruption des Krisenverlaufs Spuren. Der Generation C wird bewusst, dass der alleinige Sicherungsanker ihre Employability ist. Aufgrund der digitalen Transformation bereits vermutet, wird es nun in der Corona-Krise zur Gewissheit.

Frau Rump, vielen Dank für das Gespräch.

Das Gespräch wurde von Prof. Rainer Völker geführt.

Zur Interviewpartnerin

Dr. Jutta Rump ist Professorin für Allgemeine Betriebswirtschaftslehre mit Schwerpunkt Internationales Personalmanagement und Organisationsentwicklung und und Direktorin des Instituts für Beschäftigung und Employability in Ludwigshafen (IBE) – eine wissenschaftliche Einrichtung der Hochschule für Wirtschaft und Gesellschaft Ludwigshafen und Forschungsschwerpunkt des Landes Rheinland-Pfalz. Ihre Forschungsschwerpunkte sind Trends in der Arbeitswelt (Digitalisierung, Demografie, Diversität, gesellschaftlicher Wertewandel, technologische Trends, ökonomische Entwicklungen) und die Konsequenzen für Personalmanagement und Organisationsentwicklung sowie Führung.

14 Transformation, Digitalisierung, Corona: Warum wir ein Update für Mitbestimmung und Sozialpartnerschaft brauchen

Michael Vassiliadis

Wann sind Sie zuletzt auf einem schnellen Karussell gefahren? Erinnern Sie sich an die wechselnde Gefühlslage, die einen im Verlauf der Fahrt ereilt? Der langsame Start, den man völlig entspannt zur Kenntnis nimmt. Das Anschwellen des Tempos, das Freude aufkommen lässt – aber auch die Ungewissheit, wie weit und wie lange das Ganze noch gehen soll. Schließlich dieser Punkt, an dem es unangenehm wird – und man sich einfach nur wünscht, dass das Tempo wieder gedrosselt wird. Was dann wenig später auch passiert und den Spaß zurückkehren lässt.

Wenn man dieses Bild auf den Wirtschaftsstandort Deutschland überträgt, dann lässt sich wohl konstatieren, dass er an genau diesem Punkt angekommen ist, den man im Karussell schnell hinter sich bringen möchte: Es wird unangenehm. Strukturwandel ist nichts Neues, lange verlief er in geregeltem Tempo, und im Großen und Ganzen zählte die heimische Industrie – allen Anpassungsmaßnahmen zum Trotz – global zu den Gewinnern.

Doch inzwischen drehen sich die Räder schneller und schneller. Das hat unterschiedliche Ursachen – technologische, politische, ökonomische. Da ist der Trend zur Digitalisierung, der täglich neue Optionen eröffnet und komplette Geschäftsmodelle in Frage stellt. Da ist der fortschreitende Klimawandel, der die Politik zur Verschärfung der Regulierung und die gesamte Industrie zum Umbau zwingt. Da ist der globale Wettbewerb, der zuletzt abstruse Züge angenommen und ganze Wertschöpfungsketten an die Belastungsgrenze gebracht hat.

14.1 Strukturwandel trifft auf Akut-Krise

Diese Faktoren sorgen für ein schwindelerregendes Tempo im Strukturwandel. Und dann kam auch noch Corona dazu. Die Pandemie hat nicht nur der Struktureine Konjunkturkrise hinzugefügt. Sie hat den auch die gegenseitige Abhängigkeit, Vernetzung wie auch die Verletzlichkeit unserer Gesellschaft vor Augen geführt. Aber auch deutlich gemacht, zu welch solidarischen Kraftakten Gesellschaft, Politik und Wirtschaft – jedenfalls zum weit überwiegenden Teil – in der Lage sind.

»Gemeinsam da durch«: Das ist ein in der Covid-Krise geborener Werbespruch, der die aktuelle Situation zwar treffend beschreibt – und doch auch grundfalsch ist. Gemeinsamkeit, Solidarität, Miteinander ringen statt gegeneinander kämpfen: Das darf nicht auf die Zeit beschränkt sein, bis die Gesellschaft durchgeimpft ist. Gemeinsamkeit muss der Leitgedanke der Zukunft sein. Wir brauchen ein neues Commitment zum Wert der Kooperation, eine gesamtgesellschaftliche Koalition der Modernisierung. Denn nur mit Kooperation, Kompromisssuche und Konsensorientierung werden sich die Herausforderungen schultern lassen, vor denen der Wirtschaftsstandort, vor denen aber auch die Gesellschaft als Ganzes steht.

Das gilt es auch deshalb zu betonen, weil es sich die Gesellschaft in den zurückliegenden Jahren recht behaglich eingerichtet hatte in ihren unzähligen Echokammern. Das gilt nicht nur für selbstreferenzielle und sich selbst verstärkende Gesinnungsgruppen in den sozialen Medien. Das gilt auch für die großen gesellschaftlichen Debatten wie etwa die um den Klimawandel, bei denen zu oft nur Maximalpositionen ausgetauscht, Zwischentöne überhört und die Komplexität der Herausforderung ignoriert werden. Ein Jahrzehnt der Hochkonjunktur liegt hinter uns, es war am Ende auch ein Jahrzehnt des Hochmuts.

Die Covid-Krise hat nun schonungslos offengelegt, welche strukturellen Probleme die Gesellschaft zu lange ignoriert hat. Bezeichnenderweise sind sie auf genau den Feldern zutage getreten, die das zu Beginn beschriebene Karussell schneller und schneller haben werden lassen.

Es gibt teils dramatische Digitalisierungsdefizite im öffentlichen Sektor, im Bildungssystem und auch in der Wirtschaft. Gesundheitsämter, die Infiziertenzahlen noch per Fax schicken müssen, Schulen, bei denen Homeshcooling an der eigenen Datenanbindung scheitert, Unternehmen, die nur mit großem Aufwand die Belegschaft ins Homeoffice schicken konnten.

Unsere Abhängigkeit von Lieferanten aus Fernost wurde auf beängstigende Weise deutlich. Masken, Schutzkleidung, Arzneien, Wirkstoffe: Das alles fehlte in Europa, weil China und Indien in der Krise Fabriken schlossen oder nur für den Eigenbedarf produzierten.

Die Corona-bedingt verminderte Produktion der Industrie sorgte für einen Einbruch der Stromnachfrage – bei ungebremster (weil nicht speicherbarer) Stromerzeugung durch die Erneuerbaren. Das hätte zu einem derart dramatischen Anschwellen der von uns Verbrauchern gezahlten EEG-Umlage geführt, dass sich die Bundesregierung zum Eingreifen gezwungen sah. Man muss sich das vor Augen führen: Diese Kostenexplosion durch Steuergelder zu vermeiden, machte im Konjunkturprogramm des Sommers 2020 den zweitgrößten Posten nach der Senkung der Mehrwertsteuer aus: 11 Milliarden Euro. Nur ging es dabei nicht darum, Nachfrage zu induzieren oder Investitionen anzureizen, sondern allein darum, eine Notreparatur an einem vollkommen kaputten System vorzunehmen.

Als im Frühjahr viele Automobilwerke ihre Produktion herunterfahren mussten, kulminierte die Situation in der kompletten Wertschöpfungskette. Zu ungelösten Problemen bei alternativen Antrieben und Fahrzeugsoftware kam ein akuter Nachfrageeinbruch, von dem sich die Hersteller, vor allem aber die Zulieferer bis heute nicht erholt haben. So manchen Großen in der Branche ist dazu bislang nur Cost-Cutting und Job-Kahlschlag eingefallen – es fehlen aber Konzepte dazu, wie man sich in der Autowelt von morgen positionieren will. Und die kleinen Zulieferer drohen gleich ganz von der Spielfläche zu verschwinden, weil sie durch den ständigen Preisdruck ihrer Kunden finanziell ausgezehrt sind und ihnen die Mittel für eine Neuaufstellung fehlen.

14.2 Gemeinsam Wandel gestalten

Diese Beispiele sind nur einige von vielen, die aufzeigen, wie die Covid-Krise die Transformation von Industrie und Gesellschaft beschleunigt hat. Sie machen gleichzeitig deutlich, wie groß die Herausforderungen sind. Denn nicht selten geht es um das Aufbrechen verkrusteter Strukturen, um komplette Paradigmenwechsel. Für diese Art von Aufgaben genügt es nicht, neue Ziele auszurufen und Vorgaben zu formulieren. Es wird höchste Zeit, dass wir uns mit der mühseligen Kleinarbeit der Umsetzung auseinandersetzen. Und das geht eben nur unter Beteiligung aller für die jeweilige Herausforderung relevanten Gruppen. Die Transformation unseres Industriestandorts wird das wahrscheinlich größte und riskanteste ökonomische Projekt seit Bestehen der Bundesrepublik. Sie zu bewältigen, sollte uns alle Mühen wert sein – einschließlich der, Kompromisse zu suchen. Wir müssen gemeinsam mehr Solidarität wagen!

Es ist ja nicht so, dass es für solche Transformations-Pakte keine Blaupausen gäbe. In der von der Bundesregierung eingesetzten Kommission »Wachstum, Strukturwandel und Beschäftigung«, in der ich ebenfalls mitarbeiten durfte, haben sich am Ende unterschiedlichste Interessengruppen auf einen Kompromiss geeinigt, der ein Auslaufen der Kohleverstromung bis 2038 verbindet mit einer milliardenschweren Neuausrichtung der Reviere und einem engmaschigen Sicherheitsnetz für die Zehntausenden betroffenen Beschäftigten.

Unser Abschlussbericht zählte am Ende 276 Seiten – eben, weil er sich in die Details der Umsetzung vorwagte. Er bot eine gute Grundlage für die anschließende politische Debatte und ist heute weitgehend Gesetzeslage. Alle haben einen klaren Plan vor Augen – und damit Sicherheit:

- Die vom Auslauf der Kohleverstromung betroffenen Beschäftigten wissen jetzt, dass auf betriebsbedingte Kündigungen verzichtet, das staatliche Anpassungsgeld für Ältere kräftig aufgestockt und Jüngere von Arbeit in Arbeit vermittelt werden. Das haben IG BCE und Ver.di in Tarifverträgen vereinbaren können, für die die politischen Beschlüsse und detaillierte Abschaltpläne für die Kraftwerke die Grundlage boten.

- Die Unternehmen können auf der Grundlage detaillierter politischer Vorgaben und öffentlich-rechtlicher Verträge ihre hauseigene Energiewende planen und ihren Teil der Verantwortung für die Reviere übernehmen.
- Die Regionen, denen der maßgebliche Wirtschaftsfaktor verloren geht, können anhand detaillierter Investitions- und Projektpläne ihre industrielle Zukunft organisieren. Insgesamt fließen dazu 40 Milliarden Euro in die Reviere.
- Und – last, but not least – lässt sich tonnengenau errechnen, wie viel CO_2 die Energiewirtschaft in den kommenden Jahrzehnten zur Verringerung der deutschen Treibhausgas-Emissionen beitragen wird.

14.3 Transformation sprengt alle bisherigen Maßstäbe

Ein ähnliches Vorgehen plant die Bundesregierung nun bei einem weiteren zentralen Zukunftsprojekt. Mit der Einrichtung des »Nationalen Wasserstoffrats« hat sie abermals ein Gremium aus Mitgliedern unterschiedlichster Interessen etabliert, das Vorschläge und Handlungsempfehlungen für die Umsetzung und Weiterentwicklung ihrer Wasserstoffstrategie entwickeln soll.

Klar ist, dass wir gigantische Mengen an Wasserstoff brauchen werden, um energieintensive Branchen wie die Chemie- oder Stahlindustrie auf lange Sicht klimaneutral zu machen. Gleichzeitig bedarf es eines gewaltigen Energieeinsatzes, um Wasserstoff zu erzeugen. Diese Energie wiederum muss CO_2-frei erzeugt worden sein. Das allein zeigt schon die Größe der Herausforderung und gibt einen Eindruck von der Vielfalt der von diesem Transformationsprojekt betroffenen Player.

Um ein Gefühl für die Ausmaße zu geben: Der Branchenverband VCI hat eine Studie zur Treibhausgasneutralität in der chemischen Industrie vorgelegt, an der auch Experten der IG BCE mitgearbeitet haben. Das Ergebnis: Klimaneutralität in der Chemie ist möglich, allerdings würde es den Strombedarf der Branche ab Mitte der 2030er Jahre auf das Elffache in die Höhe steigen lassen. Allein die Chemieindustrie bräuchte dann mehr Strom als die gesamte Bundesrepublik heute.

Und da reden wir nur von einer Branche. Noch nicht von Glas, Zement, Papier oder eben Stahl. Und noch nicht von E-Autos oder elektrischen Wärmepumpen, die die Deutschen ja nach dem Willen der Politik ebenfalls zu Millionen erwerben sollen. Wo soll all der Grünstrom herkommen? Das genau ist die Frage, die uns umtreibt. Und für die Politik, Wirtschaft, Sozialpartner, Wissenschaft sowie Umwelt- und andere Interessenverbände dringend Antworten erarbeiten müssen. Dazu gehört dann auch eine Reform der EEG-Umlage und der Preisgestaltung für Strom allgemein. Der Industriestandort Europa hat im internationalen Wettbewerb die höchsten Strompreise. So kann er langfristig nicht bestehen.

Das größte Beschäftigungs- und gesamtwirtschaftliche Risiko geht aktuell vom Strukturwandel der Automobilindustrie aus. An dieser Schlüsselindustrie hängen unzählige Arbeitsplätze – allein 200.000 in den Branchen der IG BCE. Dort drohen insbesondere die Zulieferer, die zumeist nicht über die finanziellen Ressourcen wie die Hersteller verfügen, unter die Räder zu kommen. Die Elektromobilität etwa wird Teile der Zuliefererkette obsolet machen, neue Geschäftsmodelle müssen entwickelt werden.

Wenn man das einfach laufen lässt, gehen nicht nur Jobs verloren, sondern die Innovations- und Produktionsschwerpunkte dieser Technologie werden in Asien bleiben. Das hätte weitreichende Folgen für die gesamte Branche. Wenn Wertschöpfungsketten reißen, geht nicht nur unschätzbares Know-how verloren, sondern auch das stärkste Argument für Automobilbau in Deutschland.

14.4 Altes Lagerdenken überwinden

Auch diese Transformations-Herausforderung lässt sich nur dann erfolgreich bestehen, wenn man altes Lagerdenken überwindet: Hersteller müssen Zulieferer mit Know-how und finanziell unterstützen, anstatt eigene Probleme auf sie abzuwälzen. Es braucht einen klaren industriepolitischen Fahrplan für die Branche, der Planungs- und Investitionssicherheit gibt. Auch der wird sich wieder nur erarbeiten lassen, wenn alle direkt und indirekt Beteiligten an einen Tisch kommen. »Autogipfel« im Bundeskanzleramt sind dafür kein geeignetes Instrument, weil sui generis nur appellativ und oberflächlich sind.

Auch die Gewerkschaften sind bereit, sich aus ihrer angestammten Rolle zu lösen. So haben IG Metall und IG BCE eine Initiative auf privatwirtschaftlicher Basis gestartet, um Autozulieferer sozialverträglich zu restrukturieren und zu modernisieren. Dazu wurde mit der »Best Owner Group« ein Beteiligungsfonds für sozial verantwortungsbewusste Investoren aus der Taufe gehoben. Die Mittel sollen Stiftungen, Unternehmerfamilien oder Vermögensverwalter bereitstellen, die ein Interesse an nachhaltigen Investitionen in Deutschlands Schlüsselindustrie haben.

Unabhängig von konkreten Unternehmenskrisen brauchen wir aber auch Lösungen, wie die Branche insgesamt Arbeitsplätze bei Überkapazitäten sichert und gleichzeitig die Transformation in der Antriebstechnik bewerkstelligt. Dabei gibt es nicht den einen Königsweg für alle, sondern müssen unternehmensspezifische Lösungen gefunden werden. Der Chemie-Tarifvertrag bspw. gibt uns die Instrumente dafür an die Hand. Gerade erst haben wir den Arbeitszeitkorridor auf 32 bis 40 Stunden erweitert. Unserer Auffassung nach könnte dabei eine Kombination aus temporärer Reduzierung der Arbeitszeit und durch die Bundesanstalt für Arbeit finanzierte Weiterbildung ein Ansatzpunkt sein. Das wäre genau die Art von Kooperation, die wir jetzt brauchen: von Beschäftigten, Unternehmen und Staat. Und die Kombination aus Jobsicherung und Zukunftsgestaltung.

Leider gibt es allerdings auch Unternehmen, die Transformation und Corona-Krise nutzen, um tiefgehende Änderungen ihrer Geschäftsmodelle und Kostenstrukturen durchzusetzen. Mitunter fahren Vorstände und Kapitalseite dabei äußerst konfliktträchtige Strategien, ohne Rücksicht auf Arbeitnehmerinteressen und Nachhaltigkeit. Mitunter schrecken Aufsichtsratsvorsitzende nicht einmal mehr davor zurück, mit ihrer Zweistimme die Streichung von zehntausenden Arbeitsplätzen und die Schließung ganzer Standorte durchzudrücken – ohne dass zuvor gemeinsam Alternativen abgewogen werden konnten. Das hat weder etwas mit guter Corporate Gouvernance zu tun noch mit nachhaltigem Management. Die Tendenz, das Doppelstimmrecht als Machtinstrument einzusetzen, haben wir zuletzt verstärkt beobachtet.

14.5 Mitbestimmung braucht ein Update

Dabei ist diese Regelung aus dem Mitbestimmungsgesetz von 1976 längst ein Anachronismus. Sie entstammt einer Zeit, als alte, weiße Männer noch meinten, mit einem Schlag auf den Tisch ganze Konzerne regieren zu können. Den komplexen Herausforderungen der industriellen Transformation, vor denen heute nahezu alle deutschen Konzerne stehen, ist sie nicht mehr gewachsen. Hier bedarf es dringend eines Updates.

Jenseits der Montanindustrie und der dort gültigen Mitbestimmungsqualität bildet das Mitbestimmungsgesetz von 1976 die Grundlage der Unternehmensmitbestimmung in großen Unternehmen mit mehr als 2.000 Beschäftigten. In kleineren Unternehmen mit 500 bis 2.000 Beschäftigten gilt das Drittelbeteiligungsgesetz und regelt, dass der Aufsichtsrat einer solchen Gesellschaft lediglich zu einem Drittel aus Arbeitnehmervertretern besteht.

In den 45 Jahren seit der Verabschiedung des Gesetzes hat sich die Unternehmensmitbestimmung immer wieder als ein wesentlicher Eckpfeiler der Kooperation und Sozialpartnerschaft bewährt. Viele schwierige Krisen konnte Deutschland besser bewältigen als andere, von der weltweiten Finanz- und Wirtschaftskrise 2008/09 bis bspw. zur augenblicklichen Corona-Krise. Auch hat die Unternehmensmitbestimmung regelmäßig gewährleistet, dass die vielen strategischen Neuausrichtungen der Unternehmen in dieser Zeit sozial verträglicher und mit größerem Erfolg für Wirtschaft und auch Gesellschaft gestaltet werden konnten. Allen ausschließlich ideologischen Angriffen zum Trotz, ist daher vielfach wissenschaftlich belegt, dass es, anders als häufig behauptet, weder negative Auswirkungen der Mitbestimmung auf den Unternehmenserfolg noch auf die Anpassungsdynamik von Unternehmen gibt. Dieses Ergebnis ist u. a. auch in dem 2006 der Bundesregierung überreichten Bericht der zweiten »Biedenkopfkommission« eindrucksvoll dokumentiert.

Das Doppelstimmrechts des (oder – leider viel zu selten – der) Aufsichtsratsvorsitzenden war dabei vom Gesetz nur als Ultima Ratio in nicht anders lösbaren Konfliktfällen gedacht. Es entwertet jedoch den Sinn einer auch strittigen Debatte um den richtigen Kurs in Transformationsphasen, wenn das Doppelstimmrecht als operatives Machtinstrument auf Seiten der Anteilseigner eingesetzt wird.

Hinzu kommen eine wachsende Entpersonalisierung und Anonymisierung durch die direkte Einflussnahme von institutionellen Investoren oder Aktivisten, was die klassischen Managementparameter immer stärker den eindimensionalen Erwartungen der Kapitalmärkte unterwirft. Gerade die derzeitige Krise und die bevorstehende große Transformation werden aber weder allein noch ausreichend von Kapitalmärkten oder reinen Aktionärsinteressen gut zu bewältigen sein.

Wir sollten die Unternehmensmitbestimmung als ein Steuerungsinstrument verstehen und stärken, das der Umgestaltung der Unternehmenslandschaft und der Arbeitswelt in der digitalen und klimapolitischen Transformation Orientierung gibt. Dieser seit den Anfängen der Industrialisierung größte Umbau der Wirtschaft verlangt eine angemessene Beteiligung der Arbeitnehmerinnen und Arbeitnehmer, eine Ergänzung des unzweifelhaft nötigen betriebswirtschaftlichen Kalküls – überall dort, wo in den Unternehmen die strategischen Entscheidungen fallen, die nicht nur die Zukunftschancen der jeweiligen Belegschaften, sondern ganzer Regionen vielfach determinieren.

Zu Beginn des neuen Jahrzehnts werden insbesondere in der Industrie flächendeckend Standort- und Investitionsentscheidungen getroffen, die von kaum zu überschätzender Bedeutung für die künftige Struktur von Wertschöpfung und die hiesige Unternehmenslandschaft sein werden. Umso mehr ist darauf zu achten, dass solche Entscheidungen nicht unter grober Missachtung einer sozialpartnerschaftlichen Unternehmenskultur und der gesellschaftlichen Verantwortung in einer Sozialen Marktwirtschaft getroffen werden. Das ist auch nicht Standard in deutschen Unternehmen, aber im Vormarsch.

Eine Weiterentwicklung der Mitbestimmung hilft den vielen Unternehmen, die sich in und mit der Mitbestimmung erfolgreich aufstellen. Denn hier zeigt die tägliche Praxis, wie es richtig und besser geht. Eine Neuregelung zwingt aber diejenigen, die sich leichtfertig entziehen wollen, zur bewährten Ordnung zurückzukehren. Wir kennen eine ähnliche Situation bereits aus unseren Erfahrungen mit der Tarifbindung. Zunächst waren es nur einzelne und durchaus kritisierte Unternehmen, die sich der Tarifbindung entzogen haben. Heute ist die Mehrheit der Beschäftigten nicht mehr tarifgebunden, viele brauchen gar die Hilfe staatlicher Lohnsetzung. Keine gute Entwicklung, darin sind wir sicherlich einig.

Vor diesem Hintergrund ist es Zeit, in der 1976er Mitbestimmung aktiv zu werden. Ich halte es für notwendig,

- Geschäfte zu definieren, die aufgrund ihrer weitreichenden Bedeutung einer zwingenden, nicht durch Geschäftsordnung per Mehrheit zu verändernder Zustimmung des Aufsichtsrates bedürfen: Rechtsformänderungen, Sitzverlagerungen ins Ausland, Unternehmensverkäufe, Merger, Übernahmen, Werkschließungen, Massenentlassungen z. B.,
- dass gegen die Stimmen der Mehrheit der Arbeitnehmervertreter im Aufsichtsrat diese Themen im Aufsichtsrat nicht abschließend behandelt werden können, sondern im Konflikt in ein Mediationsverfahren einzubringen sind,
- dass diese Mediation durch die Berufung eines neutralen Schlichters erfolgt, auf den sich zuvor mit 2/3 Mehrheit geeinigt wurde,
- dass ein Einigungsvorschlag des Schlichters in angemessener Frist zu erfolgen hat und dieser Einigungsvorschlag unverzüglich im Aufsichtsrat zu behandeln ist und

- dass eine Entscheidung des Aufsichtsrates gegen den Schlichtungsvorschlag eine Zwei-Drittel-Mehrheit sowie eine zu dokumentierende Begründung erfordert.

Die IG BCE versteht diesen Vorschlag als ein Angebot an die Politik, aber auch an die Unternehmen und Anteilseigner, unsere bewährte Kooperation in Zeiten des stürmischen Wandels zu stabilisieren und qualitativ fortzuentwickeln. Wir wollen unser Modell von Mitbestimmung, Mitgestaltung und Mitverantwortung der Arbeitnehmerinnen und Arbeitnehmer zukunftsfest machen.

14.6 Sozialpartnerschaft 2.0

Es ist richtig und wichtig, dass wir nicht nur die Mitbestimmung dort modernisieren, wo es notwendig ist, sondern auch Sozialpartnerschaft neu definieren. Das gilt zunächst mal für die klassischen Parteien – nämlich Gewerkschaften und Arbeitgeber. Sie müssen sich stärker als strategische Partner in der Transformation verstehen. Beide Seiten sollten alles dafür tun, die Tarifbindung und den eigenen Organisationsgrad zu stärken. Nichts ist in Zeiten großer Herausforderungen wichtiger als Geschlossenheit. Weder Unternehmens- noch Arbeitnehmervertreter dürfen sich untereinander aufreiben in internen Grabenkämpfen. Sonst rückt das eigentliche Problem aus dem Sichtfeld.

In der Chemieindustrie ist uns das in den vergangenen Jahren recht gut gelungen – doch insgesamt ist das deutsche Modell mit seiner betrieblichen und Unternehmensmitbestimmung, seiner verlässlichen Tarifbindung und Sozialpartnerschaft in den zurückliegenden Jahrzehnten stark aufgeweicht worden. Das muss ein Ende haben. Beide Seiten müssen wieder Vorreiter- und Vorbildfunktion übernehmen. Das deutsche Modell muss viel stärker als harter Wettbewerbsvorteil der heimischen Wirtschaft anerkannt und gefördert werden. Hier sind nicht nur die Sozialpartner selbst, hier ist auch der Staat gefordert.

Denn am Ende des Tages liefert die Sozialpartnerschaft das ideale Vorbild für die gesamtgesellschaftlichen Herausforderungen, die vor uns liegen und von denen ich in diesem Beitrag nur einige ausgewählte skizziert habe. Komplexe Transformationsprozesse gestaltet man erfolgreich nur mithilfe der Tatkraft und des Know-hows aller Beteiligten, insbesondere in den betroffenen Branchen und Belegschaften. Das deutsche Mitbestimmungsmodell macht Unternehmen innovativer und stabiler als viele ihrer internationalen Konkurrenten. Und es hat zu einer Verantwortungsgemeinschaft geführt, der es zu verdanken ist, dass Deutschland nicht entindustrialisiert wurde wie Großbritannien oder die USA. Zu welchen Folgen das in diesen Ländern politisch geführt hat, haben wir zuletzt eindrucksvoll beobachten können.

Transformation, Digitalisierung, Corona: Sowohl die strukturellen wie auch die akuten Herausforderungen sind so groß, dass sie sich nur gemeinsam bewältigen lassen. Was wir jetzt brauchen, ist eine Art erweiterte Verantwortungsgemeinschaft, eine Sozialpartnerschaft 2.0. Sie nimmt alle gesellschaftlichen Akteure in die Pflicht, an einem sozial, ökonomisch und ökologisch nachhaltigen Umbau unseres Wirtschafts- und Wohlstandmodells mitzuwirken. Mit mehr Solidarität und weniger Selbstbezogenheit lässt sich das organisieren.

Ja, die Karussellfahrt hat ein unangenehmes Tempo erreicht. Und nein, wir können heute noch nicht sagen, wann es besser wird. Aber das Gute ist: Im Gegensatz zum echten Fahrgast haben wir es selbst in der Hand – wenn wir gemeinschaftlich vorgehen.

Zum Autor

Michael Vassiliadis ist seit 2009 Vorsitzender der IG Bergbau, Chemie, Energie (IGBCE) und seit 2012 darüber hinaus Präsident des Dachverbands europäischer Industriegewerkschaften »IndustriALL Europe«. Er ist außerdem stellvertretender Aufsichtsratsvorsitzender der RAG AG (Herne) sowie Mitglied des Aufsichtsrats der BASF SE (Ludwigshafen), Henkel GmbH&Co KG (Düsseldorf) und der Steag GmbH (Essen).

15 Arbeitsmarkt und Innovation – die Rolle der hochqualifizierten Selbständigen

Carlos Frischmuth

15.1 Einleitung

Es ist kein neues Phänomen, dass sich die Arbeitswelt in einer Veränderungsphase befindet und dass das Wesen dieser Veränderung in der (weiteren) Verschiebung des Verhältnisses zwischen manueller und geistiger Arbeit liegt. Wir haben uns längst auf den Weg gemacht – von einer Industriegesellschaft des 19. Jahrhunderts hin zu einer Wissens- und Dienstleistungsgesellschaft.[15]

Einer der Begründer der modernen Managementlehre, Peter Drucker, prägte bereits in den 1960er Jahren den Begriff der Wissensarbeit. Er verstand darunter »diejenigen Arbeiter, die nicht für ihre körperliche Arbeit und manuellen Fähigkeiten bezahlt werden, sondern für die Anwendung ihres erworbenen Wissens«.[16] Drucker war der Überzeugung, dass in Zukunft Wissen und Know-how eine immer wichtigere Rolle bei der Gestaltung von Arbeit spielen werden. Peter Drucker sollte Recht behalten. Schon sehr bald erwies sich seine These als wahr: Denn lange bevor Google, Apple & Co. begonnen hatten, die Welt zu beherrschen und noch keine Rede vom »Digitalisierungszeitalter« war, haben sich die sog. »Skill-Shift«-Entwicklungen bereits auf den Arbeitsmärkten der Industrienationen abgezeichnet. Insbesondere spezifische Kompetenzen wurden in vielen Bereichen immer wichtiger und – je nach Disziplin – schnell rar: So gab es bspw. in Deutschland schon in den 1980er Jahren einen Ingenieursmangel, der sich 2010 (mit 61.000 offenen Stellen und einem wohl darauf zurückführenden Wertschöpfungsverlust von 3,3, Mrd. Euro) wiederholte[17]. Aber nicht nur die Marktnachfrage ist Ursache für die Veränderungen in der Arbeitswelt. Gesellschaftliche Entwicklungen, vereinfachter Zugang zu Wissen und individualisierte Vorstellungen von eigener Arbeitsgestaltung sind wichtige Faktoren einer sich im Wandel befindenden Arbeitswelt. Ein Prozess, der verdeutlicht, dass Arbeit und Gesellschaft zusammen gedacht werden müssen und welcher im Digitalisierungszeitalter des

21. Jahrhunderts mit hoher Wahrscheinlichkeit eine ganz neue Dimension erreichen wird.

15.2 Die Arbeitswelt verändert sich, und wir uns mit ihr

Wir leben in Zeiten permanenter Erneuerung. Digitalisierung und Globalisierung verändern in einer nie dagewesenen Geschwindigkeit unsere Welt. Neue Technologien wie Data Analytics, Künstliche Intelligenz (KI), Blockchain, Robotics oder IoT (»Internet of Things«) führen zu mehr Automatisierung und ermöglichen die Verdichtung und Vernetzung von Produkten, Branchen und Märkten. Industrie 4.0 ist in aller Munde und mittlerweile selbst im mittelständischen Maschinenbau angekommen.[18] Immer kürzere Produkt- und Innovationszyklen stellen die Innovations- und Wettbewerbsfähigkeit deutscher Unternehmen vor enorme Herausforderungen.

Diese rasanten Entwicklungen, insbesondere alle Formen der Digitalisierung, wurden durch die weltweite Covid-19-Pandemie seit dem Frühjahr 2020 zusätzlich beschleunigt. Die Dringlichkeit der digitalen Anpassung von Geschäftsmodellen und Arbeitsweisen wurde uns in dieser Zeit unter unschönen Umständen vor Augen geführt. Von der Anbindung der Mitarbeiter im Homeoffice, Video-Konferenzen bis hin zur professionellen Werbung im Netz und Optimierung von Onlineshops – Covid-19 wirkte – physikalisch gesprochen – wie ein »Teilchenbeschleuniger« und hat damit die (insbesondere mittelständische) deutsche Wirtschaft aus ihrem analogen Dornröschenschlaf gerissen. Es war ohnehin höchste Zeit für diesen Weckruf. Denn die unternehmenseigene Innovationskraft – ob mit Blick auf die externe Geschäftsfeld- bzw. Produktentwicklung oder mit Bezug zu internen Unternehmensprozessen – muss in schnelllebigen Zeiten wie diesen ein essentieller Bestandteil einer jeden Unternehmensstrategie sein. Die Erneuerungs- und Innovationskraft eines Unternehmens entscheidet am Ende auch über dessen Bestehen am Markt. Dieser Wandel erfordert in hohem Maß das Expertenwissen hochqualifizierter Wissensarbeiter. Die Limitation des Fortschritts ergibt sich an vielen Stellen nicht (mehr nur) aus fehlender Technologie, sondern all zu oft aus dem Mangel an menschlicher Expertise.

15.3 Die Herausforderungen für die Arbeitswelt

Die neuen und komplexeren Aufgabenstellungen erfordern vor dem Hintergrund des wachsenden Wettbewerbsdrucks neue Denkmuster und andere Formen der Arbeit. An die Innovationsfähigkeit und Kreativität deutscher Unternehmen werden über alle Branchen hinweg hohe Anforderungen gestellt. Rahmenbedingungen und Wesen der Arbeit verändern sich damit maßgeblich – iterative, schnelldrehende Prozesse, Flexibilität und Agilität werden zu neuen Maßeinheiten. Die Mischung aus hoch spezialisiertem Wissen gepaart mit Offenheit für Neues, sog.

»Out-of-the-Box-Denken« sowie bereichs- und themenübergreifendes Transferwissen sind der Schlüssel für Kreativität und Innovation. Vor diesem Hintergrund ist auch die drastische Zunahme von agilen Arbeitsmethoden wie Scrum[19], Kanban oder Design Thinking in der Projektarbeit zu erklären. Das abteilungs-, themen- und unternehmensübergreifende Arbeiten in interdisziplinären und gemischten Teams oder andere Methoden wie die Nutzung von Schwarmintelligenz sind mittlerweile längst Arbeitsalltag. Und dies nicht nur in abgehobenen Thinktanks, Kreativschmieden und Innovation-Labs bei Vorreiterunternehmen im DAX, sondern auch in Familienunternehmen und klassischen Mittelständlern. Neue Formen der Kooperation und des Zusammenarbeitens entstehen. Dies auch vor dem Hintergrund, dass die erhöhte Komplexität von Prozessen, Methodiken und Technologien häufig sehr spezialisiertes Wissen und Erfahrungen erfordert. Dies ist in vielen Unternehmen nicht immer in ausreichendem Maße vorhanden bzw. kann nicht auf Dauer vorgehalten werden. Das ruft bedarfsgerecht und projektbezogen sog. Mixed-Teams auf den Plan[20], also das Zusammenspiel aus internen Mitarbeitern und externen Spezialisten, welche die Herausforderungen im Unternehmen gemeinsam lösen.

15.4 Gesellschaftlicher Wandel begleitet die Veränderungen in der Arbeitswelt

Aber nicht allein die Wirtschaft und deren Arbeitswelten verändern sich, sondern auch die Gesellschaft. Der Wunsch – insbesondere der jüngeren Generation – nach mehr Freiheit, Unabhängigkeit, Selbstbestimmtheit und Flexibilität spiegelt sich auch in den Ansprüchen rund um die Ausgestaltung von Arbeit wider (New/ Future Work). Selbständiges und autarkes Arbeiten frei von Hierarchien und Unternehmensstrukturen stellt für eine bestimmte Gruppe von Menschen zunehmend eine erstrebenswerte Arbeitsform dar. Deutlich wird dies insbesondere im Bereich der Wissensarbeit mit einer seit Jahrzehnten anwachsenden Community von hochqualifizierten selbständigen Wissensarbeitern. Während die Selbständigkeit in Summe seit vielen Jahren rückläufig ist[21], wächst der Anteil der sog. Freelancer weiter an. Eine neue Klasse von unabhängigen Einzelunternehmern, die ihr hochkarätiges Expertenwissen unterschiedlichen Auftraggebern häufig auf monatlicher Projektbasis oder auch nur für einzelne Beratungstage anbieten. Eine Abhängigkeit von einem einzigen Vorgesetzten oder Auftraggeber kennen und wollen diese selbständigen Experten nicht.

Zahlreiche Studien belegen diese Veränderungen auf dem Arbeitsmarkt. So wird bspw. die Frage nach dem Wandel der Beschäftigung hin zu überwiegend hybriden Tätigkeiten auch in der Studie des Münchner Kreises[22], die in Kooperation mit der Bertelsmann-Stiftung entstanden ist, gestellt: Hiernach meinen 59 Prozent der Befragten, dass langfristig der überwiegende Teil der Menschen in Deutschland als Freelancer tätig sein werde. Die hohe Flexibilität hinsichtlich der

Auswahl von Arbeitsinhalten und Unternehmen führe dazu, dass Beschäftigung kaum noch im Rahmen einer langjährigen Betriebszugehörigkeit erfolgen wird.

Es ist davon auszugehen, dass diese Kombination von veränderten Rahmenbedingungen, kulturellem Wandel und erhöhtem Wettbewerbsdruck neue, innovative Potentiale in unserem Arbeitsmarkt entstehen lässt. Wichtig ist allerdings, dass wir dieses Faktum (an-)erkennen und hierfür insbesondere auf der politischen Ebene die richtigen Weichen stellen. Denn hier gibt es mehr Limitierung als Förderung und das ist eine äußerst gefährliche Grundlage, wenn wir weiterhin im internationalen Wettbewerb bestehen und den bisherigen Standortvorteil Deutschlands erhalten wollen. Weder die Akteure im Silicon Valley noch in den Technologiemetropolen Chinas werden abwarten, bis wir in aller Gemütlichkeit die Denkmuster des Industriezeitalters abgestreift haben.

15.5 Wettbewerbsfähige Innovation braucht Spezialisten und kreative Köpfe – das gesamte Potential muss genutzt werden!

Im politischen Berlin dürfte mittlerweile jeder das – in zahlreichen Vorträgen zur Digitalisierung und Wettbewerbsfähigkeit Deutschlands – benutzte Schaubild der »Bubbles und Pünktchen« kennen, das sehr anschaulich die Größenverhältnisse zwischen GAFA (Google, Apple, Facebook und Amazon) und den anderen, auch europäischen Playern darstellt. Die Marktkapitalisierung dieser noch nicht einmal Handvoll Unternehmen übertrifft mittlerweile diejenige der DAX-Unternehmen um ein Vielfaches. Die regelmäßig damit korrespondierende Frage haben wir alle im Ohr: »Wie schaffen wir es, in Deutschland bzw. Europa hier nicht den Anschluss zu verlieren?« Eine gewisse Besorgnis ist nicht unberechtigt, denn im global-digitalen Wirtschaftsspiel gilt die Formel: »The winner takes it all!« Einzig und allein politisches Handeln kann die Kräfte im Zaum halten und zudem eine gewisse Lotsenrolle ausüben. Traurig genug, dass wir den »Regulierer« regelrecht um Hilfe herbeirufen müssen. Die Politik hat dies mittlerweile verstanden und bereits einiges angeschoben: Von der – an noch vielen Stellen sehr abstrakten – europäischen Digitalstrategie über konkrete Maßnahmen und Projekte wie GAIA-X und Supercomputing. Das sind zweifelsohne wichtige und richtige Schritte, aber reicht es wirklich aus, einzelne Megaprojekte auf den Weg zu bringen, ohne sich die dahinterliegenden Strukturen näher anzuschauen? Wir sollten uns einige grundlegende Fragen stellen: Warum tun wir uns so schwer damit, die für Innovation und Kreativität dringend benötigte treibende Kraft – die entscheidende, menschliche Kapazität – bestmöglich und in all seinen unterschiedlichen Ausprägungsformen effizient zu nutzen? Warum erkennen wir nicht die großen Chancen, die in Vielfalt, Flexibilität und Agilität liegen und fangen an die vorhandenen starren Rahmenbedingungen den neuen Arbeitswelten anzupassen? Ist es nicht höchste Zeit, hier einen Paradigmenwechsel zu vollziehen und die (politischen und regulatorischen) Rahmenbedingungen an die Realität der »agilen Projektwirtschaft« im digitalen Zeitalter des 21. Jahrhunderts anzupassen? Die Zeit ist längst reif dafür!

Ein bedeutendes Element sind dabei hunderttausende Selbständige und Freiberufler in Deutschland, die in zukunftsorientierten Bereichen tätig sind. Zu den selbständigen Wissensarbeitern zählen insbesondere Spezialisten mit technischem, naturwissenschaftlichem oder kaufmännischem Hintergrund. Das sind z. B. akademisch ausgebildete Ingenieure, Chemiker oder IT-Spezialisten – in Deutschland sind es allein in diesem Feld mehr als 100.000 Selbständige[23] – sowie Experten für Rechnungswesen und Marketing. Dieser potentialträchtige Wissenspool ermöglicht Unternehmen, die Expertise und Problemlösungskompetenz hochqualifizierter Spezialisten punktuell und temporär zu nutzen und so ihre Produktivität, Innovations- und Wettbewerbsfähigkeit gezielt zu erhöhen. Der Einsatz von hochqualifizierten externen Personalressourcen hat für Unternehmen sehr viele Vorteile: Es findet ein Wissenstransfer in die Unternehmen statt. Nur kurzzeitig benötigtes Spezialwissen kann schnell und gezielt eingesetzt werden und die Arbeit in interdisziplinären und durch externe Impulse ergänzten Teams birgt häufig große Innovationspotentiale. Der berühmte Blick von außen, er kann zum entscheidenden Zünglein an der (Innovations-)Waage werden. Kurz gesagt: Ohne den projektbasierten Einsatz von hochqualifizierten, selbständigen Experten wäre ein Großteil der Innovationsvorhaben in der deutschen Wirtschaft nicht effizient, flexibel und zeitgerecht realisierbar. Welchen Beitrag die selbständigen Know-how-Träger für die Innovationsfähigkeit eines Landes leisten, hat nun erstmals eine britisch-irische Studie untersucht.[24] Konkret widmet sich die Studie der Fragestellung, welchen Mehrwert Freelancer in Unternehmen bringen und ob diese damit ihren Erfolg am Markt steigern konnten. Die Ergebnisse sind eindeutig: Besonders in wissensintensiven Bereichen führt der Einsatz von Freelancern in den Bereichen Innnovation und Transformation zu mehr Austausch und einem höheren Innovationsfaktor sowie zu mehr Empowerment. Die Forscher haben dabei herausgefunden, dass der Einsatz von Freelancern nicht nur innovationsfördernd ist, sondern auch dazu führt, dass in diesen Unternehmen agiler und unternehmerischer agiert wird. Dies lässt sich dadurch erklären, dass durch den Einsatz von Freelancern auch positiv auf die Kultur der beauftragenden Unternehmen eingewirkt wird. Darüber hinaus stellt die Studie fest, dass der Einsatz von Freelancern die Stammbelegschaft stärkt, da sie das Unternehmen insgesamt erfolgreicher macht und damit interne Stellen sichert und sogar neue Rollen und Positionen erzeugt, übrigens eine These, die von einigen politischen Kräften bisher völlig unverstanden ist und komplett negiert wird. Damit diese Effekte jedoch wirksam werden, ist es wichtig, dass es einen gewissen Anteil an Freelancern im Unternehmen gibt. Laut den britisch-irischen Forschern liegt dieser Wert bei ca. 11 Prozent der Stammbelegschaft. Deutlicher kann ein Plädoyer für mehr Vielfalt in unseren Unternehmen nicht ausfallen.

Aber auch deutsche Untersuchungen zeigen, dass die immer wieder von Gegnern vorgebrachte These, dass zunehmende Flexibilisierung die Festanstellung ersetzt oder verdrängt, nicht bestätigt werden kann. Im Gegenteil – so zeigt bspw.

eine Erhebung des Gesamtverbandes der Kommunikationsagenturen[25], dass ein Anstieg beim Einsatz von Freelancern auch mit einem Anstieg von festangestellten Mitarbeiterinnen und Mitarbeitern in den Kommunikationsagenturen einhergeht. Und auch in einem aktuellen Trend-Bericht des Instituts der deutschen Wirtschaft in Köln ergibt die Gesamtschau auf die unterschiedlichen Erwerbsformen ein deutliches Bild: »Es sind zwischen flexiblen Erwerbsformen auf der einen Seite und dem unbefristeten sog. »Normalarbeitsverhältnis« auf der anderen Seite keine Substitutionsprozesse feststellbar, die die These erhärten könnten, dass Betriebe systematisch Kernbelegschaften zugunsten flexibel einsetzbarer Randbelegschaften verkleinern«.[26]

Eine daran orientierte, moderne Arbeitsmarktpolitik sollte versuchen, sich nicht nur von altbewährten Systemen leiten zu lassen. Die damit verbundenen (aber bisher nicht belegten) Substituierungsängste verstellen den Blick auf Neues und die damit verbundenen Chancen. Die alten schwarzweißen Denkmuster werden in Zukunft nicht mehr funktionieren, denn die Arbeitswelt wird bunter, vielfältiger und wir können und dürfen uns dem nicht verschließen. Digitalaffinität, flexible Einsatzbereitschaft, Begeisterung für Innovation und Technik – Menschen mit diesen Eigenschaften werden heute mehr denn je gebraucht. Und es ist kein Zufall, dass wir diese Menschen vermehrt auch in neuen Arbeitswelten und -formen wie bspw. in der Plattformökonomie finden. Eine Studie der Bertelsmann-Stiftung bezeichnet Plattformarbeiter als »digitale Optimisten, technisch Begeisterte, Enthusiasten flexibel-mobiler Arbeit und zu einem gewissen Teil auch (mobile) Workaholics«.[27] Laut dieser Studie sind 68 Prozent der Plattformarbeiter immer an den neuesten Trends im digitalen Umfeld interessiert und 74 Prozent daran, ihr Wissen im Bereich Computer, Internet und digitaler Themen auszubauen. Rund zwei Drittel der Plattformarbeiter sehen in der Digitalisierung Chancen für neue Jobentwicklungen in ihrem Arbeitsumfeld und sieben von zehn die Möglichkeit, beruflich flexibler zu sein und damit Arbeits- und Privatleben besser zu vereinbaren. Jedoch gibt es bereits erste Bewegungen aus der Politik heraus diesen noch volkswirtschaftlichen Nukleus von Innovation und Flexibilität direkt im Keim zu ersticken.[28]

Deutsche Unternehmen sollten die unterschiedlichen Erwerbs- und Arbeitsmarktformen als sich ergänzende Säulen eines vielschichtigen Arbeitsmarktes nutzen. Wir müssen in Deutschland die Rahmenbedingungen so gestalten, dass sich ihre Kraft in Innovation und Weiterentwicklung vollständig entfalten kann. Es ist angesichts des internationalen Wettbewerbs zwingend erforderlich einen Regulierungsrahmen zu schaffen, welcher einerseits Ausbeutung und Missbrauch verhindert und gleichzeitig Selbständigkeit und flexible Arbeitsformen fördert und (rechts-)sicher ausgestaltet. Denn auch in Anbetracht des Fachkräftemangels und der demografischen Entwicklung wird schnell klar, dass es sich Deutschland und Europa nicht leisten kann, hier potentialträchtige Experten-Ressourcen brachliegen zu lassen bzw. Abwanderungseffekte des Know-hows (brain drain) in Kauf zu nehmen.

Gerade mit Blick auf den durch die Pandemie verstärkten Digitalisierungsschub wird schnell erkennbar, dass hier und heute alles verfügbare Expertenwissen in diesem Land gebraucht wird. So war kürzlich in einem Artikel des Instituts der deutschen Wirtschaft zur Arbeitsmarktlage im Zusammenhang mit der Covid-19-Pandemie zu lesen: »Ein anderes Bild zeigt sich bei den Beschäftigten in IT-Berufen: Der Engpass hier ging nur leicht zurück und ist mit 33.000 weiterhin sehr hoch. Denn Unternehmen aller Branchen passen ihre Geschäftsmodelle – auch getrieben durch die Erfahrungen der vergangenen Monate – an, wodurch die Digitalisierung stark voranschreitet und die Betriebe immer mehr IT-Beschäftigte benötigen. Auch das Homeschooling führt zu einer stark steigenden Nachfrage nach digitalen Lösungen in Schulen und Bildungseinrichtungen. Dies dürfte den Bedarf nach IT-Kräften in den nächsten Monaten nochmals deutlich erhöhen: Allein um die gut 40.000 Schulen in Deutschland bei der Digitalisierung unterstützen zu können, wären 20.000 zusätzliche IT-Experten und IT-Fachkräfte nötig«.[29] Bestätigt wird dieses Bild durch eine Erhebung des BITKOM. Hiernach gab es Ende 2019 erstmals mehr als 100.000 unbesetzte Stellen für IT-Experten.[30] In Anbetracht der Ausgangslage, dass bereits vor Covid-19 zahlreiche Unternehmen aufgrund von fehlenden Digitalkompetenzen und -lösungen an ihre Grenzen stießen, ist es mehr als ausrechenbar, dass hier – sobald wir (hoffentlich) bald wieder die alte Wirtschaftskraft erreicht haben – weiterer Bedarf entsteht. Und gerade für den deutschen Mittelstand, der häufig auch in ländlichen Regionen angesiedelt ist, kann dies aufgrund der bekannten Allokationsprobleme (Urbanisierungseffekt[31]) überlebenswichtig werden. Dies verdeutlicht, wie verwundbar unsere Wirtschaft sein kann.

15.6 »Smart markets need smart regulation«

Der Wandel in der Wirtschaftswelt kann massive gesellschaftliche und wirtschaftliche Brüche erzeugen, wenn wir nicht ernsthaft versuchen, die Zeichen der Zeit zu erkennen und über die Gestaltung entsprechender Rahmenbedingungen frühzeitig entgegenzuwirken. Gerade angesichts des globalen Wettbewerbs und der weltweiten wirtschaftlichen Vernetzungen und Abhängigkeiten müssen wir alles tun, um den Wirtschaftsstandort Deutschland zu stärken. Dabei muss die Grundmaxime der Politik sein, unnötige Belastungen für Erwerbstätige und Unternehmen durch Gesetze und Regelungen zu vermeiden. Zu einer derartigen »Vermeidungsstrategie« gehört es, insbesondere Hemmnisse für Innovationskraft und Digitalisierungsvorhaben aus dem Weg zu räumen. Es braucht mehr Mut in der Politik!

Das »Normalarbeitsverhältnis« (in Festanstellung und ggf. ein Leben lang bei einem einzigen Unternehmen) entspricht schon lange nicht mehr der realen Arbeitswelt und sollte – mit Blick auf das digitale Zeitalter – auch nicht das alleinige Credo der Politik sein. Wer aber die aktuellen Diskussionen um eine Altersvorsorgepflicht für Selbständige, die Reform des Statusfeststellungsverfahrens oder die Überlegungen zur Regulierung der Plattformökonomie aufmerksam verfolgt[32], könnte leicht den Eindruck gewinnen, dass Selbständigkeit in diesem Land gar nicht richtig gewollt ist und nur das »Normalarbeitsverhältnis« die alleinige, erstrebenswerte Arbeitsform sein kann. Aber während die Zahl der Unternehmensgründungen seit Jahren besorgniserregend schrumpft[33], rufen wir gleichzeitig nach jungen Menschen, die sich trauen, »Neues« auszuprobieren, mutig voranschreiten und auf eigenen Füßen stehen wollen. Wie passt das zusammen? Und laufen wir nicht Gefahr, durch eine zu einseitige Kommunikation – welche stets das Negative, die Missbrauchspotentiale und die Schutzbedürftigkeit (von Selbständigen) in den Vordergrund rückt und damit ununterbrochen das Narrativ »Soloselbständigkeit gleich prekär« schürt – die Kreativitäts- und Innovationspotentiale der jungen Generationen im Keime zu ersticken? Es wird höchste Zeit, endlich auch die Chancen und den Nutzen von Selbständigkeit und hybrider Arbeitsformen für unsere Gesellschaft und Volkswirtschaft deutlich aufzuzeigen. Das eine schließt das andere nicht aus. Selbstverständlich müssen Missbrauch und Dumpinglöhne effektiv bekämpft werden. Aber wir dürfen das Kind nicht mit dem Bade ausschütten – Differenzierung und passgenaue Regulierung sind hier die Schlüsselbegriffe. Eine starke, innovative und wettbewerbsfähige Wirtschaft ist die Grundlage für einen stabilen und nachhaltigen Arbeitsmarkt. Dafür brauchen wir alle klugen Köpfe dieses Landes – unabhängig von der jeweiligen Beschäftigungsform. Dies wird uns auch zunehmend im Kontext der qualifizierten Einwanderung beschäftigen. Die demografiebedingte Schrumpfung der arbeitsfähigen Bevölkerung wird uns in den jetzt bevorstehenden 20er Jahren dieses Jahrhunderts ein relevantes Defizit an »Wissensträgerpotentialen« bescheren, welches wir national aus der eigenen Bevölkerungsentwicklung nicht mehr decken werden können. Wir müssen also alle inländischen Allokationspotentiale – die hier häufiger angesprochenen selbständigen Wissensarbeiter sind ein wichtiger Teil davon – mit einer Strategie der Gewinnung ausländischer Fachkräfte und Qualifikationen zusammendenken. Denn eines dürfen wir keinesfalls vergessen: Funktionierende Wirtschaftssysteme und Arbeitsmärkte sind neben vielen anderen Faktoren wie einem zuverlässigen, berechenbaren politisch-regulatorischen Rahmen wiederum entscheidend für eine gesunde und stabile Gesellschaftsstruktur.

Zum Autor

Carlos Frischmuth ist Vorstandsvorsitzender des Bundesverbandes für selbständige Wissensarbeit e. V. Der Verband setzt sich in der Politik für ein besseres Verständnis des Einsatzes von Selbständigen und für mehr Rechtssicherheit von Auftraggebern und Auftragnehmern ein. Carlos Frischmuth ist seit mehr als 20 Jahren im Dienstleistungsbereich aktiv. Aktuell ist er neben seiner Verbandsarbeit als Managing Director bei der Hays AG für den Geschäftsbereich IT Contracting, Legal, Healthcare und Compliant Sourcing verantwortlich.

Literatur

Analyse des Bundesinstituts für Berufsbildung (BIBB), 1.3 Urbanisierung, https://www.bibb.de/veroeffentlichungen/de/publication/download/16610, abgerufen am 29.10.2020

Baethge, C. B., Boberach, M., Hoffmann, A. & Wintermann, O., Plattformarbeit in Deutschland – Freie und flexible Arbeit ohne soziale Sicherung, 2019, URL: https://www.bertelsmann-stiftung.de/fileadmin/files/BSt/Publikationen/GrauePublikationen/Plattform_07lay.pdf, abgerufen am 29.10.2020

BMAS in Vorbereitung zu einer Regulierung der Plattformwirtschft, https://www.bmas.de/DE/Presse/Pressemitteilungen/2020/eckpunkte-plattformoekonomie.html, abgerufen am 29.10.2020

BMAS in Vorbereitung zu einer Regulierung der Plattformwirtschft, https://www.bmas.de/DE/Presse/Pressemitteilungen/2020/eckpunkte-plattformoekonomie.html, abgerufen am 29.10.2020

BITKOM: Erstmals mehr als 100.000 unbesetzte Stellen für IT-Experten, online im Internet 28.11.2019, URL: https://www.bitkom.org/Presse/Presseinformation/Erstmals-mehr-als-100000-unbesetzte-Stellen-fuer-IT-Experten#:., abgerufen am 20.10.2020

BMWI, Report zur Branchenanalyse BIP, https://www.bmwi.de/Redaktion/DE/Artikel/Mittelstand/dienstleistungswirtschaft-01-zahlen-trends.html, abgerufen am 29.10.2020

Burke, A. & Cowling, M., The relationship between freelance workforce intensity , business performance and job creation, online im Internet 29.08.2019, URL: https://link.springer.com/article/10.1007/s11187-019-00241-x, abgerufen am 29.10.2020

Deutschlands führende Agenturen (GWA), Monitor 2020, online im Internet 19.03.2020, URL: https://www.gwa.de/Presse/Studienund/GWAMonitore, abgerufen am 29.10.2020

DIHK: Corona trifft Gründungsgeschehen ins Mark – Hilfen anpassen, Bürokratie abbauen und Zugang zu Beteiligungskapital verbessern, online im Internet 10.2020, URL: https://www.dihk.de/resource/blob/31070/9b3e004c45cb5bd23a6096041bd05eda/dihk-gruenderreport-2020-data.pdf, abgerufen am 20.10.2020

Drucker, Peter: Concept of the Corporation, 4. Auflage, New Brunswick: Transaction Publishers, 2004

Hays AG, Studie zu Mixed Teams, https://www.hays.de/documents/10192/118775/hays-studie-mixed-teams-2007.pdf/eb948c4e-be16-4f66-8ec4-8eb44642d790, abgerufen am 29.10.2020

IDG Studie in Kooperation mit Hays AG, Studie für IT-Freiberufler, https://www.hays.de/documents/10192/118775/idg-studie-it-feiberufler-2019-1.pdf/839a2e03-e09e-c061-6303-bfc11a56bf54, abgerufen am 29.10.2020

iwd: Die Fachkräftelücke schrumpft, online im Internet 16.06.2020, URL: https://www.iwd.de/artikel/die-fachkraefteluecke-schrumpft-472379/, abgerufen am 20.10.2020

Institut der Deutschen Wirtschaft, Analyse zum Fachkräftemangel bei Ingenieuren, https://www.iwkoeln.de/fileadmin/publikationen/2011/63388/Fackraefteengpaesse_trotz_Bildungsaufstieg_2011-03-31-32.pdf, abgerufen am 20.10.2020

Koalitionsvertrag zwischen CDU, CSU und SPD, online im Internet 12.03.2020, URL: https://www.bundesregierung.de/resource/blob/975226/847984/5b8bc23590d4cb2892b31c987ad672b7/2018-03-14-koalitionsvertrag-data.pdf?download=1, abgerufen am 20.10.2020

MÜNCHNER KREIS: Leben, Arbeit, Bildung 2035+, online im Internet 23.06.2020, URL: https://www.muenchner-kreis.de/fileadmin/dokumente/_pdf/Zukunftsstudien/2020_Zukunftsstudie_MK_Band_VIII_Publikation.pdf, abgerufen am 29.10.2020

Schäfer, H.: IW Trends 1/2020 – Betrieblicher Einsatz flexibler Arbeitsformen, online im Internet 01. 2020, URL: https://www.iwkoeln.de/fileadmin/user_upload/Studien/IW-Trends/PDF/2020/IW-Trends_2020-01-01_Flexible_Erwerbsformen.pdf, abgerufen am 29.10.2020

VDMA Fach-Forum Industrie 4.0, https://industrie40.vdma.org/, abgerufen am 29.10.2020

Wirtschaftsdienst.EU, Informationen über die Rückläufigkeit von Selbständigkeit in Deutschland, https://www.wirtschaftsdienst.eu/inhalt/jahr/2016/heft/9/beitrag/warum-sinkt-die-zahl-der-selbstaendigen.html, abgerufen am 29.10.2020

V Bildung

16 Wie Bildung im Jahr 2030 aussehen muss – ein Brief an künftige Generationen

Sarah Henkelmann

Bildung ist der wichtigste Standortfaktor für jedes Land. Denn sie legt die Basis für gesellschaftliche und wirtschaftliche Entwicklung und Teilhabe. Die Pandemie im Jahr 2020 markiert eine Zäsur, die hoffentlich einen großen Ruck durch die deutsche Bildungslandschaft gehen lässt. Was daraus werden kann und was dafür geschehen muss, diskutiert die Autorin in einem Brief an unsere künftigen Kinder.

16.1 Mein großer Wunsch für euch

Liebe Kinder,

wenn ihr diesen Brief lest, ist Schule anders als heute. Zumindest hoffe ich das. Für euch beinhaltet Schule virtuelle Welten, in denen ihr verschiedene Aufgaben in der Gemeinschaft löst. Ihr lernt personalisiert, von überall aus, auf eure Bedürfnisse zugeschnitten. Euer natürlicher und kindlicher Wissendurst wird gestillt und ihr habt Freude beim Lernen neuer Kompetenzen. Ihr lernt mit Gleichaltrigen genauso wie mit jüngeren und älteren Kindern. Euer Klassenzimmer ist an einem festen Ort, aber auch virtuell zu besuchen. In einigen Projekten trefft ihr euch sogar mit Kindern aus anderen Ländern in diesem virtuellen Raum, um gemeinsame Lösungen zu erarbeiten. Ihr testet aus, probiert Neues und besprecht euch intensiv mit euren Lernbegleitern. Ihr habt mehrere Erwachsene, die ihr fragen könnt und die euch gerne weiterhelfen, euch Ideen liefern, wo ihr oder wie ihr suchen müsst, um auf Ergebnisse zu kommen. Ich freue mich jeden Tag darüber zu sehen, mit welcher Freude ihr und eure Freunde lernt. Wir Eltern stehen im Dialog mit euren Lernbegleitern und unterstützen euren Weg. Bücher lest ihr gerne, aber ihr tragt keine mehr zur Schule und wieder nach Hause. Eure Arbeitsmaterialien und

Unterlagen stehen euch digital zur Verfügung. Ihr habt die nötigen technischen Werkzeuge dafür zur Verfügung, eure Lernbegleiter ebenso und eure Lernorte sind mit pädagogischer Technik ausgestattet, sodass ihr in kollaborativen Lernräumen gemeinsam lernt.

So jedenfalls wünsche ich mir das für euch! Und gerne will ich euch erzählen, was nötig ist, um dieses Ziel zu erreichen. Denn heute, im Jahr 2020, stehen wir vor großen Herausforderungen!

16.2 Mit Kreidetafel Künstliche Intelligenz lehren?

Im Frühjahr 2020 ereilt uns eine weltweite Pandemie, die dazu führt, dass Kinder viele Wochen und Monate nicht zur Schule gehen können. Denn die allermeisten Schulen sind sehr altmodisch, sie sehen noch genauso aus, wie zu Zeiten eurer Großeltern und Urgroßeltern. Kinder lernen an Kreidetafeln, schleppen täglich viele Bücher in die Schule und mittags wieder nach Hause. Sie schreiben in Hefte, die sie manchmal den Lehrern mit nach Hause geben und einige Tage später korrigiert wiederbekommen. Smartphones, Computer und andere technische Geräte sind vielerorts verboten und dürfen nur außerhalb der Schule benutzt werden. Die Mehrheit der Schulen hat keinen Internetanschluss. Obwohl unser Leben bereits in vielen Bereichen hochtechnisiert ist, wir über Kryptowährung, künstliche Intelligenz (KI) und maschinelles Lernen sprechen und diese bereits Verwendung in Unternehmen finden, lernen die Kinder in der Schulen nichts darüber, geschweige denn, dass Technologien an den Schulen zu finden sind. In den Jahren zuvor hatte sich kaum einer der Bildung angenommen oder gar große Veränderungen gewagt, bis die Pandemie unser Land fest im Griff hat und Kinder digital unterrichtet werden müssen. Die Lehrkräfte suchen nun händeringend nach Möglichkeiten, um neue Unterrichtsformen zu erproben. Sie merken, dass Unterricht nicht auf Knopfdruck in den virtuellen Raum gelegt werden kann, und dass sich auch das Lernen und das Lehren in Schulgebäuden verändern müssen.

Dabei wissen wir doch schon lange, dass Kinder zwar mit Kreidetafeln lernen, aber künftig in einer Welt voller Technik bestehen wollen. In einer Welt, in der Algorithmen aussuchen, was sie lesen und in der Künstliche Intelligenz entscheidet, wo und wie sie kaufen. Wir wissen es, weil uns viele Studien darauf aufmerksam gemacht hatten. Wir haben viel geredet, aber in den Jahren vor 2020 hatten wir viel zu wenig dafür getan. Zu groß schien die Anstrengung und zu groß die Auseinandersetzung. Gerade einmal ein Jahr zuvor wurde ein Programm zur Förderung der Digitalisierung der Schulen auf den Weg gebracht. Es nannte sich »DigitalPakt Schule«. Diese Förderung sollte den Schulen einen Anschub geben sich auf den Weg zu machen. Viele Jahre hatte es gebraucht bis endlich 2019 die Förderung stand. Es musste sogar unser Grundgesetz dafür verändert werden, um die Schulen finanziell fördern zu dürfen. Ganz behutsam fingen dann die ersten Schulen in Deutschland an, in digitale Bildung zu investieren. Dann kam die Pandemie und alle sehen nun, wie schlecht unser Bildungssystem auf so etwas vorbereitet und auch ausgestattet ist. So werden jetzt viele Sofortprogramme aufgelegt, um die Lücken zu schließen und die Digitalisierung im Bildungssystem voranzubringen. Vieles passiert im Hauruck-Verfahren, aber es ist ein dringender und nötiger Anstoß, der hier passiert.

Doch das Geheimnis des Erfolgs in den kommenden Jahren wird sein, es nicht bei Sofortmaßnahmen und Stückwerk zu belassen, sondern diese Dynamik zu nutzen, um kontinuierlich und konsequent an der Verbesserung des Bildungssystems zu arbeiten. Folgende Gedanken sollten uns dabei leiten:

16.3 Erster Gedanke: Technologie verstehen und Verantwortung übernehmen

Bildung soll Menschen befähigen, sich in einer digitalisierten Welt zu bewegen und diese zu gestalten. Wir haben uns dabei gedacht, dass wer im Zeitalter der Digitalisierung gesellschaftlich verantwortlich entscheiden und handeln will, ein Verständnis für neue Technologien braucht. Dieses Verständnis reicht jedoch weit über die bloße Anwendung hinaus, denn mit der Digitalisierung aller Lebensbereiche stellen sich Fragen der gesellschaftlichen Verantwortung neu. Wie gehen wir mit den wachsenden Datenmengen, die genauso sensibel wie wertvoll sind, richtig um? Wie lernen wir abzuwägen zwischen den Chancen technischer Neuentwicklungen und ihren Risiken?

Um realistisch einschätzen zu können, was Digitalisierung für die Wirtschaft, die Gesellschaft und jeden Einzelnen von uns bedeutet und wo die Möglichkeiten liegen, die Entwicklungen zu steuern, müssen wir sie zunächst in all ihren Auswirkungen verstehen. Das wiederum ist nicht zu leisten, wenn wir technische Entwicklungen aus der Ferne betrachten, quasi vom Beckenrand, oder sie gar aus einzelnen Lebensbereichen – wie z. B. in der Schule – ausklammern. Wir brauchen eine kontinuierliche Diskussion über die Möglichkeiten, die Auswirkungen und die Regeln beim Umgang mit den digitalen Technologien. Und wir brauchen eine intensive Auseinandersetzung damit, wie digitale Medien funktionieren, wie Kommunikation in sozialen Netzwerken verläuft und welche Auswirkungen digitale Produktionsprozesse auf die Zukunft unserer Arbeit haben.

Um in unserem Alltag mündige Entscheidungen treffen zu können, brauchen wir digitale Kompetenzen. Und Schule ist der Ort, um diese Kompetenzen zu lernen und einzuüben.

16.4 Zweiter Gedanke: Unterricht neu denken

Die Welt verändert sich und deshalb muss sich auch die Art zu unterrichten verändern. Allerdings konzentriert sich unser Bildungssystem heute noch viel zu wenig darauf, den Kindern beizubringen, ihre kognitiven und kreativen Fähigkeiten zu nutzen. Auch das sozio-emotionale Lernen (SEL) ist noch nicht systematisch im

Bildungswesen verankert. Schon längst geht es nicht mehr darum, Fachwissen zu akkumulieren, sondern das Wissen der Welt finden, verstehen, einordnen und anwenden zu können. Da dies heute hauptsächlich digital geschieht, ist es unerlässlich, digitale Lernwerkzeuge und Medien im Unterricht einzubinden.

Schule und Unterricht sollen einen sicheren Raum zum Ausprobieren und Lernen bieten, in dem Kinder fachliche, soziale und emotionale Kompetenzen entwickeln können – mittels aktiver Lernerfahrungen in einem Klima von Anerkennung, Wertschätzung und Motivation. Die Schülerinnen und Schüler sollen befähigt werden, sich in einer digitalisierten Welt souverän zu bewegen, vernünftige Entscheidungen zu treffen und daraus Handlungen abzuleiten.

Das bedeutet, ihr liebe Kinder, müsst fähig sein, Wissen, Informationen und digitale Technologien in einer Weise anzuwenden, damit ihr schneller kreative Lösungen für Problemstellungen finden könnt. Dazu müsst ihr digitale Technologien verstehen können: Wozu sie gut sind, welches Ziel und welche Wirkung sie haben und für welche Aufgaben sie sich eignen. Und auch die vielen Informationen, die im digitalen Raum schwirren, müsst ihr einordnen, kritisch hinterfragen und bewerten können. Wenn ihr Wissen und Informationen digital weitergebt, dann müsst ihr in der Lage sein, zu verstehen, welche Folgen dies haben kann – für andere und für euch selbst. Das ist »digitale Mündigkeit« und die Schule ist der Ort wo ihr das lernen sollt.

Aber um all diese Kompetenzen zu erwerben, braucht es entsprechend ausgestattete Schulen und Lehrkräfte, die den Umgang mit Medien und diese Art der Medienkompetenz lehren können. Es gibt mittlerweile zahlreiche Studien, die belegen, dass digitale Lernwerkzeuge die Motivation bei Schülerinnen und Schülern, aber auch bei Lehrkräften steigert, weil dies die Lernergebnisse verbessert und den Lehrkräften Zeit in der Unterrichtsvorbereitung spart. Richtig eingesetzt fördern sie Kommunikation, Kollaboration, Kreativität und kritisches Denken. Wichtig ist dabei, die Lernenden in den Mittelpunkt zu stellen und zuerst pädagogische Konzepte zu entwickeln, in die dann digitale Lernwerkzeuge eingebettet werden. Die Nutzung der digitalen Medien fördert das eigenständige und selbstorganisierte Lernen ebenso wie das kollaborative Arbeiten. Damit fördern digitale Lernwerkzeuge genau die Kompetenzen, die schon jetzt im Berufsleben immer gefragter werden. Wichtig ist dabei, praktische Handlungskonzepte und pädagogisch-didaktische Szenarien zu entwickeln, zu erproben und zu evaluieren. Digitale Bildung ist Teil der Schulentwicklung. Die Erfahrung zeigt, dass solche Schulentwicklungskonzepte dann erfolgreich sind, wenn sie regelmäßig ergänzt und kontinuierlich weiterentwickelt werden.

Ganz zentral und wichtig ist hierbei die Aus- und Fortbildung der Lehrkräfte. Denn nur wer weiß, welche Chancen digitale Medien bieten und die Technik dahinter beherrscht, kann sie gewinnbringend und mit Spaß nutzen – und vor allem euch, liebe Kinder, motivieren und für das Lernen begeistern. Immer mehr Lehrerinnen und Lehrer sind heute offen dafür, die neuen Methoden mit Hilfe neuer Technik in ihrem Unterricht einzusetzen. Jetzt müssen wir dafür sorgen, dass auch sie lebenslang lernen dürfen, ihre Werkzeuge beherrschen und vor allem auch mit guten Werkzeugen ausgestattet werden!

Gerade mit Blick auf die gesellschaftliche Vielfalt, die sich auch in den immer unterschiedlicheren Lernvoraussetzungen und Lernständen im Klassenzimmer widerspiegelt, haben digitale Medien, sofern ihr Einsatz in eine individuell fördernde Lehr- und Lernkultur eingebettet ist, große Potenziale. Sie können dabei helfen, Inhalte, Wege und Lernmethoden auf die Bedürfnisse der einzelnen Schülerinnen und Schüler zuzuschneiden, dürfen dabei aber niemals zum Selbstzweck werden. Im Mittelpunkt muss immer das Ziel stehen, dass alle in der Klasse entsprechend ihren individuellen Voraussetzungen erfolgreich lernen können.

16.5 Dritter Gedanke: Alle müssen an Bildung teilhaben können

Wir wissen, dass Bildung für alle ein leeres Versprechen der Digitalisierung bleibt, solange nicht die Ausbildung einer Medienkompetenz für alle als dauerhafter Lernprozess gesichert ist. Freier Zugang zu Bildung, Lernen in der Gemeinschaft bei ungleichen Voraussetzungen sowie individuelle Förderung – diese Perspektiven sind die großen Versprechen der digitalen Bildung. Die digitalen Kommunikationsformen bergen ein neues Potenzial für gesellschaftliche Teilhabe. Rein theoretisch bietet das Internet eine wesentliche Voraussetzung für den Zugang zu unserer Wissensgesellschaft. Wissen, das digital zur Verfügung steht, kann leichter geteilt werden und vielen gleichzeitig zugänglich gemacht werden. Ein wichtiger Schlüssel für die flächendeckende Nutzung dieser Potenziale ist die Medienkompetenz. Nur ihre umfassende Ausbildung, angefangen in der Schule und später im lebenslangen Lernen, kann garantieren, dass Kinder, Jugendliche und Erwachsene gleichermaßen von den Möglichkeiten der Digitalisierung profitieren. Die Teilhabe an gesellschaftlichen Diskussionsprozessen setzt einerseits voraus, dass man sich in Themen eigenständig einarbeiten kann und Diskussionsformen im Netz beherrscht. Andererseits geht es bei Teilhabe schlicht um den Zugang. Auch hier brauchte es am Ende eine Pandemie, damit deutlich geworden ist, wie wichtig es ist, dass alle einen Zugang zum Internet bzw. zu digitalen Technologien haben.

Teilhabe heißt auch, jene Menschen in gemeinsame Lernprozesse einzubinden, die bislang aufgrund körperlicher oder psychischer Lernbehinderungen davon ausgeschlossen sind. Pädagogisch ausgerichtete Lerntechnologien passen sich an die individuellen Voraussetzungen der Lernenden an und können Lernbarrieren wie Seh- oder Hörschwächen, verlangsamte Auffassungsfähigkeit oder auch Konzentrationsprobleme mildern oder auch überwinden. Heute, im Jahr 2020, stehen in Schulen weder die technischen Geräte zur Verfügung, noch sind die Lehrkräfte auf die methodischen Voraussetzungen hinreichend vorbereitet, um ihren Unterricht dadurch bereichern zu können. Die Bildungserfolge der Kinder in Deutschland hängen stark vom Einkommen und Bildungstand der Eltern ab. Kinder aus weniger privilegiertem Elternhaus bleiben dabei zu oft hinter ihren Möglichkeiten zurück. Nach Untersuchungen zufolge nutzen Jugendliche aus privilegierterem Elternhaus den Computer häufiger zum Lernen und verfügen dadurch über eine höhere Medienkompetenz – hier wächst eine digitale Kluft, die schon in frühen Jahren über die Chancen der Kinder und Jugendlichen im Arbeitsmarkt und auch über ihre Stellung in der Gesellschaft mit entscheidet. Dadurch verlieren nicht nur die Kinder, sondern auch die Gesellschaft, weil sie das Potenzial der jungen Generation nicht voll ausschöpft. Ich hoffe, dass dies in Zukunft anders ist!

Wie können wir das lösen? Indem wir die Nutzung der digitalen Geräte aus dem rein privaten Bereich herausheben und in die Schule einbinden. Damit alle Kinder die Chance erhalten, mit der Technik, die sie umgibt, aufzuwachsen, sich damit wie selbstverständlich vertraut zu machen und kritisch darüber zu reflektieren.

16.6 Vierter Gedanke: Neue Kompetenzen für neue Arbeitswelten

Mit der Digitalisierung wandelt sich unsere Arbeitswelt. Damit sind neue Kompetenzen gefragt, die kollaborative Arbeitsprozesse ermöglichen. Computer oder Roboter leisten heute schon viel von dem, wofür einst Personal gebraucht wurde, und diese Entwicklung ist lange nicht abgeschlossen. Auch Innovationen werden fast ausschließlich digital getrieben sein. IT-Kompetenzen werden in sehr naher Zukunft von einem Großteil der Belegschaft erwartet, doch bilden diese nur die Grundausstattung.

Auch wenn die Digitalisierung auf dem Vormarsch ist, so werden doch die zutiefst menschlichen Fähigkeiten entscheidend für den Erfolg einer Gesellschaft sein. Die OECD hat vier zentrale Zukunftskompetenzen, die so genannten »21st Century Skills«, ausgemacht, die auch von der deutschen Kultusministerkonferenz als unerlässlich erachtet werden: kritisches Denken, Kommunikation, Kreativität und Kollaboration. Abgerundet werden diese durch sozio-emotionale Fähigkeiten, mit denen wir unsere Gedanken, Emotionen und Verhalten steuern. Sie werden zukünftig eine stärkere Rolle spielen, bspw. um eine offene und vertrauensvolle Zusammenarbeit auf Augenhöhe, Kreativität und Selbstorganisation zu ermöglichen. Menschen müssen befähigt werden, Wissen und Informationen ergebnisorientiert anzuwenden, um schneller kreative Lösungen für Problemstellungen entwickeln zu können. Schaut man in die Schulen und Hochschulen, so sind es die mit der digitalen Bildung ermöglichten neuen Lernmethoden, die z. B. die Kooperationsbereitschaft, eigenständiges und eigenverantwortliches Lernen sowie Kommunikationsstärke einüben und ausbilden. Ein Großteil der Kinder, die derzeit die Schule besuchen, wird Berufe ausüben, die es 2020 so noch gar nicht gibt. Lebenslanges Lernen wird für sie die Voraussetzung sein, um sich auf immer neue Anforderungen einlassen zu können. Sie müssen dafür von Anfang an das Lernen

lernen – ebenfalls eine Kompetenz, die im digitalen Klassenzimmer eine wichtige Rolle spielt.

Sind diese genannten Kompetenzen ausgebildet, so sind die Weichen für die Zukunft gestellt. Denn mit diesen Kompetenzen schlagen wir alle Programme, die mit Künstlicher Intelligenz gespickt sind. Wir können neue Lösungsansätze entwickeln und uns in einer digitalisierten Welt mündig bewegen und unser Leben gestalten. Wir arbeiten heute daran und entwickeln die Schritte, die es ermöglichen, dass ihr in Zukunft gut und besser lernen könnt als noch im Jahre 2020. Heute wissen wir: Wenn der digitale Wandel in Schulen und Hochschulen weiter außen vor bleibt, so fehlt unserer Gesellschaft und unserer Wirtschaft die Basis für Innovationsfähigkeit. Denn Innovationen werden zwar heute fast ausschließlich digital gedacht aber doch von Menschen gemacht. Dafür benötigt man bspw. auch Kreativität.

16.7 Wunschdenken oder Wirklichkeit?

Liebe Kinder, es erfordert viel, um dorthin zu kommen, wo ihr heute sein sollt. Wenn ihr diesen Brief lest, hoffe ich, dass sich mein Wunsch für euch erfüllt hat: Dass alle Schülerinnen und Schüler – egal aus welcher Familie, aus welchem Bundesland, aus welchem Dorf oder Stadtteil sie kommen – immer in die beste Schule gehen können, mit der bestmöglichen Ausstattung, den besten Geräten, den bestausgebildeten und motiviertesten Lehrkräften.

Wir bringen heute neue Strukturen und neue Methoden auf den Weg, um den Wandel zu verwirklichen. Wir haben einen Veränderungsprozess angeschoben, der bis in die Zukunft andauert. Denn gute Schule und gute Bildung ist niemals statisch. Sie entwickelt sich mit der Gesellschaft weiter, damit Menschen auch in Zukunft die Welt, in der sie leben, aktiv gestalten können.

Eure Sarah

Zur Autorin

Dr. Sarah Henkelmann berät Ministerien, Schulen und Hochschulen zum Einsatz interaktiver Medien und Technologien. Als ehemalige Leiterin eines internationalen Masterstudiengangs hat sie viel Unterrichts- und Lehrerfahrung. Daneben war sie in die Lehrerausbildung für das Fach Politik in Niedersachsen involviert. Die Leiterin von sciovation bildet in Deutschland, Österreich und der Schweiz Lehrerinnen und Lehrer, Professorinnen und Professoren zum Einsatz interaktiver Medien weiter. Seit 2016 ist Dr. Sarah Henkelmann Sprecherin des »Netzwerk Digitale Bildung«.

17 Kompetenzen für die Zukunft – was und wie lernen wir im deutschen Bildungssystem

Volker Meyer-Guckel

Beginnen wir mit einem Gedankenexperiment. Am Anfang stehen Fragen: Wenn Sie an Ihren beruflichen Alltag denken und die Fähigkeiten und Fertigkeiten, die Sie benötigen, um ihn erfolgreich zu bewältigen. Wo haben Sie diese Kompetenzen gelernt? In der Schule, in der Hochschule, im Betrieb? Während Ihrer Ausbildung oder *on the job*? Vermittelt von einer Lehrkraft oder gewissermaßen en passant, ohne dass Sie sich des Lernens bewusst waren? Und wie haben Sie gelernt? Allein oder kollaborativ, Schritt für Schritt oder eher disruptiv, durch Lesen, Anschauen, zuhören, durch Ausprobieren und Üben? Zu festgelegten Zeiten, nach Stundenplan? Wenn ich Sie nach einer besonderen Lernerfahrung fragte, was würden Sie mir erzählen, woran sich erinnern – und warum?

Im zweiten Teil des Experiments vergleichen Sie nun Ihre Antworten mit der Art und Weise, wie unsere Bildungsinstitutionen Wissen vermitteln. In einem Beitrag zur Hochschullehre hat Jefrey R. Young dies so auf den Punkt gebracht: »The teaching style (of universities) is a tradition passed down through generations of academics, and despite the addition of computers, projectors and PowerPoint, little has changed in the basic model: a professor talks, large numbers of students listen, and one or two brave souls ask questions in the final moments. Class dismissed.«[34]

Unsere Gesellschaft verändert sich. Unsere Bildungseinrichtungen scheinen in traditionellen Methoden und Formaten zu verharren. Das ist nicht nur das gängige Klischee; jüngste Studien scheinen dies zu bestätigen. So landet Deutschland in der letzten PISA-Sonderauswertung der OECD hinsichtlich des Zugangs von Schülern und Lehrern auf digitale Lernplattformen in der Schlussgruppe aller Länder, zwischen Marokko und Albanien.[35]

Ein genauerer Blick zeigt jedoch, dass sich das Lernen und Lehren, ein Feld, das lange Zeit ein »nahezu innovationsfreier Raum« war[36], in unseren Schulen und Hochschulen derzeit wandelt. Dies ist auch, aber keinesfalls nur, mit den gesellschaftlichen Veränderungen in der Corona-Epidemie verknüpft. Dieser Wandel soll im Folgenden beleuchtet werden. Eine zweite Entwicklung ist aber möglicherweise noch bedeutsamer. Zu den klassischen Bildungsinstitutionen treten zunehmend neue Lernorte und Einrichtungen. Digitale Bildungsplattformen und Education Start-ups mit großer Reichweite wie bettermarks, babbel oder SimpleClub. Neue Schul- und Hochschulformate wie Ecole42[37] oder die Code University[38], in denen – kurzgefasst – die Lernenden zu Lehrenden werden. Und schließlich Unternehmen, die ursprünglich mit ganz anderen Motiven und Zielsetzungen gegründet wurden, die sich aber inzwischen zu einflussreichen Bildungsanbietern entwickelt haben. Zwei frappante Beispiele aus der jüngsten Zeit: die Karriereplattform LinkedIn mutiert zu einem der größten Bildungsanbieter weltweit und der Suchmaschinendienst Google konkurriert mit Hochschulen in den USA und anderswo auf der Welt als Anbieter eigener Curricula, die von vielen Firmen als akademisch gleichwertig anerkannt werden.[39] Diese und viele andere Beobachtungen lassen sich in der These bündeln, dass das Bildungs- und Qualifizierungssystem insgesamt von vielen Varianten der »Entgrenzung« geprägt ist: Entgrenzungen zwischen privaten und öffentlichen Bildungsanbietern, zwischen formellen und informellen Lernorten, Entgrenzungen zwischen nationalen und internationalen Bildungseinrichtungen, Entgrenzungen aber auch von disziplinären Fokussierungen sowie klassisch definierten Rollenzuschreibungen für Lehrende und Lernende. Sie prägen in Zukunft genauso das, was wir lernen, wie auch die Art, wie wir lernen und die Frage, wo wir lernen.

17.1 Was lernen wir?

Die Frage, was wir lernen und lernen sollten, ist so alt wie unsere Bildungseinrichtungen selbst. Eine Bewertung der deutschen Schulcurricula im Einzelnen würde den Rahmen dieses Beitrags bei weitem sprengen. Aber es lohnt, ein Schlaglicht auf die Lerninhalte anderer Länder zu werfen. Das Offensichtlichste: In vielen asiatischen, angelsächsischen und skandinavischen Ländern gehört die Beschäftigung mit Künstlicher Intelligenz inzwischen zum Kerncurriculum der Schulen. Das erste Schulbuch nur zum Thema Künstliche Intelligenz und maschinellem Lernen stammt aus China.[40] Davon sind wir in Deutschland noch sehr weit entfernt. Das Fach Informatik fristet hier immer noch ein randständiges Dasein, wird allenfalls als Wahlfach oder Arbeitsgemeinschaft angeboten. Coding-Kurse sind Mangelware, der Umgang mit Daten, digitalen Instrumenten und dessen ethische und erkenntnistheoretische Implikationen müsste viel systematischer als fachübergreifende Schlüsselkompetenz bzw. »Kulturtechnik« des 21. Jahrhunderts schon in der Schule gelehrt werden.[41] Nicht nur, weil der Arbeitsmarkt solche Kompetenzen verlangt.[42] Bei diesen Lerninhalten, die weit über Programmierfähigkeiten hinausgehen, geht es viel umfassender um neue Wege, Wissen zu erschließen, um neue Formen der Urteilsbildung, gesellschaftlicher Teilhabe und Gestaltung von Welterfahrung. Kurzum: Es geht um einen souveränen Zugang zur Welt und damit um eine zentrale Grundlage jeglicher Bildung.

Es ist also an der Zeit, neu zu justieren, was wir allgemein unter dem Bildungsziel »mündiger Bürger« fassen. Was Wirtschaft und Gesellschaft zur wertschöpfenden Entwicklung brauchen, muss in diese Neujustierung einbezogen werden. Wie sieht es damit aus? Die Studie »Future Skills« von Stifterverband und McKinsey sagt einen Bedarf von 700.000 Menschen in der deutschen Wirtschaft voraus, die sog. »Zukunftskompetenzen« mitbringen. Rechnet man zu diesen Zahlen noch den Bedarf hinzu, der durch die großen digitalen Transformationsvorhaben in Politik, öffentlichen Einrichtungen und der Verwaltung entsteht, kommt man leicht auf einen Bedarf von einer Million Fachkräften, die ein neues *skill-set* in die Arbeitswelt einbringen müssen. Die dringend benötigten Kompetenzen lassen sich in drei Bedarfscluster herunterbrechen: Gesucht werden zuallererst technische Spezialisten für komplexe Datenanalyse, nutzerzentriertes Web-Design, Smart Robotics, Hardware-Entwicklung und die Administration von IT-Netzwerken. Gesucht werden aber auch Mitarbeitende mit digitalen Schlüsselqualifikationen im weiteren Sinne wie Daten-Analysefähigkeiten und KI-Anwendungskompetenzen sowie Know-how zu den Themen agiles Arbeiten, digitales Lern- und Wissensmanagement, digitale Interaktion und Kollaboration. Dazu tritt ein drittes Bedarfscluster sog. »Classic Skills«, die in den neuen, nicht hierarchischen, digital- und netzwerkgeprägten Arbeitswelten zunehmende Bedeutung erlangen: Problemlösekompetenzen, Kreativität, Flexibilität und unternehmerisches Denken.[43] Es zeigt sich: Mangelnde Bildungsgrundlagen, systematische »Bildungslücken« in der Bevölkerung werden zu einem großen Risiko für die Zukunftsfähigkeit des Standortes Deutschland.

Über bildungspolitische Entscheidungen allein lässt sich eine bedarfsgerechte Bildung und Qualifizierung allerdings nicht vorantreiben. Selbst wenn morgen die Kultusministerkonferenz entscheiden würde, Informatik in jedem Bundesland zu einem Pflichtfach an den allgemeinbildenden Schulen zu machen, bräuchten wir in kürzester Zeit 25.000 neue Informatiklehrer in Deutschland – derzeit sind es nicht mehr als 2.000.[44] Bereits 2017 hat die Kultusministerkonferenz eine Strategie »Bildung in der digitalen Welt« verabschiedet. Darin heißt es: »Die Länder beziehen in ihren Lehr- und Bildungsplänen (...), beginnend mit der Primarschule, die Kompetenzen ein, die für eine aktive, selbstbestimmte Teilhabe in einer digitalen Welt erforderlich sind. Dies wird (...) integrativer Teil der Fachcurricula aller Fächer.«[45] Folglich muss die »Förderung der Kompetenzbildung bei Lehrkräften, die ihren Bildungs- und Erziehungsauftrag in einer »digitalen Welt« verantwortungsvoll erfüllen, (...) als integrale Aufgabe (...) über alle Phasen der Lehrerbildung hinweg aufgebaut werden.«[46] Seitdem ist jedoch nicht viel passiert. Eine Erhebung aus dem Jahr 2018 kommt zu dem ernüchternden Ergebnis, dass nur 5% der Lehramtsstudierenden aller Fächer mit digitalen Inhalten während ihres Studiums konfrontiert werden.[47] Mit anderen Worten: Die Lehramtsausbildung in Deutschland ist noch immer eine nahezu digitalfreie Zone.

Viele der mit den nicht technischen, neuen Schlüsselkompetenzen verknüpften Bildungsziele sind nicht neu. Und doch stellen sie eine große Herausforderung an noch immer disziplinenorientierte Lehrinhalte und Unterrichtsformate dar, u. a.

deshalb, weil sie sich nicht einem spezifischen Unterrichtsfach zuordnen lassen. Sie sind kontextualisiert durch eine politische, gesellschaftliche und wirtschaftliche Gegenwart, die die US-Wissenschaftler Warren Bennis und Burt Nanus, die sich mit Organisationsentwicklung und Aspekten erfolgreichen Führens beschäftigt haben, schon 1987 als sog. »VUKA-Welt« beschrieben haben.[48] Diese ist gekennzeichnet durch Volatilität, Ungewissheit, Komplexität und Ambiguität. Man könnte auch die These formulieren: Die Welt passt nicht mehr in disziplinäre Kategorien, sie widersetzt sich zunehmend diesem Ordnungsversuch. Wenn das zutrifft, muss aber auch die Welterschließung als Fundament für gesellschaftliche Teilhabe und Wertschöpfung einer anderen Logik folgen als bisher. Deshalb müssen wir unseren traditionellen und nach Disziplinen geordneten Bildungskanon neu denken: Nicht die Frage in den Vordergrund stellen, wie wir Zukunftskompetenzen im bestehenden Kanon berücksichtigen können, sondern neue Unterrichtsformate entwickeln, die von den benötigten Kompetenzen her bestimmt werden und typischerweise transdisziplinär verortet sind. Wir müssen also neu darüber nachdenken, wie unsere Bildungseinrichtungen uns vermehrt darauf vorbereiten, Komplexität durch Multiperspektivität wahrzunehmen, Mehrdeutigkeiten auszuhalten und sie gleichzeitig in Urteilsbildungs- und Entscheidungsprozessen zu strukturieren und zu reduzieren. Welche Methoden und Formate sind dafür geeignet? Spätestens bei dieser Frage verknüpft sich das »Was« des Lernens mit dem »Wie« des Lernens.

17.2 Wie lernen wir?

Seit der Jahrtausendwende beherrscht ein neues Paradigma den pädagogisch-didaktischen Diskurs: der sog. »Shift from teaching to learning«. Dieser Sichtwechsel vom Lehren zum Lernen ist dadurch gekennzeichnet, dass Schüler und Studierende mit ihren Lernprozessen in den Mittelpunkt rücken und der Unterricht neu ausgerichtet wird zu einem aktiven, individualisierten und selbstgesteuerten Lernen. Damit einher geht ein Wandel der Lehrendenrolle weg von der Zentrierung auf Instruktion hin zum Arrangement von Lernumgebungen, Lernbegleitungsprozessen und Lernstrategien.[49] Nicht mehr das »Wissen« steht im Vordergrund der Betrachtung, sondern die Art und Weise der Wissensaneignung und sog. »Learning outcomes«, also die Kompetenzen, die Schüler und Studierende erwerben, das »Können«. Dieser kompetenzorientierte Ansatz arrangiert Lernprozesse zunehmend als »komplexe Problemstellungen unter möglichst authentischen Bedingungen (…), in der die Problembearbeitung multiple Perspektiven einzunehmen erlaubt (…), Reflektion anregt und bevorzugt in sozialem Austausch stattfindet.«[50] Dieses neue Paradigma hat zu zahlreichen neuen Lernkonzepten in den letzten beiden Dekaden geführt, die teils in, vor allem aber »zwischen« den traditionellen Fachcurricula neue Lernarrangements etabliert haben. Sie manifestieren sich in Projektwochen in den Schulen, fachübergreifenden »Problem-based learning«-Arrangements in Hochschulen, »Service-learning«-Angeboten, in denen Schüler, Studierende und Lehrende gemeinschaftlich mit anderen Professionen Problemstellungen gesellschaftlicher Institutionen zum Gegenstand von Lernen, Reflektion und Transformation machen, oder in neuen Lernumgebungen wie Real- oder Zukunftslaboren, Hackathons und Makerspaces, in denen gesellschaftliche Herausforderungen transdisziplinär reflektiert und mit der Erarbeitung und Konstruktion von lösungsorientierten Prototypen verknüpft werden. Das Besondere an solchen Lernarrangements ist mindestens dreierlei: Erstens liegt es im Vertrauen auf kollaborative Peer-to-Peer-Ansätze des Lern- und Wissensaustausches, in denen den Lernenden zugetraut, aber auch zugemutet wird, vorhandenes Wissen zu aktivieren und es in die heterogenen Lerngruppen und -umgebungen hinein- und zusammentragen. Zweitens findet gleichsam eine Umkehrung der Wissensvermittlung statt: Nicht die Lehrkraft entscheidet darüber, welche neuen Lerninhalte wann gelehrt und gelernt werden, sondern Schüler und Studierende erfahren bei der Bearbeitung konkreter Problemstellungen auch die Grenzen ihres verfügbaren Wissens, was sie in besonderer Weise motiviert, bestehende Grenzen zu überwinden und dazuzulernen. Die dritte Besonderheit liegt in der »Entgrenzung« der klassischen Lerninstitutionen, in der Verknüpfung von mehreren, physischen und virtuellen Lernumgebungen, in denen viele unterschiedliche gesellschaftliche Orte zugleich Lernorte und Transformationsräume werden. In diesen Arrangements wird nicht nur Wissen vermittelt und zusammengetragen, es wird auch erlernt, was Otto Scharmer »transformational literacy«[51] nennt: Lernende erfahren einerseits in besonderer Weise »Selbstwirksamkeit«, die Zuversicht, auch schwierige Situationen und Herausforderungen aus eigener Kraft erfolgreich bewältigen zu können. Zugleich erkennen sie den Mehrwert, aber auch die Schwierigkeiten, die das Zusammenspiel von heterogenen »Wissensgebern«, Interessenhorizonten und Erwartungshaltungen in Transformationsprozessen in aller Regel prägt.

Mittlerweile gibt es also zahlreiche Ansätze und Erfahrungen für eine neue Art des Lernens und Qualifizierens. Aber allen diesen neuen Lernarrangements ist leider auch gemein, dass ihre Ausgestaltung extrem ressourcenintensiv ist und sie fast immer nur in »Satellitenstrukturen« um die eigentlichen traditionellen Kernprozesse unserer Lerninstitutionen herum eingerichtet werden: Sie verändern in der Regel nicht bestehende Lehr-Lernprozesse, sondern treten als ein »Extra« daneben oder hinzu. Das erschwert ihre didaktische Rückbindung in den »normalen« Regelunterricht, erfordert hohen organisatorischen und administrativen Aufwand und bleibt häufig auch folgenlos bei der Anerkennung der Lehr- und Lernleistungen in solchen Formaten: Oftmals erfolgt keine Anrechnung auf die Note, auf das Unterrichts- und Lehrdeputat oder in den Qualifikationsnachweisen. Noch dominiert im Regelunterricht die klassische Unterrichtsform – ein Lehrer, zu viele Schüler in weitgehend geschlossenen Klassenräumen. Erst ganz allmählich verändert sich diese Situation hin zu einer neuen Normalität: Team-Teaching wird zumindest in Inklusions- und Brennpunktschulen selbstverständlicher, in immer mehr Ganztagsschulangeboten und Hochschulkursen werden Lernpartner und Praktiker von außerhalb der Bildungseinrichtung in den Unterricht integriert.

Wahrhaft disruptives Potenzial für die Art und Weise, wie wir lernen, bietet freilich die Kopplung von physischen und virtuellen Lernarrangements, insbesondere in der Verknüpfung von synchronen und asynchronen Lernformaten, in denen sowohl individuelles Lernen als auch der kollektive Wissensaustausch durch digitale Inhalte, Werkzeuge und Technologien unterstützt wird. Die pandemiebedingte lange Phase der Schulschließungen im Jahr 2020 hat einerseits die Notwendigkeit einer Transformation des Unterrichts in diesem Sinne für alle in den Mittelpunkt gerückt, andererseits aber sehr deutlich gemacht, welcher weite Weg in Deutschland noch zurückgelegt werden muss, um die Standards anderer Länder wie USA, Kanada, Estland, China oder Südkorea zu erreichen. Nota bene: Das liegt mitnichten nur an der mangelnden technischen Ausstattung unserer Schulen. Viel schwerwiegender ist, dass pädagogisch-didaktische Konzepte für eine solche neue Art des Lernens sowohl in der Lehrerausbildung als auch im Schulalltag nicht zur Kenntnis genommen werden, nicht in die Anwendung kommen oder schlicht fehlen.

Worin liegen konkret die Chancen einer solchen Entwicklung? Sie liegen vor allem in einem adäquateren Umgang mit großen und heterogenen Lerngruppen, indem sie eine Individualisierung des Lernens sowie die Aktivierung des Lernenden ermöglichen und neuen Raum für den kollektiven Diskurs über das Gelernte schaffen. Im »Inverted Classroom-Modell« bspw. erfolgt die Wissensaneignung zunächst individuell – zu selbst gewählten Zeiten, im eigenen Lerntempo – in digitalen Formaten und Modulen. Damit werden Zeit und Raum für die gemeinsame kritische Reflektion im physischen Unterrichtsraum gewonnen.[52] Für Schüler und Studierende bedeutet dies: Digitale, asynchron abrufbare Lernmodule können, wenn sie lernalgorithmisch unterstützt sind, Lernenden einen guten Weg durch den Lernstoff weisen. Verknüpft man diese Lernmodule mit digitalen Kommunikationsformaten und kollaborativen digitalen Werkzeugen, kann auch der Austausch der Schüler bzw. Studierenden untereinander (peer-to-peer) das eigene Lernverhalten unterstützen. Für den Lehrenden bedeutet dies erst einmal Aufwand in der Erstellung, der Recherche und der curricularen Kuratierung solcher digitalen Lernangebote, dann aber auch eine große Entlastung, weil Routine-Lerninhalte dauerhaft in Videos, Podcasts oder Ähnlichem abgerufen werden können und somit neue zeitliche Kapazitäten und Ressourcen für die individuelle Lernbegleitung in heterogenen Gruppen und Methodenvielfalt im Unterricht gewonnen werden. Damit einher geht eine entscheidende Rollenveränderung des Lehrenden: Weg vom Wissensvermittler hin zum Lernkurator und Lernbegleiter für individualisiertes Lernen. Ein solches Setting erlaubt auch die Integration von KI-gestützten Lernanalyse-Instrumenten, die den Lehrenden und der empirischen Bildungsforschung in nie gekannter Weise datengestützte Einblicke in das individuelle und kollektive Lernen geben können.[53]

Eine Umkehrung unserer herkömmlichen Vorstellung von Unterricht – *ein* Lehrer, *viele* parallel lernende Schüler/Studierende – findet in digitalen Formaten noch in anderer Weise statt: Während Schüler/Studierende sich den Lernstoff zunehmend individuell und selbstgesteuert aneignen, sind Lehrkräfte im digitalen

Raum immer weniger die »Alleinunterhalter«. Durch das Teilen von Lernmodulen in *school-clouds* und den Rückgriff auf für alle zugängliche »Open Educational Resources« (OER)[54], die andere Lehrende in digitalen Unterrichtsplattformen einstellen, wird der Lernprozess gewissermaßen von mehreren Lehrenden gleichzeitig gestaltet. In solchen Settings wird das Teilen von Wissen, etwas, das in der Vergangenheit eher selten und im Verborgenen passierte, zu einem neuen professionellen Paradigma und Standard. Dass damit auch eine neue Transparenz über Lernformate und Lehrqualität in Schulen und Hochschulen einzieht, ist von vielen durchaus gewünscht, wird aber auch von anderen als Bedrohung empfunden, denn in diesen Arrangements wird für viele außerhalb der Unterrichtsräume sichtbar und bewertbar wie Lehrende lehren.

In solchen kuratierten Lernsettings lassen sich Curricula entwickeln, die Lernmodule ganz unterschiedlicher Anbieter integrieren. Ob YouTube-Lernvideos von Fachexperten und Studierenden, Angebote von privaten Bildungsplattformen wie die Mathematik-Lerneinheiten von bettermarks oder Lerninhalte, die von Unternehmen für ihre spezifischen Kompetenzbedarfe entwickelt wurden. Der Lehrende wählt aus dieser Anbietervielfalt aus, was dem didaktischen Konzept und den Qualitätsstandards der eigenen Institution genügt. Unabhängig davon, wo, wie und vom wem diese Lerninhalte erstellt worden sind. Lernplattformen wir Coursera, EdX oder LinkedIn nutzen diese Grundsätze, um schnell und umfassend bedarfsgerechte und reichweitenstarke Angebote zu entwickeln und zu vertreiben. Sie sind die wahren Disruptoren in einem Bildungssystem, das noch immer dem »Zertifizierungsmonopol« unserer staatlich anerkannten Bildungsinstitutionen vertraut. Dieses Monopol schützt unsere staatlichen Einrichtungen noch vor ganz großen Veränderungen. Aber es gibt zunehmend Hinweise darauf, dass die Arbeitswelt immer weniger Wert auf staatlich attestierte Abschlüsse legt. So haben in den USA 15 große Unternehmen in einer Allianz beschlossen, den College-Abschluss nicht mehr als Einstellungsvoraussetzung für Bewerber vorzugeben. Entscheidender ist zukünftig das Set von Kompetenzen und Mikro-Qualifizierungen, unabhängig davon, wo und wie sie erworben worden sind. Im Schulterschluss entwickeln diese Unternehmen unter der Koordination von Google eigene Curricula, dessen Abschlüsse den College-Degrees gleichgestellt sind.[55] Wenn diese Entwicklung auch in andere Länder überschwappt, werden nationale Bildungssysteme in ganz neuer Weise herausgefordert werden.

17.3 Wo lernen wir?

Wir haben gezeigt: Lernen und Lehren verändern sich: Individualisiertes, kollaboratives und digitales Lernen gewinnen an Bedeutung. Neben physischen Lernorten gewinnen virtuelle und hybride, vor allem aber auch »informelle« Lernräume an Bedeutung. Digital gestütztes Lernen ist im Prinzip an jedem Ort und zeitunabhängig möglich. Wenn jedoch Lernen zunehmend medial vermittelt wird, gewinnt die »unvermittelte« Erfahrung der realen Welt mit allen Sinnen zunehmend an

Bedeutung. Je mehr es gelingt, die Welt in die Klassenzimmer und Hörsäle zu bringen, umso notwendiger wird es, Schüler und Studierende aus den eigens dafür geschaffenen Lernräumen hinaus in die Welt zu schicken.

Wenn sich das Lernen solcherart ändert, müssen sich aber auch die bestehenden Lernräume in Schulen und Hochschulen wandeln. Praxisorientiertes und forschendes Lernen sowie neue Kompetenzanforderungen in Wirtschaft und Gesellschaft verlangen nach neuen vielfältigen, flexiblen Raumangeboten und eine kluge Verknüpfung der Lernformate und -inhalte innerhalb und außerhalb der klassischen Bildungsinstitutionen. Mit anderen Worten: Mit dem neuen Lernen muss sich auch die Architektur von Schulen und Hochschulen verändern.

In Deutschland gibt es noch keine flächendeckende Entwicklung von Lernarchitektur in Bildungseinrichtungen. Bildungsinstitutionen und -akteuren fehlt oftmals ein Bewusstsein für die Bedeutung der Lernraumarchitektur. Das vorherrschende Gestaltungsprinzip ist hier eher nicht *»form follows function«*, sondern leider eher das Gegenteil: Unterricht und Lehr-Lernformate folgen weniger didaktischen Prämissen als vielmehr baulichen Gegebenheiten. Anreize für eine innovative Lernraumgestaltung fehlen ebenso wie ein interdisziplinärer Diskurs über Bildungsarchitektur. Planungsprozesse für die Gestaltung von Lernräumen sind in der Regel wenig partizipativ und interdisziplinär ausgerichtet. Multi-Stakeholder-Planungsverfahren, die Lehrende, Lernende, Architekten, Bildungsforscher, Verwaltung und EdTech Start-ups einbeziehen, findet man in Deutschland so gut wie nicht. Ziel sollte es sein, Hochschulen und Schulen in der Entwicklung zukunftsorientierter Lernräume zu stärken und für die Gestaltung von Lernräumen Verantwortliche (Bauträger, Verwaltung, Architekten, Pädagogen etc.) in innovativen Formaten in den Austausch zu bringen.

Dabei geht es keinesfalls nur um einen Diskurs über die notwendige technische Ausstattung. In solchen Planungen sollten z. B. die folgenden Fragen geklärt werden: Welche Lernarchitektur passt zum individuellen Profil unserer Bildungsinstitution? Welche Vorteile und welche Grenzen haben physische, digitale und hybride Lernräume? Wie können unterschiedliche Lernräume genutzt werden? Wie können neue Räume die Rollenfindung/-veränderung vom Lehrenden zu Lerncoach unterstützen? Wo und wie treffen sich Lernende und Lehrende und tauschen sich aus? Wie stellen wir Konnektivität her zwischen Lerngruppen, Lerninhalten, Fachwissen und fachübergreifenden Schlüsselqualifikationen, digitalen, physischen, formellen und informellen Lernorten her? Wir brauchen zukünftig solche Verfahren und Prozesse, die Antworten auf diese Fragen geben, wenn wir unsere Bildungsinstitutionen auch strukturell für das »neue Lernen« weiterentwickeln wollen.

17.4 Was folgt daraus?

An Empfehlungen zur Weiterentwicklung des Lernens mangelt es nicht. An dieser Stelle sollen daher keine weiteren wohlfeilen Rezepte geliefert werden. Statt Antworten zu geben, scheint es mir eher zu helfen, sich auf neue Fragen und Gedankenexperimente einzulassen, die möglichen Lerninnovationen eine Richtung geben könnten. Zwei solcher Gedankenmodelle sollen abschließend kurz skizziert werden:

Das erste Denkmodell sollte sich vor allem mit der Herausforderung beschäftigen, wie Lernräume weiter entgrenzt und zur außer(hoch)schulischen Wirklichkeit hin geöffnet werden können. Es müsste nicht nur die Lernumgebungen in den Blick nehmen, zu denen man sich hinbegibt (Schule, Hochschule, sonstige Bildungseinrichtung), sondern auch Orte zu Lernumgebungen gestalten, an denen man ist (zu Hause, unterwegs, im virtuellen Raum). Damit sind zahlreiche Grundsatzfragen verknüpft: Wer müsste an der Gestaltung solcher Umgebungen beteiligt werden? Welche (neue?) Rollen sind von Bedeutung für die aktive Gestaltung dieser Orte zu Lernräumen (bspw. Schüler, Lehrer, Eltern, Lehramtsstudierende, Bildungsforscher...). Welche Chancen, aber auch Risiken könnten sich ergeben, wenn zwischen schulischem und außerschulischem Lernen nicht mehr unterschieden werden könnte und müsste? Das Modell müsste auch die in Deutschland besonders ausgeprägte Abhängigkeit von Bildungserfolgen von familiären Hintergründen ganz anders als in der Vergangenheit adressieren. Bei der Beschäftigung mit diesen Fragen könnte sich vielleicht auch erweisen, dass wir nicht nur neue pädagogische Studieninhalte und Begleitstrukturen bräuchten, sondern auch gänzlich neue Studiengänge, z. B. »Bildungsinformatik«. Wie bei der Wirtschaftsinformatik, der Bioinformatik oder der Medizininformatik ginge es in einem solchen Studiengang darum, die Expertise der sog. »digital enabler«, also den Experten zur Entwicklung und Anpassung von Algorithmen, mit dem disziplinären pädagogischen Fachwissen zusammen zu führen, also mit denjenigen, deren Expertise und Interesse in der Anwendung und Beforschung von digitalen Lernumgebungen liegt (Lehramtsstudierende, Bildungsforscher etc.) liegt.

Ein zweites Denkmodell müsste sich mit der Leitfrage beschäftigen: Wie können Lernökosysteme erschaffen werden, in dem das Motto »Wissen teilen, um es zu vermehren« sich als neues pädagogisches Paradigma bestmöglich entwickeln kann. In diesem Gedankenexperiment müssten etwa die folgenden Themencluster systematisch diskutiert werden: Welche Beiträge müssten einzelne Disziplinen zu einem geteilten Curriculum oder zu fächerübergreifenden Schlüsselkompetenzen leisten? Wie kann sich eine Bildungseinrichtung als lernende Organisation durch kollaborative Wissensaustauschformate aller Mitglieder weiterentwickeln? Wie kann das (traditionell und strukturell fast immer unterschätzte) Wissen der Lernenden in Lernszenarien eingebaut werden, wie das Wissen anderer Professionen und Institutionen? Welche neuen Lernformate, Methoden, Ressourcen und technische Umgebungen brauchen wir dafür?

Am Anfang wie am Ende dieses Beitrages stehen also Fragen – genau wie in guten Bildungsprozessen. Wird unseren Bildungseinrichtungen damit zu viel zugemutet? Sind sie nicht lange schon mit dem Alltagsgeschäft überlastet? Ja, solange das »Alltagsgeschäft« weiter so bleibt, wie es ist. Es kann aber ein ganz anderes werden. Mit weniger Last für den Einzelnen, mit mehr Bildungsbeiträgen von vielen. Lassen wir uns auf diese Experimente ein.

Zum Autor

Dr. Volker Meyer-Guckel studierte Anglistik, Philosophie und Chemie in Kiel, Belfast und New York. Seit 2005 ist er stellvertretender Generalsekretär des Stifterverbandes und leitet die Abteilung Programm & Förderung. Er ist u. a. Mitglied im Global Learning Council, im Vorstand der Hermann und Lilly-Schilling Stiftung und Stiftungsratsvorsitzender der Leuphana Universität Lüneburg. Seine über 80 Publikationen umfassen Themenfelder wie Hochschulentwicklung, Governance, Wissenstransfer und Wissenschaftskommunikation.

18 Eine Agenda für die Hochschule der Zukunft

Ulf-Daniel Ehlers, Patricia Bonaudo und Laura Eigbrecht

18.1 Einleitung

In einer Welt des immer schnelleren Wandels gilt es auch für Hochschulen, diesen Wandel mitzugestalten und gleichzeitig Studierende dafür zu befähigen. Für die Hochschule der Zukunft gilt vor allem eines: Sie wird mehr auf die Diversität zukünftiger Zielgruppen von Studierenden eingehen müssen. Und sie wird digitaler werden, unterschiedlicher in ihren Strukturen und vielfältiger in den damit verbundenen Lernszenarien für Studierende, Professorinnen, Professoren und Lehrende – und letztlich auch in ihren Forschungsansätzen. Das Selbstverständnis der Hochschulen wandelt sich – weiter! Wie lehren, lernen und forschen wir in der Zukunft? Und wie sieht eine Agenda für die Hochschule der Zukunft aus?

Der vorliegende Beitrag konsolidiert die unterschiedlichen Forschungsstränge zum Thema Future Skills. Im Rahmen eines multimethodischen Forschungsdesigns und über internationale Konsultationen der NextSkills Studie wurden Modelle und Beschreibungen für zukünftig relevante Fähigkeiten, sog. Future Skills, entwickelt.[56] Dabei sind Future Skills diejenigen Fähigkeiten, die es Absolventinnen und Absolventen ermöglichen, die Herausforderungen der Zukunft bestmöglich zu meistern (vgl. Ehlers 2020, S. 3). In den Ergebnissen zeigt sich: Um mit den zukünftigen Herausforderungen umzugehen, müssen Studierende Neugier entwickeln, Vorstellungskraft, Visionsfähigkeit, Resilienz und Selbstbewusstsein sowie die Fähigkeit, selbstorganisiert zu handeln. Sie müssen in der Lage sein, die Ideen, die Perspektiven und die Werte anderer zu verstehen und zu respektieren und sie müssen mit Fehlern und Rückschritten umgehen können und gleichzeitig achtsam voranschreiten, auch gegen Schwierigkeiten (vgl. Ehlers 2020). Der vorliegende Beitrag stellt dar, wie die Ergebnisse zu den Kompetenzanforderungen für Hochschulen nutzbar gemacht werden können.

Aus der Praxis der Organisationen wurden im Rahmen der Studie zunächst Entwicklungen, Anforderungen und Bedarfe an zukünftige Kompetenzen erhoben (vgl. Ehlers, U.-D., Meertens, Sarah A. 2020). Die resultierenden Hinweise auf zukünftige Kompetenzanforderungen, die Future Skills, sowie auf die Anforderungen an Hochschulen der Zukunft wurden in einem zweiten Schritt durch Expertinnen und Experten aus Wissenschaft und Wirtschaft validiert. Das Verbinden von unterschiedlichen Methoden, Theorien und Datenquellen (Triangulation) sowie unterschiedlichen Perspektiven erzeugen Daten von größerer Reichweite und Präzision, die größtmögliche inhaltliche Tiefe und Gehalt ermöglichen.

Im Folgenden werden alle diejenigen Konzepte beschrieben, die sich im Rahmen der NextSkills Studie als bedeutsam erwiesen haben. Sie sind aufgeteilt in drei Kapitel und beginnen mit einem Gedankenexperiment, in dem die Entwicklung der Hochschule skizziert wird (▶ Kap. 18.2). Darauf folgt ein Überblick zu den Leitkonzepten für das Lernen an der Hochschule der Zukunft. Die Lehre und das Lernen sowie die Organisation und die Strukturen der Hochschule der Zukunft werden dabei skizziert (▶ Kap. 18.3). Abschließend findet sich ein zusammenfassendes Fazit (▶ Kap. 18.4).

18.2 Eine Agenda wofür?

Die Zukunft der Hochschule ist verbunden damit, sich ein neues Lehren und Lernen auszumalen – die Art und Weise, wie in Zukunft studiert wird. Dabei stehen einerseits pädagogische Aspekte des Lehrens und Lernens im Vordergrund, wie bspw. die Weiterentwicklung von Prüfungs- und Bewertungspraktiken, Peer-Learning und Peer-Validierungs-Ansätze, das Umsetzen akademischen Lernens und Lehrens als Lerngemeinschaft sowie ein verstärkter Fokus auf Future Skills. Andererseits müssen aber auch strukturelle Aspekte betrachtet werden, die die innere Gliederung sowie die Organisation des Studiums in den Blick nehmen. Die Notwendigkeit eines Weiterdenkens ergibt sich insbesondere, wenn man die derzeitigen und zukünftig absehbaren Herausforderungen analysiert:

- Steigende Studierendenzahlen: Eine große Herausforderung stellt die Massifizierung dar, also die Entwicklung der Studierendenzahlen und anderer Zielgruppen, die akademische Bildung nachfragen. Akademisierungsquoten von bis zu 70 Prozent können auf die Hochschulen zukommen (vgl. Ehlers 2020, S. 198f.).
- Steigende Diversität: Die Diversität der Zielgruppen, die jetzt schon an die Hochschule strömen, wird auch in Zukunft weiter zunehmen. Dabei wird die Funktion der Hochschulen in Bezug auf gesellschaftliche Integration und die soziale Dimension des Studierens in einer akademischen Bildungsgesellschaft immer bedeutsamer.
- Lebenslange akademische Bildung: Damit verbunden gewinnt das Konzept des lebenslangen Lernens für Hochschulen an Bedeutung und alle damit zusammenhängenden Veränderungen, die in Hochschullehre und -organisation betroffen sind.

- Neue Zertifizierungskonzepte: Das Konzept der Microcredentials, der alternativen Zertifizierungssysteme, ermöglicht es Lernenden, das eigene Portfolio der Qualifikationen und Kompetenzen digital und in größerer Selbstbestimmung zu organisieren und macht es für Hochschulen erforderlich, die Systeme für Anerkennung und Anrechnung zu professionalisieren.
- Digitalisierung: Digitalisierung ermöglicht Flexibilisierung von Raum- und Zeitstrukturen und eine größere Transparenz aller studienbezogenen Informationssysteme über den gesamten Studienzeitraum. In einer digitalen Welt erleben wir eine abnehmende Bedeutung von Wissensvermittlung und einen steigenden Bedarf an Begleitung, Betreuung und Coaching in einer vielfältigen Studienwelt.

In einem Gedankenexperiment wurden entlang der genannten Herausforderungen Eckpunkte für eine Zukunft der Hochschule entwickelt, die in Tabelle 1 dargestellt werden (vgl. Ehlers 2020, S. 231).

Tab. 1: Eckpunkte der Hochschule der Zukunft (Quelle: basierend auf Ehlers 2020, S. 231)

Dimension	Zukünftiges Hochschulmodell (postmodern)
Abschlüsse	Das Studium setzt sich aus kleinen Studieneinheiten zusammen, die auch von unterschiedlichen (Hochschul-)Anbietern kommen können. Es wird mehr Kurzformate, Zertifikatskurse, Kontaktstudienmöglichkeiten und Short-Courses geben. Daraus entstehen Patchwork-Studienverläufe, die dann zu größeren Abschlusszertifikaten, wie bspw. einem Studienabschluss, zusammengefügt und von einer Hochschule zertifiziert werden können.
Anerkennung vorheriger Kenntnisse & Erfahrungen	Viel Anerkennungspraxis; Hochschulen entwickeln professionelle Prozesse für Kompetenzdiagnose und die Anerkennung von Vorleistungen und Erfahrungen.
Zertifizierung	Lehre/Vermittlung (Tutoring, Lehrveranstaltungen), Prüfungen und Zertifizierung (Abschlussprüfung) sind entkoppelt und können von verschiedenen Institutionen durchgeführt werden.
Studienpfad/Taktung	Studienverlauf ist flexibel und durch große Wahlbereiche bestimmt. Studium ist anhand von inhaltlichen Kriterien strukturiert. Flexiblere, individuelle Zeitstruktur, mehr berufs- und lebensbegleitete Modelle.
Curriculum	Studieninhalt ist zunehmend an langfristiger Beschäftigungsfähigkeit und an individuellen Bildungszielen, Interessen und Bedürfnissen orientiert. Im Vordergrund stehen mehr grundlegende Handlungskompetenzen und die Befähigung zum Umgang mit übergreifenden Fähigkeiten

Tab. 1: Eckpunkte der Hochschule der Zukunft (Quelle: basierend auf Ehlers 2020, S. 231) – Fortsetzung

Dimension	Zukünftiges Hochschulmodell (postmodern)
	Das Curriculum ist an zentralen Problemstellungen eines Praxisfeldes orientiert Die Problemorientierung bedingt eine stärker interdisziplinäre Ausrichtung
	Viel digitale Kooperation und digitaler Im- und Export zwischen akademischen Institutionen
Wissenschafts-/ Hochschulstruktur	Hochschulen sind stärker durch inter-/ transdisziplinäre Kooperationsformen organisiert Das Studium ist stärker anhand von übergreifenden Fragestellungen und inter- bzw. transdisziplinären Arbeitseinheiten organisiert.
Lernmodell	Lernen folgt der Vorstellung, dass Studierende und Lehrende eine Lerngemeinschaft bilden (Renaissance des Ideals der *Universitas)*
	Die Lernerfahrung, die sich aus eigenen Interessen und selbstentwickelten Fragestellungen speist, steht im Mittelpunkt. Prüfungen finden in größerem Rahmen zu übergreifenden Themen und Kompetenzen statt. Übergreifende Kompetenzen aus größeren Zusammenhängen stehen im Vordergrund.
Prüfungen	Prüfungen sind kompetenzorientiert, finden in größeren Abständen und Einheiten statt, decken größere Gebiete ab.
Organisationsrahmen	Institutionelle Vielfalt: Mehrere akademische Institutionen sind beteiligt. Studierende organisieren Studienrahmen und flexiblen, an Bedürfnisse angepassten Studienprozess
Reputation	Studierende dokumentieren ihre Fähigkeiten und Erfahrungen eher in Assessments, auch durch qualitative Elemente, wie bspw. Portfolios. Der Wert des Hochschulabschlusses orientiert sich vor allem am Praxisbezug des Studiums, den dort gemachten und dokumentierten Erfahrungen und der demonstrierten Handlungskompetenz.
Durchlässigkeit	Durchlässiges Kontinuum zwischen den Bildungsbereichen Schule, Berufsausbildung und Hochschule sowie den jeweiligen anschlussfähigen Bildungsniveaus der nationalen und Europäischen Qualifikationsrahmen

18.3 Lernen neu denken: Leitkonzepte für das Lernen an der Hochschule der Zukunft

18.3.1 Digitalisierung: Jenseits der Technisierung

Das Studium der Zukunft wird stärker digital sein: Vernetzt, digital und informell. Es wird weitgehend von den Möglichkeiten digitaler Lernwelten Gebrauch machen und neben formellen Lernangeboten auch die volle Bandbreite informeller Lernmöglichkeiten in Anspruch nehmen – institutionenübergreifend und vollständig vernetzt. Digitale Lernwelten bestehen aus einem ganzen Bündel an Entwicklungen, Trends und Sichtweisen, die einen Wandel vom Lehren zum Lernen befördern. Eine neue Sichtweise auf vernetzte und offene Lernwelten verbindet im Wesentlichen fünf Charakteristika (vgl. Ehlers 2014):

1. Dass Lernen immer, überall und in vielen unterschiedlichen Kontexten stattfindet, nicht nur im Klassenraum;
2. dass Lernenden die Rolle der Organisierenden zufällt;
3. dass Lernen ein Leben lang stattfindet, multiepisodisch und nicht (nur) an Bildungsinstitutionen gebunden ist;
4. dass Lernen in Lerngemeinschaften (sog. *Communities of Practice*, vgl. Wenger 1998) stattfindet: Lernende treten Communities bei, sowohl formellen als auch informellen;
5. dass Lernen vielfach informell und non-formal stattfindet, zu Hause, am Arbeitsplatz und in der Freizeit und nicht mehr lehrenden- und institutionenzentriert ist.

In diesem Verständnis bedeutet digital unterstütztes Lernen nicht mehr eine digitale Lernplattform zu nutzen, sondern unter Zuhilfenahme der verfügbaren Social Software eine neue Art der Lernplattform zu schaffen: nicht mehr *ein* Learning Management System (LMS) als Materialinsel im Ozean Internet zu benutzen, sondern ein Tor zum Web zu schaffen (vgl. Ehlers 2014). Der E-Tutor (Lehrende) greift nur noch als Wegweiser ein, indem kleine Lerninhalte (Microcontent) in einem Portal zur Verfügung gestellt werden, die die Tür zum selbstgesteuerten Lernen aufstoßen, um die gestellten Lernziele zu erreichen. Diese werden mit den Lernenden ausgehandelt und zu Beginn z. B. via Blog-Eintrag oder Podcast festgehalten. Damit setzt sich die Lernumgebung nicht mehr aus einer einzelnen Anwendung, sondern aus mehreren individuell zusammengestellten und miteinander operierenden Tools zusammen. In diesem Zusammenhang wurde der Begriff des *Personal Learning Environment* (PLE) geprägt. In einem PLE findet die individuelle Reflexion der Lernenden in Weblogs oder Podcasts sowie kollaborativem Arbeiten in Wikis statt. Somit ist Lernen nicht mehr nur der Transfer und Konsum von Inhalt und Wissen, sondern auch dessen eigenständige Produktion.

Langfristig gesehen kann sich so eine *persönliche Lernlandschaft* entwickeln, die ein »interaktives Portal mit allen Zugängen zur persönlichen digitalen Welt« (vgl.

Kerres 2006) des Einzelnen darstellt. In einem steten Wissensproduktionsprozess aggregieren Lernende als Kuratorinnen und Kuratoren ihre Inhalte nach persönlichem Interesse, reflektieren diese und stellen sie individuell neu zusammen, teilen sie im gewünschten sozialen Kontext mit anderen.

Wie können Hochschulen Strategien für die digitale Transformation entwickeln, die Digitalisierung nicht als Technisierung versteht, sondern als Aufruf, Lehre, Lernen und Studium neu zu denken und weiter zu entwickeln? Digitale Medien bieten der Hochschule neue Möglichkeiten, die Lehre personalisierter und unabhängig von Zeit und Ort zu gestalten. Das vergangene, durch die Corona-Pandemie größtenteils digital stattgefundene Hochschulsemester (zum Zeitpunkt der Publikation im Jahr 2020), zeigt Ansatzpunkte, wie Digitalisierung nicht nur als Technisierung, sondern auch als Ermöglicher für didaktische Phantasie in der Lehre steht. Auch der jüngst veröffentlichte **Aktionsplan für Digitale Bildung (2021-2027)** umreißt die Vision der Europäischen Kommission für eine qualitativ hochwertige, integrative und zugängliche Digitale Bildung in Europa, die anhand der drei Schwerpunkte »People, Pedagogy and Partnership« über die rein technologischen Aspekte hinausreicht.

18.3.2 Jenseits der Disziplinen

Wie können gesellschaftliche Problemlagen zum Dreh- und Angelpunkt für Lernanlässe im Studium werden, damit Studierende unterschiedliche und teilweise konkurrierende Lösungsansätze verschiedener Wissenschaftsdisziplinen kennenlernen und auf ihren Beitrag zur Lösung des Problems prüfen können? Probleme folgen keiner Disziplin – Studiengänge schon. Und damit ist ein grundlegendes Problem akademischer Differenzierung beschrieben. Zwar ist es sinnvoll und sogar unerlässlich, dass die unterschiedlichen Wissenschaftsdisziplinen einen eigenen Kern, eine eigene Identität, eigene Methoden, Inhalte, Forschungsrichtungen, Wissensbestände und Lehrtraditionen entwickeln und pflegen. Die Geschichte der *Academia* ist jedoch eine Geschichte der Differenzierung, die oftmals eigene Blickwinkel mehr betont als gemeinsame und die Frage nach dem Beitrag anderer Ansätze, Disziplinen und Methoden zur Lösung eines gesellschaftlichen Problems ausblendet (vgl. Ehlers 2020, S. 237f.). Im Ergebnis werden dadurch Hochschulbildungsprozesse gefördert, die stark auf eine Disziplin und ein Lösungsparadigma fokussiert sind, und die eine breite Orientierung und Fähigkeit zur Navigation in verschiedenen Wissenschaftsgebäuden nicht haben. Diese ist in der Regel allerdings notwendig, um Probleme – zumal gesellschaftliche – zu lösen. Sie ist notwendig, um die Frage zu beantworten, was die jeweils einzelne Wissenschaftsdisziplin zur Lösung eines spezifischen Problems eigentlich beiträgt, wie dieser Beitrag in Bezug auf alternative Beiträge anderer Wissenschaften und oder Disziplinen bewertet und gewichtet werden kann, und wo sich Lücken auftun, die Fragen an weitere Wissenschaften stellen. Die Methode der Problemorientierung ist der eigentliche Schlüssel im Hochschulstudium, um trans- und interdisziplinär wissenschaftliche Ansätze aufeinander zu beziehen. Denn: Probleme folgen keiner Disziplin. Inter- und transdisziplinäres Lehren und Lernen erfordert:

- Verknüpfung und Anwendung des Erlernten in konkreten und realen Aufgabenstellungen,
- eine aktive Auseinandersetzung mit praktischen Fragestellungen,
- Erarbeitung von interdisziplinären Lösungsansätzen,
- gemeinsames Bearbeiten von Themen aus Gesellschaft und Wirtschaft.

Es ist daher unerlässlich, dass Absolventinnen und Absolventen eine interdisziplinäre und oder transdisziplinäre Grundhaltung und die Kompetenz zur kreativen Analyse von Problemstellungen auf Basis von methodologischem Handwerkszeug verschiedener Wissenschaftsrichtungen erlernen können. Dabei müssen sie keine Experten der jeweiligen Wissenschaftsdomäne sein, jedoch geübt im Blick auf die unterschiedlichen Beiträge sein, die verschiedene Wissenschaften zu einem jeweils definierten Problem beitragen können.

18.3.3 Personalisierte Studienpfade

Wie können Curricula mit Inhalten von Studiengängen anderer Hochschulen angereichert werden, die digital zur Verfügung gestellt werden, also gewissermaßen digital importiert werden? Eine weitere Möglichkeit, Studienverläufe interdisziplinärer und flexibler zu gestalten, mehr Wahlmöglichkeiten zuzulassen und die Selbstorganisation der Studierenden zu stärken, ist der digitale Import von Curricula anderer akademischer Institutionen, auf Englisch mittlerweile auch *virtual Erasmus* oder *virtual mobility* bezeichnet. Studierende belegen in diesem Fall eine Lehrveranstaltung, eine Sommerschule oder absolvieren ein Praktikum, welches in Form eines Onlinekurses an einer anderen akademischen Einrichtung (oft auch im Ausland) als der Hochschule, bei der sie eingeschrieben sind, vermittelt wird. Das so belegte Studienangebot wird als vollwertige Studienleistung anerkannt und kann in das eigene Studium mit allen Leistungspunkten integriert werden. Der digitale Import von Lehre aus anderen akademischen Einrichtungen kann begünstigt werden, wenn Fakultäten sich von vornherein um die möglichen Importmöglichkeiten Gedanken machen, Regeln dazu aufstellen und diese einem Wahlkatalog für virtuelle Mobilität für die Studierenden beigefügt werden.

Eine Variante der oben beschriebenen Flexibilisierung des Studienverlaufs ist auch eine stärkere interdisziplinäre Gestaltung von Studienangeboten durch den Einsatz digitaler Medien. Dabei werden flexible Wahlbereiche definiert, um Module und Veranstaltungen aus anderen und auch fachfremden Fachbereichen zu studieren. Denkbar sind Beispiele wie die Theologin, die auch Managementseminare belegen möchte, der Manager, der an Gruppenpsychologie interessiert ist, etc. Hochschulen beginnen Module aus Bachelor- und Masterstudiengängen als sog. polyvalente Module zu definieren. Das hat Auswirkungen auf die Kapazitätsberechnung und Auslastung von Studiengängen. Digitalisierung ermöglicht eine zeit- und ortsunabhängige Präsentation und Erreichbarkeit von entsprechenden Inhalten, auch über Fakultäts-, Department-, Campus- und sogar Hochschulgrenzen hinweg. Ein Beispiel hierfür ist etwa die Virtuelle Hochschule Bayern, über die viele bayrische Universitäten mittlerweile über 300 Lehrveranstaltungen und Module digital anbietet (vgl. Ehlers 2020, S. 239f.).

18.3.4 Der neue Stellenwert von Soft Skills als harte Währung

Es kann nicht oft genug betont werden, dass *Future Skills* auch die Vermittlung von relevantem Wissen mit einbeziehen – aber eben mit Wertvorstellungen, Haltungen und Handlungsdispositionen imprägniert (vgl. Ehlers 2020, S. 240f.). In der Agenda für die Hochschullehre der Zukunft lösen *Future Skills* also nicht die Vermittlung von Wissen ab, transponieren Wissen jedoch auf eine höhere Stufe. *Future Skills* werden in der zukünftigen Hochschullehre gleichwertig neben Wissenstransferkonzepte treten). Die Ergebnisse der Befragung der *NextSkills* Delphi-Studie lassen fraglich erscheinen, ob der Begriff *Soft Skills* tatsächlich noch tragfähig für die als *Future Skills* beschriebenen Kompetenzen ist. Wird doch mit der Einleitung in *Soft* und *Hard* oftmals auch *vermittelbar* und weniger *vermittelbar* suggeriert, bzw. *gut zu prüfen* und *weniger gut zu prüfen* verbunden. Tatsächlich scheint hierbei auch eine Hauptbarriere für die flächendeckende Umsetzung einer Orientierung von Hochschulcurricula an *Future Skills* zu liegen – darin nämlich, dass Prüfungssysteme bislang vor allem auf die Prüfung von Wissen ausgelegt sind und nicht auf die Prüfung von Handlungskompetenzen. **Ein neues Leitziel für eine zukünftige Hochschullehre ist die Handlungsfähigkeit in hochemergenten Handlungskontexten – also Future Skills (vgl. Ehlers 2020). Dabei steht der Umgang mit Situationen unvollständiger Informationslage und in potentiell unsicheren Situationen im Vordergrund. Die Fähigkeit, sich in unbekannten und komplexen Zukunftskontexten zurechtzufinden, wird zur Hauptorientierung in der Hochschulbildung und damit wichtiger als Wissensvermittlung.**

18.3.5 Ein neues Verständnis von Lernen und Prüfen in der Hochschule

Im Bildungssystem, in der Bildungspolitik und in der Gesellschaft fehlt ein angemessenes Verständnis dafür, wie die Digitalisierung auch das Lernen von Grund auf verändert hat – und weiter verändern wird. Schon seit Jahren fordern Bildungsexpertinnen und -experten: Unsere Vorstellung vom Lernen, unser Lernbegriff muss sich wandeln. Es ist deshalb überfällig, ein grundlegend neues Verständnis von Lernen zu entwickeln.

I. Zur Realisierung einer Hochschullehre, die Future Skills (vgl. Ehlers 2020) stärker als Maßstab nimmt, muss ein »shift from teaching to learning« vollzogen werden. Für die individuelle Kompetenzentwicklung müssen Lernsituationen geschaffen werden, in denen selbstgesteuertes, anwendungsbezogenes, situatives, emotionales, soziales und kommunikatives Lernen gefördert werden (vgl. Mandl und Krause 2001). Die Integration komplexer und authentischer Probleme in unscharfen Ausgangssituationen ist dabei ein wesentliches Element in kompetenzorientierten Lernszenarien. Lerndesigns werden sich zukünftig zunehmend von Präsentations- und Wissenstransfer-Methoden abwenden und sich stattdessen auf interaktive sozio-konstruktive Ansätze fokussieren.[57]

Dabei können gerade auch digitale Medien unterstützend eingesetzt werden: Digitale Lernumgebungen können Studierende unterstützen, jenseits der Beschäftigung mit künstlich aufgearbeiteten Fragestellungen im Seminarraum digital mit Betroffenen, Akteurinnen, Akteuren, Expertinnen und Experten in Kontakt zu kommen und sich zusätzlich zum theoretischen Wissensbestand ein reales, authentisches Problemszenario zu erarbeiten. In der Hamburg Open Online University (www.hoou.de) wird diese Verzahnung von akademischer Analyse und realer Problemwelt anhand von vielen Projekten real angegangen, indem Studierende über Lernplattformen mit Protagonistinnen und Protagonisten der jeweiligen Themenfelder zusammenarbeiten. Weiterhin können digitale Medien auch hier Möglichkeiten bieten, individuelle Reflexionen per Videotake oder über reflexives Schreiben, bspw. in Weblogs, zu praktizieren und in die Hochschullehre zu integrieren. Zusätzlich werden kollaborative Lernszenarien in denen Lernende miteinander lernen an Bedeutung gewinnen, anstelle einer Orientierung auf Wissenstransfer (Vorlesungsformate).

II. Wie kann die oft auf Reproduktion von Wissen hin orientierte Prüfungspraxis zugunsten von kompetenzorientierten Prüfungsformen und von Peer-Validierungsmodellen weiterentwickelt werden? Im Sinne des Ansatzes des Constructive Alignments (vgl. Biggs und Tangs 2011) sind kompetenzorientierte Lehr- und Lernszenarien nur dann sinnvoll, wenn auch die Prüfung und Bewertung kompetenzorientiert vorgenommen wird. Es ist klar, dass diese Prüfungsformen zukünftig an Relevanz gewinnen. Dabei treten Bewertungen von Lernen um des Lernens Willen (formative und Peer-Bewertung) an die Stelle der Bewertung des Gelernten (summative Bewertung). In der Hochschuldidaktik wird dieses Thema bereits stark fokussiert, in der Realität der Hochschullehre ist es oftmals zugunsten von Massenprüfungen im Sinne eines »Auswendiglernen und Wiedergeben«, einem eher reproduktiven Verständnis folgend, noch nicht sehr verbreitet. Dies ist auch für *Hochschulbildung digital* eine Herausforderung. Aber insgesamt gilt: Nur wenn auch die Prüfungsformen und -inhalte an Kompetenzen und *Future Skills* orientiert sind und nicht auf Wissensabfragen reduziert werden, ist es sinnvoll, *Future Skills* auch als Leitkonzept für die hochschulischen Lernprozesse in den Blick zu nehmen. Digitale Medien werden seit längeren auch für Prüfungs- und Bewertungsprozesse herangezogen. Die in 2015 erschienene Studie »Digitales Prüfen und Bewerten« (vgl. Michel et al. 2015) gibt einen strukturierten Überblick über den Stand der Dinge und die Vielfalt der (teil-)digitalisierten Prüfungsformate, die derzeit bereits an Hochschulen zum Einsatz kommen. Notwendig sind hierbei komplexe Prüfungen, die Kompetenzen mit einem reflektierten Anspruch erfassen. Sowohl die Gestaltung als auch die Durchführung solcher Prüfungen sind sehr aufwändig. Es zeigt sich, dass kompetenzorientiertes Prüfen ein aufwändiges Vorhaben ist. Bei diesem können jedoch gerade auch digitale Medien fruchtbar eingesetzt werden. Im Sinne des Ideals der *Universitas* würden dann auch nicht mehr ein Abprüfen von Auswendiggelerntem im Vordergrund stehen, sondern die Disputation von Neuem und Bemerkenswerten.

Ziel ist es, vom oftmals vorherrschenden *Frage-Antwort-Spiel* wegzukommen, hin zu einem Austausch zwischen Studierenden und Lehrenden auf *Augenhöhe*. Um dies zu ermöglichen, können die Prüflinge bei der Auswahl der Themen miteinbezogen werden, bspw. über ein Portfolio. Ein Portfolio ist eine Sammlung von Dokumenten, die der Studierende im Verlauf der Lehrveranstaltung(en) eigenständig erarbeitet. Es stellt somit die Auseinandersetzung und den aktiven Umgang mit wichtigen Seminarinhalten dar. Ein solches Portfolio ist eine geeignete Grundlage für ein Prüfungsgespräch über die im Portfolio dargestellten Inhalte (vgl. Wildt, J., Wildt, B. 2011). Studierende werden somit deutlich stärker in die Gestaltung der Prüfung mit einbezogen, indem sie das Portfolio selbst zusammenstellen und damit Einfluss auf die relevanten Prüfungsinhalte ausüben und darüber hinaus als Produzent der Portfoliotexte auch in einer Rolle als Expert*in für deren Inhalte angesehen werden können.

Kompetenzorientierte Prüfungen werden komplexere Verfahren sein, in denen in der Regel offenere schriftliche, mündliche und forschungspraktische Formate zum Einsatz kommen müssen. Da dies viel aufwändiger ist als die heutige Prüfungspraxis, könnte ein entsprechend ausgerichtetes Studium, in dem kompetenzorientierte Prüfungsverfahren durchgeführt werden, nur noch viel weniger Prüfungen umfassen, als dies heute der Fall ist, deren Anzahl aber auch von der Fachrichtung abhängt (vgl. Reinmann 2014).

18.4 Zusammenfassung: Die Zukunft der Hochschulen kommt schneller als gedacht

Wenn man das heutige Hochschulmodell in eine postmoderne Zukunft transponiert – welche Strukturen gewinnen dann an Bedeutung? Legt man die geänderten Rahmenbedingungen in einer Bildungsgesellschaft zugrunde und den Änderungsdruck, der auf akademische Qualifizierungsprozesse wirkt, so ergeben sich auch für Hochschulen neue Anforderungen an ein modernes, weiterentwickeltes Hochschulmodell. Zu erkennen ist, dass es Hochschulen darum geht, junge Menschen in der Entwicklung ihrer Fähigkeit zur selbstständigen und eigenverantwortlichen Arbeit in heterogenen Teams zu unterstützen und sie bei der Entwicklung von Handlungskompetenzen durch die Lösung komplexer Probleme zu fördern. Digitalisierung ist hier ein Ermöglicher, ein Impulsgeber für die Lehre der Zukunft. Viele Universitäten haben sich bereits auf den Weg in die Zukunft gemacht – dies nicht zuletzt durch das Sommersemester 2020, das kurzfristig aufgrund der Pandemielage fast ausschließlich digital stattfinden musste. Aber Hochschulbildung digital hat auch das Potenzial, die Transformation der Hochschule in Bezug auf ihre gesellschaftlichen Anforderungen zu unterstützen. Hochschulen stehen daher heute mehr denn je vor einer Gestaltungsaufgabe, digitale Medien sinnvoll zu integrieren. Digitalisierung verfolgt dabei nicht das Ziel der *Technisierung*, sondern fordert zur didaktischen, curricularen und organisatorischen Innovation in der Lehre auf.

Zu Autorinnen und Autor

Patricia Bonaudo ist wissenschaftliche Mitarbeiterin an der Dualen Hochschule Baden-Württemberg am Lehrstuhl für Bildungsmanagement und Lebenslanges Lernen. Zurzeit promoviert sie im Bereich Europäische Hochschulbildung und Künstliche Intelligenz. Nach ihrem Studium der Sozialwissenschaften an der Universität zu Köln absolvierte sie ein Aufbaustudium in Öffentlichkeitsarbeit. Von 2015 bis 2019 war sie stellvertretende geschäftsführende Redakteurin des Missy Magazine und Mitglied des Vorstands von wearedoingit e. V. Darüber hinaus ist sie freiberufliche Autorin, Übersetzerin, Redakteurin und Coach.

Laura Eigbrecht ist akademische Mitarbeiterin an der Dualen Hochschule Baden-Württemberg (Lehrstuhl für Bildungsmanagement und Lebenslanges Lernen). Für ihre Promotion forscht sie zum Thema Future Skills in der Hochschullehre. Nach ihrem Studium war sie als PR-Assistentin sowie in der Lehre, Beratung und Koordination im Bereich Migration, Flüchtlinge, Sprache und Bildung tätig.

Prof. Dr. Ulf-Daniel Ehlers ist Professor für Bildungsmanagement und lebenslanges Lernen an der Dualen Hochschule Baden-Württemberg, wo er von 2011-2017 Vizepräsident war. Der studierte Anglist, Sozialwissenschaftler und Pädagoge leitet die Arbeitsgruppe NextEducation und forscht und lehrt zur Zukunft des Bildungssystems in Deutschland, Europa und weltweit. Er ist Autor von zahlreichen Büchern, über 180 Beiträgen in Fachbüchern und Zeitschriften mit mehr als 4000 Zitationen. Als Publizist äußert er sich zu aktuellen Themen, insbesondere zur Zukunft des akademischen Bildungssystems

Literatur

Biggs J., Tang, C.: Teaching for Quality Learning at University: What the Student Does, 4. Aufl., Maidenhead 2011

Ehlers, U.-D.: Future Skills. Lernen der Zukunft – Hochschule der Zukunft, Wiesbaden 2020

Ehlers, U. -D.: Open Learning Cultures. A Guide to Quality, Evaluation and Assessment for Future Learning, New York, Heidelberg 2014

Ehlers, U.-D., Meertens, Sarah A.: Studium der Zukunft – Absolvent(inn)en der Zukunft. Future Skills zwischen Theorie und Praxis, Wiesbaden 2020

Faulstich, P.: Lernen, in: Faulstich-Wieland, H. (Hrsg.), Erziehungswissenschaft. Ein Grundkurs, Hamburg 2008

Holzkamp, K.: Lernen. Eine subjektwissenschaftliche Grundlegung, Frankfurt, New York 1995

Kerres, M.: Potenziale von Web 2. 0 nutzen, in: Arnold, P., Kilian, L., Thillosen, A., Zimmer, G. M. (Hrsg.), Handbuch E-Learning: Lehren und Lernen mit digitalen Medien, München 2006, S. 1-16

Mandl, H., Krause, U. M.: Lernkompetenz für die Wissensgesellschaft, München 2001

Michel, . P., Goertz, L., Radomski, S., Fritsch, T., Baschour, L.: Digitales Prüfen und Bewerten im Hochschulbereich, Arbeitspapier Nr. 1., Berlin 2015

Reinmann, G.: Kompetenzorientierung und Prüfungspraxis an Universitäten: Ziele heute und früher, Problemanalyse und ein unzeitgemäßer Vorschlag, 2014, URL: https://gabi-reinmann.de/wp-content/uploads/2014/10/Artikel_Berlin_Okt_14.pdf, Abruf am 23.10.2020

Wenger, E.: Communities of practice: Learning, meaning, and identity, Cambridge 1998

Wildt, J. und Wildt, B.: Lernprozessorientiertes Prüfen im »Constructive Alignment«, in: Berendt, Be. Voss, H.-P., Wildt, J. (Hrsg.), Neues Handbuch Hochschullehre, Teil H: Prüfungen und Leistungskontrollen. Weiterentwicklung des Prüfungssystems in der Konsequenz des Bologna-Prozesses, Berlin 2001, S. 1-46

VI Staat und Wirtschaft

Bild: Anne Großmann – Fotografie

19 Handlungsfelder des Staates aus Unternehmersicht

Interview mit Reinhold von Eben-Worlée

Herr von Eben-Worlée, wir wollen gerne mit Ihnen über Handlungsfelder zum Erhalt bzw. zur Stärkung des Wirtschaftsstandortes Deutschland sprechen, die Sie in Bereichen wie Energie-, Infrastruktur- oder Fiskalpolitik sehen. Aber lassen Sie uns vielleicht erst eine kurze »Gesamtschau« machen – gerade vor dem Hintergrund der wohl in Zukunft knapperen Mittel des Staates, ausgelöst durch die Corona-Pandemie. Welche Themenfelder sehen Sie generell?

Herr von Eben-Worlée: Nun zunächst muss man festhalten, dass wir einige Jahre vor der Krise ein hohes Wirtschaftswachstum hatten. Deutsche Unternehmen haben sich an den internationalen Märkten mehrheitlich gut positioniert, es flossen in größerem Maße Steuereinnahmen und der jeweiligen Regierung fielen »unverschuldet« immer noch die Erfolge der Schröderschen Reformen in den Schoß. Schon vor Corona war aber zu verspüren, dass die Dynamik nachließ; so z. B. war in einzelnen Branchen wie in der Automobilindustrie und im Maschinenbau doch die stärkere internationale Konkurrenz zu spüren. Allerdings muss man im Kontext des Themas »Handlungsfelder des Staates« klar festhalten, dass es in Zeiten des Wachstums versäumt wurde, zentrale Themen anzupacken.

Könnten Sie diese Themen hier kurz skizzieren?

Deutschland ist immer noch ein Hochsteuerland; man hätte in den »guten Zeiten« schon durch steuerliche Entlastungen mehr Investivkräfte entfachen können. Bei den sozialen Sicherungsthemen hat man vor einiger Zeit die Wachstumsparität über Bord geworfen. Und im Energiebereich hat man mit dem Erneuerbare-Energien-Gesetz (EEG) ein Abgabesystem geschaffen, das gravierende Defizite besitzt. Es führt u. a. zu großen Disparitäten zwischen KMU und Großunternehmen.

Wir würden gern an anderer Stelle das ein oder andere Thema vertiefen. Könnten Sie vielleicht aus Sicht des Unternehmers bzw. des Verbandspräsidenten zunächst noch weitere Handlungsfelder im Überblick skizzieren?

Ein weiteres Thema ist der Fachkräftemangel. Durch die Krisensituation wird es wohl für Unternehmen leichter Arbeitskräfte zu halten oder zu finden, wobei es natürlich abzuwarten ist, wie die Wirtschaft wieder im Detail »anspringt«. Allerdings geht es ja bei dem Thema Fachkräfte auch um besonders qualifizierte Personen, die auch in diesen Zeiten nicht einfach zu haben sind. Es handelt sich um ein strukturelles Problem. Es fehlt immer noch ein praxistaugliches Zuwanderungsgesetz. Diese Problematik fällt vielleicht momentan in der Krisensituation nicht so auf; durch restriktive Maßnahmen bei der Zuwanderung hat sich ja die USA sozusagen auf unser Niveau zurückbegeben. Aber die Diskussion um High Potentials muss weitergeführt werden.

Wir vermuten, dass Sie auch beim Thema Digitalisierung und Mobilität Handlungsbedarf des Staates sehen?

Ja, natürlich. Wobei man hier unterscheiden muss. Der Staat soll Voraussetzungen wie rechtliche Rahmenbedingungen und Infrastruktur bieten. Wenn ich eine Webkonferenz durchführen will und nicht die entsprechenden Leitungen für einen reibungslosen Datenverkehr zur Verfügung stehen, dann hat das was mit der Rolle des Staates zu tun. Da sind wir tatsächlich in Deutschland im Vergleich zu vielen – weniger wirtschaftsstarken Nationen – erheblich zurückgefallen! Der andere Aspekt ist aber sicher der, dass es auch Versäumnisse in der Industrie gab. Gerade im Automobilbereich trifft dies – neben der Frage des Antriebs – auch bei digitalen Technologien zu.

Sollte aus Ihrer Sicht bei den Produkttechnologien, die jetzt gerade bei dem Thema Mobilität eine zentrale Rolle spielen, der Staat stärker »die Richtung« vorgeben?

Der Staat ist kein guter Technologietreiber – letztlich müssen Technologien sich rechnen und die Märkte entscheiden über den langfristigen erfolgreichen Einsatz von Technologien. Er soll Impulse setzen, aber es muss eine Technologieoffenheit geben. Technologiealternativen bei der Mobilität und Energiepolitik hängen ja sehr eng zusammen. Hier wäre es jetzt z. B. angezeigt, bei den erneuerbaren Energien sukzessiv deren Förderung auszuphasen, um die Energiepreise bspw. beim Strom konkurrenzfähig zu machen.

Herr von Eben-Worlée, gerne würden wir nun auf einige Themen näher eingehen. Sie hatten schon erwähnt, dass wir bezüglich der digitalen Infrastruktur im Hintertreffen sind. Könnten Sie dazu Beispiele geben und Hinweise was zu tun wäre?

Das dringliche Thema der auszubauenden Glasfaser- und Mobilfunknetze habe ich ja bereits adressiert. Ein anderes eklatantes Problem ist unsere Position im E-Government. Im Bereich digitaler Prozesse und elektronischer Verwaltungsvorgänge stehen wir im Vergleich mit anderen europäischen Ländern ganz hinten an. Wie neuere Studien zeigen, sind uns Staaten wie Österreich, Litauen, Dänemark u. a. an Effizienz enorm voraus. Das macht sich besonders beim mobilen Arbeiten und Lernen bemerkbar. Um im Mittelstand die Digitalisierung zu beschleunigen, können raschere Abschreibungsmöglichkeiten helfen. Wegen der Technologiedynamik sind lange Abschreibungsdauern auch inhaltlich nicht angebracht.

In Zeiten knapper Kassen, die sich nach den Corona-Hilfsprogrammen abzeichnen, gilt es wohl, die knappen Mittel des Staates sehr gezielt einzusetzen. Wie sehen Sie eine entsprechende Fokussierung des Staates?

Nun, eine Leitlinie sollte sein: Wo können pro Euro Infrastrukturpolitik auch die höchsten Einsparungen an CO_2 erfolgen, wie können wir letztlich Klimaneutralität erreichen. Hier muss ein entsprechender Fokus dann im Bereich Schienenfernverkehr und ÖPNV liegen. Das muss natürlich auch intelligent geschehen, nicht nur in den Ausbau des Schienennetzes zu investieren, sondern es muss – im Gegensatz zu manchen Gegebenheiten – jetzt gewährleistet sein, dass Anschlüsse zwischen Bahnen, ÖPNV und im Zweifel zum Flugzeug besser gestaltet werden. Ein Umsteigen auf die Schiene macht offensichtlich nur dann Sinn, wenn tatsächlich auch die Herkunft des Stroms passt. In diesem Kontext ist anzuraten, sich in Deutschland etwas intensiver mit neuen Technologien im Bereich Kernkraft auseinanderzusetzen.

Würde dann die Erneuerung unserer Straßen und Brücken in dieser Strategie hintananstehen?

Was die Investitionsmittel angeht sicher nicht; der Etat des Verkehrsministeriums dürfte auch in Zukunft groß genug sein. Dort haben wir das Problem eher in der Realisierung. Die Planung und Umsetzung notwendiger Prozesse dauert einfach bei unseren Regelungen zu lange.

Vielleicht können wir auf das von Ihnen eingangs angesprochene Thema Energie zurückkommen. Die Energieversorgung ist – wenn man so will – eine infrastrukturelle Voraussetzung für eine funktionierende Wirtschaft. Sie hatten ja schon die Problematiken des EEG angedeutet. Ein anderer Aspekt ist die Bepreisung von CO_2 über Zertifikate.

Das EEG ist dringend reformbedürftig. Dazu zwei Punkte: Es kann nicht sein, dass einige Großunternehmen, die auch noch die größten Stromverbraucher sind, von Beiträgen befreit sind und Mittelständler müssen die volle Umlage zahlen. Dieses Vorgehen geht nicht und ich fordere eine Gleichstellung aller Unternehmensgrößen. Zweiter Punkt: Die erneuerbaren Energien müssen an den Markt gebracht werden, sonst gibt es kaum realistische Möglichkeiten, sie vergleichbar zu machen. Eine prinzipiell gute Lösung ist sicher der sektorübergreifende CO_2-Emissionshandel. Durch den starken Ausbau der erneuerbaren Energien ist der CO_2-Preis in der Vergangenheit zeitweise weit unter 10€ gesunken und die bei uns eingesparten Emissionen werden in anderen Ländern verbraucht. Die Steuerung hat versagt. Wichtig ist auch, die Preise für die Zertifikate freizugeben, den Marktkräften zu vertrauen und wenn möglich einen europaweiten, idealerweise einen globalen Emissionshandel zu erreichen. Auf jeden Fall sollte eine europäische Lösung angestrebt werden.

Bis jetzt haben wir, wie beabsichtigt, über notwendige Aufgaben des Staates gesprochen, um den Standort Deutschland zu sichern. Was würden Sie denn nun umgekehrt als Aufgaben von Unternehmen, speziell vielleicht auch von mittelständischen Unternehmen betrachten, um ihrerseits einen Beitrag zur Sicherung des Wirtschaftsstandortes Deutschland zu leisten.

Hier gibt es sicher etliche Aspekte, die zu nennen sind – die allerdings von vielen Unternehmen in hervorragender Weise angegangen werden. Ich will ein paar Aspekte hervorheben. Ich denke eine stärkere Internationalisierung des Mittelstandes, auch von kleineren Unternehmen, ist angezeigt und m. E. auch leistbar. Wir müssen nach wie vor hohen Wert auf betriebliche Ausbildung legen. In puncto Mittelstand muss aber festgestellt werden, dass 90% der Ausbildungsplätze von Unternehmen mit unter 500 Beschäftigten bereitgestellt werden. Ganz klar ist auch, dass Zukunftsfähigkeit durch Innovation eine zentrale Aufgabe darstellt, die von Unternehmen zu leisten ist. Zu begrüßen ist sicherlich, wenn der Staat hier unterstützen will. Allerdings zeigt z. B. das neue Gesetz zur steuerlichen Förderung von Forschung und Entwicklung, dass durch Komplexität und lange Beantragungsphasen im Vorfeld nicht viele Unternehmen dadurch mehr oder schnellere Innovationen schaffen. Ein letzter, aber sicher zentraler Punkt, der zu erwähnen wäre, ist der Weg zur Klimaneutralität, der konsequent einzuschlagen ist.

Herr von Eben-Worlée, es gibt einige Unternehmen, die hier mit einer großen Vehemenz bei Maßnahmen zur Schaffung von Klimaneutralität vorausgehen. Es gibt Beispiele, bei denen erkennbar mehr Maßnahmen umgesetzt werden als im Sinne der existierenden Vorgaben notwendig wären. Was treibt diese Unternehmen – möchte man als Vorzeigeunternehmen dastehen, dadurch mehr Marktanteile gewinnen …?

Das mag fallweise möglich sein, wobei weniger die Motivation, sondern die Wirkung für das Klima ja entscheidend ist. Bei mir ist die Motivation auch eine Frage der Generationenperspektive: Ich möchte mein Unternehmen meinen Kindern und Enkeln übergeben, so dass diese ein Unternehmen führen können, das klimaneutral ist. Ich denke aus dieser Verantwortung heraus agieren viele Unternehmen, vor allem eben die langfristig denkenden Familienunternehmer.

Gibt es einen Aspekt in Bezug zu den notwendigen Handlungen des Staates, um den Standort Deutschland zu sichern, den sie noch erwähnen möchten?

Generell erscheint es mir wichtig, dass der Staat sich auf seine primären Aufgaben fokussiert. Dazu gehören die Ordnungs- und Fiskalpolitik oder eben die Bereitstellung von notwendigen Infrastrukturen, die wir angesprochen haben. Auch die Förderung von Grundlagenforschung, die einzelne Unternehmen nicht allein stemmen können, ist wichtig. Auch in der durch Corona ausgelösten Krisenzeit war ein Eingreifen sinnvoll. Allerdings sollte der Staat sich dann aus den wirtschaftlichen Belangen wieder zurückziehen. Dass Unternehmen, die nicht wettbewerbsfähig sind, insolvent gehen, ist Teil der marktwirtschaftlichen Ordnung. Entsprechend sind mittel- bis langfristige Beteiligungen des Staates an Unternehmen nicht angezeigt. Egal ob Lufthansa, Deutsche Bahn, Commerzbank oder andere Unternehmen – ein längerer staatlicher Einfluss über eine Beteiligung schafft keine bessere Wettbewerbsperformance. Das zeigt die allgemeine Erfahrung aus verschiedenen Situationen, wie der Finanzkrise und meine persönliche Erfahrung, u. a. durch ein Mandat als Beirat in einem der genannten Unternehmen. Der Staat ist eben nicht der bessere Unternehmer.

Wir danken für das Gespräch.

Das Gespräch wurde von Prof. Rainer Völker geführt.

Zum Interviewpartner

Reinhold von Eben-Worlée ist Geschäftsführender Gesellschafter der Hamburger Unternehmensgruppe Worlée und leitet das Familienunternehmen in fünfter Generation. Die Worlée-Gruppe beschäftigt über 700 Mitarbeiter in Produktion und Handel von Rohstoffen für Oberflächenbeschichtung sowie für die Lebensmittel-, Pharma- und Kosmetikindustrie. Neben seiner unternehmerischen Tätigkeit engagiert sich Reinhold von Eben-Worlée in zahlreichen Verbänden und Organisationen, so ist er u. a. seit 2017 Präsident des Verbandes Die Familienunternehmer e. V.

20 Die Zukunft des Wirtschaftsstandortes – wirtschaftspolitische Weichenstellungen

Volker Wissing

20.1 Die Renaissance des staatlichen Interventionismus

Der Wirtschaftsstandort Deutschland steht vor großen Herausforderungen. Dies betrifft nicht nur die gesellschaftlichen und wirtschaftlichen Folgen der Corona-Pandemie, die in den kommenden Jahren weiter spürbar sein dürften. Die Änderungen, denen die Unternehmen, private Haushalte und die Wirtschaftspolitik ausgesetzt sind, haben eine enorme Dynamik. Wir müssen Antworten auf den Klimawandel finden und nach Lösungen suchen, das 2-Grad-Ziel umzusetzen. Die Digitalisierung erfasst nahezu alle Lebens- und Wirtschaftsbereiche und verändert unseren Alltag sowie unser Wirtschaftsleben tiefgreifend. Die Globalisierung und damit die Freiheit für Waren, Dienstleistungen und Personen wird zunehmend infrage gestellt. Gleichzeitig wird das westliche, auf Freiheit aufbauende Wirtschafts- und Gesellschaftmodell gerade massiv durch Staatswirtschaften, wie diejenige der Volksrepublik China, herausgefordert. Wir werden infrage gestellt, wir werden herausgefordert, an der einen oder anderen Stelle vielleicht sogar verunsichert, aber es ist es wert, diese Diskussionen auch zu führen. Nur wenn wir nicht aufhören, uns zu hinterfragen, in gesellschaftlichen wie auch wirtschaftlichen Belangen, werden wir das bleiben, was unseren Erfolg und unsere Attraktivität als Nation ausmacht: Eine freiheitliche, dynamische Gesellschaft.

Die vermeintlich einfache Antwort vieler lautet: Wir brauchen einen starken Staat. Einen Staat, der vor Veränderungen schützt oder doch zumindest die Veränderungsprozesse abfedert. Selbst hinter der Politik von ausgewiesen staatskritischen Personen wie Donald Trump steckt ein solches Verständnis eines starken, schützenden Staates, indem mit Schutzzöllen die heimische Wirtschaft vor »unfairer« ausländischer Konkurrenz geschützt wird.

Auch in der Bundesrepublik Deutschland gibt es zahlreiche Rufer nach einem starken, interventionistischen Staat. Selbst das Bundeswirtschaftsministerium –

einst das ordnungspolitische Gewissen der Politik – ist hiervon nicht gefeit. Bundeswirtschaftsminister Altmaier verfolgt mit seiner Industriestrategie 2030 die Schaffung nationaler Champions in von ihm identifizierten Zukunftsbranchen. Diese Champions sollen im Zweifelsfall mit Hilfe staatlicher Beteiligungen und unter Aushebelung des Wettbewerbsrechts entstehen. Gleichzeitig gibt es immer wieder aufs Neue Bestrebungen, über Verschärfungen des Außenwirtschaftsrechts unter dem Deckmantel der Bewahrung technologischer Souveränität den Wirtschaftsstandort Deutschland gegenüber ausländischen – insbesondere chinesischen – Investoren abzuschotten. Auch die Versuche, bestimmte Produktionsbereiche im Medizinbereich »zurück nach Deutschland zu holen«, gehen in die gleiche Richtung: Der Staat nimmt direkt und indirekt Einfluss auf Investitions- und Ansiedlungsentscheidungen von Unternehmen; bestimmte, von staatlichen Akteuren als erstrebenswert definierte Entwicklungen, sollen so herbeigeführt werden.

Es erscheint auch durchaus verlockend, die chaotischen und damit anstrengenden Prozesse in einer Marktwirtschaft durch staatliche Eingriffe ordnen zu wollen. Und je chaotischer die Welt ist, die uns umgibt, desto größer wird die Sehnsucht nach Ordnung.

Hinzu kommt: Mit dem Ausbruch der Corona-Pandemie hat die Rolle des Staates in einem Maße zugenommen, wie noch nie in der Geschichte der Bundesrepublik. Dies betrifft nicht nur die tiefgehenden Eingriffe in das Wirtschaftsleben – bis hin zur faktischen Untersagung jeglicher wirtschaftlichen Aktivität – oder den Einsatz dreistelliger Milliardenbeträge zur staatlichen Unterstützung von Unternehmen durch Zuschüsse und Kredite. Auch das Instrument der Staatsbeteiligung erfreut sich – ein gutes Jahrzehnt nach der internationalen Wirtschaftskrise und der damals erfolgten und bis heute nicht rückgängig gemachten Verstaatlichung der Commerzbank – neuer Beliebtheit. Sei es als vermeintlich einziger Ausweg, um Unternehmen zu retten – Beispiele sind die Beteiligungen an TUI und der Lufthansa – sei es, wie im Fall CureVac, um die Entwicklung bestimmter Technologien voranzutreiben.

Aber auch bei den nicht pandemiebedingten Herausforderungen wird oft und laut nach dem Staat gerufen, der diesem Ruf oft und gerne folgt. So wird bei der Bekämpfung des Klimawandels in großem Umfang auf Ge- und Verbote gesetzt, bis hin zum Verbot bestimmter Produkte und Technologien. Die in der Diskussion stehenden staatlichen Strukturfonds für die Automobilbranche und andere von einer umfassenden Transformation betroffen Wirtschaftszweigen zeigen eine ähnliche Staatsgläubigkeit.

20.2 Grenzen staatlichen Handelns

Sind das die richtigen Weichenstellungen? Brauchen wir angesichts der ohne Frage bestehenden Herausforderungen tatsächlich einen schützenden und lenkenden Staat?

Zur Beantwortung dieser grundlegenden Fragestellung ist es hilfreich, sich die, im Regelfall unausgesprochenen, Annahmen vor Augen zu führen, die hinter der Idee des schützenden Staates stehen. Staatsgläubige Interventionisten sind zutiefst paternalistisch: Der Staat kann und weiß es besser; die »Familienmitglieder« – die Nationalen Champions – müssen geschützt werden! Tatsächlich sprechen aber sowohl theoretische Überlegungen wie auch empirische Erfahrungen gegen diese Annahmen.

Die Idee, bestimmte Zukunftsbranchen und Innovationen zu identifizieren bzw. in der Corona-Krise bestimmte Unternehmen durch Staatsbeteiligungen am Leben halten zu wollen, ist eine Anmaßung. Es ist eine weder durch die volkswirtschaftliche Theorie zu rechtfertigende, noch in der wirtschaftspolitischen Erfahrung begründbare Machbarkeitsphantasie, die die Möglichkeiten des Staates, aber auch von Wissenschaft und einzelnen Unternehmen massiv überschätzt, künftige wirtschaftliche Entwicklungen zu prognostizieren und durch geeignete Maßnahmen abzubilden.

Der Argumentation des Interventionisten ist aus theoretischer Sicht entgegenzuhalten, dass einzelne Akteure – auch und gerade staatliche Akteure – weder über das Wissen über künftige technologische Entwicklungen noch über das Wissen über Veränderungen der Nachfrage nach bestimmten Produkten verfügen. Genauso wenig haben staatliche Akteure das Wissen, in der Corona-Krise zwischen prinzipiell überlebensfähigen Unternehmen und solchen, deren Schwierigkeiten, nicht auf die Krise zurückzuführen sind, zu unterscheiden.

Die Kernkompetenz des Staates ist in aller Regel nicht Wirtschaft, sondern Verwaltung. Deshalb sind staatliche Ausflüge in die Wirtschaft selten von Erfolg gekrönt. In Bereichen, die dem Wettbewerb unterliegen, ist der Staat in aller Regel nicht konkurrenzfähig. Da der Staat in aller Regel eher übergeordnete gesellschaftspolitische als wirtschaftliche Ziele verfolgt, ist er als Unternehmer eher ineffizient und unwirtschaftlich.

Gegen den interventionistischen Politikansatz spricht weiterhin, dass der Schutz bestimmter Industrien und/oder die Schaffung von Nationalen Champions von diesen Industrien und Konzernen als implizite (oder auch explizite) Bestandsgarantie aufgegriffen wird (»To big, to important to fail«). Dies führt wiederum zu Anpassungsreaktionen: Ein Konzern, der als zentral und unersetzlich für die Wirtschaft eines Landes erklärt wurde, wird in seinen Wettbewerbsanstrengungen nachlassen, da der Staat im Zweifelsfall unterstützend einspringen wird. Selbst bei Branchen und Unternehmen, die nicht als strategisch bedeutsam identifiziert wurden, kann eine Bestandsgarantie zu Verhaltensanpassungen führen, indem Zeit und Ressourcen ins politische Lobbying umgelenkt werden, um ebenfalls den Status einer strategisch wichtigen Branche zu erhalten.

20.3 Private Initiative statt staatlicher Interventionismus

Wenn man sich die Grenzen staatlichen Handelns vor Augen führt, stellt sich natürlich die Frage: Was anstatt tun? Die Antwort hierauf lautet für mich: Sich wieder auf die Stärkung der Sozialen Marktwirtschaft besinnen.

Die Stärke einer Marktwirtschaft liegt gerade darin, dass über den Markt mit seinem Preismechanismus das dezentrale Wissen und die individuellen Handlungen der Wirtschaftsteilnehmer – Unternehmer und Konsumenten gleichermaßen – nutzbar gemacht und koordiniert werden. Unternehmen ringen miteinander um die beste Lösung. Der Staat hingegen legt die Regeln des Wettbewerbs fest, setzt sie durch und er stellt das eigentliche Spielfeld in Form der Infrastruktur zur Verfügung. Wenn aber der Staat selbst an Unternehmen beteiligt ist, dann ist er nicht neutral.

Die Zukunft des Wirtschaftsstandortes Deutschland liegt nicht im paternalistischen Interventionismus. Ein solches Politikverständnis bremst Eigenverantwortung und damit Eigeninitiative. Anstatt Ländern wie Spanien, Frankreich und Italien nachzueifern, die sich traditionell – und nur mit mäßigem Erfolg – dem Staatsinterventionismus verschrieben haben, sollten wir in der Bundesrepublik wieder mehr Soziale Marktwirtschaft wagen.

Manche sagen, das ist naiv, denn schließlich gebe es mit der Volksrepublik China einen internationalen Konkurrenten, der seine Unternehmen staatlicherseits massiv unterstützt, gezielt Industrien auch durch strategische Beteiligung an deutschen und europäischen Firmen entwickelt und den heimischen Markt gegenüber ausländischer Konkurrenz abschottet. Sicher – es ist nicht zu bezweifeln, dass die Volksrepublik China immer wieder das, zu Recht eingeforderte, level playing field verletzt.

Es dient aber eben gerade nicht der globalen Durchsetzung gleicher Wettbewerbsbedingungen, wenn man chinesische Unternehmen sanktioniert und auf Vergeltungszölle und mehr oder weniger geschickte Formen der Marktabschottung setzt. Anstatt gegenüber China auf Konfrontation zu setzen, sollten die Bundesrepublik und Europa vermehrt auf eine Stärkung internationaler Organisationen, insbesondere der Welthandelsorganisation, setzen, damit der Wettbewerb international besser institutionell abgesichert ist. Auch so könnte der Staat seine Rolle als Regelsetzer und Schiedsrichter wahrnehmen, gleichzeitig aber auch der privaten unternehmerischen Initiative Raum geben.

Das Primat der unternehmerischen Initiative gilt auch und gerade für die Bewältigung des Klimawandels, aber auch für die Transformation der Wirtschaft insgesamt. Anstatt einer Deindustrialisierung das Wort zu reden, sollte unser Ziel sein, zu zeigen: Gerade eine hoch innovativer Industriestandort wie Deutschland kann die CO_2-Ziele erfüllen. Das setzt aber Vertrauen in marktwirtschaftliche Prozesse voraus, Vertrauen in Innovation und in die deutsche Ingenieurskunst.

Umgekehrt tut der Politik ein Stück Bescheidenheit und Demut gut. Wir können die Herausforderungen von morgen nicht abschließend beurteilen, es sind lediglich Tendenzen erkennbar. Da wir zudem die Innovationen von morgen heute noch nicht kennen (sonst wären es keine Innovationen), wissen wir auch noch nicht, welche konkreten Veränderungen es geben wird. Deshalb muss die Politik technologieoffen ausgerichtet sein. Einseitige regulatorische Vorgaben wie – »Weg vom Verbrenner« – führen dazu, dass das wettbewerbliche Entdeckungsverfahren nicht funktioniert, die effizienteste Lösung nicht umgesetzt wird. Um die aus Umweltgesichtspunkten heraus effizienteste technische Lösung zu den niedrigsten Kosten zu erreichen, benötigen wir dringend eine technologieneutrale Vorgehensweise der Politik auf der EU- und Bundesebene – ergänzt um einen einheitlichen, nach marktwirtschaftlichen Prinzipien in Form eines Emissionshandelssystems zustande kommenden, Preis für CO_2.

Ich bin zuversichtlich: Wenn wir der privaten unternehmerischen Initiative Raum zur Entfaltung geben, verbunden mit einer klugen Regulierung, die dazu führt, dass sich Externalitäten in den Marktpreisen wiederspiegelt, dann wird der Wirtschaftsstandort Deutschland auch die aktuellen und künftigen Herausforderungen bewältigen und weiterhin international wettbewerbsfähig sein.

Unser Erfolgsmodell, die soziale Marktwirtschaft, ist überaus flexibel und sehr effizient darin, auch auf gesellschaftliche Fragen Antworten zu finden. Es ist an der Gesellschaft, die Rahmenbedingungen für den Markt vorzugeben. Wir entscheiden was uns wichtig ist und schaffen auf diese Weise einen Rahmen, in welchem dann das Marktgeschehen stattfinden kann. Wenn die Gesellschaft z. B. der Meinung ist, dass es einen Mindestlohn geben muss, dann muss die Politik diesen festschreiben und die Marktakteure werden mit dieser Festlegung umgehen müssen.

Die Erwartungen der Gesellschaft an die Wirtschaft befinden sich derzeit im Umbruch. Ging es früher vor allem um niedrige Preise und Effizienz, schaut die Gesellschaft heute viel genauer hin: Wie nachhaltig ist ein Produkt, wurde es auf faire Weise erzeugt, kamen Menschen, Tiere oder die Umwelt bei der Herstellung zu schaden? Die Gesellschaft will nicht mehr nur noch konsumieren, sie will sich verantwortungsbewusst verhalten und die Marktwirtschaft ist am besten geeignet, entsprechende Lösungen zu entwickeln.

Eine klassische staatliche Ge-/ Verbotspolitik ist immer statisch und damit zu reaktiv und zu langsam, um mit den Veränderungen in einer sich dynamisch entwickelnden Gesellschaft und Wirtschaft Schritt zu halten. Wir haben die Marktwirtschaft zu einer sozialen Marktwirtschaft gemacht und diese wiederum zu einer ökologischen weiterentwickelt. Nun stehen wir an der Schwelle zu einer ethischen Marktwirtschaft und darin liegt eine große Chance gerade auch für den Wirtschaftsstandort Deutschland mit seinen hohen Umweltstandards, seinem sozialpartnerschaftlichen Wirtschaftsleben und seiner starken Exportwirtschaft.

In der Welt erfolgreich sein wird nur, wer sich als fairer Partner der Welt begreift.

Zum Autor

Dr. Volker Wissing ist seit 2016 Minister für Wirtschaft, Verkehr, Landwirtschaft und Weinbau sowie Stellvertretender Ministerpräsident des Landes Rheinland-Pfalz und seit August 2020 Generalsekretär der Freien Demokraten. Von 2004 bis 2013 gehörte er dem Deutschen Bundestag an. Von 2009 bis 2010 hatte er den Vorsitz des Finanzausschusses des Deutschen Bundestages inne, bevor er von seiner Fraktion, der FDP im Deutschen Bundestag, 2010 zum finanzpolitischen Sprecher und 2011 zum Stellvertretenden Vorsitzenden gewählt wurde.

Bild: Manfred Grohe

21 Kommunale Wirtschaftsentwicklung am Beispiel der Stadt Tübingen

Interview mit Boris Palmer

Die Stadt Tübingen gilt in vielerlei Hinsicht – auch in wirtschaftlicher – als Erfolgsmodell. Sicherlich hat die Stadt über die Universität und mögliche Wechselwirkungen mit den ansässigen Unternehmen, ähnlich wie Heidelberg, Freiburg u. a. Städte, einen gewissen Standortvorteil, aber es gibt sicherlich einige Faktoren, die durch das Wirken der Stadtverwaltung, letztlich durch Sie als Oberbürgermeister, den Erfolg ermöglicht haben. Könnten sie aus Ihrer Sicht diese Erfolgsfaktoren – speziell bezogen auf die wirtschaftliche Entwicklung – kurz erläutern?

Herr Palmer: Wir verfolgen seit Jahren die Strategie des blauen Wachstums; die Farbe Blau steht hierbei für Klimaschutz. Uns ist es in den letzten Jahren gelungen stetig wirtschaftlich zu wachsen und gleichzeitig signifikante Verbesserungen im ökologischen Bereich zu erzielen. In den letzten zehn Jahren ist die Zahl der Arbeitsplätze um 30% gewachsen und der CO_2-Ausstoß um 30 % gesunken. Konkret haben wir folgendes getan: Wir haben bei der Ansiedlung von neuen Unternehmen und auch bei der Förderung existierender, klar bestimmte Branchen fokussiert und tun dies nach wie vor. Wir haben Cluster gebildet – bestehend aus den vier Bereichen Medizintechnik, Umweltschutz, Informatik und Biotechnologie. Das bedeutet, wir haben bewusst Branchen und Firmen, die jetzt oder perspektivisch von Disruptionen betroffen sind wie den Automotive-Sektor, nicht bei unserer strategischen Clusterbildung berücksichtigt. Ein zweiter wichtiger Erfolgsfaktor ist sicherlich die ganz enge Kopplung von Wissenschaft und Wirtschaft. Tübingen war früher vor allem durch die Universität bekannt; diese war mehr oder weniger abgekoppelt vom wirtschaftlichen Geschehen. Hier ist es in der jüngeren Vergangenheit gelungen, dies grundlegend zu ändern. Inzwischen findet ein sehr hoher, umsetzungsorientierter Transfer der wissenschaftlichen Expertise in die Wirtschaft statt. Hier hat sich auch die Mentalität entsprechend geändert.

Der wirtschaftliche Erfolg Ihrer Kommune geht einher mit sehr positiven Entwicklungen im Bereich des Klimaschutzes. Schon sehr früh haben Sie mit Initiativen wie z. B. »Tübingen macht blau« eine Reduktion des CO_2-Ausstoßes bewirkt. Wo sehen Sie hier das »Erfolgsrezept«, die Ansatzpunkte, dass Ökonomie und Ökologie gemeinsam in die gleiche positive Richtung gehen?

Herr Palmer: Speziell bezogen auf ökologische Aspekte sind unsere Klimaschutz- und Flächenpolitik zu erwähnen. Unser Wirtschaftswachstum ist bspw. gelungen, ohne dass wir neue Gewerbegebiete ausgewiesen haben. Existierende Flächen wurden effizient genutzt – z. B. durch Überbauung von Parkplätzen oder durch Wachstum in die Höhe. Bezüglich Klimaschutz haben wir ja wie erwähnt bewusst auf Branchen gesetzt, die wenig energieintensiv sind. So konnten wir gleichzeitig das Wachstum und die Reduktion von CO_2 erreichen.

Um die von Ihnen genannten Strategien und die Erfolge realisieren zu können, brauchten Sie jedoch auch eine entsprechende Mehrheit im Gemeinderat – letztlich also die Unterstützung aus Ihrer eigenen Partei und von konservativen Ratsmitgliedern.

Im Zeitablauf haben sich die divergierenden Meinungen durchaus in vielen Fällen angenähert, man hat vernünftige Kompromisse gefunden. Bei meiner eigenen Partei wurde anfangs noch das Ziel des Nullwachstums verfolgt; die möglichen negativen Folgen wurden allerdings bald realisiert. Gleichzeitig erkannten Gemeinderatsmitglieder, die ökologische Aspekte bislang nicht im Vordergrund sahen, dass Wachstum und Ökologie kein Widerspruch sein müssen.

Eine prosperierende Wirtschaft ist eng verbunden mit attraktiven Lebensbedingungen in der Kommune bzw. im Umland. Dazu gehört auch bezahlbarer Wohnraum. Bei einer Veranstaltung mit Immobilieninvestoren in Berlin 2019 haben Sie betont, dass Sie als Realo durchaus die Marktwirtschaft schätzen. Im Zusammenhang mit dem überhitzten Immobilienmarkt gelte es aber über die öffentliche Hand einzugreifen – z. B. durch Verträge mit Investoren, damit diese bei den Mieten unterhalb bestimmter Werte bleiben. Können Sie bitte Ihre Argumente dafür kurz hier nochmal darlegen?

Nicht zuletzt durch den Zuwachs an Arbeitskräften stellt sich die Frage nach bezahlbarem Wohnraum. Eine Stadt funktioniert nicht, wenn nicht alle Bevölkerungsgruppen dort wohnen können; das zerstört den sozialen Organismus. Aus verschiedenen Gründen – vor allem durch das billige Geld der EZB – sind die Immobilien- und Mietpreise explodiert. Ein Paar, bei dem z. B. eine Person bei der Feuerwehr und die andere in der Krankenpflege arbeitet, kann sich – wenn wir nur dem Markt die Preisbildung überlassen –eine vernünftige Stadtwohnung nicht mehr leisten. Hier müssen wir gegensteuern. Wir haben deswegen ein Programm »Fairer Wohnen« gestartet. Dazu gehören z. B. die Schaffung von sozialem Wohnraum oder ordnungspolitische Eingriffe.

Hier wesentliche Punkte unseres Vorgehens im Einzelnen: Wir haben schon vor über 10 Jahren begonnen, wieder in sozialen Wohnungsbau zu investieren. Durch unser neues Bauprogramm können wir bald für über 4.000 Personen Sozialwohnungen bereitstellen. Auch über Wohnungen, die im öffentlichen Besitz sind oder über Studentenwohnheime erweitern wir das Angebot an bezahlbaren Wohnungen. Von Bedeutung sind uns aber auch Vereinbarungen mit den privaten Investoren. Diese sind nach wie vor sehr wichtig, aber wir fordern als Stadt auch etwas von Ihnen: Sind wir als Stadt Eigner von Grundstücken, die verkauft werden, dann muss der Investor ein Drittel der zu vermietenden Wohnungen als Sozialwohnungen bauen. Zusätzlich vereinbaren wir eine Mietpreisbindung für 90% aller Wohnungen. In Tübingen gibt es, wie in vielen Städten, eine größere Auswahl an »Baulücken«. Aus Mangel an Wohnraum können deshalb auf Basis des Paragraphen 176 BauGB Baugebote ausgesprochen werden. Die betroffenen Grundstückseigner wurden dazu informiert und Ihnen erläutert, warum ein Baurecht letztlich auch die Verpflichtung impliziert in einer annehmbaren Frist zu bauen und es wurden ihnen mögliche Aktivitäten – z. B. auch der Verkauf an die Stadt – aufgezeigt.

Sie haben sich bei einem Diskurs mit der Automobilindustrie kritisch über deren Verständnis von Elektromobilität, z. B. im Hinblick auf Größe oder Breite der Autos, geäußert und erläuterten, dass Tübingen nicht für diese Art von Elektrofahrzeugen Parkhäuser bauen oder Straßen für Ladestationen aufreißen würde. Könnten Sie vielleicht Ihre Vorstellung von Mobilität in der Stadt erläutern?

Prinzipiell sind wir gezwungen, bei weiterem Ausbau der E-Mobilität über Nacht die Autos zu laden. Der Umbau der entsprechenden Infrastruktur, um genügend 150kW-Ladestationen zu bauen, ist finanziell und technisch in unseren Städten nicht machbar. Aber die meisten Probleme der Mobilität lösen E-Autos sowieso nicht. Wir haben z. B. weiterhin Platz- und Parkprobleme. Für innerstädtischen Verkehr ist das Auto auch nicht wirklich geeignet. Wenn Autos in der Innenstadt, dann klein und auf Sharing-Basis. Das Fahrrad sollte innerhalb der Stadt das Hauptverkehrsmittel werden. Zielgröße ist, die Hälfte des Verkehrsaufkommens in der Stadt auf Fahrradverkehr umzustellen.

Bei unseren Gesprächen mit Vorständen bzw. Geschäftsführern von Unternehmen wurde gerade bei global agierenden Unternehmen oder Konzernen deutlich, dass es wenig emotionale Bindung zum Standort gibt. So wird z. B. bei der SAP gesagt, solange die Gründer die Geschicke des Unternehmens noch mitbestimmen, gibt es eine gewisse Bindung an die Region. Man könne sich aber vorstellen, dass je nach Opportunitäten auch einmal

internationale Verlagerungen stattfinden. Welche Bedeutung hat in der heutigen Zeit noch eine Verbundenheit von Unternehmen mit der Region bzw. Stadt und welche Bedeutung sollte eine solche Verbundenheit nach Ihrer Auffassung haben?

Sicherlich ist es wichtig, auch Probleme außerhalb der Region oder Deutschlands im Blick zu haben. Allerdings ist festzuhalten, dass ich gewählt wurde, um für Tübingen Verantwortung zu tragen. Diese Fokussierung ist wichtig, sonst gäbe es wohl eine Diffusion von Verantwortung. Was speziell die Bindung an den Standort Tübingen angeht, so kann ich sagen, dass wir hier eine enge Bindung zwischen Unternehmen und der Stadt haben. Das liegt zum einen an der Art unserer Wirtschaftspartner. Wie oft in Baden-Württemberg sind es mittelständische Unternehmen, die eng mit Stadt und Region verbunden sind. Außerdem ist der persönliche und unmittelbare Kontakt zwischen Geschäftsführern oder Eigentümern und der Stadtverwaltung wesentlich; ich kann die Verantwortlichen direkt kontaktieren und ebenso bin ich jederzeit für die Unternehmenspartner erreichbar.

Gibt es weitere Themen, welche Sie als sehr wichtig für die kommende Wirtschaftsentwicklung ansehen?

Nun, man kann festhalten, dass auch bzw. gerade auf kommunaler Ebene der Abbau von Bürokratie, von Regularien und unsinnigen Vorschriften ein ganz zentraler Aspekt ist. Bei vielen anstehenden Entscheiden verhindern diese Vorschriften ein rechtzeitiges Agieren und/oder sie zwingen zu Lösungen, die wirtschaftlich im Grunde nicht zu vertreten sind. Gerade im Baubereich gibt es zunehmend noch ausgefeiltere und restriktivere Verordnungen (Bereich Brandschutz, Schutz vor Erdbeben, Lärmschutz etc.), die es den Verantwortungsträgern immer schwerer machen sachlich angemessen zu agieren; bisweilen hat man den Eindruck, man kann gar nicht mehr entscheiden, ohne überhaupt mit irgendeinem Regularium in Konflikt zu geraten.

In Ihrem Buch »Erst die Fakten und dann die Moral« zeigen Sie an klaren Beispielen den zum Teil vorhandenen Irrwitz, der mit manchen Vorschriften verbunden ist. Haben Sie vielleicht ein aktuelles Beispiel, um mögliche negative Konsequenzen der Überregulierung deutlich zu machen?

In Tübingen gibt es ja wie allgemein bekannt sein dürfte die CureVac AG, die sich inzwischen weltweit einen Namen gemacht hat. Als wir damals einen Technologiepark starten wollten, auf dem die Firma sich ansiedeln wollte, wäre das fast nicht gelungen. Es gab z. B. Einsprüche wegen möglicher Lärmbelästigungen von Anwohnern wegen der zu erwartenden Geräusche von Lüftungen auf dem Dach. Also wir reden nicht von dem Lärm oder von dem Dreck von klassischen Produktionsanlagen, sondern von dem Geräusch von Lüftungsaggregaten! Es gab zunächst größere zeitliche Verzögerungen und es sah dann eine Zeitlang auch so aus, als ob wir den Bau nicht genehmigt bekommen. Über verschiedene Umstände, die ich im Detail nicht hier schildern kann, ist es schließlich doch gelungen, das Unternehmen starten zu lassen.

Wir haben in der Eingangsfrage über die spezifischen Erfolgsfaktoren von Tübingen gesprochen. Angenommen Sie sollten generelle Leitlinien für eine nachhaltige wirtschaftliche und ökologische Entwicklung einer Kommune benennen. Welche würden Sie als zentral anführen?

Auf jeden Fall ist es wichtig, Cluster von Firmen zu definieren, die man ansiedeln bzw. fördern will. Selbstverständlich sollte man zukunftsfähige Branchen auswählen und nicht einfach etablierte Firmen von vornherein als Ausgangspunkt nehmen. Eine Gemeinde kann auch im Bereich von Start-Ups mit verschiedenen Förderungen unterstützen; allein die Zurverfügungstellung von passenden Räumen ist schon sehr hilfreich. Parallel zur rein wirtschaftlichen Förderung müssen Angebote für die Beschäftigten geschaffen werden: Kindertagesstätten, der genannte bezahlbare Wohnraum etc. Die Gemeinde muss attraktiv sein. Dann werden umgekehrt auch Unternehmen wieder attraktiver und es findet eine stärkere Identifikation statt. Wenn eine Gemeinde Wissenschaft und Forschung an Standorten (Universitäten / Hochschulen oder Forschungseinrichtungen) hat bzw. ansiedeln kann, sind unbedingt Wissenschaft und Wirtschaft eng zu koppeln. Wesentlich ist nicht zuletzt ein »direkter Draht« zu den Partnern aus der Wirtschaft, bei wichtigen Themen muss man rasch und unmittelbar ins Gespräch kommen.

Herr Oberbürgermeister Palmer, vielen Dank für das Gespräch.

Das Gespräch wurde von Prof. Rainer Völker geführt.

Zum Interviewpartner

Boris Palmer ist seit 2007 Oberbürgermeister der Universitätsstadt Tübingen. Er studierte Mathematik und Geschichte und war von 2001-2007 Mitglied des Landtags von Baden-Württemberg, zuletzt als stellvertretender Vorsitzender der Fraktion Bündnis 90/ Die Grünen. Seine Vision ist das blaue Wachstum: Prosperität und Lebensqualität, ohne Natur und Klima zu überlasten.

22 Staatsverschuldung – Fluch oder Segen?

Wolfgang Scherf

Nach der aktuellen Prognose der Europäischen Kommission wird die durchschnittliche Schuldenquote der Mitgliedsstaaten der Europäischen Union im Jahr 2020 auf rund 95 Prozent des Bruttoinlandsprodukts steigen. Der Durchschnitt der Eurozone liegt bei 103 Prozent. Das ist das höchste Niveau seit Bestehen der Europäischen Union. Besonders betroffen sind die Länder, die bereits vor der Corona-Pandemie besonders hohe Schuldenquoten aufwiesen. Die Prognosewerte betragen für Griechenland 196, Italien 159, Portugal 132 und Frankreich 117 Prozent. Für Deutschland wird mit relativ moderaten 76 Prozent gerechnet (European Commission 2020, 188).

Nach der Wirtschafts- und Finanzkrise 2008 wurde das Vorkrisenniveau trotz zuletzt rückläufiger Schuldenquoten noch nicht wieder erreicht. Infolgedessen muss damit gerechnet werden, dass sich die aktuelle Schuldenexplosion weitreichend und langfristig auf die Entwicklung der Wirtschaft und der öffentlichen Finanzen in Europa und weltweit auswirken wird. Vor diesem Hintergrund stellt sich die Frage nach den Chancen und Risiken der Staatsverschuldung als Instrument der Wirtschaftspolitik. Inwiefern können »gute« Schulden zur Überwindung und »schlechte« Schulden zur Entstehung ökonomischer Krisen beitragen?

Die weiteren Überlegungen sollen den Unterschied zwischen guten und schlechten Schulden verdeutlichen (Scherf 2013). Sie lassen sich kurz gefasst zu folgenden Hypothesen verdichten: (1) Das Kernproblem der Staatsverschuldung besteht nicht in einer Belastung zukünftiger Generationen. (2) Als Instrument der Konjunkturpolitik ist die Staatsverschuldung unverzichtbar. Der Staat muss konjunkturbedingte Defizite in der Rezession akzeptieren und benötigt auch einen Spielraum für den geschickten Einsatz antizyklischer Defizite. (3) Strukturelle Defizite haben negative gesamtwirtschaftliche Wirkungen. Der Staat sollte solche Defizite grundsätzlich vermeiden. Wirtschaftlich günstige Phasen der Normalauslastung oder gar der Hochkonjunktur sind rigoros für die Konsolidierung der öffentlichen Haushalte zu nutzen.

22.1 Werden zukünftige Generationen belastet?

Entgegen der öffentlichen Meinung führt die Staatsverschuldung nicht zwingend zu einer Belastung zukünftiger Generationen. Diese Behauptung basiert auf der falschen, zumindest grob irreführenden Gleichsetzung der öffentlichen Verschuldung mit einem privaten Kredit. Mit einem privaten Kredit kann man sich heute mehr leisten, muss aber in Zukunft Zinsen und Tilgung an die Bank zahlen. Das ist beim öffentlichen Kredit nicht anders, doch es gibt einen wesentlichen Unterschied. Die Gesellschaft als Ganzes ist – jedenfalls bei der Inlandsverschuldung – Gläubiger und Schuldner zugleich. Der Kredit bleibt sozusagen in der Familie. Zukünftige Generationen erben die Schulden und die Staatspapiere. Nicht nur die Schuldenuhr tickt, sondern zugleich steigt die Vermögensbildung der Bürger gegenüber ihrem Staat.

Auch die Zinsen zahlen wir als Gesellschaft an uns selbst. Die Steuerzahler finanzieren die Erträge, die den Staatsgläubigern zufließen. Der Zins-Steuer-Kreislauf hat Verteilungswirkungen, aber nicht zwischen den Generationen. Vielmehr verschiebt sich die Verteilung zugunsten der Zinseinkommensbezieher, die eher den oberen Einkommensschichten angehören, und zulasten der Durchschnittssteuerzahler. Diese Umverteilung ist auch mit einer Verschiebung gefühlter Lasten zwischen den Generationen verbunden. Zukünftige Steuerzahler empfinden die Finanzierung der Zinsen auf die Staatsverschuldung als Belastung, während zukünftige Staatsgläubiger die Zinsen als verdienten Lohn für den früheren Konsumverzicht betrachten. Dennoch bewirken die Zinsen keine reale Lastverschiebung zwischen den Generationen.

Die generationenbezogene Analogie zum privaten Kredit gilt allenfalls, wenn Schuldner- und Gläubigergesellschaften auseinanderfallen, d. h. wenn der Staat sich im Ausland verschuldet und Zinsen und Tilgung an externe Gläubiger gehen. Der Erwerb inländischer Staatspapiere durch ausländische Gläubiger eröffnet theoretisch die Möglichkeit einer realen Lastverschiebung. Hierzu muss das Schuldnerland bei Kreditaufnahme zusätzliche Güter im Ausland erwerben (Nettoimport) und das Gläubigerland später die Zins- und Tilgungszahlungen zum Kauf von Gütern im Schuldnerland verwenden (Nettoexport). Nur dann werden die jeweiligen Ansprüche an das Sozialprodukt des anderen Landes zu unterschiedlichen Zeitpunkten realisiert. Faktisch besteht jedoch kein klarer Zusammenhang zwischen Staatsverschuldung und Nettoexport, so dass eine systematische Lastverschiebung nicht zu erwarten ist.

Dennoch können mit der Staatsverschuldung reale Belastungen einhergehen. Ob und in welcher Weise das geschieht, hängt aber von der Art der Verschuldung und ihren ökonomischen Wirkungen ab. Im Folgenden wird argumentiert, dass »gute« Schulden keine realen Lasten verursachen, während »schlechte« Schulden reale Lasten erzeugen, die sich jedoch im Wesentlichen nicht in die Zukunft verschieben lassen.

22.2 Defizite zur Stabilisierung der Konjunktur

Die positiven Aspekte der Staatsverschuldung sind eng mit ihren konjunkturpolitischen Einsatzmöglichkeiten verknüpft. Aufgabe der antizyklischen Finanzpolitik ist es, die Konjunkturschwankungen zu dämpfen und damit konjunkturelle Arbeitslosigkeit und Inflation zu begrenzen. Das auf der keynesianischen Theorie basierende Konzept liefert keinen Freibrief für eine permanente Verschuldung. Vielmehr wird die Kreditfinanzierung auf Rezessionszeiten begrenzt, in denen die Wirtschaft aufgrund eines Nachfragemangels ihr Produktionspotenzial nicht ausschöpfen kann. In Boomphasen mit Nachfrageüberschuss ist dagegen eine restriktive Finanzpolitik angezeigt, die mit einem Abbau der Verschuldung einhergeht.

Den Schlüssel zum Verständnis der Wirkungen der Staatsverschuldung liefert die Unterscheidung zwischen drei Defizitarten. (1) Das konjunkturbedingte Defizit entsteht durch staatliche Mindereinnahmen und Mehrausgaben infolge einer Rezession. (2) Das antizyklische Defizit umfasst Fehlbeträge, die sich aus der zusätzlichen Kreditfinanzierung von Konjunkturprogrammen ergeben. (3) Das strukturelle Defizit, das auch in einer normal ausgelasteten Wirtschaft vorliegen würde, hat keine konjunkturelle Funktion, kann aber auch nicht unabhängig von der Konjunkturlage konsolidiert werden.

22.2.1 Konjunkturbedingte Defizite bremsen die Rezession

Konjunkturbedingte und antizyklische Defizite sind die guten Schulden. Wenn das Produktionspotenzial in der Rezession nicht normal ausgelastet ist, weil die privaten Wirtschaftssubjekte weniger für Konsum und Investitionen ausgeben als die Unternehmen produzieren und verkaufen könnten, soll der Staat die Gesamtnachfrage stabilisieren und die Nachfragelücke verkleinern. Die Unterscheidung zwischen konjunkturbedingten und antizyklischen Defiziten ist zweckmäßig, weil zwischen diesen Defizitarten und der Wirtschaftslage unterschiedliche Beziehungen bestehen.

Der Staat ist der wirtschaftlichen Entwicklung teils passiv ausgesetzt, teils beeinflusst er sie aktiv mit seiner Finanzpolitik. Die Sozialproduktverluste in der Rezession verursachen zunächst einmal Steuer- und Beitragsausfälle sowie Mehrausgaben für die Arbeitslosen. Die passive Komponente der Stabilitätspolitik beruht darauf, dass der Staat auf diese Haushaltsbelastungen nicht prozyklisch mit nachfragesenkenden Ausgabenkürzungen oder Steuererhöhungen reagiert, sondern die konjunkturbedingten Defizite akzeptiert und so die automatischen Stabilisatoren wirken lässt. Die konjunkturbedingten Defizite bedeuten noch keine expansive Konjunkturpolitik. Sie kehren die rezessive Entwicklung nicht um, verhindern aber den noch tieferen Konjunktureinbruch, der andernfalls eintreten würde.

Das Ausmaß der konjunkturbedingten Defizite hängt von der Produktionslücke und der Konjunkturelastizität des öffentlichen Haushalts ab. Die Produktionslücke misst die Differenz zwischen Bruttoinlandsprodukt und Produktionspotenzial, während die Konjunkturelastizität anzeigt, wie stark der staatliche Budgetsaldo auf eine Veränderung des Bruttoinlandsprodukts reagiert. Bei einer Konjunkturelastizität des öffentlichen Haushalts von 50 Prozent führt eine Produktionslücke von 6 Prozent zu einer Erhöhung des Staatsdefizits um 3 Prozent des Produktionspotenzials. Hat der Staat sich an die Vorgaben der EU gehalten und vor der Rezession nur eine Defizitquote von 0,5 Prozent realisiert, dann liegt die Defizitquote jetzt darüber. Eine kräftige Rezession kann also auch bei zuvor regelkonformer Finanzpolitik und ohne expansive Konjunkturpolitik zu einer Überschreitung der 3-Prozent-Grenze führen. Eine Schuldenbremse sollte das berücksichtigen und den konjunkturpolitischen Handlungsspielraum hinreichend bemessen.

Die automatischen Stabilisatoren bremsen den Abschwung, führen aber nicht zur Normalauslastung zurück. Der Stabilisierungsbeitrag der konjunkturbedingten Defizite wird daher leicht unterschätzt. Immerhin befürworten nahezu alle Ökonomen diese Komponente der Staatsverschuldung, u. a. auch, weil die Defizite im Aufschwung scheinbar genauso automatisch wieder verschwinden wie sie entstanden sind. Letzteres stimmt aber nicht ganz, sondern nur dann, wenn der Aufschwung ohne weitere staatliche Unterstützung zustande kommt.

22.2.2 Antizyklische Defizite fördern den Aufschwung

Wenn der Aufschwung auf sich warten lässt, kann die passive durch eine aktive Stabilitätspolitik erweitert werden. Hierzu muss der Staat seine Ausgaben erhöhen oder die Steuern senken. Die Finanzierung expansiver Konjunkturprogramme erfordert vorübergehend eine weitere antizyklische Erhöhung der Staatsverschuldung über die konjunkturbedingten Defizite hinaus.

Die expansive Finanzpolitik hat nicht nur positive konjunkturelle Effekte, sondern ist auch fiskalisch relativ unproblematisch. Wenn die Konjunkturprogramme effektiv gestaltet sind, finanzieren sie sich zum Teil von selbst. Sofern der Staat in der Rezession aktiv dazu beiträgt, die Nachfragelücke zu schließen, kommt es zu einem Anstieg des Sozialprodukts. Daraus resultieren Mehreinnahmen und Ausgabenersparnisse, die das zunächst erforderliche antizyklische Defizit wieder reduzieren.

Das Ausmaß der Selbstfinanzierung hängt von den Nachfrageeffekten der staatlichen Maßnahmen und der Höhe des Einkommensmultiplikators ab. Eine volle Nachfragewirksamkeit kann vor allem bei kreditfinanzierten öffentlichen Investitionen erwartet werden. Bei einem Multiplikator von 1,5 erhöhen staatliche Mehrausgaben von 100 Euro das Sozialprodukt um 150 Euro. Wenn die Konjunkturelastizität des öffentlichen Haushalts 50 Prozent beträgt, erhält der Staat 75 Euro zurück, d. h. das antizyklische Defizit reduziert sich von zunächst 100 Euro auf nur noch 25 Euro.

Antizyklische Finanzpolitik kann einen wichtigen Beitrag zur Überwindung der Rezession leisten. Konjunkturbedingte und antizyklische (Rest-)Defizite sind gut investiert. Die heutige Generation verfügt über ein höheres Sozialprodukt als das sonst der Fall wäre. Staat und Unternehmen tätigen höhere Investitionen, was auch den zukünftigen Generationen zugutekommt. Auch wenn sich nur das antizyklische Defizit teils selbst finanziert, verursacht die konjunkturelle Verschuldung insgesamt kein dauerhaftes Problem. Über den Konjunkturzyklus hinweg gleichen sich gute und schlechte Phasen halbwegs aus, so dass konjunkturelle Überschüsse in besseren Zeiten zum Ausgleich der Defizite in der Rezession dienen können. Eventuelle Restdefizite verlieren in einer wachsenden Wirtschaft relativ zum Sozialprodukt schnell an Bedeutung.

22.2.3 Die Ambivalenz der Corona-Schulden

Die aktuelle Corona-Krise hat zu einem kräftigen Anstieg der Staatsverschuldung geführt. Auch wenn die Konsequenzen für die öffentlichen Haushalte noch nicht völlig absehbar sind, ist eine dauerhafte Verschärfung der Schuldenprobleme wahrscheinlich, insbesondere in den Ländern, die ohnehin relativ hohe Schuldenstände aufweisen. Die Corona-Schulden sind zwar krisenbedingt, aber es handelt sich nicht oder nur zum geringen Teil um konjunkturelle Schulden. Die gesamtwirtschaftlichen Störungen liegen im Wesentlichen auf der Angebotsseite. Dagegen kann eine nachfragebelebende Fiskalpolitik wenig ausrichten.

Die Pandemie zerstört internationale Lieferketten, reduziert das verfügbare Arbeitsangebot und verhindert die Produktion durch staatliche Regulierung. Mit dem in der Wirtschaft durchaus unterschiedlich verteilten Angebotsschock gehen zwar Nachfrageschwächen einher, doch das Hauptproblem besteht in der Wiederherstellung normaler Produktionsbedingungen. Kreditfinanzierte Rettungspakete können bestenfalls vorübergehend die Einkommensausfälle nach dem staatlichen Lockdown kompensieren. Zudem kommt die Nachfragepolitik nicht allein den besonders betroffenen Wirtschaftsbereichen zugute. Sie trägt auch dazu bei, dass ökonomische Strukturen zementiert, Klientelpolitik gestärkt und Anreize zur Anpassung an die vermutlich dauerhaft veränderten Angebotsbedingungen vermindert werden (Berthold 2020).

Mit einer Entlastung der öffentlichen Haushalte durch Selbstfinanzierungseffekte ist vor diesem Hintergrund kaum zu rechnen. Sie setzen ein intaktes Produktionspotenzial voraus, dessen Auslastungsgrad gesteigert werden kann. Die Erfahrungen mit den Ölkrisen der 1970er und 1980er Jahre zeigen, dass Angebotsprobleme durch Nachfragepolitik temporär verschleiert, aber nicht gelöst werden können. Durch kreditfinanzierte Rettungspakete Zeit zu kaufen ist nur dann ein legitimes Anliegen, wenn zügig eine ursachenadäquate Therapie folgt.

Benötigt werden medizinische Lösungen, aber auch eine Stärkung der Wachstumskräfte durch sinkende Kosten. Hierfür ist primär die Lohnpolitik gefordert, vor allem in den Branchen, die vor einem tiefgreifenden Strukturwandel stehen. Auch der Staat kann dazu einen Beitrag leisten, indem er die Abgaben senkt, zumindest aber nicht erhöht. Die bereits angelaufene Diskussion über Steuererhöhungen und der absehbare Anstieg der Sozialausgaben gehen genau in die andere

Richtung. Das dürfte die Investitionsbereitschaft der Unternehmen gewiss nicht vergrößern.

Die aktuelle Schuldenpolitik kann hilfreich sein, wenn sie schnell durch Strukturreformen in Staat und Wirtschaft ergänzt wird (Deutsche Bundesbank 2019). Andernfalls können sich die Corona-Schulden in strukturelle Defizite verwandeln und den Keim für eine neue Staatsschulden- und Wirtschaftskrise legen. Die Problematik der strukturellen Defizite war bereits vor der Corona-Pandemie in vielen Ländern ersichtlich, die nach der Wirtschafts- und Finanzkrise ihre Kreditwürdigkeit eingebüßt haben.

22.3 Die Problematik der strukturellen Defizite

Ein Staat, der sich konsequent nach dem Konzept der antizyklischen Finanzpolitik richtet, hat auf Dauer kein Schuldenproblem und braucht auch keine Schuldenbremse. Jedoch wurde in der Vergangenheit vielfach anders gehandelt. Konjunkturelle Spielräume zur Haushaltssanierung wurden auch in Deutschland nicht voll genutzt. Oft hat man sich sogar trotz guter Konjunkturlage neu verschuldet. So sind die strukturellen Defizite entstanden. Zwar scheinen aktuell nicht wenige Ökonomen vor dem Hintergrund der niedrigen Zinsen auch solche staatlichen Defizite für unproblematisch zu halten. Das trifft aber selbst unter den heutigen Bedingungen nicht zu.

22.3.1 Strukturelle Defizite haben ungünstige Nebenwirkungen

Die Problematik der strukturellen Defizite wird klar, wenn man die Wirkungen zusätzlicher kreditfinanzierter Staatsausgaben in einer vollbeschäftigten Wirtschaft analysiert. Da nun ein größerer Teil des Sozialprodukts für staatliche Zwecke absorbiert wird, muss der private Sektor auf Güter verzichten. Im Falle der Kreditfinanzierung erfolgt die Verdrängung der privaten Nachfrage über Inflation. Bei Vollbeschäftigung führt die Mehrnachfrage des Staates zu Preissteigerungen, die das Realeinkommen der Bürger und damit ihre Kaufkraft reduzieren. Die Bevölkerung leistet also Konsumverzicht und wird dadurch real belastet; und zwar heute, nicht in der Zukunft.

Betroffen sind in erster Linie die Arbeitnehmer und Transferempfänger. Die Unternehmer profitieren sogar von dieser Entwicklung, denn sie können infolge der Mehrnachfrage höhere Preise erzielen und ihre Gewinne steigern. Strukturelle Defizite haben also ungünstige Nebenwirkungen auf die gesamtwirtschaftliche Stabilität und die Einkommensverteilung. Weitere unerfreuliche Wirkungen treten ein, wenn die Zentralbank auf den Inflationsimpuls mit einer restriktiven Geldpolitik reagiert. Dann steigen die Zinsen, was die Investitionen tendenziell reduziert. Soweit das geschieht, werden auch zukünftige Generationen durch ein relativ geringeres Wirtschaftswachstum real in Mitleidenschaft gezogen.

Eine Steuerfinanzierung staatlicher Mehrausgaben bei Vollbeschäftigung würde an der realen Belastung der heutigen Generation nichts ändern. Die Belastung würde aber ehrlich ausgewiesen und wäre mit geringeren Nebenwirkungen verbunden. Daher sollte der Staat in einer vollbeschäftigten Wirtschaft keine neuen Schulden aufnehmen. Strukturelle Defizite sind wegen ihrer negativen Stabilitäts- und Verteilungseffekte in der Periode der Kreditaufnahme schlechte Schulden.

Das gilt auch, wenn damit öffentliche Investitionen finanziert werden. Viele Ökonomen meinen zwar, staatliche Investitionen dürften jederzeit mit Krediten finanziert werden, weil sie zukünftigen Generationen einen Nutzen stiften. Der zukünftige Nutzen ist aber auch bei Steuerfinanzierung gegeben und die Kreditfinanzierung ist keineswegs geeignet, zukünftige Generationen wirksam und passgenau zur Finanzierung der Investitionen heranzuziehen. Welche Finanzierungsform die richtige ist, darüber entscheidet die gesamtwirtschaftliche Lage zu dem Zeitpunkt, in dem die Staatsausgaben getätigt werden. Bei Vollbeschäftigung und erst recht in der Hochkonjunktur gibt es keinen guten Grund für eine Kreditfinanzierung öffentlicher Ausgaben.

22.3.2 Staatsverschuldung und Geldpolitik im Teufelskreis

Die Niedrigzinsphase scheint die Problematik der Staatsverschuldung deutlich zu entschärfen. Mit dem Argument, dass der Kredit aktuell nichts koste, lässt sich ein strukturelles Defizit aber noch nicht rechtfertigen. Zum einen steigt der staatliche Schuldenstand durch jede Neuverschuldung. Auch wenn fürs Erste keine Zinsen gezahlt werden müssen, kann die Belastung im Zuge einer späteren Normalisierung der Zinskonditionen schnell auf den erhöhten Schuldenstand durchschlagen und die Tragfähigkeit der Staatsfinanzen gefährden. Das gilt besonders für Länder, die schon zuvor aufgrund ihrer hohen Schuldenstandsquote als riskante Schuldner eingestuft wurden. Insofern besteht durchaus die Gefahr, dass die Niedrigzinsen die Rückkehr zu einer schuldenfreundlichen Finanzpolitik begünstigen, die sich bereits in der Vergangenheit als Störfaktor der gesamtwirtschaftlichen Entwicklung erwiesen hat.

Insbesondere in der Eurozone deutet sich ein selbstverstärkender Teufelskreis zwischen zunehmenden Staatsdefiziten und einer akkommodierenden Geldpolitik an, die den Staaten mit überhöhten Defiziten Flankenschutz gewährt. In der zurückliegenden Wirtschafts- und Finanzkrise sollte die expansive Geldpolitik der EZB den Krisenländern Zeit für strukturelle Anpassungen einräumen. Dennoch gingen diese Länder mit hohen Defiziten und Schuldenständen in die aktuelle Corona-Krise. Die Nullzinspolitik wird daher auf unbestimmte Zeit fortgesetzt, was den Konsolidierungsdruck weiterhin niedrig hält. Eine Gemeinschaftshaftung für Staatsschulden der Euroländer würde diese Entwicklung noch forcieren. Im Ergebnis trägt die EZB-Politik dazu bei, das Staatsschuldenproblem, das sie entschärfen will, zu perpetuieren und zu verstärken.

Ein Ausweg aus diesem Dilemma ist nicht leicht zu finden. Die positiven konjunkturellen Wirkungen der konjunkturbedingten und antizyklischen Defizite können sich nur entfalten, wenn die bereits vorhandenen strukturellen Defizite vorläufig hingenommen werden. In den guten Zeiten versäumte Sparpolitik lässt sich in der Rezession nicht nachholen. Im Gegenteil, der Staat würde damit den Konjunktureinbruch verstärken und den öffentlichen Haushalt weiter aus dem Gleichgewicht bringen. Sparpolitik in der Rezession ist keine Lösung, sondern ein Problem.

22.3.3 Haushaltskonsolidierung benötigt Zeit und Regeln

Die Konsolidierung der Staatsfinanzen ist eine langfristige Daueraufgabe. Das Konzept der antizyklischen Finanzpolitik liefert eine solide Basis, sofern darunter keine ständig expansive, sondern eine konjunkturgerechte Finanzpolitik verstanden wird.

Das bedeutet: (1) Der Staat kann die vor der Rezession bestehende Verschuldung nicht in der Rezession abbauen, denn konjunkturbedingte und antizyklische Defizite bauen auf dem strukturellen Defizit auf. (2) Der Staat muss in der Rezession konjunkturbedingte Defizite hinnehmen, damit die automatischen Stabilisatoren wirken können. (3) In einer stärkeren Rezession sollte der Staat darüber hinaus effektive Konjunkturprogramme auflegen. Die hierfür nötigen antizyklischen Defizite finanzieren sich weitgehend aus ihren expansiven Wirkungen auf das Sozialprodukt. (4) Bei Normalauslastung lassen sich neue Schulden zur Finanzierung von öffentlichen Ausgaben nicht rechtfertigen, auch nicht zur Finanzierung öffentlicher Investitionen. (5) Der Staat muss die wirtschaftlich guten Zeiten konsequent zur Rückführung seiner Neuverschuldung und zum Abbau der strukturellen Defizite nutzen.

Der letzte Punkt ist von entscheidender Bedeutung. Solange strukturelle Defizite vorliegen, die ein bestimmtes Mindestmaß überschreiten (z. B. 0,5 Prozent des Bruttoinlandsprodukts), darf der Staat keine Wohltaten in Form von Steuersenkungen oder Zusatzleistungen mehr verteilen, auch und gerade nicht bei wieder anziehender Konjunktur. Das schließt Steuersenkungen allerdings nicht aus. Statthaft sind sie aber nur, wenn die Politik im Gegenzug die Kraft aufbringt, Staatsleistungen abzubauen, insbesondere im Bereich der vielfältigen Subventionen, aber auch bei den teils überzogenen und keineswegs immer der Gerechtigkeit dienenden Sozialtransfers.

Nach dieser Rezeptur lässt sich das Schuldenproblem auf längere Sicht lösen. Die politische Bereitschaft zu einer dauerhaft tragfähigen Finanzpolitik darf aber nicht überschätzt werden. Offenkundig verleiten kurzfristige politische Opportunitäten wiederkehrend zu einer stabilitätswidrigen Schuldenpolitik. Selbst wenn zuvor Regeln vereinbart wurden, ist die Neigung groß, sie bei nächster Gelegenheit in Frage zu stellen und auszusetzen. Das gilt, wie die aktuelle Diskussion belegt, nicht nur für südeuropäische Krisenstaaten, sondern auch für die Bundesrepublik Deutschland.

Dabei sind die Erfahrungen mit Fiskalregeln wie der deutschen Schuldenbremse durchaus positiv. Sie haben zum Abbau der Staatsdefizite und Schuldenstände beigetragen, ohne das Wirtschaftswachstum in den betreffenden Ländern zu beeinträchtigen. Das frühestmögliche Einhalten der Schuldenbremse nach der Corona-Krise wäre ein wichtiger Konsolidierungsschritt und würde das Vertrauen der Bürger und Unternehmen in die Finanzpolitik stärken (Werding u. a. 2020, 57).

In Deutschland und erst recht in den höher verschuldeten Ländern dürften in naher Zukunft Konsolidierungsmaßnahmen erforderlich sein, die über ausgeglichene Haushalte hinausgehen. Die Regierung hat die vorhandenen Spielräume zum Schuldenabbau in den letzten Jahren nur begrenzt ausgeschöpft und Sozialausgaben beschlossen, die den Sozialstaat angesichts der demografischen Entwicklung auf Dauer überfordern. Es wird eine große Herausforderung sein, diesen Kurs zu korrigieren und die Tragfähigkeit der Staatsfinanzen wiederherzustellen, zumal die Konsolidierungsschritte konjunkturgerecht und nicht nach einem fixen Zeitplan erfolgen müssen.

22.4 Ausblick

Die aktuelle Schuldenexplosion ist kein neues und voraussichtlich auch kein vorübergehendes Phänomen. Schon vor der Wirtschafts- und Finanzkrise 2008 haben viele Länder strukturelle Defizite zugelassen, die sich in der Krise als erstrangiger Störfaktor der gesamtwirtschaftlichen Entwicklung erwiesen. Dieser Prozess droht sich nun auf höherem Niveau zu wiederholen. Die Fiskalpolitik verlässt sich weiterhin auf eine expansive Geldpolitik und niedrige Zinsen, unterstützt von Ökonomen, die die keynesianische Botschaft vor dem Hintergrund der gar nicht so neuen Modern Monetary Theory als Aufruf zur permanenten Verschuldung missinterpretieren (Beck, Prinz 2019).

Wer die guten Seiten der Staatsverschuldung betont, darf ihre schlechten Seiten nicht klein reden. Eine konsequent antizyklische Finanzpolitik ist ökonomisch gut zu begründen und hätte die akuten Schuldenprobleme weitgehend verhindert. Für die faktisch asymmetrische Finanzpolitik mit hohen strukturellen Defiziten fehlt eine entsprechende Rechtfertigung. Sie ist im Allgemeinen stabilitätswidrig und hat negative Verteilungseffekte. Letztlich resultieren strukturelle Defizite aus der Neigung, Wähler mit Staatsleistungen zu gewinnen, die scheinbar ohne Belastung der Steuerzahler finanziert werden können. In der EU hat die Möglichkeit der Finanzierung zulasten ausländischer Steuerzahler diese verantwortungslose Haltung erkennbar gefördert.

Wirtschaftliche Stabilisierung und Haushaltskonsolidierung schließen sich nicht prinzipiell aus. Allerdings müssen nicht nur die kurzfristigen Chancen der Verschuldung genutzt, sondern auch ihre langfristigen Grenzen respektiert werden. Das ist der Sinn aller Fiskalregeln, an die sich Politiker jedoch regelmäßig nicht halten. Die politischen Entscheidungen in der Corona-Krise geben wenig Anlass zu der Hoffnung, dass – im positiven Sinne – dieses Mal alles anders ist.

Zum Autor

Dr. Wolfgang Scherf ist Professor für Volkswirtschaftslehre mit dem Schwerpunkt Öffentliche Finanzen an der Justus-Liebig-Universität Gießen. Seine Forschungsschwerpunkte sind Stabilitätspolitik, Steuern, Staatsverschuldung und Finanzausgleich.

Literatur

Beck, Hanno / Prinz, Aloys (2019), Wie revolutionär ist die Modern Monetary Theory?, Wirtschaftsdienst 6, 415–420 [https://t1p.de/tp09].

Berthold, Norbert (2020), Corona-Schock, Wumms-Ökonomie und Zombie-Wirtschaft [https://t1p.de/6qfw].

Deutsche Bundesbank (2019), Strukturreformen im Euroraum, Monatsbericht 10, 83–106 [https://t1p.de/njhu].

European Commission (2020), European Economic Forecast. Spring 2020, Luxembourg [https://t1p.de/vu3o].

Scherf, Wolfgang / Oberhauser, Alois (2013), Schuldenpolitik zwischen Stabilisierung und Konsolidierung, in: Eschbach, A. u. a. (Hrsg.), Nach der Wirtschafts- und Finanzkrise, Berlin 2013, 127–140 [https://t1p.de/gb6k].

Werding, Martin u. a. (2020), Tragfähigkeit der öffentlichen Finanzen: Spielt sie noch eine Rolle?, ifo Schnelldienst 9, 53–58 [https://t1p.de/bikh].

23 Deutschlands bauliche Infrastruktur auf dem Prüfstand

Stephan Weber

23.1 Einführung und Erläuterung des Themas

Um die komplexen Prozesse eines hochentwickelten Wirtschafts- und Gesellschaftssystems zu gewährleisten, wird als Fundament das benötigt, was man gemeinhin als Infrastruktur bezeichnet. Digitale Infrastrukturen, die Versorgung mit Energie, bauliche Infrastrukturen und einige andere Aspekte gehören hier dazu. Die Entwicklung, der Ausbau und der Unterhalt einer hochentwickelten Infrastruktur können nicht mit Veränderungen gesellschaftlicher Entwicklungen und Erwartungshaltungen dieser schnelllebigen Zeiten mithalten. Infrastrukturen wachsen langsam und sind entsprechend langfristig angelegt.

Dieser Beitrag setzt sich mit Gebäuden, Anlagen und sonstigen baulichen Einrichtungen des öffentlichen Bereichs auseinander. Die in diesem Beitrag diskutierte bauliche Infrastruktur beinhaltet die Gesamtheit aller Bauwerke – von den Verkehrswegen über die technische Ver- und Entsorgung bis hin zu den baulichen Einrichtungen der Daseinsvorsorge – aus der Sicht der Allgemeinheit. Zu den Einrichtungen der Daseinsvorsorge zählen insbesondere Schulen, Kindergärten, Krankenhäuser, soziale Einrichtungen, die öffentliche Verwaltung, kulturelle und andere Einrichtungen, die in einem hoch industrialisierten Land mitwirken, das humanitäre Zusammenleben und den sozialen Frieden zu erhalten.

Unsere Gesellschaft und Wirtschaft ist nach wie vor sehr wachstumsorientiert. Es lässt sich sogar bei der Entwicklung von neuen Technologien und gesellschaftlichen Prozessen eine Zunahme der Veränderungsdynamik beobachten. Das allein schon erhöht den Druck auf rasche Anpassungen an neue bauliche Strukturen. Hinzu kommt folgender Aspekt: Im Rahmen durchaus als positiv erachteter ökologischer Erneuerungen oder vieler Individualisierungstendenzen gibt es eine zusätzliche Nachfrage nach entsprechenden Infrastrukturlösungen (z. B. beim Ausbau von Dachgeschossen; Ausbau von Radwegen aufgrund schneller E-Bikes etc.).

Obwohl also oft neu für eine kleine Zielgruppe gedacht, bedingt die individuelle Lösung massivere Veränderungen von baulichen Infrastrukturen.

Bei grundlegend anderen Nutzungsanforderungen oder geändertem Nutzungsverhalten sind bauliche Anpassungen und Ergänzungen der Infrastruktureinrichtungen – wenn überhaupt umsetzbar – nicht zeitnah flächendeckend zu realisieren. Damit geht die Schere zwischen vorhandener Infrastruktur und der Erwartungshaltung an diese aufgrund der weiterentwickelten Bedürfnisse weiter auseinander. Um aus diesem Dilemma herauszukommen, bedarf es Überlegungen, die weniger an engen – oft nur scheinbaren – gesellschaftlich wirtschaftlichen Zwängen orientiert sind.

Im nächsten Abschnitt soll zunächst dargelegt werden, wie sich unsere Infrastruktur von Beginn des 20. Jahrhundert bis zur Gegenwart entwickelt hat und welche Faktoren die größten Einflüsse genommen haben. Außerdem soll Verständnis dafür aufgebaut werden, welcher finanzielle und zeitliche Aufwand erforderlich ist, um nennenswerte Veränderungen in einer vorhandenen Infrastruktur flächendeckend erfolgreich umzusetzen. Der dritte Abschnitt soll den Zustand der vorhandenen Infrastruktur kritisch hinterfragen und mögliche Defizite aufzeigen. Dabei geht es nicht darum, pauschale Kritik zu üben oder Schuldige zu suchen, sondern klar erkennbar den Unterschied zwischen der Infrastruktur in der Realität und der Erwartungshaltung der Gesellschaft an eine intakte, nachhaltige und zukunftsweisende Infrastruktur aufzuzeigen. Der letzte Abschnitt ist lösungsorientiert und soll Ansätze liefern, wie vorhandene Defizite reduziert werden können und an welchen Visionen sich unsere Gesellschaft orientieren könnte. Eine zentrale These dabei ist, dass es oft nicht sinnvoll ist, nur vom konkreten unmittelbaren Bedarf auszugehen. Um adäquat im Rahmen der Nachhaltigkeitsanforderungen und zukunftsgerichtet zu planen und zu bauen, braucht es klare Visionen und Vorstellungen, wie Wohnformen, Daseinsvorsorge und gesellschaftliches Miteinander sich perspektivisch entwickeln sollen. Jegliches Bauprojekt – egal ob Schnellbahntrasse, Flughafen, Stromtrasse oder Verwaltungsgebäude – muss eingebettet sein in bereichsübergreifende, zukunftsweisende Konzepte und dabei ganzheitlichen Betrachtungsweisen und deren Anforderungen standhalten.

23.2 Wie ist unsere Infrastruktur gewachsen?

Im Vergleich zu vielen anderen Ländern, mit deren Wirtschaftskraft sich die Bundesrepublik Deutschland misst, sind wir ein dicht besiedeltes Land. Der Anteil der Landwirtschaft war bis weit in die Zeiten des Wirtschaftswunders in den 1970er und 1980er Jahre noch sehr ausgeprägt. Mit Ausnahme der damals geteilten Stadt Berlin gab es nur noch die Städte Hamburg und München als Millionenmetropolen. Bis heute ist mit Köln nur eine weitere Millionenstadt dazugekommen. Für einen Großteil der Infrastruktur ist im 20. Jahrhundert der Grundstein für die heutige Infrastruktur gelegt worden. Die Bevölkerung in Deutschland ist seit 1950 von ca. 69 Mio. Einwohnern auf ca. 83 Mio. Einwohnern im Jahr 2020 angewachsen.

Das entspricht einem Wachstum von ca. 20 % über einen Zeitraum von ca. 70 Jahren. Das Wachstum erfolgte vor allem bis zum Jahr 2000. Seitdem ist die Bevölkerungszahl nur moderat gestiegen. Bei einem über einen längeren Zeitraum gleichmäßig linearen Bevölkerungswachstum kann auch eine Infrastruktur, diesem Wachstum angepasst, entsprechend mitwachsen. In Deutschland haben allerdings in den letzten 70 Jahren mehrere gesellschaftliche Entwicklungen und Veränderungen parallel stattgefunden, die großen Einfluss auf die Infrastruktur genommen haben. Zudem kam die zu diesem Zeitpunkt überraschende Wiedervereinigung dazu, die ebenfalls enorme Auswirkungen auf die Infrastruktur nach sich gezogen hat.

Was waren die wesentlichen Anforderungen an die Infrastrukturentwicklung in Deutschland ab 1950 bis zur Öffnung der Mauer 1989?

- Die Anpassung der Infrastruktur an das Bevölkerungswachstum von ca. 69 Mio. Einwohnern auf ca. 80 Mio. Einwohner im Jahr 1990,
- Die langsame Auflösung der Großfamilie hin zur Kleinfamilie und Einpersonenhaushalten,
- eine fortschreitende Urbanisierung,
- wachsende Mobilität der Bevölkerung.

Welche Anforderungen kamen ab dem Jahr 1990 noch hinzu?

- Eine durch die Wiedervereinigung bedingte Anpassung der Infrastruktur in den neuen Bundesländern auf einen bundeseinheitlichen Standard,
- die Anpassung der Infrastruktur an neue Verkehrsflüsse in West-Ost- und Nord-Süd-Richtung nach dem Fall der Mauer,
- eine Bevölkerungsabwanderung aus den neuen Bundesländern (von 16,4 Mio. auf 15,1 Mio. Einwohner) in die alten Bundesländer,
- der Abbau einer letztlich überdimensionierten Infrastruktur in den neuen Bundesländern,
- zunehmende infrastrukturelle Anforderungen durch die Digitalisierung,
- extreme individuelle Mobilität in allen Bevölkerungsschichten,
- die Verlagerung von Familienhaushalten aus den Zentren der Ballungsräume in die nähere Umgebung der Metropolen,
- die Auswirkungen des demographischen Wandels in der Gesellschaft,
- ausgeglichene Haushalte der öffentlichen Hand gingen finanziell zu Lasten von Investitionen,
- der Abbau der europäischen Grenzen und der gleichzeitige Ausbau der Verkehrsmagistralen durch Europa.

Der Ausbau einer Infrastruktur zieht sich aufgrund der großen baulichen Tätigkeiten mit entsprechenden Planungsvorläufen über einen längeren Zeitraum hin. Übergeordnete, langfristige Zielvorstellungen, Finanzierungspläne und politische Entscheidungswege lassen in der Regel keine kurzfristigen Realisierungen zu.

Wenn sich dann in diesen gedachten Zeiträumen durch politische und/oder starke wirtschaftliche Veränderungen oder neue schnelle gesellschaftliche Trends die Anforderungen an die Infrastruktur ändern, kann oftmals die Antwort darauf nicht in den erwarteten Zeiträumen gegeben werden. Der Strukturwandel im Ruhrgebiet führte z. B. zu der Situation, dass eine vorhandene Infrastruktur an bestimmten Standorten überdimensioniert war: Rund um die geschlossenen Zechen stehen viele Mehrgeschoßwohnungsbauten leer, weil die nahegelegenen Arbeitsplätze im Kohleabbau weggefallen sind. Gleichzeitig wird an anderer Stelle im Ruhrgebiet neuer moderner Wohnungsbau nachgefragt. Mit derselben Geschwindigkeit, mit der sich solche gesellschaftlichen Veränderungen abspielen, kann eine langfristig aufgebaute Infrastruktur nicht verändert werden (Rathcke, 2019). Als weiteres Beispiel ist die Anpassung der Infrastruktur im Zuge der Wiedervereinigung zu sehen. Auf der einen Seite wurde an vielen Stellen in den neuen Bundesländern neue Infrastruktur aufgebaut, aber aufgrund vieler anderer Randbedingungen zogen in der Zeit zwischen 1989 und 2000 ca. 1,2 Mio. Bewohner der neuen Bundesländer in die alten Bundesländer (Ralhf, 2015). So entwickelte sich durch diese konträre Situation an einigen Standorten in den neuen Bundesländern eine vollkommen überdimensionierte Infrastruktur. Als Erkenntnis lässt sich daraus ziehen, dass in der heutigen schnelllebigen Zeit auf große Veränderungen in der Gesellschaft nur verzögert mit einer dann erforderlichen Anpassung der Infrastruktur reagiert werden kann. Das führt aber unweigerlich zu einer Unzufriedenheit der jeweils betroffenen Einwohner mit der aktuell vorhandenen Infrastruktur.

Das Deutsche Eisenbahnnetz ist über einen Zeitraum von über 150 Jahren auf- und ausgebaut, ergänzt sowie bereits teilweise wieder stillgelegt worden. Aktuell beträgt es ca. 45.000 Streckenkilometer. Doch selbst bei diesem umfangreichen Streckennetz war es nicht möglich, nach der Entwicklung des Transrapid bis zur Anwendungsreife im Jahr 1991 eine Trasse im Hochgeschwindigkeitsbereich für dessen Einsatz in Deutschland festzulegen. Die vorhandene Infrastruktur war nicht auf diese technologische Weiterentwicklung ausgelegt. Alle Versuche, diese Technik auf verschiedenen ausgewählten Strecken zum Einsatz zu bringen, scheiterten letztendlich daran, dass die vorhandene Infrastruktur nicht kurzfristig für diese Technologie angepasst werden konnte. Zudem wurde jede diskutierte Trasse von jeweils verschiedenen Interessensgruppen in Zweifel gezogen. Für die einen war die Finanzierung nicht realisierbar, für andere war keine geeignete Strecke dabei und für wieder andere war der Bau bzw. Ausbau einer Trasse aufgrund von Umweltschutzgedanken nicht darstellbar. So kam es in Deutschland zum Scheitern dieser hochmodernen und umweltfreundlichen Technologie. Zudem wird anstelle des umweltfreundlichen Zugpendels, das kaum eine Stunde dauern würde, auf so einer Kurzstrecke bevorzugt geflogen. Dieses Beispiel zeigt auch, wie schwierig und komplex Abläufe und Genehmigungsverfahren in Deutschland geworden sind. Nicht selten scheitern Projekte, weil die Rahmenbedingungen in Deutschland zu eng gesteckt worden sind. Und es zeigt auch, wie heterogen die jeweiligen Parteien nur für die eigene Sache streiten und nicht das Allgemeinwohl im Blick haben.

23.3 Wo liegen die großen Aufgaben bei der vorhandenen Infrastruktur?

Der Anspruch an die Bauart und Bauweise in Deutschland ist im Gegensatz zu manchem anderen Land sehr anspruchsvoll. Dieser Anspruch wird über eine Unzahl an Normen und DIN-Vorschriften, an Baugesetze und Bauverordnungen sowie Verwaltungsvorschriften dokumentiert und führt zu höheren Baukosten. Auch für Fachleute lässt sich dabei nicht immer die Sinnhaftigkeit bzw. der Mehrwert des »Vorschriftenwahns« erkennen.

Das in Deutschland geltende und anzuwendende Planungsrecht bzw. die geltenden Verwaltungsabläufe führen zu einem Zustand, der keine verhältnismäßigen Zeitabläufe bei neuen Großprojekten zulässt. Der ca. 40 km lange Lückenschluss auf der A 94 zwischen Mühldorf und Pastetten bei München wurde zwar in relativ kurzer Bauzeit realisiert, vorangegangen war aber ein 34 Jahre langer Rechtsstreit über die Trassenführung. Das Projekt Stuttgart 21 wurde fast 20 Jahre mit Klagen überschüttet und führte zu Großdemonstrationen der Befürworter und der Gegner. Bei beiden erwähnten Projekten war eine Zustimmung der überwiegenden Mehrheit für eine grundsätzliche Notwendigkeit vorhanden. Nur über die Art und Weise der Realisierung gab es keine einheitliche Sichtweise. Es braucht an dieser Stelle eine grundlegende Überarbeitung der Prozesse, damit in einem deutlich kürzeren Zeitrahmen Klarheit darüber geschaffen werden kann, ob ein Projekt realisiert werden soll oder nicht. Ohne größere Anpassungen bei diesen Prozessen werden keine leistungsfähigen und zukunftsweisenden Lösungen entstehen. Die beiden erwähnten Großprojekte stehen an dieser Stelle nur stellvertretend für eine Vielzahl an Projekten, über deren Baurecht an Gerichten erst entschieden werden muss.

Die Grundlage für eine Anpassung oder Erweiterung einer Infrastruktur ist eine sorgfältige Bedarfs- und Entwicklungsplanung. Wie häufig werden Maßnahmen am tatsächlichen Bedarf vorbeigeplant? Wie häufig werden während einer Planung oder sogar während der Bauphase Projekte vollständig überarbeitet, weil sich die Planungsgrundlage grundlegend geändert hat? In vielen Fällen sind dabei die vorausgehenden Hausaufgaben nicht sogfältig erarbeitet worden. In der Öffentlichkeit wird allerdings auch sehr häufig von Planungsfehlern und/oder Baumängeln gesprochen, ohne jedoch nach deren tatsächliche Ursache zu erfragen. Verglichen wird oft das sichtbare Bauwerk mit dem aktuellen Bedarf. Jede Abweichung davon stellt für die Öffentlichkeit einen Planungsfehler oder einen Baumangel dar.

Die Anforderungen an die bauliche Infrastruktur wachsen auch durch die Digitalisierung kontinuierlich an. Mit dem exponentiellen Anstieg der Digitalisierung und der stetig wachsenden Datenerfassung erwarten wir von jeder Einrichtung, jedem Gebäude oder Bauwerk Intelligenz. Wir erwarten Vernetzung, digitale Be- und Verarbeitung von allen möglichen Daten sowie intelligente Bedienungsmöglichkeiten. Das erhöht deutlich die Baukosten, aber vor allem auch deutlich die Betriebs- und Unterhaltskosten. Der Anteil der Gebäudetechnik ist dadurch überproportional gestiegen. Hier muss kritisch hinterfragt werden, ob und inwieweit technische oder wirtschaftliche Erfordernisse vorliegen und wo der Bereich der Spielerei oder sinnlosen Datenverwaltung beginnt. Weitere Preistreiber sind hier die deutlich gestiegenen Anforderungen hinsichtlich Energieeffizienz, Barrierefreiheit, Sicherheitseinrichtungen, Dämmung sowie eine Vielzahl weiterer behördlicher Auflagen. Hier bedarf es dringend einer Überprüfung, ob es nicht für unterschiedliche Zwecke auch unterschiedliche Standards geben kann und muss. Ein allgemein anzuwendender Standard, der an bestimmten Stellen nicht erforderlich oder sinnvoll ist, treibt die Planungszeit und die Investitionskosten nach oben. Fragen der Energieeffizienz und der Nachhaltigkeit sollten deutlich mehr Gewicht bekommen. Aber dann bitte unter ganzheitlicher Betrachtungsweise, also mit Lebenszykluskosten einschließlich CO_2-Bilanz für Rohstoffgewinnung, Produktion, Transport und Entsorgung.

Ein wesentlicher Punkt für die langfristige Nutzbarkeit von Einrichtungen und Gebäuden ist der regelmäßige Unterhalt bzw. eine rechtzeitige Sanierung bzw. Modernisierung. Werden Sanierungen oder Instandhaltungen nicht rechtzeitig vorgenommen, können die Schäden so groß werden, dass entweder die Sanierungskosten unverhältnismäßig hoch werden oder nur ein Neubau statt einer Sanierung wirtschaftlich Sinn ergibt. Welche Folgen das haben kann, wenn an den falschen Ecken gespart wird, zeigt der Zustand der Straßen und Brücken in Deutschland. Der Bundesverkehrswegeplan ist seit mehreren Jahrzehnten deutlich unterfinanziert, um damit alle erforderlichen Arbeiten durchführen zu können. Zwar ist der Etat deutlich angehoben worden, deckt aber bei weitem den tatsächlichen Bedarf nicht ab. Nachdem auf diese Thematik bereits jahrelang viele Fachverbände und Fachleute aus dem Bereich Verkehr hingewiesen hatten, kam auch der Bundesrechnungshof in seinem Bericht 2015 zum Thema Bundesverkehrswegeplan zu dieser Erkenntnis (Bundesrechnungshof 2015). Die vom Bund 2018 neu gegründete Autobahn GmbH soll sich vom 01. Januar 2021 ab um die Aufgaben der Straßenbaulast für den Bund kümmern. Diese Aufgaben haben bisher die einzelnen Bundesländer für den Bund übernommen. Doch vor der Haushaltsfreigabe für die fünf kommenden Jahre schlägt die Autobahn GmbH Alarm und gibt die Finanzierungslücke mit ca. 20% bzw. ca. 5,6 Mrd. € für die beabsichtigten Bauvorhaben an (Delhaes 2020). Darin sind die Kosten für die Vorbereitungen von nachfolgenden Bauprojekten ab 2026 noch nicht enthalten.

In Deutschland sind aktuell deutlich über 20.000 Brücken sanierungsbedürftig. Was das in der Praxis bedeutet, kann man dann in der Zeitung oder im Fernsehen begutachten. Beispielhaft aus unzähligen Sperrungen hierzu: Schwelmtalbrücke AS 93 teilweise Sperrung und Reduzierung der Geschwindigkeit im Jahr 2013; Leverkusener Rheinbrücke A 1 Sperrung für schwere LKW im September 2016; Theodor-Heuss-Brücke in Düsseldorf für LKW über 30 t gesperrt im November 2019. Das sind Beispiele bei hochbefahrenen Brücken. Die daraus entstandenen Staus haben zu einem nicht unerheblichen volkswirtschaftlichen Schaden (Umweltverschmutzung, unproduktive Arbeitszeiten etc.) beigetragen.

Ein Großteil der vorhandenen Infrastruktur ist nicht auf die heutige Benutzung ausgelegt. So ist z. B. der Schwerlastverkehr exponentiell gewachsen. Bis hin zum Gigaliner sind die Achslasten um ein Vielfaches gewachsen und beanspruchen die Straßen und Brücken um ein Tausendfaches gegenüber einem PKW. Hier ist es dringend erforderlich nach Lösungen zu suchen, wie vorhandene Netze und Einrichtungen effizienter genutzt werden können, um den deutlich gestiegenen Auslastungen gerecht zu werden. Eine seitens der Industrieproduktion auf die Straße verlagerte Lagerhaltung mit Just-in-time-Produktion führt zu einer deutlich höheren Belastung der Verkehrswege. Hier werden Produktionskosten auf die Allgemeinheit verlagert. In den letzten 30 Jahren ist das deutsche Autobahnnetz um ca. 20 % auf ca. 13.000 km Länge gewachsen. Die Verkehrsaufkommen für den Straßengüterverkehr hat sich in diesem Zeitraum fast verdoppelt auf 434 Mrd. tkm. Das Streckennetz des Schienenverkehrs ist seit 1990 um ca. 20 % auf 35.000 km reduziert worden. Das Ausdünnen des Schienenverkehrsnetzes in den ländlichen Bereichen hat zu einer deutlich gestiegenen Zahl an Individualverkehr geführt. Der Pkw-Verkehr ist von ca. 500 Mrd. km im Jahr 1990 auf ca. 650 Mrd. km im Jahr 2018 angewachsen. Dadurch ergaben sich im Jahr 2019 ca. 1,5 Mio. Staukilometer auf Deutschlands Straßen. Statt den Ausbau des Schienennetzes voranzutreiben, um die Straßenbelastung zu verringern, ist das Schienennetz verkleinert worden. Diese Entwicklung ging und geht in die falsche Richtung (Ralhf 2015).

Vorhandene Infrastrukturen kommen aufgrund höherer Benutzerzahlen oft an ihre Grenzen. Allerdings sind in dicht besiedelten Gebieten die Ausbaumöglichkeiten stark begrenzt, wenn man an die Stadtautobahnen im Ruhrgebiet, große Hauptverkehrsadern in den Innenstädten oder das Bahnnetz im innerstädtischen Bereich denkt. Da in Deutschland das Schienennetz traditionell den Güterverkehr und den Personenverkehr auf demselben Gleis bewältigt, ist eine Kapazitätsauslastung sehr schnell erreicht. Ein getrenntes Netz für Personen- und Gütertransport würde hier mehr Möglichkeiten bieten, ist aber teilweise aus Platzgründen gar nicht oder aus Finanzierungsgründen nur langfristig realisierbar.

Auch das Netz der Wasserversorgungs- und Abwasserleitungen hat aktuell einen erhöhten Bedarf bei Sanierung und Unterhalt. Hier müssen dringend mehr Mittel zur Verfügung gestellt werden. Die vorhandenen Schäden sind oft nicht sichtbar, da diese unterirdisch zum Tragen kommen. Bei rechtzeitiger und kontinuierlicher Begutachtung können viele Schäden mit geringem Aufwand behoben werden. Bei fehlendem Unterhalt und umfassenden Schadensbild bleibt dann nur der Neubau, der oft aufgrund von umfangreichen Erdarbeiten dann deutlich teurer wird.

Eine weitere Herausforderung stellt die Energiewende in Deutschland dar, die nur halbherzig vollzogen wird. Auf der einen Seite ist die Mehrheit eindeutig für Umweltschutz und Nachhaltigkeit. Doch dafür ist unsere Infrastruktur aktuell nicht ausreichend vorhanden. Es fehlen Trassen, auf denen Energie in ausreichendem Maß entsprechend den neuen Produktionsstandorten (z. B. Windenergie aus Offshore-Anlagen, Einspeisung aus Photovoltaikanlagen etc.) quer durch die Republik transportiert werden kann. Es fehlen Bauwerke und/oder Einrichtungen, um

Energie im großen Umfang speichern zu können. Für den verstärkten Einsatz von erneuerbaren Energien gibt es Zustimmung, solange keines dieser Bauwerke vor der eigenen Haustür realisiert wird. Als Betroffener wechselt die Zustimmung oft in Ablehnung. Der gesamte Anteil der erneuerbaren Energien liegt über alle Sektoren hinweg bereits bei ca. 18 % (Umweltbundesamt 2020). Bei einem größeren Verständnis für erforderliche Infrastrukturmaßnahmen in diesem Bereich könnte der Anteil deutlich gesteigert werden.

Die steigenden Mieten in den Ballungsräumen und die damit verbundenen Ströme in die Wohngebiete um die Metropolen herum führen ebenfalls zu mehr Individualverkehr. Auch die Ausdünnung von Institutionen, sozialen Einrichtungen und Einzelhandel in den ländlichen Regionen führt zu mehr Verkehr. Eine immer dünner werdende Daseinsvorsorge in der ländlichen Region treibt zusätzlich die (ungewollte) Urbanisierung voran. Hier ist deutlich stärkerem Maße eine reine Wirtschaftlichkeitsbetrachtung gegen den potenziellen volkswirtschaftlichen Schaden bei einer Gesamtbetrachtung abzuwägen. Unter der Berücksichtigung von höherem Verkehrsaufkommen, mehr Umweltbelastung und gleichen Bedingungen in der Daseinsvorsorge in allen geographischen Landesteilen ließe sich manche Wirtschaftlichkeitsberechnung in Frage stellen. Um nicht für jeden Liter Milch ins Auto steigen zu müssen, muss eine Infrastruktur der Zukunft wieder mehr dezentral ausgerichtet werden. Um nicht im Verkehrskollaps zu enden, ist es eine Aufgabe der Zukunft, dichte Verkehrsströme zu vermeiden und nicht erst entstehen zu lassen.

Aus der vorbeschriebenen Themenblöcken lässt sich unschwer erkennen, dass es einer Vielzahl an einzelnen Infrastrukturmaßnahmen bedarf, um den Anforderungen an eine leistungsfähige und moderne, dem tatsächlichen Bedarf angepasste Infrastruktur in Deutschland gerecht zu werden. Wobei deutlich werden sollte, dass mit steigender Komplexität der Anlagen und mit steigender Erwartungshaltung der Nutzer die Unterhalts- und Instandhaltungskosten steigen. Dafür müssen neben den reinen Baukosten auch die dafür erforderlichen Mittel dauerhaft bereitgestellt werden.

23.4 Welche Lösungsansätze gibt es für die Zukunft?

Als Grundlage für alle erforderlichen Investitionen in unsere Infrastruktur brauchen wir dringend zukunftsfähige und vor allem auch umsetzbare Konzepte. Aufgrund vieler Abhängigkeiten sind die einzelnen Problemfelder nicht isoliert zu betrachten und zu lösen, sondern bedürfen eines Blicks über den Tellerrand hinaus. Komplexe Systeme brauchen ganzheitliche Betrachtungsweisen. Damit die offenen Zukunftsfragen im Bereich Infrastruktur nachhaltig gelöst werden können, bedarf es daher Lösungen in übergeordneten Themenfeldern. Vor allem das Thema Wohnraum und dessen zukünftige Entwicklungen sind wichtige Eckpfeiler, die sehr stark mit der Thematik Infrastruktur zusammenhängen. Wesentliche grundlegende Forderungen sind nachstehend aufgeführt.

Zukunftsweisende Verkehrskonzepte statt Massenindividualverkehr

Der gestiegene Bedarf an Mobilität kann nur über ein gut ausgebautes Netz eines Öffentlichen Personennahverkehrs (ÖPNV) bewerkstelligt werden, da die vorhandene Infrastruktur den stetig steigenden Individualverkehr nicht bewältigen kann. Daher muss der ÖPNV zukunftsweisend ausgebaut werden. Die Zukunft liegt im Vermeiden von Individualverkehren, nicht in der permanenten Kapazitätserweiterung vorhandener Verkehrswege, die dann noch mehr Verkehr anziehen. In den Regionen, in denen das Angebot des ÖPNV deutlich schlechter ist als das Straßennetz, steigt der Individualverkehr. So ist der ca. 30 km lange, erst kürzlich geschlossene Lückenschluss der A94 zwischen Pastetten und Heldenstein ein gutes Beispiel dafür. In den letzten 30 Jahren war aufgrund der äußerst schlechten Bundes- bzw. Fernstrassenanbindung für viele Pendler des Einzugsgebiets der A 94 die Regionalbahn, trotz eines niedrigen Ausbaustandards, das geeignetste Verkehrsmittel in die Innenstadt von München. Seit der Fertigstellung des Anschlusses im Jahr 2020 hat der Individualverkehr derart zugenommen, dass sich auf der A 94 morgens der Berufsverkehr bereits 25 km vor München zurückstaut. Um diesem Missstand zu beseitigen, muss das Angebot des ÖPNV deutlich angehoben werden.

Gleiche Arbeitsbedingungen in Städten und der Region

Die Grundlage für ein ausreichendes Einkommen sind gleichwertige Arbeitsplätze in Ballungsregionen und den ländlichen Bereichen. Aufgrund eines deutlich schlechteren Arbeitsmarktes in den ländlichen Regionen nimmt die Urbanisierung stetig zu. Das führt auch zu einem erhöhten Pendlerverkehr. Bei gesicherten und attraktiven Arbeitsplätzen in der Region gibt es für viele Familien Perspektiven. So gehört z. B. die COPLAN AG mit ca. 250 Mitarbeitern zu den größeren Architektur- und Ingenieurbüros in Deutschland. Angesichts dieser Größe ist aber in der Branche der Standort ungewöhnlich, nämlich Eggenfelden in Niederbayern. Als Gegenpol zu den Pendlerarbeitsplätzen bietet das Unternehmen sehr erfolgreich hochwertige und hochmoderne Arbeitsplätze im ländlichen Bereich und generiert dadurch seit Jahren organisches Wachstum. Zu gleichen Arbeitsbedingungen gehört auch die gleichwertige und flächendeckende Anbindung an leistungsfähige Datenübertragungsleitungen.

Dezentrale und gleichwertige Daseinsvorsorge

Neben den attraktiven Arbeitsplätzen ist eine regionale Versorgung und Sicherstellung von gleichen Lebensbedingungen in den Zentren und im ländlichen Bereich die Voraussetzung, um ein glaubhaftes und tragfähiges Gegenkonzept zur Urbanisierung zu erreichen. Das benötigt eine gleichwertige Daseinsvorsorge, die nicht großflächig ganze Regionen ausklammert. Die Daseinsvorsorge ist über einen längeren Zeitraum in den Regionen ausgedünnt und eingespart worden. Der

Ansatz in Bayern, Ministerien und Behörden bewusst in die Regionen zu verlagern ist hier sicherlich ein erster Schritt zurück in die richtige Richtung.

Familiengerechter Wohnraum in Ballungszentren

Das Thema bezahlbarer Wohnraum wird eines der Problemfelder der Zukunft sein. Nach der Landflucht in die Städte erfolgt seit geraumer Zeit die Flucht in die Außenbereiche der Ballungszentren, weil der Wohnraum in Innenstadtlagen für Durchschnittsverdiener nicht mehr bezahlbar ist. Das Spekulationsmodell Immobilie treibt die Mieter vor sich her. Durch den gezwungenen Wohnortwechsel in die Außenbereiche nimmt aber der Pendlerverkehr wieder sehr stark zu. Es gibt eine direkte Abhängigkeit zwischen dem aktuellen Mietaufwand und dem Pendlerverkehr. Das Thema bezahlbarer Wohnraum muss von der Politik mit hoher Priorität angegangen und gelöst werden. Andernfalls wird es schwierig, nachhaltige Konzepte für die Infrastruktur umzusetzen.

Subventionen kritisch hinterfragen

Die Subvention der Fahrkosten zum Arbeitsplatz in Form von Werbungskosten ist kritisch zu hinterfragen. Zum einen wird damit das Pendeln zum Arbeitsplatz unterstützt. Wären bezahlbarer Wohnraum, attraktive Arbeitsplätze und ein gut ausgebauter ÖPNV flächendeckend vorhanden, müssten nicht ca. 60 Prozent aller Arbeitnehmer ihre Gemeinde tagtäglich verlassen, um an ihren Arbeitsplatz zu gelangen. Der Anteil derer, die in einer Entfernung von mindestens 25 km Entfernung zum Wohnort arbeiten, hat in den letzten 20 Jahren um ca. 50 % zugenommen (FAZ, 2020). Diese Subventionen unterstützen die Fehlentwicklungen im Bereich des Wohnungsbaus und belasten die Verkehrsinfrastruktur sehr stark.

Bedarfsgerechte Mittelbereitstellung für Infrastruktur

Der Zustand der baulichen Infrastruktur in Deutschland ist nicht auf dem erforderlichen Niveau. Nicht vorgenommene Unterhalts- und/oder Sanierungsleistungen kosten im Nachhinein deutlich mehr gegenüber kontinuierlich und bedarfsgerecht ausgeführten Maßnahmen. Zurückgehaltene Investitionen führen zu einem steigenden Nachholbedarf, der dann nur über einen längeren Zeitraum abgearbeitet werden kann. Ein »Kaputtsparen« für einen ausgeglichenen Haushalt wird langfristig sehr teuer. Zudem führt jede Investitionstätigkeit der öffentlichen Hand aufgrund der daraus folgenden Investitionen der Privatwirtschaft zu einem deutlich höheren Steueraufkommen.

Das Thema Heimarbeitsplatz und Infrastruktur evaluieren

Aktuell ist das Thema Heimarbeitsplatz aufgrund der Corona-Krise in den Vordergrund getreten. In diesem Zusammenhang wird oft davon gesprochen, dass der

Pendlerverkehr zum Arbeitsplatz abgenommen hat. Das ist an sich richtig. Sofern sich aber das Arbeiten von zuhause in ganzen Branchen etablieren sollte, bleibt abzuwarten, ob dadurch auf Dauer der Bedarf an Wohnraum ansteigt. Denn für dauerhafte Arbeitsplätze sind die aktuellen Wohnsituationen nicht ausgelegt. Im Gegenzug würden auch unzählige Arbeitsplätze in vorhandenen Strukturen überflüssig bzw. wäre die dafür vorhandene Infrastruktur überdimensioniert.

23.5 Schlussbemerkungen

Neben den vorgenannten, konkreten Maßnahmen ist es auch erforderlich, im Bereich des Wertesystems unserer Gesellschaft wieder nachzusteuern. Solange dies nicht geschieht, wird es schwierig, die vor uns liegenden Aufgaben zu bewerkstelligen. Um ein größeres Verständnis für große, erforderliche Infrastrukturmaßnahmen in der Öffentlichkeit zu erreichen, bedarf es wieder einer glaubwürdigen Baukultur. Es muss die Sinnhaftigkeit der Projekte dargestellt werden, indem sozusagen die Hausaufgaben (Bedarfsplanung und Wirtschaftlichkeitsbetrachtung) sorgfältig gemacht werden. Die Betroffenen müssen frühzeitig eingebunden und die Entscheidungsprozesse müssen transparent dargestellt werden. Bereits vor Projektbeginn müssen alle Kosten offengelegt werden. Es darf bei Infrastrukturinvestitionen keine politischen Zahlen mehr geben, weil die tatsächlichen Kosten angeblich nicht »politisch vermittelbar« seien und deshalb nur tröpfchenweise in die Öffentlichkeit gelangen. Es muss zuerst geplant und dann gebaut werden. Nicht anders herum und auch nicht parallel. Und letztendlich muss der Projekterfolg im Vordergrund stehen und nicht die Gewinnmaximierung einzelner Teilnehmer. Es muss tatsächlich wieder gebaut werden und nicht prozessiert. Diese einfachen Regeln hat auch die Politik wiedererkannt und unter den Bundesministern Ramsauer und Dobrindt ein 10 Punkteprogramm dazu veröffentlicht (BMVI, 2015). Es müsste allerdings befolgt werden!

Aus den aktuellen Erfahrungen der Corona-Krise müssen wir dringend die Lehren ziehen und nicht ungefiltert zurück zu dem Zustand vor der Krise. Die grenzenlose Globalisierung führt zu gewaltigen Abhängigkeiten in Arbeitsprozessen und Lieferketten. Hier sind wieder mehr regionale Produktionsstätten und kurze Lieferwege in Schlüsselbereichen erforderlich. Welthandel ist wichtig, sichert den Frieden und fördert auch den Wohlstand. Aber sinnloses Profitdenken und die Verlagerung der Umwelt- und Kollateralschäden auf die Allgemeinheit führen zum Anwachsen der Wohlstandsungerechtigkeit. Der grenzenlosen Individualität auf Kosten der Allgemeinheit müssen wieder Grenzen gesetzt werden. Im Vergleich zu vielen anderen Ländern hat sich unser Gesundheitssystem in der Krise bewährt. Andere Länder mussten für die Einsparungen im Gesundheitssystem hohe und tragische Verluste in Kauf nehmen. Die Zukunft liegt auch in der Sicherstellung des sozialen Friedens in einer Gesellschaft. Und das kann u. a. auch in der Gleichwertigkeit der Infrastruktur und der Daseinsvorsorge in allen Regionen unterstützt werden.

Zum Autor

Stephan Weber, Dipl.-Wirtschaftsingieur (FH), LL.M., ist seit der Gründung der COPLAN AG im Jahr 1999 Vorstand der international agierenden Ingenieurgesellschaft im Bereich Bauwesen. Neben seiner Tätigkeit für die COPLAN AG ist Stephan Weber seit 2006 im Bundesvorstand des Verbands Beratender Ingenieure VBI und hält Fachvorträge zu aktuellen Themen der Consultingbranche.

Literatur

BMVI – Bundesministerium für Verkehr und digitale Infrastruktur (2015). Reformkommission Bau von Großprojekten. https://www.bmvi.de/SharedDocs/DE/Publikationen/G/reformkommission-bau-grossprojekte-endbericht.pdf?__blob=publicationFile

Bundesrechnungshof 2015; Erhaltungsbedarf Bundesfernstrassen (https://www.bundesrechnungshof.de/de/veroeffentlichungen/produkte/beratungsberichte/langfassungen/langfassungen-2015/2015-bericht-erhaltungsbedarfsprognose-im-bundesfernstrassenbau).

Delhaes, D. (2020). 126 Orte, an denen in Deutschland der Autobahnbau stockt. https://www.handelsblatt.com/politik/deutschland/verkehrsinvestitionen-126-orte-an-denen-in-deutschland-der-autobahnbau-stockt/26575196.html

FAZ (2020). Weite Arbeitswege – Deutschland hat eine neue Pendler-Hauptstadt. https://www.faz.net/aktuell/wirtschaft/mehr-wirtschaft/weite-arbeitswege-zahl-der-pendler-in-deutschland-steigt-16619881.html

Ralhf, T. (2015). Deutschland in Daten, Bonn

Rathcke, J., (2019). Gelsenkirchen – Von der stolzen Kohle-Stadt zum »Sozialfall«. https://www.fr.de/panorama/gelsenkirchen-stolzen-industriestadt-sozialfall-12248046.html

Umweltbundesamt (2020). Erneuerbare Energien in Zahlen. https://www.umweltbundesamt.de/themen/klima-energie/erneuerbare-energien/erneuerbare-energien-in-zahlen#uberblick

24 Die Corona-Krise und andere Extremrisiken: eine Bewertung der Robustheit Deutschlands

Ulrich Blum und Werner Gleißner

Die Robustheit Deutschlands, also die Fähigkeit, Extremrisiken widerstehen zu können und diese zu bewältigen, wird auf der Grundlage von zwölf Kriterien erfasst, von denen einige als Potenziale anzusehen sind, also die vorhandenen Fähigkeiten beschreiben, und andere die Bereitschaft und den Willen zu deren Nutzung erfassen. Es zeigt sich, dass Deutschlands grundsätzliche Fähigkeit zur Krisenbewältigung erhebliche Qualitäten ausweist, es aber an der Umsetzung zum Teil mangelt.

24.1 Der Staat und seine Bedrohung – was charakterisiert den robusten Staat?

Eine zentrale Aufgabe jedes Staates – und letztlich die Begründung der Staatsnotwendigkeit – besteht darin, das öffentliche Gut »Sicherheit« anzubieten. Dieses steht nur partiell mit privaten Gütern in Konkurrenz; zunächst ergänzen beide sich, weil private Produktion und Investitionsbereitschaft Sicherheit erfordern. Die Frage ist also, wo sich die Schwelle zwischen Ergänzung («Kanonen und Brot«) zur Ressourcenkonkurrenz («Kanonen statt Brot«) findet. Sie ist situativ, wie die gegenwärtige COVID-19-Krise verdeutlicht, weil hier vorhandene Informationen über die Zukunft unvollständig in das gegenwärtige, meist drängende politische und ökonomische Kalkül eingearbeitet werden. Gerade die moderne Risikotheorie stellt die dazu erforderlichen Informationen und Methoden bereit.

Um eine adäquate Sicherheit für seine Bürger und andere Institutionen wie Unternehmen, anbieten zu können, wird hier ein »robuster Staat« gefordert (Gleißner 2020a). Dieser zeichnet sich dadurch aus, dass er strukturell befähigt ist, angesichts einer nicht sicher vorhersehbaren Zukunft denkbaren Extremrisiken gut zu begegnen, um so schwere Krisen in ihrer Wahrscheinlichkeit und/oder Schadensauswirkungen zu mindern und insbesondere katastrophale Entwicklungen möglichst zu verhindern. Ein robuster Staat sollte sich auf eine breite Klasse möglicher Extremrisiken einrichten (Blum, Gleißner 2011; Gleißner, Kreuser, Kamarás 2017; Gleißner, Kamarás 2020). Charakteristisch für einen robusten Staat (Gleißner 2020a) ist, dass er

a) ordnungspolitische Rahmenbedingungen für eine leistungsfähige Wirtschaft setzt und über finanzielle Reserven verfügt,
b) systematisch »kritische Abhängigkeiten« identifiziert und zu vermeiden versucht und somit Wertschöpfungskettenresilienz besitzt,
c) ausreichend Vorräte an denjenigen Gütern vorhält, die in einer Krise besonders benötigt werden, und über materielle Reserven verfügt,
d) Bürgschaftsverbünde und Haftungsrisiken aus Drittstaaten eher vermeidet, es sei denn, sie wären essentiell für eigene Beschaffung und Absatzkanäle und somit kritische Systemrisiken begrenzt,
e) sich durch quantitative Risikoanalysen und Krisen- bzw. Notfallpläne auf Extremrisiken und daraus folgende Krisen vorbereitet, also institutionelle Stabilität und Risikofrüherkennungsfähigkeit besitzt, und
f) über für die Krisenbewältigung notwendige, möglichst universell und hochmobil einsetzbare öffentlich und privat durch Unternehmen und Bürger vorgehaltene Krisenbewältigungssysteme in Gestalt personaler und technologischer Kapazitäten verfügt (bspw. Technisches Hilfswerk oder historisch in Deutschland das Militär) und Souveränität im Bereich kritischer flexibel nutzbaren Fähigkeitsprofile besitzt (Blum 2020).

Deutschland verfügt aufgrund seiner technologischen Spitzenstellung in der Welt über besonders günstige Ausgangsbedingungen für einen hohen Grad an Robustheit. Da Technologien in der modernen Welt eigentlich ubiquitär sind und ihre Verwendung eher eine Frage lokaler Bedingungen ist, kann man sie bei einer derartigen Analyse vor die Klammer ziehen. Tatsächlich aber existieren mindestens drei Bedingungen, die dies einschränken: kulturelle Faktoren, also das, was gemeinhin als Innovationsmilieus (Aydalot 1985) oder als Wirtschaftsgesinnung (Sombart 1913) bezeichnet wird; die darauf aufbauende Absorptionskapazität (Zahra, George 2002), die u. a. im Bildungs- und Ausbildungssystem verortet ist und schließlich die Fähigkeit zur Anwendung, die schnell verlorengeht, wenn keine regelmäßige Nutzung erfolgt. Letzteres ist auch eine Frage von stabilen, also erwartungsstabilisierenden Institutionen, über die Deutschland weitestgehend verfügt.

24.2 Was bedroht einen freiheitlich-demokratischen Rechtsstaat?

Auf der Grundlage von zwölf Kriterien (Gleißner 2020a) wird diskutiert, inwieweit Deutschland als robuster Staat aufzufassen ist. Die Kriterien werden einer Bewertung und Benotung unterzogen und zwar entlang des Notensystems von 1 = 100% (»sehr gut«) bis 6 = 0% (»ungenügend«). Die Beurteilung erfolgt dabei vor dem Hintergrund der Erkenntnisse der aktuellen Corona-Krise, ausgelöst durch die gleichnamige Pandemie. Darüber hinaus adressiert dies aber auch andere mögliche Krisen oder Katastrophen mit geschätzten Eintrittswahrscheinlichkeiten zwischen 0,1 und 1% pro Jahr (Gleißner, Kamarás 2020), die systemisch verwoben sind, wie

1. großflächiger Ausfall kritischer Infrastruktur (wie Blackout des Stromsystems oder der Wasserversorgung, bspw. ausgelöst durch einen massiven Cyberangriff oder einen hybriden Angriff),
2. Krieg (inklusive Cyberangriffe),
3. Gesundheitskrisen wie Epidemie bzw. Pandemie oder das massive Auftreten multiresistenter Bakterien,
4. Anschläge mit ABC-Massenvernichtungswaffen (durch staatlichen oder nichtstaatlichen Terrorismus),
5. schwere Naturkatastrophen, bspw. durch Erdbeben, Vulkanausbruch mit globalem Temperaturrückgang[58] sowie Klimawandel (trendmäßig steigende Temperatur mit Folgen für die Niederschlagsverteilung und die Wetterextrema),
6. Lieferembargo bezüglich eines oder mehrerer essentieller Rohstoffe oder Güter[59],
7. Zerstörung der Finanzwirtschaft durch »Kernschmelze« (wie ansatzweise in der Wirtschafts- und Finanzkrise 2008-2010 erreicht, dazu Vertrauenskrise auf den Finanzmärkten, Bankenzusammenbrüche) oder Hyperinflation,
8. Zerstörung der Realwirtschaft durch eine Depression (als extreme Form ökonomischer Krisen wie Ertragserwartungskrise, Stagflationskrise, etc.),
9. Zerstörung der freiheitlich-demokratischen Grundordnung,
10. Zerstörung der kapitalistisch-marktwirtschaftlichen Ordnung (mit gesicherten Eigentumsrechten, Vertragsfreiheit, Wettbewerb; dazu Eucken 1952 und Blum 2016).

Die obengenannten zehn Extremrisiken sind wichtige Beispiele, aber keine vollständige Liste »wesentlicher« Risiken, die zu Krisen führen können; man denke an den möglichen Zerfall des Euros, einen Asset-Preis-Kollaps nach einer Überbewertung (wie 2002, dotcom-Krise) oder Inflations- und Realzinskrisen wie 1981 (vgl. Blum, Gleißner 2011 und Gleißner, Kamarás 2020). Die genannten Risiken zeigen mögliche Interdependenzen sehr deutlich: So kann eine Epidemie, durch einen Virus ausgelöst (COVID-19), die Folge eines Naturereignisses sein (Wirbelsturm mit anschließendem Typhusausbruch), wodurch die Realwirtschaft zusammenbricht mit schweren Folgen für die politische Stabilität. Im Fazit des Beitrags wird auf diese Systemik noch einmal eingegangen.

24.3 Risikomanagement als Essenz des Staats

Im Sinne der klassischen Staatstheorien zählt das Risikomanagement zu den Kernaufgaben des Staats und legitimiert die Übergabe der Souveränität vom Volk an die Herrschenden (vgl. hierzu Blum 2020, insbes. Kap. 5.). Daraus ergeben sich drei Fragen:

1. Mit welchen Risiken muss sich die Bundesrepublik Deutschland befassen? Grundsätzlich ist es erforderlich, sich mit denjenigen Risiken auseinanderzusetzen, die mit einer relevanten Wahrscheinlichkeit auftreten können, Leben, Gesundheit, Eigentum sowie die Grundrechte der Bürger wesentlich treffen – und von Bürgern bzw. Unternehmen im Sinne der Subsidiarität nicht selbst bewältigt werden können. Dies trifft insbesondere auf die im vorigen Abschnitt genannten Risiken zu. In den letzten 50 Jahren sind sechs derartige Krisen aufgetreten: von der Ölkrise (1973) bis zur Wirtschafts- und Finanzkrise (2008-2010). Nach heutigem Stand der Risikoforschung ist durchschnittlich mit mindestens einer solchen extremen Krise pro Jahrzehnt auszugehen.
2. Wie kann ein effizientes Risikomanagement aussehen? Ausgangspunkt dabei ist das Konzept der Risikohomeostasis[60], welches als wichtigste Prävention zunächst einmal das Herstellen eines Gefährdungs- und Betroffenheitsgefühls bei der Bevölkerung bzw. Institutionen erforderlich macht. In dem Maße nämlich, in dem Individuen sehen, dass sie auch Risiko für Dritte tragen, wird ihre Vorsicht besonders ausgeprägt sein.[61] Die Kunst ist es, Risikobewusstsein ohne Panikmache zu erzeugen, denn Panik, bspw. mit der Folge von Hamsterkäufen, verbreitet ihre Effekte ebenso exponentiell wie bspw. Pandemien (derartige Selbstverstärkungseffekte sind auch für Zentralverwaltungswirtschaften typisch; vgl. Kornai 1980).
3. Wie verlaufen die Wirkungsketten und wo ergeben sich Eingriffsmöglichkeiten? Hier sind vor allem die im Verkehrssektor sehr gut erforschten Prozesse der Risikosubstitution zu nennen. Denn tatsächlich liegt eine dreistufige Kaskade vor: Exposition, also das sich dem Risiko Aussetzen, Ereignis und schließlich dessen Schwere. Hier hinein wirkt das oben Gesagte: Wird die Schwere eines Krankheitsverlaufs angesichts guter Krankenhausversorgung als gut zu bewältigen angesehen, könnten gleichermaßen die Exposition und die Ansteckungen bei gegebener Exposition steigen – mit der Folge, dass sich die Lage nicht bessert.[62]

Zur Krisenprävention und Krisenbewältigung ist es erforderlich, die möglichen Verbreitungs- und Wirkungsstrukturen einer Krise – im aktuellen Beispiel eines biologischen Virus, es könnte aber auch ein Computervirus oder eine geologische oder Wetterkatastrophe – zu besitzen. Dabei spielen Modellstrukturen und die in diese hochgeladenen Daten eine wichtige Rolle. Die ökonomische Forschung unterscheidet zwischen Parameterfehlern und Modellfehlern. Die besten Daten helfen nichts, wenn die Modelle fehlerhaft in Bezug auf Wirkungsketten sind.

24.4 Kriterien des robusten Staats

Die nachfolgende Beurteilung ist eine erste Handreichung, die aktuelle Lage zu reflektieren, um Forschung und die Politik aufzuwecken, aber auch,

1. die obigen Kriterien kritisch zu hinterfragen, ggf. zu ergänzen oder neu zu sortieren und insbesondere die erforderlichen Messkonzepte und damit die Robustheit eines Staates zu entwickeln,
2. Deutschland und andere Staaten im Hinblick auf dieses Messkonzept (vgl. Sinn 1980; Gleißner 2019 zur Risikomessung) zu beurteilen und im Hinblick auf Stärken und Schwächen zu vergleichen,
3. um für die Politikberatung konkrete Vorschläge abzuleiten, wie die Robustheit des Staates gegenüber auch in der Zukunft denkbaren schweren Krisen oder gar Katastrophen verbessert werden kann.

Die Beurteilung der Robustheit einzelner Staaten und ihrer Einzelaspekte bietet eine wichtige Informationsgrundlage für das strategische und das Risikomanagement von Unternehmen, da sie bspw. relevant ist (1) für Standortentscheidungen (Blum, Gleißner, Schaller 2004) und (2) die Beurteilung von Risiken, die Unternehmen an bestimmten Standorten entstehen und damit in der eigenen Risikoanalyse sowie der Risikobewältigungsstrategie Berücksichtigung finden sollten, wie dies im Konzept des robusten Unternehmens thematisiert wird (Gleißner 2017a, Gleißner 2021).

Das maximal von einem Staat erreichbare Niveau an Robustheit ist technologisch bedingt, und damit ist der technische Fortschritt von zentraler Bedeutung für das mögliche Sicherheitsangebot des Staates. Dieser Zusammenhang wird an der stark steigenden Lebenserwartung der Menschen in entwickelten Ländern offenbar. Die Verbesserungen im Bereich der Technologie in den letzten 20 Jahren haben Verschlechterungen bei anderen Kriterien kompensiert. Bei den hier relevanten Arten des technologischen Fortschritts sind insbesondere zwei hervorzuheben:

1. Automatisierung und Digitalisierung der Wirtschaft: Sie haben es ermöglicht, dass Wirtschaftsbereiche von hoher Wertschöpfung mit wenig Personal und insbesondere wenig menschlichen Kontakten funktionieren und die Funktionsfähigkeit der Wirtschaft trotz massiver Kontaktbeschränkungen erhalten bleibt (siehe z. B. Online-Handel, Informationsaustausch über Internet, Homeoffice-Möglichkeit, Web-Konferenzen etc.).

2. Medizintechnik, Pharmazie und insbesondere Gentechnik: Die Fortschritte hier schaffen die Voraussetzung dafür, dass auch a- bzw. präsymptomatische Infizierte identifiziert werden können, und Impfstoffe schneller entwickelbar sind, was entscheidend ist für die Dauer der Pandemie.[63]

Inwieweit ein Staat das durch die Technologie gebotene »Robustheitspotenzial« nutzt, ist sehr unterschiedlich und bei der Bewertung der Robustheit eines Staates zu berücksichtigen. Im Folgenden werden die zwölf Kriterien vorgestellt und eine Bewertung für Deutschland vorgeschlagen. Dabei werden zunächst die übergreifenden Aspekte der Vorbereitung und des Handelns des politischen Systems betrachtet, um dann auch wesentliche, aber nachgelagerte Aspekte einzugehen.

24.5 Die Beurteilung der Bundesrepublik Deutschland anhand von zwölf Kriterien eines robusten Staats

Die ersten fünf der folgenden zwölf Kriterien drücken einerseits die Risikoperzeption und damit auch die Maßnahmen zur Vorbereitung auf Krisen im Hinblick auf ihre Bewältigung aus, andererseits erfassen sie auch die daraus abzuleiteten – möglicherweise unterlassenen – Handlungen, Fähigkeiten und Maßnahmen. Dies wird später im Hinblick auf die Bewertung von Interesse sein. Im Sinne von Cline (1975) wird unterschieden zwischen der Willensmacht und der strategischen Kompetenz einerseits, die im Grad der Vorbereitung auf mögliche Krisen zum Ausdruck kommt und sich in den Fähigkeiten zur Krisenvorsorge und -bewältigung niederschlägt. Hier sind vor allem die Risiko- und Krisenfrüherkennung, die Institutionellen Vorkehrungen, die Fähigkeiten zur Risikodiversifizierung oder -absorption zu nennen. Andererseits sind durch weitere sieben Kriterien konkrete Handlungsfelder zu benennen, die im Sinne einer tatsächlichen Krisenwahrnehmung und vor allem -bewältigung diese Potenziale ausfüllen, also Bereitschaften und Willen erfassen. Beide Kriteriengruppen gemeinsam ergeben die Robustheit des Staats bzw. seine Resilienz im Falle einer großen Krise.

24.5.1 Wissen über Risiken und Bedrohungen sowie Wunsch nach Sicherheit

Vorrausetzung für die Verbesserung der Robustheit eines Staates ist, dass eine Bedrohung durch Risiken überhaupt erkannt wird (Wissen) und der Wunsch nach (mehr) Sicherheitsangebot durch den Staat besteht (Präferenz). Wichtig ist dies insbesondere, damit eine Vorbereitung auf Risiken und mögliche Krisen erfolgt – und die Vorbereitung bestimmt den Handlungsspielraum und die Reaktionsgeschwindigkeit in einer Krise. Das größte risikoerhöhende Defizit einer Institution in Bezug auf Extremereignisse besteht daher in mangelnder Vorbereitung (nicht umsonst heißt es: »Wenn Du den Frieden willst, bereite Dich auf den Krieg vor.«). Das Militär hat seit Jahrhunderten derartiges strategisches Denken verinnerlicht und dieses auch im Sinne eines intellektuellen Überbaus versucht, mit theoretischem Inhalt zu füllen, wie die Werke von Sunzi (500 v.Chr.) oder von Clausewitz (1832) belegen. Dadurch lässt es sich vermeiden, dass tatsächlich zumindest nach der Art des Ereignisses – weniger des Zeitpunkts – vorhersehbare Ereignisse zu schwarzen Schwänen (Taleb 2007) degenerieren und immense Kosten erzeugen.

Im Nachlauf der SARS-Krise des Jahres 2003 in Asien wurde seitens der Bundesregierung im Jahr 2012 eine Risikoanalyse (Deutscher Bundestag 2013) in Auftrag gegeben. Neben einer Hochwasserkatastrophe wird ein Pandemie-Szenario ausgerollt, das sehr nahe an der gegenwärtigen Realität liegt. Ausgehend von den Erfahrungen der SARS-Epidemie wurde eine Pandemie mit einem hypothetischen Corona-Virus, genannt »Modi-SARS« (es wurde eine Inkubationszeit von in der Regel 3-5 Tagen und einer Bandbreite von 2-14 Tagen angenommen), simuliert (wie auch bei der tatsächlichen Epidemie wurde eine vom Alter abhängige Letalität unterstellt und zwar beginnend mit 1% bei Kindern und Jugendlichen bis hin zu 50% bei den über 65-Jährigen). Die Studie verweist darauf, dass die hohe Anzahl der Erkrankten zu wirtschaftlichen Problemen infolge der stark eingeschränkten Personalverfügbarkeit führt (ein Shutdown-Szenario wird nicht explizit diskutiert). Eine Konsequenz ist, dass auch die Versorgung mit Lebensmitteln nicht »in gewohnter Menge und Vielfalt möglich« ist. Eine Beurteilung der ökonomischen Folgewirkungen und Rückkopplungen findet in der Studie allerdings quasi nicht statt.[64] Die Infektionskrise geht insgesamt über drei Wellen und drei Jahre und führt insgesamt zu mindestens 7,5 Millionen Toten. Ein Großteil der Bevölkerung wird sich im Gesamtzeitraum infizieren.

Kurz darauf veröffentlichte die Fraunhofer-Gesellschaft (2013) ein Szenario auf Basis einer Influenza – die ins Frühjahr 2020 (!) projiziert wurde. Diese hat ebenfalls große Ähnlichkeit zu den aktuellen Ereignissen. Sechs relevante Einflussbereiche werden analysiert: kritische Infrastruktur, Bevölkerungsschutz, Technologie und Medizin, Kommunikation und Information, Gesellschaft und Bevölkerung, politische und ökonomische Rahmenbedingungen. Detailliert werden diese in Handlungsfelder untergliedert und dabei alternative Fähigkeiten und Bereitschaften zugeordnet, um hierauf aufbauend Szenarien zu entwickeln. Dabei wird deutlich, dass aufgrund einer verzögerten Lagebilderfassung, unzureichender Katastrophenschutzausbildung, Fehler in der Krisenkommunikation sowie einer geringen Impfquote der Bevölkerung innerhalb kurzer Zeit die Arzneimittelreserven aufgebraucht, die Krankenhäuser überlastet sind und sich eine mittlere Krise entwickelt. Daran schließen sich Vorschläge zum Impfschutz, zur Transparenz in der Krisenkommunikation und zur Reservenbildung an. Auf Einladung der Johns-Hopkins-Universität fand im Oktober 2019 eine internationale Pandemiesimulation »Event 201« statt. Ein SARS-ähnliches Virus breitet sich, ausgehend von südamerikanischen Schweinefarmen, weltweit aus. Ein Medikament ist nicht verfügbar. Nach 18 Monaten ist der Globus durchseucht und 65 Millionen Tote sind zu beklagen.

In allen Szenarien wird die hohe Kompetenz der Akteure durchaus sichtbar, wobei die Bedeutung der Wirtschaft für die Systemstabilität tendenziell unter- und die Fähigkeit der Bevölkerung zur Vorsorge überschätzt wird. Letztere floss in Deutschland in eine Broschüre zum Katastrophenschutz ein.[65] Das Wissen über mögliche Bedrohungen und der Wunsch an Sicherheit, also das primäre Angebot eines robusten Staates, sind weitgehend vorhanden.[66]

Gleichermaßen existiert – vor allem infolge der Forderung nach Stabilität im Unternehmenssektor im Nachlauf der Weltfinanzkrise – eine ausgeklügelte Systematik für Risikomanagement und Krisenbewältigung, die sich in Gesetzen und Codes niederschlägt, bspw. dem Kontroll- und Transparenzgesetz (KonTraG) aus dem Jahr 1998 oder dem darauf aufbauenden Deutschen Corporate-Governance-Kodex (CGK), der revolvierend ständig erneuert wird, sowie dem Gesetz über den Stabilisierungs- und Restrukturierungsrahmen für Unternehmen (StaRUG) seit 1.1.2021. Für hochentwickelte Simulations- und Szenariotechnologien besitzt Deutschland in seinen Forschungsorganisationen Kernkompetenzen – deutlich bspw. bei Wirtschafts- oder Klimaprognosen.

Erfüllungsgrad: sehr gut

24.5.2 Institutionen und Krisen-Governance

Die föderale Struktur der Bundesrepublik und die Einbindung in die EU führen automatisch zu relativ komplexen und möglicherweise langwierigen Entscheidungsprozessen, die in einer akuten und schwerwiegenden Krisensituation zu erheblichen und problematischen Reaktionsverzögerungen führen können. Trotz der Sichtbarkeit der Entwicklungen in China, Taiwan oder Italien wurden in der Corona-Krise Maßnahmen zur Eindämmung der Infektion vergleichsweise spät und nach Einschätzung vieler Experten eher »halbherzig« durchgeführt.[67] Für den Föderalismus spricht neben der Machtteilung, dass Fehler, wenn sie gemacht werden, nicht flächendeckend auftreten, ein Lernprozess also möglich ist und dass die Konkurrenz der Landesregierungen oft eine Transparenz erzeugt, die die Bundesregierung nicht anstrebt.[68]

Deutschland besitzt stabile Institutionen, dazu auch solche, die unter Notstandsbedingungen wichtig sind. Eine sog. »Notstandsverfassung« existiert, die aber nur auf einen spezifischen Krisentyp ausgelegt ist, nämlich Krieg. Regelungen, in welchem Umfang die Konzentration von Macht und Entscheidungsbefugnis z. B. auf wenige Stellen des Bundes und welche Beschränkungen der persönlichen Freiheiten unter welchen Bedingungen möglich ist, ist für andere, im ersten Teil genannte »Krisentypen« aktuell nicht geregelt. In der Hinsicht ist ein klarer Rahmen für die in einer Krise erforderlichen Maßnahmen und Einschränkungen persönlicher Freiheiten verfassungsrechtlich nicht existent.[69]

Zu den guten Institutionen zählt auch eine ausgewiesene amtliche Statistik, die wirtschaftspolitische Entscheidungen unterstützen hilft, so dass nicht »im Nebel gestochert« werden muss. Sie hilft aber nicht, wenn sie nicht rechtzeitig genutzt wird.[70] Ohne Ziel bestimmt jede Richtung und Auf-Sicht-Fahren lässt schnell die strategischen Dimensionen vergessen, vor allem wenn damit Grundrechten tangiert sind – und dies gilt auch vor dem Hintergrund des Irrtumsvorbehalts der Wissenschaft (Popper 1935). Die Erfahrungen der Weimarer Republik, z. B. mit Artikel 48 der Weimarer Verfassung, lassen Deutschland mit Notstandssituationen vorsichtig umgehen, was auch am Einspruch der Gerichte zu verschiedenen freiheitseinschränkenden Maßnahmen deutlich wird.

Erfüllungsgrad: gut

24.5.3 Stabilität von Bündnissen und Partnerschaften

Deutschland ist in Bündnisse eingebunden, die grundsätzlich die Robustheit gegenüber Krisen verbessern helfen. Die Beistandsverpflichtung der Nato ist ein wirksamer Mechanismus, um die Bedrohung durch einen Krieg – auch im Hinblick auf die Wahrscheinlichkeit – zu reduzieren. Die Europäische Union und hier insbesondere der gemeinsame Markt haben wirtschaftliche Vorteile, die grundlegende Idee einer Solidargemeinschaft kann helfen, Krisenfolgen zu mindern, die einen einzelnen Staat betreffen. Krisen, die alle Staaten der EU gleichzeitig betreffen, kann so aber kaum begegnet werden, weil in einer derartigen Konstellation die Ressourcen zur Krisenabwehr jedes einzelnen Staates zum Umgang mit den eigenen Herausforderungen kaum reichen und damit für Dritte nicht zur Verfügung stehen. Seit 2020 wird das erhebliche Risiko deutlich, dass auch in Europa die Kapazitäten des Gesundheitswesens und die Verschuldungsmöglichkeiten ihre Grenzen überschreiten.

Eine schwere Krise kann allerdings auch die Bereitschaft zusammenzustehen, erodieren lassen. Dies gilt vor dem Hintergrund der Schuldenproblematik ebenso wie im Hinblick auf »Holprigkeiten« bei der Impfstoffbeschaffung und die damit möglicherweise verbundenen Triageregeln (vgl. Gleißner et al. 2021). Zu wenig beachtet wurde der Sachverhalt, dass in einer schwerwiegenden Krise aufgrund nationaler Eigeninteressen die Bereitschaft und auch die Fähigkeit von Bündnispartnern zu gegenseitiger Unterstützung (stark) sinken kann. Zudem zeigt sich insbesondere bei der Europäischen Union, dass seit der Wirtschafts- und Finanzkrise und der anschließenden Staatsschuldenkrise ab dem Jahr 2008 eine Veränderung der regulatorischen Rahmenbedingungen festzustellen ist, die zu zusätzlichen Risiken und damit zu einer Reduzierung der Robustheit Deutschlands führen und damit auch die Möglichkeiten schwächen, die Risiken von Partnern abzufedern (dies wird im Punkt zur Systemik erneut aufgegriffen).

Erfüllungsgrad: gut

24.5.4 Finanzielle Stabilität und Bonität

Deutschland hat vor der Corona-Krise die Quote der Staatsschulden – bezogen auf das Volkseinkommen (BIP) – wieder auf knapp unterhalb der ursprünglichen »Maastricht-Grenze« von 60% reduzieren können. Die »Sparpolitik« der letzten 10 Jahre hat (unterstützt durch die niedrigen Zinssätze) zu einer deutlichen Verbesserung der finanziellen Spielräume geführt und Deutschland hat international einen der besten Bonitätsgrade (AAA-Rating). Es existiert also eine sehr hohe finanzielle Stabilität, die es ermöglicht, auch in einer schweren Krise die erforderlichen Mittel bereitzustellen (z. B. Kreditaufnahme für Investitionen, Garantien gegenüber Banken, Zahlung von Kurzarbeitergeld oder Hilfen an Unternehmen). Ein Staatsfonds mit einer signifikanten Vermögensreserve (wie ihn z. B. China, Dubai oder Norwegen besitzen) existiert aber nicht.

Erfüllungsgrad: noch sehr gut

24.5.5 Technologie und ökonomische Potenziale

Das Pro-Kopf-Einkommen, der Human Development Index (HDI) und die Exportüberschüsse belegen, dass Deutschland zu den wirtschaftlich leistungsfähigsten Staaten der Welt gehört. Auch Umfragen zu Standortqualität und Innovation zeigen gute bis sehr gute Positionierungen, wenngleich im letzten Jahrzehnt auch Schwächen im Hinblick auf Reformen zur weiteren Verbesserung der Wettbewerbsfähigkeit, vergleichsweise hohe Unternehmenssteuern und Defizite im Hinblick auf Digitalisierung kritisiert werden. Deutschland weist grundsätzlich eine marktwirtschaftliche Ordnung auf und ist als soziale Marktwirtschaft zu charakterisieren, wobei die verfassungsmäßige Absicherung zentraler Elemente – wie Eigentumsrechte und Vertragsfreiheit – nur eingeschränkt wirksam ist. In jüngerer Zeit lassen sich eine ganze Reihe an Problemen erkennen, die die nachhaltige Wettbewerbsfähigkeit und Leistungsfähigkeit der deutschen Wirtschaft perspektivisch beeinträchtigen könnten. Zu nennen sind bspw. relativ hohe Unternehmenssteuern, eine nur »mittelmäßige« Schulausbildung vor allem in den zukunftsrelevanten MINT-Fächern (gemessen mit der PISA-Studie) und die Nachholbedarfe bei der Digitalisierung in der Wirtschaft.

Die wirtschaftliche Leistungsfähigkeit eines Landes ist im Wesentlichen bedingt durch den Stand der Technologie (technischer Fortschritt als Wachstumstreiber). Wissen und Technologie schaffen zudem Handlungsspielräume, können Abhängigkeiten von der Natur reduzieren (z. B. Abhängigkeit von Regenmengen und Temperatur) und sind insbesondere wesentlich, um besser mit Risiken und aus diesen resultierenden Krisen umgehen zu können. Die Robustheit eines Staates ist damit auch davon abhängig, ob und inwieweit die an sich bekannten Technologien in einem Land auch verfügbar sind (also z. B. Homeoffice-Möglichkeiten oder auch die Nutzung digitaler Techniken im Bereich der Schulen). Verbesserungspotenziale sind hier erkennbar. An der insgesamt hohen Leistungsfähigkeit, insbesondere auch technologischen Kompetenz der deutschen Wirtschaft, die Voraussetzung ist für die Finanzierung adäquater Maßnahmen zur Prävention und Bewältigung schwerer Krisen im eigenen Land, aber auch in Bezug auf die Auswirkungen aus anderen Ländern, besteht jedoch kein grundsätzlicher Zweifel.

Erfüllungsgrad: gut bis sehr gut

24.5.6 Krisenfrüherkennung, Risikoanalysen, Krisenvorbereitung und Krisenübungen

Krisenvorbereitung ist wichtig, weil diese den Handlungsspielraum in einer Krise bestimmt. Eine Krisenvorbereitung gelingt besser, wenn Risiken, die zu Krisen führen können, systematisch analysiert werden. Eine solche »nationale Risikoanalyse« erfordert Identifikation und Quantifizierung der Risiken, um adäquate Vorbereitung zu ermöglichen. Die Identifikation möglicher Krisen ist dabei adäquat, nicht aber Quantifizierung und Krisenvorbereitung.

So lagen der Bundesregierung nützliche Studien zum Pandemie-Risiko seit langem vor, die schon gereicht hätten, um die gravierende Bedrohung durch eine Pandemie aufzuzeigen. Das Risiko »Pandemie« war identifiziert. Diese Studien erfüllten aber die wissenschaftlichen Anforderungen an eine umfassende, quantitative und fundierte Risikoanalyse nur begrenzt. Wichtig ist nämlich: Eine »echte« Risikoanalyse zeigt nicht nur *ein* Szenario, sondern mögliche Korridore und Bandbreiten. Risikobewältigungsmaßnahmen müssen sich auch in einer Pandemie-Krise nicht nur mit der Basis-Prognose, sondern auch mit einem möglichen extrem negativen Verlauf befassen – u. a. auch mit der Lage, wenn zusätzliche Extremereignisse kumulativ wirken, bspw. wie 2020 das Erdbeben in Kroatien oder die Dürre im Westen der USA. Für die Identifikation der Bedrohung und die Initiierung von Maßnahmen waren die Studien aber geeignet – sie wurden nur weitgehend ignoriert. Angemessen wären folglich stochastische Analysen und Risikosimulationen mit den in Risikoforschung und Risikomanagement bekannten Verfahren, insbesondere der Monte-Carlo-Simulation, um mögliche Bandbreiten der Zukunftsentwicklung anzugeben (Romeike 2020; Gleißner 2017b; Vose 2000), die bis heute nicht vorliegen.[71]

Insbesondere ließen derartige Analysen Aussagen über Wirksamkeiten von Maßnahmen zu, um eine ökonomische Bewertung von Kosten und Nutzen zu ermöglichen, um vor allem die stark vom Alter und von Vorerkrankungen abhängigen Morbiditäten und Mortalitäten unter Engpassbedingungen bewerten zu können.[72] Ob die in Deutschland gravierenden, in einigen anderen Ländern extremen Einschränkungen des öffentlichen Lebens und der Wirtschaft durch Ausgangsbeschränkungen, Ausgangssperren und ähnliches angemessen sind, ist mangels fundierter Risikoanalysen und klarer Bewertungskriterien zumindest strittig.

Erfüllungsgrad: ausreichend

24.5.7 Kritische materielle Abhängigkeiten

Deutschland weist eine ganze Reihe »kritischer«, im momentanen Umfang nicht zwingend notwendiger Abhängigkeiten von Dritten auf. Eine exakte Analyse solcher Abhängigkeiten existiert nicht oder, wenn sie existierte, wie bspw. bei kritischen Rohstoffen, hat sie auf staatlicher Seite oder bei den Unternehmen zu keinerlei Maßnahmen geführt.[73]

Ein erheblicher Teil des internationalen Tausches findet entlang fest vereinbarter – und damit auch kontrollierter – Wertschöpfungsketten statt, um eine hohe Nachvollziehbarkeit von sozialen und ökologischen Mindeststandards sowie technologischen Anforderungen zu gewährleisten. Das marktwirtschaftliche Knappheitselement greift vor allem bei Verhandlungen über Neuverträge. Spätestens in der »Seltene-Erden-Krise« wurde die Bedeutung der sicheren Versorgung mit kritischen Rohstoffen deutlich, was erhebliche Innovationen im Bereich Substitution und Recycling bewirkt hat und immer noch bewirkt. Zunehmend werden geschlossene Wertschöpfungskreisläufe und -netzwerk realisiert, unterstützt von Verfahren der modernen Digitalisierung im Kontext von Industrie 4.0. Damit verringert sich die Ressourcenunabhängigkeit und die Wertschöpfung vor Ort steigt.[74] In der Corona-Krise wurde zudem die Kritikalität globaler Wertschöpfungsketten offenbar – die Erfahrungen beim Öl aus dem letzten Jahrhundert wiederholten sich nun bei Arzneimitteln und trivialen Ausrüstungsgegenständen wie Schutzanzügen und Atemschutzmasken (und auch seltene Erden und andere Güter sind »kritisch«).

Erfüllungsgrad: befriedigend

24.5.8 Redundanzen und spezifische Reserven

Ziel allen Wirtschaftens ist das systematische Reduzieren von Schlupf, also Ineffizienz, durch die vorhandenen Technologien nicht genutzt oder fehlerhaft kombiniert werden (Leibenstein 1966). Dabei reicht statische Effizienz nicht aus – schnell ist das System »auf Kante genäht« und kollabiert unter Krisendruck; es ist eben nicht robust. Die Robustheit des deutschen Krankenhaussystem war eher ein Zufall – der Bettenabbau war vor allem aus föderativen Gründen nicht schnell genug durchgesetzt worden und nun hat er geholfen. Die Forderung nach Robustheit impliziert also, von einer statischen Sicht auf die Effizienz Abschied zu nehmen und über Szenarien und Simulationen mögliche Zukunftsszenarien in das gegenwärtige Risikokalkül einzustellen. Redundanz, also Doppelauslegung von Funktionen, und Reserven, also Vorräte für kritische Rohstoffe, die eine hohe Vulnerabilität (Blum, Labucay 2021) besitzen, werden zwingend.

In einer Krise steigt der Bedarf an bestimmten Ressourcen, Gütern und Leistungen massiv an und die internationale Produktion bzw. Lieferfähigkeit kann zurückgehen. Wenn eigene Produktionskapazitäten dies nicht im erforderlichen Umfang in einer Krise auffangen können, benötigt man Vorräte an den benötigten Gütern. In der Corona-Krise war z. B. schon ganz zu Beginn festzustellen, dass für eine Pandemie notwendige Schutzkleidung, speziell Atemmasken, praktisch nicht verfügbar waren und schon nach wenigen Tagen Engpässe auftraten. Zwar verfügt Deutschland aus Erfahrung der Ölkrisen der 1970er Jahre über Speicher für Öl und Gas, aber eine systematische Lagerhaltung für alle potenziell wesentlichen Güter in Krisensituationen existiert nicht. Welchen Umfang solche Lager haben müssen, ergibt sich aus der Risikoanalyse ebenso wie die Redundanzen bei Institutionen, bspw. Krankenhäusern oder Laboren. In einer Welt des Single Sourcing werden Unterbrechungen der Lieferketten, die bspw. bei Pandemien drohen, aber auch bei Erbeben oder Vulkanausbrüchen, zur Achillesferse der Wirtschaft. Den Ersparnissen stehen die Risikokosten gegenüber, wobei das aktuelle Beispiel einer Pandemie ebenso wie der Ausbruch des Eyjafjallajökull auf Island (2010) oder das Tohoku-Erdbeben (2011) belegen, dass dann Marktwirtschaften mit dem für sie weitgehend unbekannten Phänomen der Nichtverfügbarkeit konfrontiert sind: Kurz- bis mittelfristig kann zu keinem Preis geliefert werden. Ein besonders bei Pandemien auftretendes Problem für die Lieferketten liegt darin begründet, dass die Erkrankungen und damit der Ausfall von Lieferketten in zeitlich und räumlich versetzten Wellen stattfinden: Ein Land könnte noch produzieren, aber wird nicht beliefert; ein Land kann wieder lieferfähig sein, aber die Abnehmer haben noch einen Shutdown. Dann helfen nur Vorräte für eine lange Zeit und eine ergänzende globale Lagerhaltung.

Deutlich wird auch, dass Technologie allein nicht hilft, wenn Personal fehlt oder im Laufe einer Krise reduziert werden muss – konkret in der aktuellen Pandemie: Die Zahl der Intensivbetten und der Beatmungsgeräte weist zwar ausreichende Reserven auf, aber das dazu erforderliche und hochqualifizierte Personal fehlt.

Erfüllungsgrad: befriedigend bis ausreichend

24.5.9 Verfügbarkeit universell einsetzbarer Ressourcen der Krisenbewältigung

In Abhängigkeit des Krisentyps werden bestimmte Ressourcen – personelle Ressourcen und zugehöriges Gerät – für die Bewältigung benötigt. Relevante Ressourcen sind diejenigen in der staatlichen Verwaltung und bei der Polizei, im Gesundheitswesen sowie beim Militär, das in besonderer Weise flexibel und universell einsetzbare Ressourcen vorhält (Transportkapazität, Sicherungsmöglichkeit, Verteidigungsfähigkeit). Relevant sind hier natürlich auch die Mittel im Bevölkerungs- und Katastrophenschutz.

Wie in der Corona-Krise offensichtlich wurde, hat Deutschland im Vergleich zu anderen Ländern hohe Kapazitäten im Gesundheitswesen (gemessen an Betten pro Bevölkerung oder Beatmungsgeräten), nicht aber beim Personal. Wichtig sind hier speziell die vergleichsweise ausreichenden Kapazitäten für eine intensivmedizinische Behandlung (mit Beatmungsgeräten), die auch relativ zügig weiter erweitert werden können.[75]

Die Ressourcen im Katastrophenschutz wurden seit Ende des Kalten Krieges massiv reduziert. Ebenso wurden die Streitkräfte und die bei diesen in Katastrophen nützlichen Ressourcen wie z. B. im Katastrophen- und Bevölkerungsschutz abgebaut. Pläne zur Mobilisierung personeller Ressourcen, z. B. im Militär, Gesundheitswesen oder Katastrophenschutz, in größerem Umfang existieren kaum. Die vergleichsweise niedrigen Ausgaben für Verteidigung von 1,3% des Bruttosozialprodukts in Deutschland zeigen das Defizit. Reserven im Gesundheitswesen, die im Falle einer gesundheitsrelevanten Krise – wie einer Pandemie – aktiviert werden können, gibt es kaum.

Erfüllungsgrad: befriedigend

24.5.10 Kritische finanzielle Abhängigkeiten und Haftungsverbunde

Eine kritische Abhängigkeit besteht von der Gemeinschaftswährung Euro, deren Entwicklung und Zukunft wiederum maßgeblich abhängig ist von politischen Entscheidungen in Ländern, über die Deutschland naturgemäß keinen Einfluss hat. Deutschland ist zudem abhängig von der Politik der Europäischen Zentralbank (EZB), auf die sie trotz der höchsten Kapitaleinlagen offenkundig nur einen geringen Einfluss hat. Die Politik der Europäischen Zentralbank ist in der Zwischenzeit nicht mehr nur ausgerichtet auf Preisniveaustabilität, sondern die expansive Geldpolitik dient der Stabilisierung hochverschuldeter Staaten der Euro-Währungszone und ist faktisch deren – vertraglich an sich verbotene – monetäre Finanzierung. Deutschland ist nicht in der Lage, die Währungspolitik zu kontrollieren und in der Hinsicht besteht Abhängigkeit gegenüber Dritten.

Die europäische Rechtslage der »No-Bailout-Klausel«, nach der kein Staat für die Staatsschulden anderer haftet, ist also ausgehebelt. In der Staatsschuldenkrise 2011 wurde diese Regelung bereits aufgeweicht, und es wurden Garantien zugunsten anderer Staaten wie Griechenland vereinbart und zusätzlich Mechanismen wie der ESM aufgebaut. In der Corona-Krise droht nun sogar eine gemeinsame EU-Verschuldung und damit implizit die Übernahme von Ausfallrisiken anderer EU-Länder durch Deutschland. Seit 2008 hat sich die Robustheit im Hinblick auf dieses Kriterium damit deutlich reduziert und eine weitere Erhöhung der Risiken – Reduzierung der Robustheit – droht.

Inzwischen stehen alle europäischen Budgets unter Stress, erstmalig ist die Aufnahme von EU-Gemeinschaftsschulden beschlossen, was den bisher impliziten Haftungsverbund über die EU-Haushalte faktisch explizit macht. Allerdings ist nicht klar, wie die Lenkung der Milliarden in die »richtigen« Verwendungsarten staatlicherseits organisiert werden soll. Zudem könnten sich durch Verzögerungen, die sich aus der Blockadehaltung der polnischen und ungarischen Regierung ergeben, vor allem die Wirtschaftsbedingungen dort so stark verschlechtern, dass die Mittel nicht ausreichen.

Erfüllungsgrad: befriedigend – mit aktueller Tendenz zur weiteren Verschlechterung

24.5.11 Existenz von Brandmauern

An der Fähigkeit des deutschen Staates, die Außengrenzen bei Bedarf zu sichern, gibt es inzwischen zumindest Zweifel. Die starke Reduzierung der Bundeswehr seit 1990 und die offenbar teilweise bestehenden Personaldefizite bei der Polizei schränken die Fähigkeit zum Grenzschutz ein. Den Vorteilen der offenen Grenzen im Schengenraum steht das Problem entgegen, dass damit weitgehend unklar ist, wer sich in Deutschland aufhält, was noch dadurch verschärft wird, dass die Außengrenzen der EU offenbar nur unzureichend gesichert werden können. In der sog. »Flüchtlingskrise« (2015) wurde seitens der Bundesregierung zum Teil argumentiert, dass ein Schutz der Außengrenze zur Verhinderung illegaler Einwanderung gar nicht möglich gewesen sei. In der aktuellen Corona-Krise waren nun Grenzschließungen offensichtlich doch möglich.

Eine Segmentierung des Staates durch interne Brandmauern, z. B. zur Eindämmung der Pandemie in bestimmten Regionen (ähnlich der Abschottung nach dem Corona-Ausbruch in der chinesischen Millionenstadt Wuhan), scheint nur begrenzt möglich zu sein und dürfte schnell an verfassungsrechtliche Grenzen stoßen. Zudem stehen konkrete Verhaltensweisen von Personen und einzelnen Gruppen dem entgegen. In dem Maße, in dem der Lockdown zu einer Verschiebung der beobachtbaren und von Konzertanbietern, Restaurantbesitzern usw. durch Haftungsbewehrung kontrollierbaren sozialen Interaktion in nicht zu beobachtende private Bereiche führt, können die Infektionszahlen sogar steigen, wie die Risikohomeostasis-Theorie vorhersagt.[76]

Erfüllungsgrad: befriedigend

24.5.12 Flexibles Krisenmanagement und Krisenkommunikation

Flexible Reaktionen sind in jeder Krise nötig, um auf neue Informationen und Entwicklungen schnell reagieren zu können. Vorbereitete Regelungen etwa zur Erhöhung der Flexibilität, um Sicherheitsstandards oder Arbeitszeitregelung temporär aussetzen zu können, gibt es nicht. Dennoch ist es der Bundesregierung in der aktuellen Corona-Krise gelungen, nach einigen Verzögerungen der Anfangsphase flexibel auf die unerwarteten Entwicklungen zu reagieren (unerwartet war vieles deshalb, weil man nicht adäquat vorbereitet war). Ob und inwieweit es in Deutschland möglich ist, dass – wie bspw. in den USA – Behördenmitarbeiter in einer Krise neue Aufgaben wahrnehmen oder Automobilhersteller beginnen, Atemschutzgeräte zu bauen, ist offen, erste Ansätze sind jedoch erkennbar.

Trotz offenbar nicht vorliegender adäquater Krisenpläne hat sich in Deutschland spätestens mit der Entscheidung für Ausgangsbeschränkungen und dem (partiellen) Shutdown der Wirtschaft doch ein systematisches Krisenmanagement etabliert. Auf die aktuelle Entwicklung der Krise, bspw. ausgedrückt durch das Wachstum der Infiziertenzahlen und Schätzungen für die Reproduktionsrate R, wurde flexibel reagiert, was jedoch ambivalent zu beurteilen ist, weil eine vorhersehbare und damit Unsicherheit reduzierende Krisenpolitik des Staates mangels Vorbereitung nicht möglich war. Insbesondere führte die häufige Revision von Maßnahmen zur Verunsicherung der Bevölkerung, weil viele Veränderungen kaum nachvollziehbar sind. Ende des Jahres 2020 wurde erkennbar, dass adäquate Risikoanalysen fehlen und damit die Begründung der Angemessenheit staatlicher Maßnahmen zunehmend schwerer fällt, was zu Kritik führt. Bei wichtigen Entscheidungen wird Risiko nicht adäquat berücksichtigt (vgl. Gleißner et al. 2021 zu EU-Impfstoffbeschaffung).

Erfüllungsgrad: gut bis befriedigend mit Tendenz zur Verschlechterung

24.6 Fazit

Im Ergebnis zeigt sich, dass die Robustheit des deutschen Staates deutlich verbesserungswürdig ist. In Abbildung 20 sind die Ergebnisse der Analyse zusammengefasst: Bei den Kriterien zum Handlungspotential (Robustheitspotenzial) ist Deutschland gut aufgestellt. Es erzielt die Note 2+ (»gut«). Die konkrete Vorbereitung auf eine mögliche Krise fällt demgegenüber deutlich ab. Eine besondere Schwäche offenbart sich bei der Umsetzung der Ergebnisse von Risikoanalysen, der Vorratshaltung und der Reserven- bzw. Pufferbildung sowie bei wichtigen Ressourcen der Krisenbewältigung. Kombiniert man dies, dann erhält man als Gesamtergebnis für die Robustheit des Staats und seine Resilienz etwa die **Schulnote 3-** (»befriedigend«). Das Ergebnis spiegelt die Tatsache wider, dass der Staat die Potenziale für eine risikoadäquate Politik nicht umsetzt, was die große Chance für eine zügige Verbesserung in Richtung von mehr »Robustheit« bietet.

Wenn zum jetzigen Zeitpunkt nicht erkennbar ist, dass der Staat das Angebot des öffentlichen Guts »Sicherheit« trotz vorhandener Potenziale mit hinreichend hoher Priorität angeht und effiziente Strukturen sucht, dieses Gut auch anbieten zu können, deutet dies auf ein erhebliches Diskursdefizit im politischen und auch im öffentlichen Raum hin, das aber aufzubrechen beginnt. Wissen über die potenziellen Bedrohungen ist ebenso vorhanden wie der Wunsch nach Sicherheit.

Bei allen hier aufgezeigten Defiziten in Deutschland, darf nicht übersehen werden, dass sich das Land im Vergleich zu anderen in der »Corona-Krise« in vielerlei Hinsicht noch vergleichsweise gut geschlagen hat (wenngleich Krisenprävention

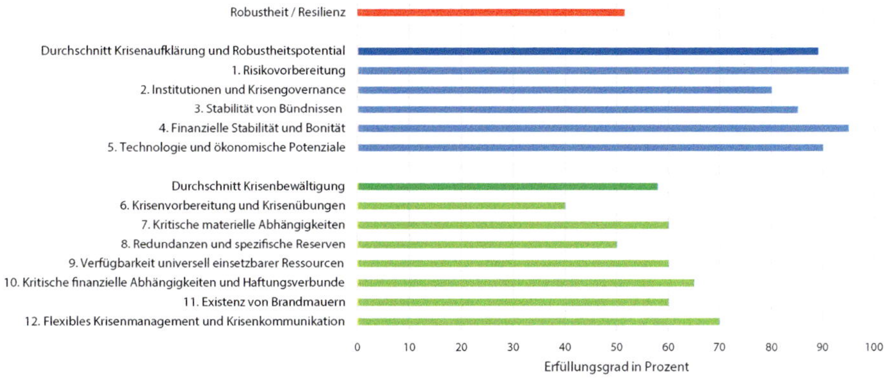

Abb. 20: Erfüllungsgrad der Krisenpolitik Deutschlands

und Krisenmanagement in Singapur, Südkorea, Taiwan oder Island im Allgemeinen als besser eingeschätzt werden).[77] Deutschland weist insbesondere hohe Reserven im Gesundheitswesen auf, speziell auch bei Intensivbetten (Deutschland hat z. B. 34 Intensivbetten je 100.000 Einwohner, die USA 26, Frankreich 16, Spanien 10 und Italien nur 9). Die trotz der aufgezeigten Mängel bestehenden Vorteile Deutschlands im Vergleich zu anderen europäischen Staaten ergeben sich also im Wesentlichen aus (1) einem leistungsfähigen Gesundheitssystem mit Reserven und Kapazitäten für COVID-19-Tests und (2) hoher finanzieller Stabilität, die die Finanzierung von Maßnahmen zur Stützung der Wirtschaft ermöglicht.

Kulturelle Faktoren prägen Gesellschaften, sie sind Ausdruck von Traditionen, Geschichte, Erfahrungen und manifestieren sich in sog. Primär- und Sekundärtugenden, die wiederum die Kooperationsbereitschaft, die z. B. in pandemischen Krisen essentiell ist, beeinflussen. Damit ergeben sich Transaktionskostenstrukturen, die wiederum die Architektur der Institutionen beeinflusst. Deutschland ist in dieser Hinsicht positiv geprägt.[78] In den wirtschaftlich erfolgreichen Regionen der Welt wird der Staat tendenziell als Freund und nicht als Ausbeuter – wie bspw. in postkolonialen Räumen – angesehen, was sich deutlich in Korruptionsstatistiken niederschlägt. Kulturelle Faktoren sind aber auch entscheidend dafür, ob in die Robustheit eines Staates investiert wird – und hier scheinen die Deutschen bisher keine besondere Präferenz für ein »Investment in Robustheit« zu haben, obwohl Sicherheit wichtig ist. Offenbar mangelt es hier primär an Informationen und Sensibilisierung.

Aber neben weiteren technischen Fortschritten, die »fast automatisch« die Robustheit verbessern, sind ergänzende Maßnahmen offenkundig nötig. Dies gilt insbesondere vor dem Hintergrund möglicher Kombinationseffekte systemischer und nichtsystemischer Art:

- Systemische Strukturen können zur Eskalation der Risiken führen, weil die Folgeeffekte möglicherweise dramatischer und weniger beherrschbar sind als der

Auslöser: Ein Computervirus, der das europäische Energienetz für mehr als drei Tage lahmlegt, würde vermutlich neben dem Zivilisationszusammenbruch auch massive Seuchen auslösen.[79] Allerdings kann man mit guten Szenariosimulationen diese Risiken abschätzen und gezielt Risikobewältigungsmaßnahmen initiieren, die Eintrittswahrscheinlichkeit und/oder Wirkungen von Krisen reduzieren.

- Nicht-systemische Effekte sind wesentlich schwerer planerisch einzubeziehen. Daher benötigt man Robustheit, z. B. durch universell einsetzbare Ressourcen, um auch bei im Detail nicht erkannten Risiken und Krisen Sicherheit bieten zu können.

Die Vorbereitung auf die Corona-Krise war auch in Deutschland in jeder Hinsicht unzureichend und die Robustheit ist verbesserungswürdig (siehe auch Zitelmann 2020). Daraus ist zu folgern, dass gute »nationale Risikoanalysen« und Krisenprävention auch Szenarien des Undenkbaren vorbereiten müssen – man muss akzeptieren, dass es neben den relativ einfach zu bewältigenden »*known knowns*«, den nach hinreichendem Bemühen aufzudeckenden »*unknown knowns*« auch die »*known unknowns*« und insbesondere die »*unknown unknowns*« gibt, also nicht nur das Wissen, dass es etwas (hoffentlich nur noch kurze Zeit) Unbekanntes gibt, sondern auch das Unwissen über fehlendes Wissen in das Kalkül einzustellen.[80]

Zu den Autoren

Prof. Dr. Dr. h.c. Ulrich Blum, Inhaber des Lehrstuhls für Wirtschaftspolitik und Wirtschaftsforschung an der Universität Halle und ebendort Gründungsdirektor des *Centers for Economics of Materials*, Autor und Herausgeber zahlreicher wirtschaftswissenschaftlicher Veröffentlichungen, hat kürzlich ein Standardwerk zum Thema Wirtschaftskrieg vorgelegt und ist regelmäßiger Gastautor und Interviewpartner in- und ausländischer Medien.

Prof. Dr. Werner Gleißner ist Vorstand der FutureValue Group AG und Honorarprofessor an der Technischen Universität Dresden (Betriebswirtschaft, insb. Risikomanagement) sowie Vorstand von »EACVA« (European Association of Certified Valuators and Analysts). Er vertritt einen neuen Forschungsansatz zur Integration der bisher weitgehend getrennten Methoden im Risikomanagement, Rating und Bewertung (speziell durch die Nutzung von Simulationsverfahren).

Literatur

Aydalot, P., Economie régionale et urbaine, Economica, Paris 1985

Blum, U., Grundlagen der Volkswirtschaftslehre, Berlin 2016

Blum, U., Wirtschaftskrieg – Rivalität ökonomisch zu Ende denken, Heidelberg 2020

Blum, U., Kreislaufführung von Werkstoffen, Komponenten und Produkten: eine ökonomische Herausforderung, Wirtschaftsdienst, Jg. 101, Heft 3/2021, S. 186-193

Blum, U., Dudley, L., Blood, Sweat, Tears: Rise and Decline of the East German Economy, 1949-1988, Zeitschrift für Nationalökonomie und Statistik – Journal of Economics and Statistics 220/4, 2000, S. 438-462

Blum, U., Dudley, L., Religion and Economic Growth: Was Weber Right? Journal of Evolutionary Economics 2001, S. 207-230

Blum, U., Foos, G., Gaudry, M., Aggregate Time Series Gasoline Demand Models: Review of Literature and New Evidence for West Germany. Transportation Research 22A, 1988, S. 76-88

Blum, U., Gleißner, W., Makroökonomische Krisentypen (Forschungsbericht) 2011

Blum, U., Gleißner, W., Schaller, A., Standortfaktoren im Existenzgründerrating, in: Achleitner, A., Everling, O. (Hrsg.): Existenzgründerrating, 2004, S. 67-87

Blum, U., Labucay, I., Strategien für kritische Rohstoffe und vulnerable Wertschöpfungsketten in: Blum, U., Wehrspohn, R.B. (Hrsg.): Recycling, Substitution, Design und Nachhaltigkeit: Neue Wege der Werkstoffökonomik, Series in Political Economics and Governance 15, Halle 2021, S. 35-63

Bundesamt für Bevölkerungsschutz und Katastrophen und Katastrophenhilfe, Katastrophen Alarm, 2018

Clausewitz, C. v., Vom Kriege, Berlin 1999; zitiert nach Vom Kriege, Bände 1-3, Essen 1832

Cline, R. S., World Power Assessment – a Calculus of Strategic Drift, Georgetown University, Washington DC 1975

Deutscher Bundestag, Bericht zur Risikoanalyse im Bevölkerungsschutz 2012, Drucksache 17/ 12051, 3. Januar 2013

Dudley, L., The Singularity of Western Innovation: The Language Nexus, New York 2017

Eucken, W., Grundsätze der Wirtschaftspolitik, Stuttgart 1952

Fraunhofer Gesellschaft, Pandemische Influenza in Deutschland 2020, Fraunhofer Institut für Naturwissenschaftlich-Technische Trendanalysen (INT), Euskirchen 2013

Gleißner, W., Grundlagen des Risikomanagements, München 2017a

Gleißner, W., Robuste Unternehmen und strategisches Risikomanagement – Ein Blick in die Vergangenheit und Zukunft, in: Risiko Manager, 02/2017b, S. 20-28

Gleißner, W., Cost of capital and probability of default in value-based risk management, in: Management Research Review, Vol. 42, Heft 11/2019, S. 1243-1258

Gleißner, W., Der robuste Staat – Ein strategischer Rahmen zur Absicherung gegen Krisen und Katastrophen, auf: www.ludwig-erhard.de, 17.04.2020a

Gleißner, W., Die Corona-Krise: Fakten, Prognosen und Risiken, in: Corporate Finance, Heft 05-06/2020b, S. 121-130

Gleißner, W., Strategisches Management unter Unsicherheit: Das robuste Unternehmen, in: REthinking Finance, Heft 1/2021, S. 33-41

Gleißner, W., Follert, F., Daumann, F., Die Bestellung von Impfdosen durch die EU – Beispiel einer (Fehl-)Entscheidung unter Unsicherheit, auf: http://wirtschaftlichefreiheit.de/wordpress/?p=28579, 20.01.2021

Gleißner, W., Kamarás, E., Volkswirtschaftliche Risiken und deren betriebswirtschaftliche Konsequenzen (Teil 1), in: Der Betrieb vom 17.08.2020, Heft 33/2020, S. 1689-1695

Gleißner, W., Kamarás, E., Volkswirtschaftliche Risiken und deren betriebswirtschaftliche Konsequenzen (Teil 2), in: Der Betrieb vom 24.08.2020, Heft 34/2020, S. 1745-1753

Gleißner, W., Kreuser, C., Kamarás, E., Robuste Kapitalanlagestrategien zur Absicherung gegen makroökonomische Krisen, in: Absolut report, 02/2017, S. 26-33

Hajnal, J., European Marriage Pattern in Perspective, in: Population in Glass D.V., Eversley D. E. (Hrsg), History: Essays in Historical Demography, Chicago, Illinois 1965, S. 101-143

Kornai, J., Economics of Shortages, Amsterdam 1980

Leibenstein, H., Allocative Efficiency v. X-Inefficiency, American Economic Review 56/1966, S. 392-415

Marshall, T., Prisoners of Geography, Scribner, New York; deutsch: 2015, Die Macht der Geographie, München 2015

Popper, K., Logik der Forschung, Berlin 1935

Romeike, F., Covid-19: Seriöser Umgang mit Unsicherheit?, https://www.risknet.de/themen/risknews/covid-19-serioeser-umgang-mit-unsicherheit/, 24.3.2020

Roselieb, F., »Es läuft alles wie nach Drehbuch«, Interview mit tagesschau.de, https://www.tagesschau.de/inland/interview-krisenforscher-corona-101.html, 13.3.2020

Sombart, W., Der Bourgeois: Zur Geistesgeschichte des modernen Wirtschaftsmenschen, 1913

Sinn, H.-W., Ökonomische Entscheidungen bei Ungewissheit, Tübingen 1980

Sunzi, Die Kunst des Kriegs, Berlin 2015

Taleb, N. N., Der Schwarze Schwan: Die Macht höchst unwahrscheinlicher Ereignisse, München 2007

Vose, D., Risk Analysis – A quantitative Guide, West Sussex 2000

Wilde, G. J. S., The Theory of Risk Homeostasis: Implications for Safety and Health, Risk Analysis 2/4, 1982, S. 209-226

Wilde, G. J. S., Target Risk – Dealing with the Danger of Death, Disease and Damage in everyday Decisions, PDE Publications, Toronto 1994

Zahra, S.A., George, G., Absorptive Capacity: A Review, Reconceptualization, and Extension, Academy of Management Review. 27, (2) 2002, S. 185-203

Zitelmann, R., Wo er stark sein sollte, ist er schwach, und wo er schwach sein sollte, ist er stark: Über Staatsversagen im Zeichen der Corona-Pandemie, in: Neue Zürcher Zeitung, 27.3.2020

Epilog

Dieter Thomaschewski und Rainer Völker

Das erklärte Ziel des Bandes war es, zentrale Herausforderungen des Wirtschaftsstandortes Deutschland zu behandeln und mögliche Lösungsansätze aufzuzeigen. Wir haben dabei die Themenbereiche Wettbewerb, Digitalisierung, Klimaschutz, Arbeitswelt, Bildung und das Zusammenspiel Wirtschaft und Gesellschaft herausgegriffen. Einige Themenfelder wurden nicht behandelt. Der Umbruch in der Automobilwirtschaft wird sicherlich dem Standort Deutschland fundamental beeinflussen. Auch Themen wie der – von vielen Parteien schon lange versprochene – Abbau der Bürokratie oder die Chancen und Risiken eines vereinteren Europas für die deutsche Wirtschaft fehlen bzw. werden nur am Rande behandelt. Die Aufnahme dieser und weiterer Themen hätte den Rahmen des Buches gesprengt. Ein Anliegen war es, bei der Behandlung der im Buch behandelten Themenfeldern vor allem Vertreter der Praxis zu Wort kommen zu lassen. Gleich ob Geschäftsführer/Vorstand, Verbandsvertreter oder Vertreter einer staatlichen Institution – es gilt festzustellen: Anders als bei wissenschaftlichen Abhandlungen ist der Praxisblickwinkel oft selektiver, vielleicht nicht sehr breit empirisch belegt und weniger »ausgewogen«. Allerdings sind die Beiträge durch andere Eigenschaften gekennzeichnet: Durch ein sehr hohes Maß an Erfahrungswissen und durch konkrete Blicke auf Probleme, Lösungen und Machbarkeit. Das war für uns als Herausgeber ein gewichtiges Argument in diesem Band überwiegend Praktiker um ihre Mitwirkung zu bitten. Die Herausforderungen, denen sich der Standort Deutschland stellen muss, sind enorm:

- der Darwinismus im Wettbewerb – Deutschland zum Überleben gestalten,
- die fordernde Nachhaltigkeit – Deutschland durch Innovation voranbringen,
- die rapide Entwicklung im IT- und KI-Bereich – Deutschland beschleunigen,
- die Strukturänderungen der Arbeitswelt – Deutschland ohne soziale Spannungen umformen,
- die exponentielle Wissensvermehrung – Deutschland bei der Qualifizierung anpassen,
- die kontinuierliche Veränderung der Rahmenbedingungen – Deutschland resilienter zur Bewältigung von Krisen modellieren und letztlich
- die VUCA-Welt – Deutschland mit Agilität und Flexibilität organisieren.

In den Beiträgen der Autoreninnen und Autoren werden viele Aspekte dieser Herausforderungen adressiert und notwendige Reformen als Denkanstöße aufgezeigt. Denkanstöße sollen notwendige Veränderungen bewirken. Diesen Veränderungen steht häufig das Beharrungsvermögen der Gesellschaft entgegen. »Alle Veränderungen macht mich bange« (Immanuel Kant) – eine solche Aussage sollte aber gerade nicht die Leitlinie des Handelns für Deutschland sein. Eher ist die Orientierung an einem Zitat, das durch Jack Welch bekannt wurde, angezeigt: »When the rate of change on the outside exceeds the rate on the inside, the end is near'« – oder auch »Change before you have to«. Wir möchten zum Ausklang einige Aspekte ergänzen und jeweils pro Themenfeld pointierte, grundsätzliche Thesen für ein wandlungsbereites und -fähiges Deutschland festhalten.

Beim Themenfeld Wettbewerb zeigt sich, dass der weitere Ausbau von gesetzlichen Rahmenbedingungen und die entsprechende Unterstützung einer »Start-up-Kultur« unabdingbar sind. Kontinentaleuropa war im Gegensatz zu angelsächsisch geprägten Ländern bei Unternehmensgründungen, auch historisch gesehen, immer schon von Bankenfinanzierung statt von »Private Equity« geprägt[81], der entsprechende Umbau der Finanzierungsstrukturen ist somit noch im Gange. Start-ups haben auch viel mit dem Thema Innovationsdynamik zu tun. Es zeigt sich, dass etablierte Unternehmen – egal ob Mittelständler oder Konzerne – oft im Laufe der Jahre an Innovationsdynamik verlieren. Um diese Innovationsdynamik wiederherzustellen, gilt es kleine überschaubare Ventureeinheiten zu etablieren, die an frühere Innovationsdynamiken und -erfolge anschließen können. Inzwischen gibt es schon viele Best-Practice-Beispiele von Unternehmen, die erfolgreich eigene sog. Inkubator- und Akzeleratorprogramme gestartet haben.[82] Allerdings ist hier gerade im Mittelstand noch viel Luft nach oben. Der Beitrag von Dago Dietrich weist auf zentrale Fähigkeiten hin, die in der »VUCA-Welt« unerlässlich für den Erfolg sind. Ein ganz zentraler Aspekt scheint dabei der Eigenschaft Agilität zuzukommen: Rechtzeitiges Agieren auf – besser noch frühzeitiges Antizipieren von – Veränderungen steht im Mittelpunkt des organisatorischen Könnens. Planung ist nach wie vor wichtig, sie rechtzeitig und flexibel in Teams anzupassen ist aber zentral![83] Der Beitrag von Jorg Wuttke behandelt etliche Facetten des Umgangs mit dem Wettbewerber China – eines wird dabei allerdings deutlich: Die Notwendigkeit auf europäischer Ebene viel stärker als bisher gemeinsam gegenüber China aufzutreten. Die sich permanent und nachhaltig ändernden Umweltbedingungen erfordern von den handelnden Akteuren ein hohes Maß an Flexibilität und Agilität. Starre Strukturen und unflexible Prozesse sind Hemmnisse für eine erfolgreiche Gestaltung des Wettbewerbs. Innovative Konzepte und Gestaltungsmodelle und deren aktive Umsetzung bieten enorme Chancen – in einem Hochlohnland wie Deutschland sind dies nahezu auch die einzigen. **Deutschland muss und wird Zukunft wagen.**

In puncto Digitalisierung wird deutlich, dass Deutschland in einigen Themenfeldern durchaus noch gut positioniert ist. Allerdings gilt es, generell bei der Digitalisierung und speziell auch bei KI die Weichen für die Zukunft zu stellen und staatlicherseits stärker als bisher zu unterstützen. Ein Aspekt, der in den Beiträgen nicht erwähnt wurde, muss allerdings bedacht werden: »Unsere Daten« sind mehr oder weniger in den Händen der großen amerikanischen Cloud- und Plattformanbieter, zunehmend auch in den Händen chinesischer Anbieter, die damit verbundenen Risiken für die Wirtschaft und die Gesellschaft liegen auf der Hand.[84] Um hier etwas entgegensetzen zu können, scheint die enge europäische Kooperation die einzige Alternative. Hard- und Software, intelligente »Maschinen« und integrierte Systeme werden sich rapide weiterentwickeln. Quantencomputer und Memristoren, neuro-inspirierte Computer werden im Zusammenhang mit »Deep Learning« und künstlicher Intelligenz die zukünftige Welt gestalten. Deutschland muss Forschung in Hard- und Software weiter fördern, muss in Systeme investieren, muss erkennen, dass die Möglichkeiten gewaltig sind. **Deutschland darf nicht den Anschluss verlieren.**

Die Beiträge zum Themenfeld Nachhaltigkeit betonen sowohl die Rolle marktwirtschaftlicher Elemente wie CO_2-Börsen als auch staatliche Förderungen bei der Innovations- und Technologiepolitik. Wieder wird deutlich, dass das gleichzeitige Erreichen der deutschen bzw. europäischen Klimaziele und die Aufrechterhaltung unseres Wohlstandes nur mit einem Wettbewerbsvorsprung bei nachhaltigen Innovationen und Technologien möglich ist. Zielkonflikte bleiben bestehen bzw. sind vorprogrammiert. So liegen etwa hohe Energieeffizienzpotenziale bei einer Verlagerung von Mobilität auf die Schiene. Eine Umlenkung der Gelder von der Straßeninfrastruktur zur Schieneninfrastruktur tangiert allerdings die deutsche Automobilindustrie und viele Arbeitsplätze. Das Management der Nachhaltigkeit ist aus den häufig destruktiven, als Bedrohung empfundenen Betrachtungen in einen positiv »robusten Business Case« zu überführen. Verwaltung und Bürokratie setzen Rahmenbedingungen, innovative Technologien, Strukturen, Prozesse und Systemlösungen führen zu Wettbewerbsvorteilen und generieren nachhaltigen Nutzen. **Deutschland begreift Nachhaltigkeit als unternehmerische Möglichkeit.**

Für den Wirtschaftsstandort Deutschland von zentraler Bedeutung ist die Gestaltung der Arbeitswelt. Nicht erst durch die Corona-Pandemie, aber durch diese massiv verstärkt, bilden sich im Rahmen der digitalen Transformation neue Arbeitsmodelle heraus. Hier ist vieles noch im Fluss. Gerade deswegen ist es z. B. wichtig, dass die Tarifpartner entsprechende Regelungen wie z. B. das Mitbestimmungsgesetz »transformieren«. Der Arbeitsmarkt ist im Umbruch: auch in der Industrie wird der produzierende Teil der Belegschaft durch Mitarbeiter*innen im Service und im Dienstleistungsbereich ersetzt. Der Arbeitsmarkt 4.0 adressiert nicht nur den technischen (digitalen) Wandel der zukünftigen Arbeitsmodelle. Vielmehr sind auch die sozialen Aspekte, die motivationalen Herausforderungen, das Arbeitsrecht in einer fairen Sozialpartnerschaft zu überdenken. **Deutschland schafft neue Arbeitsmodelle und bewältigt die damit bedingten gesellschaftlichen Aufgaben.**

Die Beiträge zum Themenfeld Bildung zeigen wie Lernen, Kompetenzen und Bildungseinrichtungen in Zukunft aussehen sollten. Hier wird allerdings ein Aspekt deutlich, der auch im Interview mit Florian Roth genannt wird und den die

Corona-Krise deutlich zum Ausdruck gebracht hat: Viele dieser Vorstellungen des neuen oder veränderten Lernens sind nur bei einer entsprechenden digitalen Ausstattung von Schulen und Hochschulen möglich. Kompetenzen der Zukunft werden u. a. durch die Dynamik der digitalen Systeme bestimmt und in den geforderten Ausprägungen geändert. Das Lernen im Bildungssystem wird im »Was« und »Wie« verändert. Die grundständige Ausbildung, die Hochschullandschaften sind neu zu gestalten, »unternehmerisch« dynamisch weiterzuentwickeln. Qualifizierung ist nicht nur ein einmaliger Lebensabschnitt, sondern eine Entwicklung, die für das gesamte Berufs- und Sozialleben unabdingbar ist. **Deutschland erwirbt Kompetenzen für die Zukunft.**

Die Bedeutung des Zusammenspiels von Staat und Wirtschaft beschließt den Band. In den Beiträgen wird direkt oder indirekt die Stärke einer marktwirtschaftlichen Ordnung mit Privateigentum betont. Ein solches System generiert unternehmerische Anreize und sorgt für eine effiziente Versorgung mit Gütern und Leistungen. Das System ist ein zentraler Motor für Innovation, Wirtschaftswachstum und letztendlich für gesellschaftlichen Wohlstand. Allerdings muss dafür der Staat zum einen für die entsprechenden gesetzlichen Rahmenbedingungen sorgen, damit dieser Motor funktioniert. Zum anderen bedarf es der zukunftsweisenden Förderung von Industrien und einer fokussierte staatliche Innovations- und Technologieförderung, dazu zählt auch die Start-up-Förderung, wie sie bereits zu Beginn angeregt worden ist. Schon auf kommunaler Ebene ist die bewusste Wahl der Ansiedlung zukunftsfähiger Unternehmen ein Erfolgsfaktor – wie das Beispiel der Stadt Tübingen zeigt. Auch eine staatliche Technologiepolitik ist nach wie vor angezeigt. Die frühzeitige Förderung von zukunftsweisenden Technologien – z. B. in der Feldern IKT, Klimaschutz und Biotechnologie. Was gesamten Branchen oder der gesamten Wirtschaft zugutekommt hat den Charakter von öffentlichen Gütern und kann nicht nur dem freien Spiel der Marktwirtschaft überlassen werden. Auch andere führende Industrienationen wie die USA, Japan, Südkorea, oder auch China verfolgen schon lange sehr aktive staatliche Technologiepolitik, die Ausgestaltungsformen sind verschieden und unterliegen Veränderungen.[85] Man sollte sich auch vergegenwärtigen, dass das Silicon Valley letztlich ohne die früheren Militäraufträge und staatliche Einflüsse niemals zu dem beeindruckenden Beispiel für Hochtechnologie geworden wäre.[86] Die Regelungsdichte des Staates und unflexible Organisationen erschweren die unternehmerische Entwicklung. Unsere Staatsfinanzierung ist zukunftsfähig auszurichten. Die Infrastruktur, sei es Verkehr, Kommunikation, Ver- und Entsorgungseinrichtungen bedürfen einer Strategie. Der Staat ist so robust zu denken, dass immer wieder aufkommenden Krisen erfolgreich begegnet werden kann. **Deutschland benötigt in Staat und Gesellschaft ein anderes Denken – offen nach außen, dynamisch nach innen.**

Deutschland heißt nicht »stand alone«, Deutschland heißt nicht heile Welt, Deutschland heißt nicht Gartenzaun und Idylle. Deutschland gestalten und nicht verwalten bedingt eine konsequente Analyse unserer Herausforderungen, das Arbeiten an daraus resultierenden Chancen und Risiken. Wenn die Beiträge dieses

Bandes, Ihnen liebe Leserinnen und Leser, dafür entsprechende Denkanstöße geliefert haben, so ist die Zielsetzung der Herausgeber und des Verlages voll erreicht.

Anmerkungen

1 Gemeinsam mit meinem Abgeordnetenkollegen Thomas Heilmann sowie über 60 Abgeordneten und Experten aus Politik, Verwaltung, Wissenschaft und Wirtschaft habe ich in *Neustaat – Politik und Staat müssen sich ändern* ein Konzept geliefert, das wir den »Lernenden Staat« nennen. Wenn Sie mehr erfahren wollen, lesen Sie gerne dort nach.

2 Strenggenommen sind kostenlose Emissionszertifikate für besonders emissionsintensive Industrien auch als Subventionen zu betrachten. Es ist aber eher ein Verteilungsproblem (wenn überhaupt) als ein Allokationsproblem.

3 Daran ändert im Prinzip auch der im September 2020 von der Bundesregierung vorgelegte Entwurf der EEG-Novelle nicht viel. Er ist vielfach kritisiert worden; siehe z. B. den Bericht auf der Website der ARD: https://www.tagesschau.de/wirtschaft/boerse/solarindustrie-kritisiert-eeg-novelle-101.html (Abruf am 29.12.2020).

4 Angaben finden sich unter https://de.statista.com/statistik/daten/studie/244000/umfrage/neuzulassungen-von-elektroautos-in-deutschland/ (Abruf am 29.12.2020).

5 Das Klima bzw. seine Nutzung kann als Allmendegut bezeichnet werden: Der Zugang zur Nutzung kann nicht verhindert werden, aber das Gut ist rivalisierend im Konsum, dazu Donges und Freytag 2009, S. 396.

6 Dabei ist es weder für die ökologische Treffsicherheit noch die ökonomische Effizienz von Belang, ob die Unternehmen die Erstausstattung mit Zertifikaten bezahlen oder nicht, dies ist das sog. Coase-Theorem. Diese Frage ist nur relevant für die unmittelbare Verteilungswirkung, wobei man davon ausgehen muss, dass die Unternehmen im Wettbewerb die Kosten für die Zertifikate an die Kunden weitergeben. Am Ende bezahlen die Menschen für den Klimaschutz (wer auch sonst?).

7 Siehe auch die Beiträge in Fücks und Köhler (2019).

8 Infras (2019): Externe Kosten des Verkehrs in Deutschland. Straßen-, Schienen-, Luft- und Binnenschiffverkehr 2017. Abgerufen am 05.11.2020 von https://www.allianz-pro-schiene.de/wp-content/uploads/2019/08/190826-infras-studie-externe-kosten-verkehr.pdf.

9 UseMobility (2013): Warum wechseln Reisende in Europa das Verkehrsmittel? Fakten und Implikationen für Politik und Anbieter. Abgerufen am 05.11.2020 von https://www.allianz-pro-schiene.de/wp-content/uploads/2015/10/USEmobility_policy-brief-deutsche-fassung.pdf.

10 Allianz pro Schiene (2011): Die zukünftige Rolle des Schienenverkehrs in einer nachhaltigen Mobilität- Potenziale, Risiken und Handlungsoptionen. Abgerufen am 05.11.2020 von https://www.allianz-pro-schiene.de/wp-content/uploads/2015/09/S-2010-403-1-1.pdf.

11 Allianz pro Schiene (2018): Mehr Klimaschutz mit Schienenverkehr. Handlungsfelder und Lösungsansätze. Abgerufen am 05.11.2020 von https://www.allianz-pro-schiene.de/wp-content/uploads/2018/03/180307_Brosch%C3%BCre_Handlungsempfehlungen_Klimadialog_Final.pdf.

12 Allianz pro Schiene (2015): Stadt, Land, Schiene. 15 Beispiele erfolgreicher Bahnen im Nahverkehr. Abgerufen am 05.11.2020 von https://www.allianz-pro-schiene.de/wp-content/uploads/2015/09/stadt-land-schiene-4-auflage-2014.pdf.

13 Allianz pro Schiene (2012): Die Bahn bringt's. 10 kluge Verlagerungsbeispiele vom Lkw auf die Schiene. Abgerufen am 05.11.2020 von https://www.allianz-pro-schiene.de/wp-content/uploads/2015/09/broschuere-die-bahn-bringts-2-auflage.pdf.

14 Bundesministerium für Verkehr und digitale Infrastruktur (2020): Masterplan Schienenverkehr. Abgerufen am 05.11.2020 von https://www.bmvi.de/SharedDocs/DE/Anlage/E/masterplan-schienenverkehr.pdf?__blob=publicationFile.

15 BMWI Report zur Branchenanalyse BIP, https://www.bmwi.de/Redaktion/DE/Artikel/Mittelstand/dienstleistungswirtschaft-01-zahlen-trends.html, abgerufen am 29.10.2020

16 Peter Drucker: Concept of the Corporation, New Brunswick: Transaction Publishers, 2004.
17 Institut der Deutschen Wirtschaft, Analyse zum Fachkräftemangel bei Ingenieuren, https://www.iwkoeln.de/fileadmin/publikationen/2011/63388/Fackraefteengpaesse_trotz_Bildungsaufstieg_2011-03-31-32.pdf, abgerufen am 20.10.2020.
18 VDMA Fach-Forum Industrie 4.0, https://industrie40.vdma.org/, abgerufen am 29.10.2020.
19 Mehr Informationen finden sich unter https://www.scrum.org.
20 Studie über Mixed-Teams der Hays AG, https://www.hays.de/documents/10192/118775/hays-studie-mixed-teams-2007.pdf/eb948c4e-be16-4f66-8ec4-8eb44642d790, abgerufen am 29.10.2020.
21 Informationen über die Rückläufigkeit von Selbständigkeit in Deutschland, https://www.wirtschaftsdienst.eu/inhalt/jahr/2016/heft/9/beitrag/warum-sinkt-die-zahl-der-selbstaendigen.html, abgerufen am 29.10.2020.
22 Münchner Kreis: Leben, Arbeit, Bildung 2035+, https://www.muenchner-kreis.de/fileadmin/dokumente/_pdf/Zukunftsstudien/2020_Zukunftsstudie_MK_Band_VIII_Publikation.pdf, abgerufen am 29.10.2020.
23 IDG Studie zusammen mit der Hays AG, https://www.hays.de/documents/10192/118775/idg-studie-it-feiberufler-2019-1.pdf/839a2e03-e09e-c061-6303-bfc11a56bf54, abgerufen am 29.10.2020.
24 Burke, A. & Cowling, M.: The relationship between freelance workforce intensity, business performance and job creation, https://link.springer.com/article/10.1007/s11187-019-00241-x, abgerufen am 29.10.2020.
25 Deutschlands führende Agenturen (GWA): Monitor 2020, https://www.gwa.de/Presse/Studienund/GWAMonitore, abgerufen am 29.10.2020.
26 Schäfer, H.: IW Trends 1/2020 – Betrieblicher Einsatz flexibler Arbeitsformen, https://www.iwkoeln.de/fileadmin/user_upload/Studien/IW-Trends/PDF/2020/IW-Trends_2020-01-01_Flexible_Erwerbsformen.pdf, abgerufen am 29.10.2020.
27 Baethge, C. B., Boberach, M., Hoffmann, A., Wintermann, O.: Plattformarbeit in Deutschland – Freie und flexible Arbeit ohne soziale Sicherung, 2019, https://www.bertelsmann-stiftung.de/fileadmin/files/BSt/Publikationen/GrauePublikationen/Plattform_07lay.pdf, abgerufen am 29.10.2020.
28 BMAS in Vorbereitung zu einer Regulierung der Plattformwirtschaft, https://www.bmas.de/DE/Service/Presse/Pressemitteilungen/2020/eckpunkte-plattformoekonomie.html, abgerufen am 29.10.2020.
29 iwd: Die Fachkräftelücke schrumpft, https://www.iwd.de/artikel/die-fachkraefteluecke-schrumpft-472379/, abgerufen am 20.10.2020.
30 BITKOM: Erstmals mehr als 100.000 unbesetzte Stellen für IT-Experten, https://www.bitkom.org/Presse/Presseinformation/Erstmals-mehr-als-100000-unbesetzte-Stellen-fuer-IT-Experten, abgerufen am 20.10.2020.
31 Analyse des Bundesinstituts für Berufsbildung (BIBB), 1.3 Urbanisierung, https://www.bibb.de/veroeffentlichungen/de/publication/download/16610, abgerufen am 29.10.2020.
32 Koalitionsvertrag zwischen CDU, CSU und SPD, https://www.bundesregierung.de/resource/blob/975226/847984/5b8bc23590d4cb2892b31c987ad672b7/2018-03-14-koalitionsvertrag-data.pdf?download=1, abgerufen am 20.10.2020.
33 DIHK: Corona trifft Gründungsgeschehen ins Mark – Hilfen anpassen, Bürokratie abbauen und Zugang zu Beteiligungskapital verbessern, https://www.dihk.de/resource/blob/31070/9b3e004c45cb5bd23a6096041bd05eda/dihk-gruenderreport-2020-data.pdf, abgerufen am 20.10.2020.
34 Young, J.R., The Chronicle of Higher Education vom 15. November 2013, 8.
35 Ikeda, M. (2020), »Were schools equipped to teach – and were students ready to learn – remotely?«, *PISA in Focus*, No. 108, OECD Paris, https://doi.org/10.1787/4bcd7938-en, abgerufen am 20.10.2020. Die dort aufgeführten Zahlen beziehen sich auf das Jahr 2018.

36 Jorzik, B., Meyer-Guckel, V. »Nahezu innovationsfreien Raum füllen. Wie kommt das Neue in die Lehre? Bedingungen für die Erneuerung von Formen und Inhalten hochschulischen Lernens«, in: M. Lemmens, P. Horvath, M. Seiter (Hrsg.), Wissenschaftsmanagement. Handbuch & Kommentar, Bonn, Berlin, 2017, 298-307.

37 Vgl. https://42.fr. Ecole 42 ist eine private, gemeinnützige und gebührenfreie IT-Schule, die vom französischen Unternehmer Xavier Niel in Frankreich 2013 gegründet wurde. Inzwischen gibt es Ableger auf der ganzen Welt, in Deutschland in Heilbronn und Wolfsburg.

38 https://code.berlin/de. Die 2017 gegründete private, staatlich anerkannte Berliner Fachhochschule fokussiert mit ihren Studiengängen auf zentrale Aspekte der digitalen Produktentwicklung.

39 Seele, P. »Greift Google das Hochschulsystem an? Zur Zukunft der Universtäten in Zeiten von KI und Digital-Monopolen, Corona und Home Office«, in: Forschung und Lehre, 10, 2020, 832-833.

40 Vgl. https://taz.de/Kuenstliche-Intelligenz-in-China/!5551309/?goMobile2=1601856000000, abgerufen am 07.12.2020.

41 Vgl. dazu Wissenschaftsrat, Perspektiven der Informatik in Deutschland, Köln, 2020, 39 ff.

42 Kirchherr, J, Klier, J. Lehmann-Brauns, C., Winde, Future Skills. Welche Kompetenzen in Deutschland fehlen, hrsg. vom Stifterverband für die Deutsche Wissenschaft, Essen, 2018.

43 Ebd.

44 Vgl. Stifterverband für die Deutsche Wissenschaft (Hrsg.), Höhere Chancen durch höhere Bildung?, Hochschulbildungsreport 2017, 82ff. und Wissenschaftsrat, Perspektiven der Informatik in Deutschland, Köln, 2020, 72ff.

45 https://www.kmk.org/fileadmin/Dateien/veroeffentlichungen_beschluesse/2018/Strategie_Bildung_in_der_digitalen_Welt_idF._vom_07.12.2017.pdf, 11, abgerufen am 07.12.2020.

46 Ebd., 24.

47 »Lehramtsstudium in der digitalen Welt, Professionelle Vorbereitung auf den Unterricht mit digitalen Medien?!«, in: Monitor Lehrerbildung, Mai 2018, 9 ff.

48 Vgl. zum gedanklichen Kontext: Nanus B., Bennis, W. Leaders. Strategies for taking Charge, 1985

49 Vgl. Wild, J., »The Shift from teaching to Learning – Thesen zum Wandel der Lernkultur in modularisierten Studienstrukturen, in: Fraktion Bündnis 90/ Die Grünen im Landtag NRW (Hrsg.), Unterwegs zu einem europäischen Bildungssystem, 2003, 14-18.

50 Ebd., 17.

51 Vgl. Scharmer, C. O., Theory U. Von der Zukunft her führen, Heidelberg, 2020.

52 Vgl. Zeaiter S, Handke J, Inverted Classroom – The Next Stage: Lehren und Lernen im 21. Jahrhundert, Baden-Baden, 2017.

53 Universität Essen (Hrsg.), Bildungsforschung. Auf dem Weg zu einer evidenzbasierten Bildung, Berichte aus Forschung und Lehre, Essen, 2020, 55.

54 Als Open Educational Resources werden freie Lern- und Lehrmaterialien mit einer offenen Lizenz bezeichnet, vgl. UNESCO (Hrsg.), Forum on the Impact of Open Courseware for Higher Education in Developing Countries: Paris, 2002.

55 Vgl. https://news.slashdot.org/story/20/08/21/0217244/google-has-a-plan-to-disrupt-the-college-degree, abgerufen am 23.02.2021.

56 Die im Folgenden beschriebenen Thesen basieren auf einer Analyse aus dem NextSkills-Projekt (www.nextskills.org). Ausführlich dokumentiert sind die 17 Future Skills Profile im Open Access-Band Future Skills. Lernen der Zukunft – Hochschule der Zukunft (Ehlers 2020). Zusätzlich stützen sich die Analysen auf über 100 Konzeptionen zum Curriculum 4.0, mit denen sich Hochschulen auf die Ausschreibung des Programms »Curricu-

lum 4.0« beworben haben. Dieses wurde 2017 von der Carl-Zeiss-Stiftung und dem Stifterverband mit dem Ziel ins Leben gerufen, um curriculare Reformprojekte auszuzeichnen, die neue Lösungsansätze im Umgang mit digitalen Medien aufzeigen.

57 Das Verständnis, Lernen als aktiven und intentionalen Prozess zu betrachten, wurde im Rahmen der kritischen Lerntheorie des Hamburger Professors Klaus Holzkamp entwickelt und formuliert. Dabei steht der Begriff des expansiven Lernens für Lernen, welches aus eigener Intention und eigenem Interesse geschieht und der Überwindung subjektiv empfundener Handlungsbarrieren dient. Holzkamp (1995) formuliert, dass *intentionales Lernen* sich wiederrum in *expansives* und *defensives Lernen unterscheidet*. Expansives Lernen meint dabei die Art von Lernen, die auf eine Verbesserung der eigenen Lebensqualität abzielt, zur Überwindung subjektiv empfundener Handlungsbarrieren – nicht zu verwechseln mit der intrinsischen Motivation nach dem Motto *wolle, was du sollst*. Vielmehr geht es um den lernenden Weltaufschluss im Gegensatz zur defensiven Lernbemühung. Diese meint Lernen als Abwehr von bevorstehender Bedrohung und dient damit der Problemvermeidung (vgl. Holzkamp 1995, S. 190ff.). Holzkamp hat die Vorstellung, man könne durch Lehrpläne, Lehrstrategien oder didaktische Zurüstung die Lernprozesse eindeutig vorausplanen, als Fiktion kritisiert. Eine Didaktik jenseits des Lehr-Lern-Kurzschlusses muss also alle Herstellungsillusionen aufgeben (vgl. Faulstich 2008, S. 56).

58 Von z. B. 2 Grad Celsius, siehe Ausbruch des Tambora 1815. Die mögliche Explosion eines riesigen Asteroiden oder der Ausbruch eines sog. »Supervulkans« wie im Yellowstone-Park wird aufgrund der deutlich niedrigeren Wahrscheinlichkeit nicht in Erwägung gezogen. Aufgrund der Wahrscheinlichkeit unterhalb 0,1% pro Jahr wird der Einschlag eines für die Menschheit gefährlichen Asteroiden nicht betrachtet.

59 Wie beispielsweise infolge des Ölembargos der arabischen Länder in den 1970er Jahren (Versorgungskrisen mit negativem Angebotsschock wie auch eine Pandemie).

60 Dieses wurde von Wilde (1982, 1994) entwickelt: Individuen wollen ein konstantes Risikoniveau halten; werden bestimmte Bereiche sicherer gemacht, die Kosten beispielsweise von Dritten übernommen oder ausgeblendet, dann ist der Einzelne oder die Gruppe bereit, erhöhte Gefahren einzugehen. Benötigen die Individuen für ihr Wohlbefinden ein bestimmtes Risikoniveau und dieses wird unterbunden, dann verschaffen sie sich dieses auf anderen Gebieten – das Risiko schwappt gleichsam in andere Bereiche, beispielsweise vom Verkehr in den Freizeitsport.

61 Der Bericht veranschaulicht dies am Beispiel eines Autofahrers, der mit Familie vorsichtiger fährt als allein – denn im ersten Fall trägt er nicht nur sein persönliches Risiko, sondern das der gesamten Familie.

62 In der Verkehrsunfallforschung gibt es bemerkenswerte Effekte. So führte die Gurtanlegepflicht zu einer verringerten Gefahr durch schwere Schnittverletzungen im Gesichtsbereich, was zu mehr und risikobereiteren Fahrten führte. Damit sank der Erwartungswert der Schäden weniger als eigentlich ursprünglich vermutet (Blum/Foos/Gaudry 1988).

63 Die Tests basieren z. B. auf polymeraser Kettenreaktion (PCR). Wichtig sind zudem die Fähigkeiten, Antikörper schnell zu identifizieren, die Genstruktur von SARS-CoV-2 schnell zu analysieren und letztlich viel schneller als in der Vergangenheit Impfstoffe entwickeln zu können.

64 Es wird aber aufgezeigt, dass wesentliche kritische Sektoren wie Energieerzeugung, Information und Telekommunikation im Wesentlichen aufrechterhalten werden können.

65 So rät die daraufhin aufgelegte Broschüre des Bundesamts für Bevölkerungsschutz und Katastrophen und Katastrophenhilfe (2018) z. B. dazu, pro Person 25 Liter Wasser einzulagern.

66 Zu den Fakten und voraussichtlichen Entwicklungen, vgl. auch Gleißner (2020b).

67 Der Deutschlandfunk berichtete am 5.5.2020 von einem Hersteller von Testkits aus Berlin, der diese ab Anfang 2020 millionenfach nach Asien exportierte und den Bundesgesundheitsminister persönlich auf die herannahende Katastrophe aufmerksam machte, der diese Angelegenheit als für Deutschland unbedeutend wegwischte; vgl. Portrait: Erfinder des Corona-Virus-Tests, https://www.deutschlandfunk.de/informationen-am-morgen.1764.de.html?drbm:date=2020-05-05, abgerufen am 24.02.2021.

68 Erinnert sei an den Begriff der »Diskussionsorgien« von Kanzlerin Angela Merkel zur Debatte über einen Ausstieg aus dem Shutdown; vgl. https://www.tagesspiegel.de/politik/die-kanzlerin-und-ihr-unwort-ist-diskussionsorgie-das-neue-alternativlos/25760628.html, abgerufen am 24.02.2021.

69 Das Infektionsschutzgesetz aus dem Jahr 2001 sowie die im Jahr 2020 verabschiedeten drei Gesetze zum Schutz der Bevölkerung bei epidemischen Lagen nationaler Tragweite leisten dies nicht und sind insbesondere, wie man an erfolgreichen Klagen gegen Einzelanordnungen sieht, rechtlich nicht »wasserdicht«, insbesondere in Bezug auf Verhältnismäßigkeit und Grundrechte. Der frühere Innenminister de Maizière hat daher im Frühjahr 2021 vorgeschlagen, das Institut eines befristeten »Ausnahmezustands« in die Verfassung aufzunehmen.

70 Tatsächlich wurden Teilnehmer erst am 29. April 2020 aktiviert, um einen COVID-19-Survey zu erstellen; vgl. https://nako.de/wp-content/uploads/2019/05/Corona_Fragebogen_FINAL.pdf, abgerufen am 24.02.2021.

71 Eventuell existente, öffentlich nicht zugängliche Analysen sind den Autoren nicht bekannt. Sollten sie vorliegen, wäre noch weniger erklärbar, wieso eine schwache Vorbereitung auf eine derartige Krise stattgefunden hat. Vgl. dazu https://www.spiegel.de/politik/deutschland/corona-in-deutschland-vertrauliche-regierungsstudie-beschreibt-verschiedene-szenarien-a-1cafaac1-3932-434d-b4de-2f63bce0315d, abgerufen am 24.02.2021.

72 Professor Homburg, Direktor des Instituts für Öffentliche Finanzen an der Universität Hannover, verweist in Die Welt (15.04.2020) z. B. darauf, dass der Höhepunkt der Anzahl der (tatsächlichen) Neuinfektionen bereits vor dem »Shutdown« gelegen haben muss, da die höchste Anzahl von Todesfällen am 07.04.2020 zu verzeichnen war und die Anzahl der Todesfälle der Anzahl der Neuinfizierten um ca. 23 Tage folgt.

73 So hat die Preiskrise bei Seltenen Erden im Jahr 2010 die deutsche Industrie im Jahr 2012 zur Gründung der Rohstoffallianz bewogen; die Liquidation angesichts des vorgeblichen Überangebots an Rohstoffen erfolgte bereits im Jahr 2016.

74 Zu nennen ist insbesondere das numerische Spiegeln der materiellen Stoffflüsse im Datenraum, das im Sinne eines digitalen Zwillings gleichermaßen szenario- und simulationsfähig ist und die oben erwähnten Stoffkreisläufe steuert. Damit einher geht eine abgestimmte Optimierung des Werkstoffdesigns – um die Aufgaben zu erfüllen –, des Produktdesigns – um am Markt erfolgreich zu sein – sowie des Dekonstruktions- und Recyclingdesigns – um die Stoffe zurückführen zu können (Blum 2021).

75 Sie wäre jedoch für eine Pandemie ohne sehr restriktive Kontaktbeschränkungsmaßnahmen nicht ausreichend, wie in der erwähnten Studie für die Bundesregierung 2020 simuliert.

76 Dies wird für Spanien vermutet, wo der Lockdown die Probleme teilweise verschärft hat, weil die Intensität der Begegnungen in dort noch häufig anzutreffenden Mehrfamilienhaushalten aus Kaffees und Restaurants in die Wohnungen verlagert wurde.

77 Was insbesondere festgemacht wird an der im Vergleich zur Bevölkerung relativ niedrigen Sterberate und dem Sachverhalt, dass es anders als beispielsweise in Spanien und Italien bisher nicht zu einer Überlastung des Gesundheitssystems kam. Siehe auch ein aktuelles Ranking des Think Tank »Deep Knowledge Group«, demzufolge in der »Corona-Zeit« Deutschland, nach Israel, das zweitsicherste Land der Welt sei, was insbesonde-

re auf die Leistungsfähigkeit des Gesundheitssystems und die Möglichkeit der Durchführung einer hohen Anzahl von Corona-Tests zurückgeführt wird.

78 Deutlich wird dies an der aktuellen Debatte zu Eurobonds, also der Vergemeinschaftung von Schulden auf europäischer Ebene, in der der »solide wirtschaftende« Norden dem »ausgabenfreudigen« Süden gegenübersteht. Derartige Unterschiede sind historisch manifest und durch die Realisierung in der Sprache auch Gegenstand der modernen linguistischen Forschung. Vgl. hierzu Hajnal (1965), Blum, Dudley (2000, 2001), Marshall (2015) und Dudley (2017).

79 Nach dem Eisregen in Québec im Jahr 1998 brach die gesamte Stromversorgung der Stadt Montreal zusammen. Nur eine der Stromachsen, die von den gigantischen Wasserkraftwerken in James Bay gespeist wird, konnte stabilisiert werden – ansonsten hätte man die Metropolregion mit rund 5 Millionen Einwohnern evakuieren müssen.

80 Der amerikanische Verteidigungsminister Donald Rumsfeld hat im Kontext der Terrorismusbekämpfung auf einer Pressekonferenz im Februar 2002 das grundlegende Erkenntnisproblem mit folgender Feststellung auf den Punkt gebracht: »[T]here are known knowns; there are things we know we know. We also know there are known unknowns; that is to say we know there are some things we do not know. But there are also unknown unknowns – the ones we don't know we don't know. »

81 Vgl. K. Spremann, O. P. Pfeil, S. Weckbach: Lexikon Value-Management, 2001, München, S. 182.

82 Vgl. J. Leonard: Startup Incubators and Business Accelerators: The Easy Way to Create a Startup Incubation an Business Accerleration Center, Tennessee, 2014.

83 Vgl. dazu verschiedene Praxisbeispiele in D. Thomaschewski, R. Völker (Hrsg.): Agiles Management, Stuttgart, 2019.

84 In einem parteienübergreifend vielfach positiv aufgenommenen Beitrag weist z. B. Sarah Wagenknecht auf dieses Gefahrenpotential hin, vgl. S. Wagenknecht: Deutschland feiert sich naiv für Corona-Erfolge – doch Macht fließt längst wonanders hin, in: Focus Online vom 27.08.2020.

85 Vgl. R. Czada: Technologiepolitik in der Vergleichenden Politikwissenschaft, in: Handbuch der Vergleichenden Politikwissenschaft, Wiesbaden, 2018.

86 Vgl. S. Mihm: How the Department of Defense Bankrolles Silicon Valley, in: The New York Times vom 09.07.2019.